ANDRÉ LAGARDE
Agrégé des Lettres
Inspecteur général
de l'Instruction Publique

LAURENT MICHARD
Ancien élève
de l'École Normale Supérieure
Inspecteur général de l'Instruction Publique

XVIe SIÈCLE

LES GRANDS AUTEURS FRANÇAIS DU PROGRAMME

Anthologie
et histoire littéraire

BORDAS

XVIe SIÈCLE

LES ÉVÉNEMENTS	LES AUTEURS	LES ŒUVRES
1453 Prise de Constantinople 1494 Début des Guerres d'Italie	1494 Naissance de **RABELAIS** 1496 Naissance de **MAROT**	VILLON : *Le Lais ; Le Testament* *Passion* de GRÉBAN et de MICHEL COMMYNES : *Mémoires*
1515 **François Ier** Marignan 1534 Affaire des Placards	1522 Naissance de **DU BELLAY** 1524 Naissance de **RONSARD** 1533 Naissance de **MONTAIGNE** 1542 Exil de MAROT 1544 Mort de **MAROT**	1532 **MAROT** : 1er recueil **RABELAIS : Pantagruel** 1534 RABELAIS : **Gargantua** 1536 CALVIN : *L'Institution chrétienne* 1544 MAURICE SCÈVE : *Délie* 1546 RABELAIS : **Tiers Livre**
1547 **Henri II** 1559 Traité de Cateau-Cambrésis **François II** 1560 **Charles IX** Conjuration d'Amboise	1547 Rencontre de RONSARD et DU BELLAY 1552 Naissance d'**A. D'AUBIGNÉ** 1553 DU BELLAY à Rome Mort de **RABELAIS** 1555 Naissance de MALHERBE 1560 Mort de **DU BELLAY**	1549 **DU BELLAY : Défense... ; L'Olive** 1550 **RONSARD** : IV prem. livres des **Odes** 1552 RABELAIS : **Quart Livre** RONSARD : **Amours** (Cassandre) JODELLE : *Cléopâtre ; Eugène* 1555-6 RONSARD : **Amours de Marie ; Hymnes** 1558 DU BELLAY : **Antiquités de Rome ; Regrets** 1559 AMYOT ; Trad. des *Vies parallèles* de PLUTARQUE 1560 : RONSARD : 1re éd. collective
1562 Début des **Guerres de religion** 1572 (24 Août) La Saint-Barthélemy 1574 **Henri III** 1589 Henri III assassiné **Henri IV** à la conquête de son trône 1593 Henri IV abjure le protestantisme et entre à Paris 1598 Édit de Nantes Fin des **Guerres de religion**	1563 Mort de LA BOETIE 1571 Michel EYQUEM se retire à Montaigne 1572 D'AUBIGNÉ: Vision de Talcy 1573 Naissance de Mathurin RÉGNIER 1581-5 MONTAIGNE maire de Bordeaux 1585 Mort de **RONSARD** 1592 Mort de **MONTAIGNE**	1562-3 RONSARD : **Discours** 1564 RABELAIS ? **Ve Livre** 1572 RONSARD : *La Franciade* AMYOT : *Œuvres morales* de PLUTARQUE 1577 **D'AUBIGNÉ** : commence **Les Tragiques** 1578 RONSARD : **Sonnets pour Hélène** 1580 **MONTAIGNE : Essais,** éd. orig. II livres 1583 GARNIER : *Les Juives* 1584 Dernière éd. collect. revue par RONSARD 1588 MONTAIGNE : **Essais,** en III livres 1594 **La Satire Ménippée** 1595 MONTAIGNE : *Essais*, édit. posthume

ISBN 2-04-016209-7

AVANT-PROPOS

Selon le principe de la collection, nous avons réuni dans un *livre unique* des extraits spécialement présentés en vue de l'*explication* en classe, des *lectures* complémentaires, une *histoire littéraire* suivie et toujours en relation étroite avec ces textes. Nous voudrions ainsi alléger pour le professeur la tâche de présenter et d'analyser les œuvres ou de dicter des questionnaires, et lui permettre de consacrer tout son temps à l'*étude des textes,* en compagnie d'élèves déjà préparés à cet exercice et intéressés par des lectures complémentaires.

Soucieux de donner une vue d'ensemble du XVIe siècle, nous avons néanmoins mis l'accent sur les plus belles pages de Rabelais, Du Bellay, Ronsard, d'Aubigné et Montaigne.

L'*orthographe modernisée,* sauf quand la versification ou la rime s'y opposaient, mettra les grandes œuvres à la portée de nos jeunes élèves. A titre documentaire cependant, nous conservons dans quelques morceaux, en *italique,* l'orthographe originale.

Par cet ensemble, nous espérons concilier les exigences d'une préparation efficace et l'ambition de former des esprits cultivés, en éveillant le désir de prolonger l'examen des textes choisis par la lecture des œuvres intégrales.

• **Les questionnaires** ont été mis en conformité avec les tendances de la pédagogie actuelle et les instructions ministérielles.

On y trouvera des listes d'extraits d'auteurs du même siècle ou des autres, permettant d'intégrer librement le texte examiné dans des « **groupements de textes choisis et étudiés selon une cohérence thématique ou problématique clairement formulée** ». En raison de la formule de ce recueil, ces textes pourront toujours être situés dans la chronologie et dans les œuvres dont ils sont tirés.

On y trouvera aussi de nombreux exercices à pratiquer **en classe** ou proposés **à l'examen :** contractions, commentaires composés, essais littéraires, entretiens, exposés, débats ; les groupes thématiques suggérés offrent d'ailleurs la possibilité de concevoir d'autres sujets relevant de ces divers types d'exercices. On aura avantage à consulter **l'index des groupements thématiques,** page 249.

• **L'illustration** a été groupée en **dossiers thématiques.** En relation avec les textes auxquels elle invite sans cesse à se reporter, elle conduira à une étude plus approfondie de questions importantes, les textes eux-mêmes appelant le regroupement avec d'autres extraits. La confrontation texte-iconographie permettra des exercices d'expression orale et écrite.

Avec le précieux concours des documentalistes, nous avons veillé à la qualité de l'illustration, en couleur pour la majeure partie : elle soulignera la parenté entre littérature et beaux-arts, et, pour une première initiation, elle pourra jouer le rôle d'une sorte de **musée imaginaire.**

Un monarque éclairé

J. Clouet, « Portrait de François Ier ». (Peinture, vers 1535. Musée du Louvre, Paris — Ph. H. Josse © Photeb.)

Pendant la première moitié du XVIe siècle, la renaissance des lettres et des arts en France se fit sous le signe de François Ier. C'est lui qui, par l'ordonnance de Villers-Cotterêts (1539), donna la primauté au français sur le latin dans les actes officiels. En lisant notre *Introduction* (en particulier **p. 9**), on mesurera l'importance de l'impulsion donnée par ce roi novateur, ouvert à l'influence italienne, protecteur des savants, des écrivains et des artistes, qui reçut à juste titre le nom de *Père des Lettres*.

INTRODUCTION

I. HISTOIRE ET CIVILISATION

Le XVIe SIÈCLE français est le siècle de la RENAISSANCE, de la RÉFORME et des GUERRES DE RELIGION, période de vie débordante, d'activité intense dans tous les domaines de la pensée et de l'action, qui conduit notre art, notre littérature et notre langue du *Moyen Age* au *Classicisme*.

LA RENAISSANCE DES LETTRES ET DES ARTS

L'aube de temps nouveaux Du Moyen Age à la Renaissance, le passage ne s'est pas fait brusquement. On se plaît aujourd'hui à reconnaître, tout au long du Moyen Age, des *renaissances* successives, après des périodes de décadence et d'assoupissement ; ces mouvements annoncent et préparent la Renaissance proprement dite. Le XVe siècle apparaît à bien des égards comme une époque de transition. D'ailleurs les façons de penser, les goûts, les tendances du Moyen Age n'ont pas disparu en un jour : à lire Marot et Rabelais lui-même, on le constate aisément.

Et pourtant dès le début du XVIe siècle, ou en tout cas dès l'avènement de François Ier (1515), apparaît tout un courant d'aspirations nouvelles, en réaction contre l'ascétisme, la mystique austère, les idées et les mœurs du Moyen Age. Quelles sont les causes de ce mouvement ?

LES DÉCOUVERTES Les *voyages* de Colomb, de Vasco de Gama, de Magellan, offrent à la réflexion et à l'imagination des horizons nouveaux. Les découvertes scientifiques ou techniques entraînent peu à peu une révolution dans les idées : l'*imprimerie*, « sœur des Muses et dixième d'elles » (Du Bellay), permet une plus large diffusion des œuvres littéraires ; anatomie et chirurgie sortent de l'enfance avec Ambroise Paré ; le système de COPERNIC, en s'imposant lentement, ouvre une ère nouvelle de la pensée humaine. A science nouvelle, littérature et esprit nouveaux.

L'EXEMPLE ITALIEN Aux esprits éclairés qui veulent rompre avec des traditions périmées, l'ITALIE offre un modèle aussi proche que séduisant. La Renaissance y fleurit depuis un siècle, et la chute de Constantinople (1453) y a fait affluer érudits grecs et manuscrits anciens. D'ailleurs la terre de Virgile est toujours restée plus près que la France des sources latines. A son école, les *humanistes* français vont rechercher l'inspiration antique. Les contacts sont nombreux entre les deux pays depuis le début des *guerres d'Italie* (1494). En Italie, les seigneurs français apprennent à goûter la *douceur de vivre ;* de retour en France, ils s'efforcent de reconstituer autour d'eux un cadre luxueux et raffiné. L'Italie n'est pas moins chère au cœur des lettrés, qui voient en elle la *patrie du savoir et des Muses.*

L'humanisme Le besoin d'idées nouvelles, l'appétit de savoir sont d'autant plus vifs que *l'enseignement des Universités s'est sclérosé,* devenant une routine étroite et stérile. On enseigne aux jeunes gens, selon la méthode d'autorité, la philosophie scolastique, la logique formelle (cf. p. 212) et la rhétorique. On encombre leur mémoire sans développer vraiment leur intelligence ni surtout leur sens critique. Le retour aux textes originaux est exceptionnel : on commente des commentaires, le latin d'école devient un jargon, et la formation intellectuelle dégénère trop souvent en vaines acrobaties qui n'ont plus rien à voir avec l'art, la pensée créatrice et la vie.

Des maîtres veulent réagir contre ces abus par la lecture des chefs-d'œuvre de la littérature latine. Le mot *humanitas* désignant en latin la *culture,* ils appellent leur enseignement *lettres d'humanité,* et bientôt on les nommera eux-mêmes *humanistes.* Mais ce beau terme d'*humanitas* évoque aussi une élégance morale, une politesse, une courtoisie, inséparables de toute culture accomplie, bref tout ce qui fait un homme vraiment homme ; ainsi le mot *humanisme* en viendra à désigner, outre la formation à l'école de la pensée gréco-latine, un idéal de *sagesse* et *toute une philosophie de la vie.* L'humanisme, c'est un acte de foi dans la nature humaine, et la conviction, pour reprendre la formule d'André Gide, qu'« il n'y a d'art qu'à l'échelle de l'homme ».

Les érudits Pour puiser au trésor antique, il fallait commencer par la tâche la plus austère, réservée d'abord à des *savants ;* il fallait apprendre le grec, que presque personne ne savait au Moyen Age, renouveler l'étude du latin, éditer les grandes œuvres grecques et latines dans un texte aussi sûr que possible. Nos premiers humanistes furent donc des linguistes, des *philologues* comme Guillaume FICHET, puis LEFÈVRE D'ÉTAPLES et GUILLAUME BUDÉ. Très vite ils sont suivis, à Paris et en province, par de petits groupes d'enthousiastes, gens de robe le plus souvent, moines comme RABELAIS, ou officiers de la couronne : Budé lui-même n'était pas professeur, mais maître des requêtes de François Ier.

Dès le début du siècle, ERASME (1467-1536) offre l'exemple d'un humaniste philosophe en même temps qu'érudit. Né à Rotterdam, il mourut à Bâle après avoir séjourné longtemps en France, où son influence fut considérable : sa vie même est un peu le symbole de cet esprit nouveau qui souffle à travers l'Europe par-dessus les frontières. D'esprit très hardi, Erasme critique l'ensemble des institutions médiévales. Pour lui, les deux sources de la *sagesse* sont *la littérature antique et la Bible ;* à la Bible il applique le principe du retour aux textes et de leur interprétation libre et directe. C'est dans son œuvre qu'on discerne le mieux comment *Humanisme et Réforme sont liés à l'origine.*

Tandis que se développe avec les poètes de la *Pléiade* un humanisme créateur, d'autres esprits poursuivent la tâche entreprise par les premiers érudits.

Après Du Bellay, HENRI ESTIENNE (1531-1598) va militer par les arguments et par l'exemple, en faveur de la langue française ; fils de Robert Estienne, imprimeur humaniste, il complète le *Thesaurus linguae latinae* (Trésor de la langue latine) par un dictionnaire grec, le *Thesaurus linguae graecae*, et montre la parenté du français avec la belle langue grecque ; dans la *Précellence du langage français* (1579), il proteste contre l'étrange jargon mi-italien à la mode sous Henri III. Le juriste Étienne Pasquier (1529-1615) exalte dans ses *Recherches de la France* le prestige de notre pays et de notre littérature. Enfin Jacques Amyot (1513-1593) marque profondément toute la seconde moitié du siècle par sa traduction des œuvres de Plutarque, des *Vies parallèles* en particulier (1559).

Le rôle de François Ier

Il s'est trouvé un prince pour coordonner tous les élans enthousiastes et faciliter leur réalisation. François Ier a joué, pour la Renaissance française, le rôle d'Auguste au temps de Virgile, de Léon X pour l'Italie du XVIe siècle, le rôle que jouera Louis XIV pour le classicisme. Favorable à l'esprit nouveau, ce roi, dont l'instruction avait été pourtant si négligée qu'il ne savait pas le latin, se fit le protecteur des savants, des écrivains et des artistes, méritant ainsi le titre de *Père des Lettres*. Dans ce rôle il fut secondé par sa sœur Marguerite d'Angoulême, duchesse d'Alençon puis reine de Navarre, protectrice de Marot et auteur elle-même de l'*Heptaméron*, recueil de nouvelles à la manière de l'Italien Boccace.

Le Collège des lecteurs royaux

En 1530, accédant au souhait depuis longtemps exprimé par Guillaume Budé, François Ier fonde le *Collège des lecteurs royaux*, notre actuel Collège de France. Il s'agit d'un groupe de professeurs payés sur la cassette royale et échappant, grâce à la protection directe du souverain, à la tutelle de la Sorbonne (Faculté de théologie de Paris). Ils sont chargés d'enseigner le *latin*, le *grec* et l'*hébreu*. D'autre part, le roi ouvre sa bibliothèque aux humanistes et l'enrichit de manuscrits grecs et d'un exemplaire de chaque nouveau livre publié. Ainsi les *lettres d'humanité* trouvent, avec une consécration officielle, de précieux moyens de diffusion.

Les arts

En outre, François Ier attire en France les artistes italiens les plus illustres : Léonard de Vinci qui meurt près d'Amboise en 1519, Benvenuto Cellini, Le Primatice qui décore le château de Fontainebleau. La cour de France y gagne en faste et en prestige, et bientôt l'art français produit à son tour des chefs-d'œuvre.

Les gentilshommes qui reviennent d'Italie songent d'abord à transformer leurs châteaux : au gothique flamboyant du XVe siècle succède le *style Renaissance*, qui s'inspire de l'architecture italienne et des monuments antiques. Somptuosité des matériaux, gaîté, clarté de l'atmosphère, élégance déjà classiques des lignes, telles sont les principales caractéristiques des *châteaux de la Loire*, Chenonceaux, Chambord et tant d'autres, « plus nombreux, plus nerveux, plus fins que des palais » (Péguy). En 1546, Pierre Lescot commence le *nouveau Louvre ;* sous Charles IX, Philibert Delorme entreprend la construction des *Tuileries*.

Avec Jean Goujon (Nymphes de la fontaine des Innocents) et Germain Pilon (Grâces, tombeau d'Henri II) la *sculpture* devient un hymne païen à la gloire du corps humain. Mais le « transi » de Ligier Richier (un squelette élevant son cœur vers le ciel) perpétue en pleine Renaissance la tradition médiévale de la danse macabre. En *peinture*, Jean Clouet et son fils François créent une école française du portrait. Bernard Palissy inaugure l'art de la *céramique*. Des *musiciens*, Roland de Lassus, Jannequin, complètent cette pléiade d'artistes.

LA RÉFORME — LES GUERRES DE RELIGION

La Réforme

Humanisme et Réforme ont une origine commune : retour aux textes et réflexion critique. Erasme et Lefèvre d'Étaples étudient la Bible selon la même méthode que les œuvres de l'antiquité païenne. Ainsi se forme l'esprit de *libre examen* contre lequel réagit la Sorbonne au nom de la méthode d'autorité.

LUTHER

Cependant un moine allemand, MARTIN LUTHER (1483-1546) proteste avec véhémence contre le trafic des *Indulgences* et divers abus qui se sont introduits peu à peu dans la religion catholique. Il voudrait *réformer* le christianisme et retrouver la ligne stricte de l'Église primitive. Condamné par Rome, mis au ban de l'Empire en 1521, il est suivi par toute l'Allemagne du Nord. Au lieu d'une réforme, on aboutissait à une *scission*. L'Angleterre à son tour, avec Henri VIII, se sépare de l'Église catholique.

L'ÉVANGÉLISME

En France, l'esprit de la Réforme se manifeste d'abord par le mouvement « évangélique ». *L'Évangélisme*, c'est le retour à l'Évangile, et plus généralement à l'Écriture Sainte considérée comme seule source authentique des croyances chrétiennes, alors que, selon l'orthodoxie catholique, l'Écriture doit être complétée par la *Tradition* (commentaires des Pères de l'Église). La plupart des humanistes, en conflit avec la Sorbonne, sont de tendance *évangélique*. Pour rendre la *Bible* accessible à tous les fidèles, Lefèvre d'Étaples la traduit en français (1530) : le Sorbonne condamne cette traduction. François Ier, qui protège les humanistes, assure d'abord la liberté de croyance, mais, en 1534, *l'affaire des placards* (cf. p. 14) l'amène à changer d'attitude : des luthériens sont brûlés, Marot doit s'exiler.

CALVIN

La Réforme entre alors dans une nouvelle phase : les humanistes doivent choisir nettement entre l'orthodoxie et la foi nouvelle. Celle-ci ne prend d'ailleurs pas en France la forme luthérienne : elle s'inspire des idées de CALVIN (cf. p. 33). Celui-ci s'établit à Genève, qui devient le foyer du *calvinisme*. L'unité du christianisme en France est définitivement rompue.

Confondue à l'origine avec l'humanisme et l'esprit de la Renaissance, la Réforme aboutit en définitive à une conception très différente de l'homme et de la vie. La doctrine et la morale de Calvin se caractérisent par une extrême *austérité*, plus éloignée encore que le catholicisme du *naturalisme* et de *l'épicurisme* païens de la Renaissance : c'est un des aspects de la crise morale du XVIe siècle.

Les guerres de religion

Le conflit religieux dégénère bientôt en *guerre civile*. On emploie la force contre la religion réformée. D'autre part les tendances démocratiques du calvinisme, la question posée par la différence de religion entre le souverain et une partie de ses sujets, donnent à la Réforme un aspect politique. Le mal est aggravé par un hasard historique, la *décadence de l'autorité royale*. François Ier et Henri II avaient été des souverains puissants, glorieux et respectés. Par le traité de Cateau-Cambrésis (1559) la France s'agrandissait des Trois évêchés et recouvrait Calais. Mais le prestige royal et le pouvoir du souverain vont se trouver compromis par les règnes de François II, Charles IX et Henri III, l'influence de Catherine de Médicis et les ambitions de la maison de Lorraine. Comme le montre admirablement Montaigne, la question religieuse n'est plus qu'un prétexte au déchaînement des passions humaines et des convoitises individuelles : l'indépendance et l'unité de la France courent de graves dangers.

De 1562 à 1593, huit guerres, séparées par des trêves fragiles, ensanglantent notre pays. Batailles et massacres se succèdent (Saint-Barthélemy, 24 août 1572) jusqu'au jour où le bon sens finit par reprendre ses droits. Après avoir conquis sa capitale (1593), HENRI IV promulgue l'*Edit de Nantes* en 1598. Avec ce grand roi, la France retrouve l'équilibre et la paix intérieure.

Répercussions littéraires La Réforme, puis les guerres de religion ont profondément marqué notre littérature. On traite désormais en français les questions théologiques. L'*inspiration biblique* est un des traits frappants de la poésie du XVIe siècle. Des genres nouveaux apparaissent, *pamphlets*, *discours*, violents ou graves, où l'ironie et le sarcasme voisinent avec l'éloquence et le mysticisme. Face à cette littérature militante, Montaigne incarne la mesure, l'horreur de l'intolérance et du fanatisme.

II. LA LITTÉRATURE DU XVIe SIÈCLE

Vie foisonnante La littérature française du XVIe siècle, considérée dans son ensemble, laisse avant tout l'impression d'un *prodigieux foisonnement*, d'une richesse et d'une variété étonnantes : la richesse et la variété de la vie qui n'est jamais identique à elle-même. Car cette littérature est d'abord un *hymne à la vie*, qui donne au mot de *Renaissance* sa signification la plus belle et la plus profonde ; c'est le naturalisme de Rabelais, l'épicurisme de Ronsard, l'animisme d'Agrippa d'Aubigné. « Pour moi donc j'aime la vie », conclut Montaigne, ou encore : « Nature est un doux guide ». Il y a là un *enthousiasme* communicatif, un *élan* exaltant, une *sève* débordante qui confère à la langue même *saveur* et *vigueur*.

Ce torrent a tant de force que son cours n'est pas toujours limpide : les qualités grecques de *mesure et d'harmonie font parfois défaut* aux œuvres les plus représentatives. Écrivains et poètes sont en général des tempéraments puissants qui se livrent à leur verve, et Ronsard divinise l'inspiration. Le XVIe siècle ressemble un peu à une forêt vierge, si on le compare au jardin à la française qu'est le XVIIe.

Humanisme La Renaissance marque définitivement notre littérature en l'orientant dans le sens des *humanités gréco-latines :* le romantisme lui-même restera soumis à l'influence de Virgile et d'Homère. Presque tous les *genres* qui ont caractérisé jusqu'à nos jours les lettres françaises sont instaurés au XVIe siècle. Et ce choix n'est pas arbitraire, c'est plutôt une *vocation* correspondant à l'origine historique de notre langue.

Complexité des tendances Aux hommes du XVIe siècle, rien n'est impossible : ils ne semblent pas embarrassés par les plus étranges contradictions. Dans leur vie comme dans leurs œuvres, ils ont su concilier ce qui nous paraît contradictoire, en particulier leur *naturalisme païen* et leur *foi chrétienne.* A la spontanéité de leur tempérament ils allient un art très conscient, très savant parfois. Enfin, s'inspirant des œuvres antiques, ils ont donné le jour à une littérature non point transplantée, mais conforme au génie de la nation et *profondément française.*

LES ÉTAPES DE LA RENAISSANCE DES LETTRES

1. L'enthousiasme débordant La Renaissance, c'est au début un énorme *appétit de savoir* et un *optimisme* sans bornes. Pour RABELAIS, il suffit de libérer le corps et l'esprit des contraintes du Moyen Age, en faisant confiance à la nature, pour que luise l'aurore d'un progrès illimité. Le *gigantisme* prend chez lui une valeur symbolique : l'humanité telle qu'il la conçoit est vraiment géante. Il est lui-même un « abîme de science », et son œuvre est comme un monde qui garde encore quelques traces du chaos.

2. A l'école de l'antiquité La seconde génération se place sous le signe de *l'art.* On imite l'Italie, puis l'antiquité, mais bientôt l'imitation n'est plus un esclavage. C'est l'esprit de la PLÉIADE, le triomphe de DU BELLAY et de RONSARD. A la verve rabelaisienne succèdent un goût plus raffiné, plus aristocratique, un idéal de perfection formelle qui annoncent le classicisme : les anciens donnent l'exemple de cette perfection. Ces gentilshommes se font la plus haute idée du *poète* et de *sa mission,* véritable sacerdoce. Ils ont conscience de leur grandeur ; ainsi la grâce de leur lyrisme, qui inaugure les thèmes « romantiques » de la *nature*, de l'*amour* et de la *mort*, se rehausse souvent de *noblesse* et de *majesté.*

3. La croisée des chemins Le dernier tiers du siècle est la période la plus complexe : l'art de la Pléiade, l'optimisme de Rabelais se trouvent remis en question. Certains disciples de Ronsard s'écartent du maître et s'orientent vers les recherches du *baroque*, mélange de réalisme cru et de maniérisme. Pris entre l'art de la Pléiade et l'esthétique classique, ce baroque français a été souvent traité par le mépris : sans doute il est précieux et rhétorique, mièvre et parfois ridicule chez Du Bartas, mais il aboutit avec D'AUBIGNÉ à une poésie vraiment saisissante. Cependant MONTAIGNE soumet l'expression à la pensée, annonçant ainsi le *naturel* classique.

Les guerres de Religion inspirent de grandes œuvres à Ronsard et à D'Aubigné, mais la littérature risque de dégénérer en propagande. L'élan qui tendait à la libération de l'homme va-t-il aboutir à un asservissement de l'esprit ? MONTAIGNE a senti le danger. Certes il doit renoncer à bien des illusions : il ne confond plus science et sagesse, il rappelle l'homme au sentiment de ses limites ; mais il conserve le véritable *esprit de la Renaissance :* il croit à la vertu de l'instinct, et se consacre à la recherche d'une sagesse *à la taille de l'homme.*

Les deux Marot

« Le Temple de Cupido ». (Miniature, XVIe siècle. Ph © Bibl. Nat., Paris — Arch. Photeb.)

Dans la tradition des Grands Rhétoriqueurs (cf. **p. 14**), Clément Marot a d'abord composé *Le Temple de Cupido*, des ballades, des rondeaux, des épigrammes (cf. **p. 15 à 18**). Dans ces œuvres fleurit l'allégorie, comme ci-dessus celle de l'Amour tirant ses flèches à l'improviste (cf. aussi **p. 99, 134, 136, 137**) ou encore celle de « l'offrande du cœur » (cf. planche II et **p. 18** : *Du partement d'Anne*).

Mais les incidents parfois tragiques de son existence ont inspiré à Marot une poésie plus personnelle. Suspect d'hérésie, il fut emprisonné au Grand Châtelet (cf. planche II) : il en donne dans l'*Enfer* une peinture pleine d'horreur. De crainte de nouveaux sévices, il connaît ensuite une vie errante et finit par s'exiler en Italie et en Suisse. Séparé des siens, s'adressant au Roi pour quémander ou appeler au secours, il en est réduit, pour ne pas déplaire, à parler de ses maux sur le mode plaisant et humoristique. C'est à ces *Épîtres* qu'il doit d'être un poète unique en son genre, et pour nous toujours présent.

« L'Offrande du Cœur. » (Tapisserie d'Arras, début du XVe siècle. Musée de Cluny, Paris — Ph. L. Joubert © Arch. Photeb.)

« Le grand Châtelet de Paris ». (Gravure anonyme, début du XVIIe siècle. Bibl. Nat, Paris — Ph. © Arch. Photeb.)

Deux sources d'inspiration

L'amour : « Vous le prendrez ce cœur, je vous le livre... » (cf. **p 18**).

La terreur : « O chers amis, j'en ai vu martyrer (*martyriser*)
Tant, que pitié me mettait en émoi,
Par quoi vous prie de plaindre avecques moi
Les innocents qui en tels lieux damnables,
Tiennent souvent la place des coupables. »
(*Au Roi, du temps de son exil à Ferrare*)

CLÉMENT MAROT

“ La cour, ma maîtresse d'école ”

CLÉMENT MAROT naquit à Cahors en 1496. Son père, lui-même poète aimé de Louis XII puis de François Ier, lui fit faire quelques études et l'attacha comme page au seigneur de Villeroy. Dès 1515, Marot publie ses premiers vers dans la tradition du *Roman de la Rose* et des RHÉTORIQUEURS : *le Temple de Cupido*, suivi de rondeaux, ballades, épîtres, chants royaux, etc. Désireux de s'attirer la faveur royale, il adresse à François Ier une *Petite Epître* pleine de calembours (p. 15). Le roi amusé recommande Marot à sa sœur MARGUERITE D'ALENÇON, future reine de Navarre : le jeune poète sut plaider sa cause en vers si aimables (p. 16) qu'il devint valet de chambre de sa protectrice. Pendant quelques années, Marot, gentil poète et galant cavalier, accompagne ses protecteurs, écrit des pièces de circonstance, chante ses amours et celles des autres.

La prison et l'amour

Mais voici les *premiers déboires* d'une vie fertile en inquiétudes : par deux fois, en 1526 et 1527, Marot fera connaissance avec les *prisons royales*.

1. MAROT « MANGE LE LARD ». Fut-il gagné dès cette époque aux idées réformatrices, en faveur dans l'entourage de Marguerite ? Avait-il imprudemment manifesté contre le jeûne catholique ? Une vengeance de femme le fit emprisonner *au Châtelet* (février 1526), sous l'inculpation d'avoir mangé du lard en Carême. Par la charmante *Épître du Lion et du Rat*, il décida son ami LÉON JAMET à intervenir en sa faveur auprès de l'évêque de Chartres. Théoriquement prisonnier de l'évêque, Marot attendit dans une hôtellerie voisine la grâce royale (mai 1526), en écrivant l'*Enfer*, violente satire contre le Châtelet, qu'il n'osera publier qu'en 1539.

2. LA « GRAND AMYE ». Au sortir de prison (mai 1526), Marot s'éprit d'ANNE D'ALENÇON, nièce de ses protecteurs, d'un amour tout intellectuel et très pur. Il lui dédiera des pièces charmantes : rondeaux, élégies et épigrammes. La même année, Marot, ayant perdu son père, lui succède comme *valet de chambre du roi*.

3. MAROT ACCUSÉ DE « RESCOUSSE » (octobre 1527). Pour avoir tenté de délivrer un prisonnier emmené par la police, Marot passe une quinzaine de jours *à la Conciergerie ;* il adresse au roi, qui le fait libérer, la plus spirituelle des *Épîtres* (p. 21).

Les faveurs de la Cour

De 1527 à 1534, le crédit de Marot à la Cour de France ira grandissant. Il s'associe au deuil national dans la *Déploration de la Mort de Florimond Robertet*, secrétaire d'État (nov. 1527), ample poème où prélude notre grande poésie oratoire. Il devient poète officiel du roi dont il suit les déplacements, consacrant des *pièces de circonstance* aux événements de l'existence de François Ier (mariage ; libération de ses fils prisonniers ; mort de la reine-mère Louise de Savoie, etc.), et dédiant généreusement aux dames et aux grands, des *Étrennes*, *Épitaphes*, *Cimetières* et *Complaintes*, pièces minuscules sans grande portée. Plus intéressantes sont les *Épîtres* inspirées par sa propre existence. Il écrit pour réclamer ses honoraires de valet de chambre du roi (1527-1528), pour obtenir le remplacement d'une somme dérobée par son valet (p. 23) : son art de quémander en plaisantant lui vaut « cent écus d'or au soleil, en faveur et considération de ses bons et agréables services » (février 1532). En août 1532, il réunit ses œuvres (sauf *l'Enfer* et *l'Épître à Lion Jamet*) sous le titre *d'Adolescence Clémentine ;* le succès en fut si vif qu'il publia en 1534 une « *Suite de l'Adolescence* ». — Entre temps (1533), il éditait les poésies de FRANÇOIS VILLON et donnait une traduction du *Psaume VI de David*.

L'exil à Ferrare (1534-1536)

Dès le Carême de 1532, ses ennemis l'avaient de nouveau accusé de « manger le lard » : il fallut l'intervention de Marguerite de Navarre pour le tirer de ce mauvais pas.

1. L'AFFAIRE DES PLACARDS. Des placards contre la messe, affichés à Amboise sur la porte de la chambre du roi, ainsi que dans diverses villes de France, décidèrent François Ier à pourchasser les hérétiques, dont plusieurs furent aussitôt brûlés. Marot et son ami Jamet figuraient sur une liste de 52 suspects. Ils se réfugièrent à Nérac, auprès de la REINE DE NAVARRE, puis à Ferrare (juin 1535), où RENÉE DE FRANCE, fille de Louis XII, accueillait les Réformés, et notamment CALVIN. Les deux amis y furent admis comme secrétaires.

2. FERRARE ET VENISE. Peu après son arrivée, Marot écrivit une longue *Épître au Roi* pour se justifier (1535). Il s'intéressa aux idées de la Réforme ; mais le duc de Ferrare, hostile aux idées nouvelles et aux réfugiés, le contraignit à se réfugier à Venise (juillet 1536). En France « les plus gros feux » étaient passés ; Marot, regrettant la Cour, écrivit au dauphin, à la reine de Navarre, et finit par obtenir l'autorisation de rentrer. Il abjura le protestantisme à Lyon et offrait son *Dieu Gard* (Bonjour) à la Cour en février 1537.

Une fin de vie tourmentée

1. QUERELLE AVEC SAGON (1537). Son inimitié avec le poète Sagon s'envenima si bien qu'ils échangèrent des poèmes satiriques. Marot prit l'avantage en publiant *Le Valet de Marot contre Sagon*, pamphlet où il confie à son valet *Frippelippes* le soin de bâtonner son adversaire comparé à un singe (sagoin). La querelle se prolongea deux mois, les amis des deux champions prenant parti de chaque côté, sous forme d'une guerre de poèmes et de libelles.

2. LES TRENTE PSAUMES. Rentré en grâce, Marot accompagne le roi, lui dédie une charmante *Églogue* (p. 28), et publie chez son ami ÉTIENNE DOLET une nouvelle édition de ses œuvres (1538). Surtout il adapte en vers français *les Psaumes de David*, d'après l'original hébreu, que lui traduit l'érudit Vatable. Il publie *Trente Psaumes* en 1541, sans opposition de la Sorbonne.

3. MAROT A GENÈVE (1542-1543). La réédition de *l'Enfer* (2e Ed., 1542) réveilla l'hostilité du Parlement et la persécution des « *luthéristes* ». Pris de peur, Marot se réfugia à Genève où il fut bien accueilli et traduisit encore vingt psaumes, sous la direction de CALVIN. C'est donc au total un recueil de *Cinquante Psaumes* qu'il publia en août 1543.

4. LA MORT. La légèreté de sa conduite fit scandale et il se réfugia à Chambéry (nov. 1543). Il espérait en vain rentrer en grâce : il passa en Italie, pour rejoindre les troupes françaises victorieuses à Cérisoles. Il mourut à Turin, en 1544. La même année parut à Lyon la *grande édition complète* de ses œuvres.

LA TRADITION MÉDIÉVALE

Les Grands Rhétoriqueurs

A la Cour de Bourgogne, de Malines (en Flandre), et à la Cour de France, fleurit, à la fin du XVe et au début du XVIe siècle, l'école des GRANDS RHÉTORIQUEURS, dont le théoricien fut JEAN MOLINET. Les principaux d'entre eux sont JEAN MESCHINOT, GUILLAUME CRÉTIN, JEHAN MAROT (père de Clément Marot) et surtout JEAN LEMAIRE DE BELGES (1473-1525), neveu de Molinet, qui s'inspire parfois d'Homère et, par son goût de la mythologie, par son sentiment de la nature et de l'amour, annonce déjà la Pléiade. Fidèles aux allégories du *Roman de la Rose*, les Rhétoriqueurs sont plus soucieux de la forme que de la sincérité de l'inspiration. Pour eux, la « *rhétorique* », ou art de bien dire, consiste en raffinements de style, en acrobaties de versification. Ils aiment les *genres fixes* du Moyen Age et en compliquent encore les difficultés par la recherche de *rimes-calembours*, de *rimes équivoquées* (cf. ci-dessous), de fins de vers *en écho* (« à sa corde s'accorde »), de rimes *batelées* (répétées à la césure du vers suivant), de rimes *renforcées* (rime des césures entre elles)... etc.

A l'exemple de son père, Clément Marot a d'abord cultivé cette poésie « savante » et artificielle, l'allégorie, les petits genres traditionnels : ballades, rondeaux, épigrammes et chansons. Mais, dans ces exercices de virtuosité, il était déjà homme d'esprit et les tribulations de son existence le mettront en possession de son vrai génie.

Petite épître au roi

Dans cette *Épître* (1518), qui attira sur lui l'attention de François Ier, le jeune Marot n'est qu'une disciple adroit des « *grands rhétoriqueurs* ». Le « fin du fin » n'était-il pas d'assembler, au prix de trop ingénieux calembours, une succession de *rimes « équivoquées »*, formées du mot « *rime* » et de ses dérivés ? Mais l'éternel Marot se révèle déjà dans cet art de *quémander avec grâce*, d'évoquer sa pauvreté avec bonne humeur et de flatter le roi dans son faible pour la poésie. La Pléiade, il est vrai, n'aura que mépris pour ces flatteries de bouffon, et fera du poète l'égal du prince lui-même.

En m'esbatant je fais rondeaulx en rithme [1],
Et en rithmant bien souvent je m'enrime [2] *;*
Brief, c'est pitié d'entre nous [3] *rithmailleurs,*
Car vous trouvez assez de rithme ailleurs,
Et quand vous plaist, mieulx que moy rithmassez.
Des biens avez et de la rithme assez :
Mais moy, à tout [4] *ma rithme et ma rithmaille,*
Je ne soustiens, dont je suis marry [5], *maille* [6].
Or ce [7] *me dit, un jour, quelque rithmart :*
« *Vien ça, Marot, treuves-tu* [8] *en rithme art*
Qui serve aux gens, toy qui as rithmassé ?
— Ouy vrayment, respond-je, Henry Macé [9] *;*
Car vois-tu bien, la personne rithmante
Qui au jardin de son sens la rithme ente [10],
Si elle n'a des biens en rithmoyant,
Elle prendra plaisir en rithme oyant [11] *;*
Et m'est advis que, si je ne rithmoys,
Mon povre corps ne seroit nourry moys [12],
Ne demy jour : car la moindre rithmette
C'est le plaisir où fault que mon ris [13] *mette* ».
Si [14] *vous supply qu'à ce jeune rithmeur*
Faciez avoir un jour par sa rithme heur [15],
Affin qu'on die, en prose ou en rithmant :
« *Ce rithmailleur qui s'alloit enrimant,*
Tant rithmassa, rithma et rithmonna [16],
Qu'il a congneu [17] *quel bien par rithme on a.* »

— 1 Rime (*th* ne se prononce pas). — 2 M'enrhume (le poète est pauvre et sans feu). — 3 *De nous autres :* François Ier était lui-même poète. — 4 Avec. — 5 Fâché. — 6 Menue monnaie (« Je ne gagne pas un sou »). — 7 Ceci (Ct de *dit*). — 8 Trouves-tu. — 9 Personnage mal connu (ou imaginaire ?). — 10 Greffe (image allégorique). — 11 Entendant (part. de *ouïr*). — 12 La diphtongue *oy* se prononçait *ouè* (App. I B). — 13 Que je mette mon rire. — 14 Aussi je vous... — 15 Bonheur. — 16 Mot créé par Marot. — 17 Connu.

Ballades

I. A Madame d'Alençon (1518), « *pour être couché en son état* », c'est-à-dire pour être inscrit sur la liste de son budget. On étudiera par quel spirituel enchaînement d'images Marot amène chaque fois son amusant refrain. Il a l'art de *solliciter sans ennuyer*.

II. Chant de Mai et de Vertu (publié en 1538). Écho attardé du lyrisme *médiéval :* poésie artificielle de la nature, allégories, banalité des thèmes moraux (fragilité du corps ; éternité de la vertu). Le genre même de la ballade est hérité du Moyen Age. L'originalité de Marot consiste ici à *égarer le lecteur* (strophes 1 et 2), à user habilement du refrain et surtout de l'Envoi.

I

Princesse au cœur noble et rassis [1],
La fortune [2] que j'ai suivie,
Par force m'a souvent assis
Au froid giron de triste vie [3] :
De m'y seoir encor me convie,
Mais je réponds, comme fâché :
D'être assis je n'ai plus envie,
Il n'est que d'être bien couché [4].

Je ne suis point des excessifs
Importuns, mais j'ai la pépie
Dont [5] suis au vent comme un châssis[6],
Et debout, ainsi qu'une espie [7] :
Mais s'une [8] fois, en la copie
De votre état [9] je suis merché [10],
Je crierai plus haut qu'une pie :
Il n'est que d'être bien couché.

L'un soutient contre cinq ou six
Qu'être accoudé, c'est musardie [11],
L'autre, qu'il n'est que d'être assis
Pour bien tenir chère hardie [12],
L'autre dit que c'est mélodie [13]
D'un [14] homme debout bien fiché [15] ;
Mais quelque chose que l'on die,
Il n'est que d'être bien couché.

Envoi

Princesse de vertu [16] remplie
Dire puis [17], comme j'ai touché [18],
Si promesse m'est accomplie :
Il n'est que d'être bien couché.

II

Volontiers en ce mois ici
La terre mue et renouvelle [1] ;
Maints amoureux en font ainsi,
Sujets à faire amour nouvelle
Par légèreté de cervelle,
Ou pour être ailleurs plus contents ;
Ma façon d'aimer n'est pas telle,
Mes amours durent en tout temps.

N'y a si belle dame aussi
De qui la beauté ne chancelle ;
Par temps, maladie ou souci,
Laideur les tire en sa nacelle ;
Mais rien ne peut enlaidir celle
Que servir sans fin je prétends ;
Et pour ce [2] qu'elle est toujours belle,
Mes amours durent en tout temps.

Celle dont je dis tout ceci,
C'est Vertu [3], la nymphe éternelle,
Qui au mont d'honneur éclairci [4]
Tous les vrais amoureux appelle :
« Venez, amants, venez, dit-elle,
Venez à moi, je vous attends ;
Venez, ce dit la jouvencelle,
Mes amours durent en tout temps. »

Envoi

Prince, fais [5] amie immortelle,
Et à la bien aimer entends [6] ;
Lors pourras dire sans cautelle [7] :
« Mes amours durent en tout temps. »

I. A Mme d'Alençon. — 1 Sage. — 2 Destinée. — 3 Étudier l'image. — 4 Jeu de mots, à expliquer — 5 De ce que. — 6 Châssis de fenêtre, exposé au vent. — 7 Sentinelle (Cf. *espion*). — 8 Si une. — 9 Liste des domestiques. — 10 Marqué. — 11 Perte de temps. — 12 Mine assurée. — 13 « *Harmonie* » = belle attitude. — 14 Qu'un. — 15 « *Planté* ». — 16 Valeur. — 17 Je puis dire. — 18 J'en ai « *touché* » (= dit) un mot. — II. Chant de Mai. — 1 Se renouvelle. — 2 Parce que. — 3 Noter les allégories des vers 18 et 19. — 4 Célèbre. — 5 Prends une amie. — 6 Applique-toi. — 7 Ruse (Orth. mod. : *cautèle*).

Rondeaux et Épigrammes

Pourquoi ce rondeau du Bon vieux temps est-il demeuré si célèbre ? Peut-être parce qu'il traduit une illusion permanente de l'âme humaine ; à coup sûr pour la parfaite *harmonie* entre le thème, la simplicité de l'expression et la naïveté, un peu vieillotte et charmante, du genre lui-même. On pense à la *Chanson du roi Henri*, si chère à la franchise d'Alceste (Misanthrope, v. 393-400).

Au bon vieux temps un train d'amour régnait
Qui sans grand art et dons se démenait,
Si [1] qu'un baiser, donné d'amour profonde,
C'était donné [2] toute la terre ronde :
Car seulement au cœur on se prenait.
Et si, par cas, à jouir [3] on venait,
Savez-vous bien comme on s'entretenait ?
Vingt ans, trente ans : cela durait un monde,
Au bon vieux temps.
Or [4] est perdu ce qu'amour ordonnoit :
Rien que pleurs feints, rien que changes on n'oit [5].
Qui voudra donc qu'à aimer je me fonde ?
Il faut premier [6] que l'amour on refonde,
Et qu'on la [7] mène ainsi qu'on la menait
Au bon vieux temps.

Marot, si habile à tourner le poème court, devait triompher dans l'*épigramme*. On le verra passer, en se jouant, de l'épigramme *héroïque* (le mot est de Voltaire) sur Samblançay [8] au ton familier du solliciteur (une fois de plus !)

Lorsque Maillart [9], juge d'Enfer, menait
A Montfaucon Samblançay l'âme rendre,
A votre avis, lequel des deux tenait
Meilleur maintien ? Pour le [10] vous faire entendre,
Maillart semblait homme qui mort va prendre,
Et Samblançay fut si ferme vieillard,
Que l'on cuidait [11], pour vrai, qu'il menât [12] pendre
A Montfaucon, le lieutenant Maillart.

*

Mon second roi [13], j'ai une haquenée [14]
D'assez bon poil, mais vieille comme moi
A tout le moins ; longtemps a qu'elle est née,
Dont elle est faible et son maître en émoi.
La pauvre bête, aux signes que je voi [15],
Dit qu'à grand peine ira jusqu'à Narbonne :
Si vous voulez en donner une bonne,
Savez comment Marot l'acceptera ?
D'aussi bon cœur comme la sienne il donne
Au fin premier qui la demandera.

— 1 Si bien que. — 2 Comme si on avait donné — 3 A s'aimer mutuellement. — 4 Maintenant. — 5 *Oit :* pr. *ouè*. On n'entend (*parler*) que d'infidélités. — 6 D'abord. — 7 *Amour* est féminin. — 8 Surintendant des finances. Accusé à tort d'avoir falsifié les comptes, il fut pendu à Montfaucon (1527). Il était très sage, très populaire, et l'on craignit une émeute au moment de l'exécution : d'où l'épigramme de Marot. — 9 Lieutenant de police qui avait malmené Marot dans l'*Enfer* du Châtelet (1526). — 10 Ordre des pronoms fréquent chez Marot, et encore chez Montaigne (cf. App. II C 1) — 11 Croyait. — 12 Subj. (App. II, E, 2, a). — 13 Le roi de Navarre, mari de Marguerite, protectrice du poète. — 14 Jument. — 15 Orth. étym. (< *video*).

"LA GRAND AMYE"

Son amour très pur, très délicat pour ANNE D'ALENÇON inspire à MAROT des pièces charmantes comme le *Rondeau* où il chante leur « alliance ». On étudiera dans les épigrammes que nous citons ensuite le *badinage précieux* du « dizain de neige », l'émotion discrète et sincère à propos du « partement » d'Anne. Cet art de dire des riens avec grâce, MAROT le doit à la Cour, sa « *maîtresse d'école* », et à l'influence de la *préciosité italienne*.

Dedans Paris...

Dedans Paris, ville jolie,
Un jour passant [1] mélancolie,
Je pris alliance nouvelle
A la plus gaie [2] demoiselle
Qui soit d'ici en Italie.

D'honnêteté elle est saisie [3],
Et crois, selon ma fantaisie [4],
Qu'il n'en est guère de plus belle
Dedans Paris.

Je ne vous la nommerai mie,
Sinon qu'elle est ma grand [5] amie,
Car l'alliance se fit telle [6],
Par un doux baiser que j'eus d'elle,
Sans penser aucune infamie,
Dedans Paris.

Le dizain de neige

Anne, par jeu, me jeta de la neige,
Que je cuidais [7] froide certainement ;
Mais c'était feu ; l'expérience en ai-je,
Car embrasé je fus soudainement.
Puisque le feu loge secrètement
Dedans la neige, où trouverai-je place
Pour n'ardre [8] point ? Anne, ta seule grâce [9]
Eteindre peut le feu que je sens bien,
Non point par eau, par neige, ni par glace,
Mais par sentir [10] un feu pareil au mien.

Du partement d'Anne

Où allez-vous, Anne ? que je le sache,
Et m'enseignez avant que de partir
Comme ferai [11], afin que mon œil cache
Le dur regret du cœur triste et martyr.
Je sais comment ; point ne faut m'avertir :
Vous le prendrez, ce cœur, je le vous livre ;
L'emporterez pour le rendre délivre [12]
Du deuil qu'aurait loin de vous en ce lieu ;
Et pour autant qu'on ne peut sans cœur vivre
Me laisserez le vôtre, et puis adieu.

— 1 *Traversant* Mélancolie (sans m'y arrêter). Image élégante. — 2 Deux syllabes ; *A* = avec. — 3 Munie. — 4 Imagination. — 5 Féminin semblable au masculin, comme au Moyen Age. — 6 A cette condition (de ne pas la nommer). — 7 Croyais. — 8 Brûler (*ardere*). — 9 Seule ta grâce. — 10 En sentant. — 11 Comment *je* ferai. — 12 Pour le délivrer.

A SON AMI LION

Prisonnier au CHATELET pour avoir « mangé le lard » (1526), MAROT, en grand danger d'être torturé (cf. *L'Enfer*), risque même d'être brûlé. Il appelle au secours son ami, le Poitevin LÉON JAMET, et comme en Poitou Léon se prononçait *Lion*, notre poète adapte spirituellement à son propre cas la fable du *Lion* et du *Rat*. Nous voilà bien loin des laborieux calembours des rhétoriqueurs : par sa verve pittoresque, par sa grâce, par sa bonne humeur, Marot se montre déjà *le maître incontesté de l'Épître*.

... Je te veux dire une belle fable
C'est à savoir du lion et du rat.
Cestui [1] lion, plus fort qu un vieil verrat [2],
Vit une fois que le rat ne savait
Sortir d'un lieu, pour autant [3] qu'il avait
Mangé le lard [4] et la chair toute crue.
Mais ce lion (qui jamais ne fut grue [5])
Trouva moyen, et manière et matière [6],
D'ongles et dents, de rompre la ratière,
Dont maître rat échappe vitement,
Puis mit à terre un genou gentiment,
Et, en ôtant son bonnet de la tête,
A mercié mille fois la grand bête,
Jurant le dieu des souris et des rats
Qu'il lui rendrait [7]. Maintenant, tu verras
Le bon du conte [8]. Il advint d'aventure
Que le lion, pour chercher sa pâture,
Saillit [9] dehors sa caverne et son siège,
Dont [10], par malheur, se trouva pris au piège,
Et fut lié contre un ferme poteau.
Adonc [11] le rat, sans serpe ni couteau,
Y arriva joyeux et ébaudi [12],
Et du lion, pour vrai, ne s'est gaudi [13] ;
Mais dépita [14] chats, chattes et chatons,
Et prisa fort rats, rates et ratons,
Dont [15] il avait trouvé temps favorable
Pour secourir le lion secourable,
Auquel a dit : « Tais-toi, lion lié [16],
Par moi seras maintenant délié ;
Tu le vaux bien, car le cœur joli [17] as ;
Bien y parut, quand tu me délias.
Secouru m'as fort lionneusement,

— 1 Ce. — 2 Porc. Essayez de préciser l'allusion. — 3 Parce que. — 4 Allusion directe à l'emprisonnement de Marot. — 5 Sot. — 6 Qu'exprime ce redoublement d'expression ? Noter aux v. 8-9 les allitérations chères aux rhétoriqueurs. — 7 Justifier le rejet. — 8 Cet avertissement épuise-t-il l'intérêt du récit ? — 9 Bondit. — 10 Par suite de quoi. — 11 Alors. — 12 *Réjoui*. Expliquer cette joie. — 13 Moqué. — 14 *Méprisa*. Montrer la vie de tout le passage suivant. — 15 De ce que. — 16 Nouvelle allitération. — 17 Noble. —

Or, secouru seras rateusement [18]. »
  Lors le lion ses deux grands yeux vêtit [19],
Et vers le rat les tourna un petit [20],
En lui disant : « O pauvre verminière [21],
Tu n'as sur toi instrument ni manière,
Tu n'as couteau, serpe ni serpillon,
Qui pût couper corde ni cordillon,
Pour me jeter [22] de cette étroite voie.
Va te cacher, que le chat ne te voie [23].
— Sire lion, dit le fils de souris,
De ton propos, certes, je me souris.
J'ai des couteaux assez, ne te soucie,
De bel os blanc, plus tranchants qu'une scie ;
Leur gaine, c'est ma gencive et ma bouche ;
Bien couperont la corde qui te touche
De si très près [24] ; car j'y mettrai bon ordre. »
  Lors sire rat va commencer à mordre
Ce gros lien ; vrai est qu'il y songea
Assez longtemps, mais il le vous rongea
Souvent, et tant, qu'à la parfin tout rompt [25] ;
Et le lion de s'en aller fut prompt,
Disant en soi : « Nul plaisir, en effet,
Ne se perd point [26], quelque part où soit fait [27]. »
Voilà le conte en termes rimassés :
Il est bien long, mais il est vieil assez,
Témoin Esope et plus d'un million.
  Or, viens me voir, pour faire le lion [28],
Et je mettrai peine, sens [29] et étude
D'être le rat, exempt d'ingratitude :
J'entends, si Dieu te donne autant d'affaire [30]
Qu'au grand lion, ce qu'il ne veuille faire.

– *Comment, en contant ce récit,* MAROT *fait-il connaître sa situation et appelle-t-il à son secours ?*
– *Étudiez : a) l'art de conduire le récit ; – b) le pittoresque ; – c) les effets de versification.*
– *D'après leurs paroles et leurs actes, définissez le caractère du Lion et celui du Rat.*
– ***Essai.*** *L'utilisation des procédés des Rhétoriqueurs (cf. p. 14) dans les extraits de* MAROT.
• **Groupe thématique : L'art de solliciter** a) dans les épîtres de MAROT ; – b) MOYEN AGE, p. 188.
EXERCICE : *Comparer avec* LA FONTAINE : Le Lion et le Rat (II, 11).

Entre les pattes d'un Lion
Un Rat sortit de terre assez à l'étourdie.
Le roi des animaux, en cette occasion,
Montra ce qu'il était, et lui donna la vie.
Ce bienfait ne fut pas perdu.
Quelqu'un aurait-il jamais cru
Qu'un lion d'un rat eût affaire ?
Cependant il advint qu'au sortir des forêts
Ce Lion fut pris dans des rets
Dont ses rugissements ne le purent défaire.
Sire Rat accourut, et fit tant par ses dents
Qu'une maille rongée emporta tout l'ouvrage.
Patience et longueur de temps
Font plus que force ni que rage.

18 Nuance de ces adverbes ? — 19 *Revêtit* (de ses paupières). Étudier le rythme expressif des vers 34, 35, 36. — 20 Un peu. — 21 Vermisseau. — 22 Tirer de... — 23 Commenter l'idée et le rythme. — 24 Justifier les rejets des v. 48, 50, 51, 52. — 25 Comment Marot a-t-il traduit la lenteur du travail et la brusquerie du résultat ? — 26 Noter la triple négation : nul, ne, point. — 27 Qu'est-ce qui fait la valeur de cette moralité ? — 28 Montrer que l'appel est ici très direct. — 29 Intelligence. — 30 *Embarras.* Pourquoi ce dernier trait ?

AU ROI, " POUR LE DÉLIVRER DE PRISON "

Octobre 1527. MAROT est de nouveau en prison, mais l'affaire est moins grave qu'en 1526 : aussi expose-t-il son cas, cette fois, sans allégorie. Récit *pittoresque* où le prisonnier plaisante sur sa mésaventure et met ainsi le roi de son côté. De ses *études juridiques* il a gardé assez de souvenirs pour se tirer élégamment d'affaire : il réduit la cause à un *différend entre deux plaideurs* (le roi et lui-même), qui peut fort bien se régler à l'amiable... et au profit de MAROT. Chef-d'œuvre d'humour et « *d'élégant badinage* » (BOILEAU).

Roi des Français, plein de toutes bontés,
Quinze jours a [1], je les ai bien comptés,
Et dès demain seront justement seize [2],
Que je fus fait [3] confrère au diocèse
De Saint-Marry, en l'église Saint-Pris [4].
Si [5] vous dirai comment je fus surpris,
Et me déplaît qu'il faut que je le die [6].
    Trois grands pendards [7] vinrent à l'étourdie [8]
En ce palais me dire en désarroi :
« Nous vous faisons prisonnier, par le Roi [9]. »
Incontinent, qui fut bien étonné ?
Ce fut Marot, plus que s'il eût tonné [10].
Puis m'ont montré un parchemin écrit,
Où n'y avait seul mot de Jésus-Christ :
Il ne parlait tout que de plaiderie,
De conseillers et d'emprisonnerie [11].
« Vous souvient-il, ce me dirent-ils lors,
Que vous étiez l'autre jour là-dehors,
Qu'on recourut [12] un certain prisonnier
Entre nos mains ? » Et moi de le nier [13] !
Car, soyez sûr, si j'eusse dit oui [14],
Que le plus sourd d'entre eux m'eût bien ouï
Et d'autre part, j'eusse publiquement
Eté menteur : car, pourquoi et comment
Eussé-je pu un autre recourir,
Quand je n'ai su moi-même secourir [15] ?
Pour faire court, je ne sus tant prêcher
Que ces paillards [16] me voulsissent [17] lâcher.

— 1 Il y a. — 2 Pourquoi cette insistance naïve ? — 3 Justifier cette forme passive. — 4 Jeu de mots. St Merry (pron. *marri* = attristé) est une église proche du Châtelet : on invoquait ce saint pour la libération des prisonniers. St Prix est un nom de village : *être de St Prix* (pr. pris) se disait plaisamment pour « *être en prison* ». — 5 Donc, *je* vous... — 6 *Dise* (vieille forme de subj. présent). Préciser le ton. — 7 Il s'agit des « sergents » ! — 8 Sans réfléchir (il est ami du roi !) — 9 Formule juridique, que Marot va prendre à la lettre. — 10 Cherche-t-il à apitoyer sur sa détresse ? — 11 Qu'a-t-il retenu du parchemin ? — 12 Reprendre sur l'ennemi (primitivement : *rescourre :* cf. « *à la rescousse* »). — 13 Seule attitude possible : il prend le roi à témoin ! — 14 Deux syllabes. — 15 Cette argutie de plaideur *prouve-t-elle* son innocence ? — 16 Coquins. — 17 Voulussent (subj. imp.).

Sur mes deux bras ils ont la main posée,
Et m'ont mené ainsi qu'une épousée,
Non pas ainsi, mais plus roide un petit [18].
Et toutefois j'ai plus grand appétit
De pardonner à leur folle fureur
Qu'à celle-là de mon beau procureur [19] :
Que male mort les deux jambes lui casse !
Il a bien pris de moi une bécasse,
Une perdrix, et un levraut aussi,
Et toutefois je suis encore ici [20] !
Encor je crois, si j'en envoyais plus,
Qu'il le prendrait ; car ils [21] ont tant de glus
Dedans leurs mains, ces faiseurs de pipée [22],
Que toute chose où touchent est grippée [23].
  Mais, pour venir au point [24] de ma sortie,
Tant doucement j'ai chanté ma partie [25]
Que nous avons bien accordé ensemble,
Si que [26] n'ai plus affaire, ce me semble,
Sinon à vous [27]. La partie est bien forte :
Mais le droit point où je me réconforte,
Vous n'entendez procès non plus que moi.
Ne plaidons point ; ce n'est que tout émoi [28].
Je vous en crois, si je vous ai méfait.
Encor posé le cas que l'eusse fait,
Au pis aller n'y cherrait [29] qu'une amende :
Prenez le cas que je la vous demande ;
Je prends le cas que vous me la donnez [30],
Et si plaideurs [31] furent onc étonnés
Mieux que ceux-ci, je veux qu'on me délivre,
Et que soudain en ma place on les livre.
  Si vous suppli, Sire, mander par lettre [32]
Qu'en liberté vos gens me veuillent mettre ;
Et si j'en sors, j'espère qu'à grand peine
M'y reverront, si on ne m'y ramène.

— 18 *Un peu.* Étudier, dans ce passage, l'art d'évoquer, à demi-mot, les mauvais traitements. — 19 Avocat de Marot. — 20 Qu'y a-t-il d'amusant dans cette protestation ? — 21 Marot vise maintenant *tous* les gens de justice (juges, conseillers...), dont la rapacité sera combattue en 1535 par une ordonnance royale. — 22 Chasse où l'on attire les oiseaux sur la glu (le mot est ici au pluriel) en imitant leur propre cri (= ces *trompeurs*). — 23 Saisie avidement (cf. *Grippeminaud*, le juge de Rabelais). — 24 Marot associe le Roi, *son ami*, à cette préoccupation si naturelle ! — 25 Métaphores musicales (*chanté ma partie ; accordé*) et jeu de mots. Il s'est entendu (*accordé*) avec sa partie *civile* (indemnité aux sergents qu'il a rossés). Il lui reste à répondre de sa rébellion (action *publique*). — 26 Si bien que je... — 27 *Qu'à vous.* C'est-à-dire à l'*autorité* royale, que Marot feint de confondre avec la *personne* du roi. — 28 Souci. — 29 « *Tomberait* » Comprendre : je n'encourrais. — 30 Quel art de solliciter ! — 31 Ce mot désigne ici les *magistrats.* Les deux amis s'entendent maintenant pour jouer un bon tour... à la justice ! — 32 Une lettre datée du 1er novembre, ordonna la libération de Marot, « *notre cher et bien aimé valet de chambre ordinaire* ».

Très humblement [33] requérant votre grâce
De pardonner à ma trop grande audace
D'avoir empris [34] ce sot écrit vous faire ;
Et m'excusez, si pour le mien affaire
Je ne suis point vers vous allé parler :
Je n'ai pas eu le loisir [35] d'y aller.

– *D'après les vers 43-47, précisez la situation juridique de* Marot. *Quel est l'objet de sa lettre ?*
– *Sur quel ton* Marot *parle-t-il au Roi ? Quelle solution lui propose-t-il ? Sur quelle équivoque repose-t-elle, à propos du Roi et des gens de justice ?*
– *Étudiez la satire de la justice et le rôle de cette satire dans la supplique de* Marot.
– *Montrez comment le poète présente ses déboires sous un jour amusant : a) par le pittoresque de sa mésaventure ; – b) par sa feinte naïveté. Pourquoi procède-t-il ainsi ?*
• **Groupe thématique : Le poète et le prince.** Cf. Marot et XVIe siècle, p. 112, 154, 157, 179.

AU ROI, « POUR AVOIR ÉTÉ DÉROBÉ »

Premier janvier 1532 : à la fin de cette épître, Marot adresse ses vœux à François Ier : « *Dieu tout-puissant te doint pour t'étrenner Les quatre coins du monde gouverner* ». Il saisit l'occasion d'attirer d'abord l'attention du roi sur sa propre détresse. Essayera-t-il d'apitoyer le monarque par un douloureux récit ? Le subtil quémandeur connaît mieux son affaire ! Il dissimule adroitement son angoisse sous une *apparente bonhomie*, plaisante sur sa propre misère et introduit sa *demande d'argent* avec une verve irrésistible : c'est l'essence même du *badinage* marotique.

J'avais un jour un valet de Gascogne,
Gourmand, ivrogne, et assuré menteur,
Pipeur [1], larron, jureur, blasphémateur,
Sentant la hart [2] de cent pas à la ronde,
Au demeurant, le meilleur fils du monde [3]. (...)
  Ce vénérable hillot [4] fut averti
De quelque argent que m'aviez départi [5],
Et que ma bourse avait grosse apostume [6] ;
Si [7] se leva plus tôt que de coutume,
Et me va prendre en tapinois icelle ;
Puis la vous mit très bien sous son aisselle,
Argent et tout, cela se doit entendre [8],
Et ne crois point que ce fût pour la rendre,
Car onques puis [9] n'en ai ouï parler.
  Bref, le vilain ne s'en voulut aller
Pour si petit [10], mais encore il me happe

— 33 Expliquer ce changement de ton. — 34 Entrepris. — 35 Permission (*licere*). A quoi tend ce dernier trait ?

— 1 Trompeur (cf. p. 22 v. 41). — 2 Corde du gibet. — 3 En quoi cette formule est-elle amusante ? — 4 Garçon (mot gascon ; pr. *iyott*). — 5 Attribué. — 6 Tumeur, enflure. — 7 Aussi. — 8 Étudier la feinte naïveté des v. 9-21. — 9 Jamais depuis. — 10 Peu. —

Saie [11] et bonnet, chausses, pourpoint et cape ;
De mes habits, en effet, il pilla
Tous les plus beaux [12] ; et puis s'en habilla
Si justement, qu'à le voir ainsi être
Vous l'eussiez pris, en plein jour, pour son maître [13].
Finablement, de ma chambre il s'en va
Droit à l'étable, où deux chevaux trouva ;
Laisse le pire, et sur le meilleur monte,
Pique et s'en va. Pour abréger le conte,
Soyez certain qu'au sortir dudit lieu
N'oublia rien, fors [14] à me dire adieu.
  Ainsi s'en va, chatouilleux de la gorge [15],
Ledit valet, monté comme un Saint George [16],
Et vous laissa Monsieur dormir son soûl,
Qui au réveil n'eût su finer [17] d'un sou.
Ce Monsieur-là, Sire, c'était moi-même,
Qui, sans mentir, fus au matin bien blême,
Quand je me vis sans honnête [13] vêture,
Et fort fâché de perdre ma monture ;
Mais, de l'argent [19] que vous m'aviez donné,
Je ne fus point de le perdre étonné ;
Car votre argent, très débonnaire [20] Prince,
Sans point de faute, est sujet à la pince [21].
  Bientôt après cette fortune-là,
Une autre pire encore se mêla
De m'assaillir, et chacun jour m'assaut,
Me menaçant de me donner le saut,
Et de ce saut m'envoyer à l'envers
Rimer sous terre et y faire des vers [22].
C'est une lourde et longue maladie
De trois bons mois, qui m'a toute élourdie
La pauvre tête, et ne veut terminer,
Ains [23] me contraint d'apprendre à cheminer ;
Tout affaibli m'a d'étrange manière,
Et si m'a fait la cuisse héronnière [24],
L'estomac sec, le ventre plat et vague...
  Que dirai plus ? Au misérable corps
Dont je vous parle, il n'est demeuré fors
Le pauvre esprit, qui lamente et soupire,
Et en pleurant tâche à vous faire rire [25].

11 Casaque. — 12 Commenter l'inversion et le rejet. — 13 Comment Marot prend-il cette aventure ? — 14 Sauf (cp. *hors*). — 15 Parce qu'il est menacé de la « hart » (cf. note 2). — 16 Qui combattit, à cheval, un terrible dragon. — 17 S'acquitter (cf. *finance*). — 18 Honorable. — 19 Quant à l'argent... A quoi tend ce rappel ? — 20 Noble. — 21 Allusion à la dilapidation du Trésor. — 22 Plaisanterie de mauvais goût. — 23 Mais. — 24 Maigre comme celle d'un héron. — 25 Étudier cette définition émouvante de son art.

Et pour autant [26], Sire, que suis à vous,
De trois jours l'un viennent tâter mon pouls
Messieurs Braillon, Le Coq, Akakia [27],
Pour me garder d'aller jusqu'à *quia* [28].
Tout consulté, ont remis au printemps
Ma guérison ; mais, à ce que j'entends,
Si je ne puis au printemps arriver,
Je suis taillé [29] de mourir en hiver ;
Et en danger, si en hiver je meurs,
De ne voir pas les premiers raisins meurs [30].
Voilà comment, depuis neuf mois en çà,
Je suis traité. Or ce que me laissa
Mon larronneau, longtemps a [31] l'ai vendu,
Et en sirops et juleps [32] dépendu [33] ;
Ce néanmoins [34], ce que je vous en mande
N'est pour vous faire ou requête, ou demande :
Je ne veux point tant de gens ressembler
Qui n'ont souci autre que d'assembler ;
Tant qu'ils vivront, ils demanderont, eux [35] ;
Mais je commence à devenir honteux,
Et ne veux plus à vos dons m'arrêter.
Je ne dis pas, si voulez rien [36] prêter,
Que ne le prenne. Il n'est point de prêteur,
S'il veut prêter, qui ne fasse un debteur [37].
Et savez-vous, Sire, comment je paye ?
Nul ne le sait, si premier [38] ne l'essaye ;
Vous me devrez, si je puis, de retour ;
Et vous ferai encores un bon tour.
A celle fin [39] qu'il n'y ait faute [40] nulle,
Je vous ferai une belle cédule [41]
A vous payer (sans usure [42], il s'entend)
Quand on verra tout le monde content [43] ;
Ou, si voulez, à payer ce sera,
Quand votre los [44] et renom cessera.

– *Quelles sont, selon vous, les qualités de la narration dans l'épisode du valet de Gascogne ? Sur quel ton* MAROT *parle-t-il de son voleur ? Voyez-vous pourquoi ?*
– *Comment le poète évoque-t-il sa maladie ? A quels sentiments de son protecteur s'adresse-t-il ?*
– *Étudiez l'art de présenter la requête dans la dernière partie de l'épître.*
• **Groupe thématique : L'art de conter** a) dans les *Epîtres ;* – b) dans l'*Eglogue au Roi* (p. 28).

— 26 Parce que... — 27 Trois illustres médecins de la Cour. — 28 A la dernière extrémité (*quia* = Parce que... Réponse de celui qui reste sans argument). — 29 Capable de. — 30 *Meurs :* Mûrs. — 31 Il y a longtemps que. — 32 Potions. — 33 Dépensé. — 34 Malgré cela. — 35 Étudier comment Marot prépare sa demande d'argent. — 36 Quelque chose (lat. *rem*). — 37 Naïveté apparente. Quelle est l'idée profonde ? — 38 *D'abord.* Promesse mystérieuse pour piquer la curiosité. A expliquer par le vers suivant. — 39 Afin que. — 40 *Défaillance* (du débiteur). — 41 Engagement écrit. — 42 Intérêt. — 43 Sens de ce vers, et du v. 90 ? — 44 Gloire.

Au Roi, du temps de son exil à Ferrare

Le calme revient en France, et MAROT se décide à plaider sa cause (mai ou juin 1535). S'il s'est exilé, c'est, dit-il, pour échapper à l'iniquité des juges prévenus contre lui depuis la satire de *l'Enfer*. Les ennuis du poète viennent aussi de « *l'ignorante Sorbonne* », ennemie des esprits cultivés. Ainsi, très habilement, Marot associe sa cause à celle du roi, protecteur des beaux arts. Voici maintenant le point délicat : *l'accusation d'hérésie.* On étudiera comment MAROT, écrivant au *roi catholique*, mais ne pouvant abjurer nettement puisqu'il est à Ferrare, s'arrange pour proclamer sa *foi chrétienne*, sur un ton très pénétré, sans toutefois reconnaître l'autorité catholique ni abdiquer le droit de juger uniquement d'après les Écritures. Il va même jusqu'à souhaiter le *martyre*..., mais c'est pour introduire le vœu, plus modéré, d'honorer Dieu dans tous ses écrits. Ce *mélange de rouerie et de sincérité* ne peut s'accepter que si l'on songe au *danger réel* auquel exposaient alors les haines religieuses : ÉTIENNE DOLET sera brûlé par les catholiques en 1546, MICHEL SERVET par les Calvinistes en 1553.

Eux et leur cour [1], en absence et en face,
Par plusieurs fois m'ont usé de menace,
Dont la plus douce était en criminel
M'exécuter [2]. Que plût à l'Éternel,
Pour le grand bien du peuple désolé [3],
Que leur désir de mon sang fût soûlé [4],
Et tant d'abus, dont ils se sont munis [5],
Fussent à clair découverts et punis !
O quatre fois et cinq fois bien heureuse
La mort [6], tant soit cruelle [7] et rigoureuse
Qui ferait seule un million de vies
Sous tels abus n'être plus asservies !
  Or, à ce coup, il est bien évident
Que dessus [8] moi ont une vieille dent,
Quand, ne pouvant crime sur moi prouver,
Ont très bien quis [9], et très bien su trouver,
Pour me fâcher [10], brève expédition [11],
En te donnant mauvaise impression
De moi, ton serf [12], pour, après, à leur aise
Mieux mettre à fin [13] leur volonté mauvaise ;
Et, pour ce faire, ils n'ont certes eu honte
Faire courir de moi vers toi maint conte,
Avecques bruit plein de propos menteurs,
Desquels ils sont les premiers inventeurs.
De luthériste ils m'ont donné le nom :
Qu'à droit ce soit, je leur réponds que non.
Luther pour moi des cieux n'est descendu [14],

— 1 Le *Parlement*, dévoué à la Sorbonne. *M'ont usé de menace* = M'ont menacé (La périphrase est construite comme le v. simple). — 2 Mots mis en valeur par ce rejet ? (cf. v. 10, 19, 33... etc.). — 3 Montrer que Marot élève le débat. — 4 *Rassasié*. Au XVIe s. le mot n'est pas trivial. — 5 Fortifiés (*lat. :* munire). — 6 Souhait gratuit, pour étayer sa défense. Il écrira l'année suivante : *Il vaut mieux s'excuser d'absence Qu'être brûlé...* — 7 Si cruelle soit-elle. — 8 *Sur* (= Contre) Jusqu'à Vaugelas, on confond les adv. et les prép. correspondantes. — 9 Cherché (part. pass. de *querir ;* cf. v. 33 : *quiert*). — 10 Tourmenter. — 11 Moyen rapide. — 12 Habile défense contre les calomnies de poètes rivaux, Sagon, La Hueterie, etc... — 13 Mener à terme. — 14 Cette opposition entre Luther et le Christ prouve-t-elle la foi catholique de Marot ?

Luther en croix n'a point été pendu
Pour mes péchés ; et, tout bien avisé,
Au nom de lui ne suis point baptisé :
Baptisé suis au nom qui tant bien sonne
Qu'au són de lui le Père éternel donne
Ce que l'on quiert : le seul nom sous les cieux
En et par qui ce monde vicieux
Peut être sauf ; le nom tant fort puissant
Qu'il a rendu tout genou fléchissant,
Soit infernal, soit céleste ou humain [15] ;
Le nom par qui du Seigneur Dieu la main
M'a préservé de ces grands loups rabis [16],
Qui m'épiaient dessous peaux de brebis.
O Seigneur Dieu, permettez-moi de croire
Que réservé m'avez à votre gloire :
Serpents tortus et monstres contrefaits,
Certes, sont bien à votre gloire faits.
Puisque n'avez voulu donc condescendre
Que ma chair vile ait été mise en cendre,
Faites au moins, tant que serai vivant,
Que votre honneur soit ma plume écrivant [17] ;
Et si ce corps avez prédestiné
A être un jour par flamme terminé,
Que ce ne soit au moins pour cause folle,
Ainçois [18] pour vous et pour votre parole ;
Et vous suppli, Père, que le tourment [19]
Ne lui soit pas donné si véhément
Que l'âme vienne à mettre en oubliance
Vous, en qui seul gît toute sa fiance [20],
Si que [21] je puisse, avant que d'assoupir [22],
Vous invoquer jusqu'au dernier soupir.
Que dis-je ? où suis-je ? O noble roi François,
Pardonne-moi, car ailleurs je pensois.

Suit le récit de perquisitions faites chez lui, où l'on a trouvé des livres défendus : mais un poète ne doit-il pas connaître tous les livres? Il lui suffit de savoir distinguer tout ce qui s'accorde avec les Saintes Écritures ! Marot se mettait en route pour se disculper auprès du monarque, quand éclata le " Scandale des Placards ". *On lui a fait craindre un mauvais accueil et il s'est réfugié auprès de la* duchesse de Ferrare, *belle-sœur du roi. Il n'a donc pas abandonné le service du roi : son aventure* " vient plutôt de malheur que de vice ".

A MONSEIGNEUR LE DAUPHIN

L'ÉPITRE AU ROI *n'était qu'une apologie de Marot pour préparer son retour. Le mois suivant, l'habile courtisan adresse une* ÉPITRE AU DAUPHIN *lui demandant de lui faire accorder par le roi " un petit sauf-conduit " de six mois pour revoir ses trois enfants :*

Non pour aller visiter mes châteaux Mais bien pour voir mes petits Maroteaux.

Et Marot d'évoquer les délices du retour, pour finalement admettre qu'on pourrait bien l'autoriser à rester définitivement en France : il a si bien appris, en exil, à tenir sa langue !

— 15 Écho direct de Saint Paul : « *qu'au nom de Jésus tout genou fléchisse dans les cieux, sur terre et en enfer* » (*Phil.* II, 10). — 16 Enragés. Préciser cette allusion à double sens. — 17 Que ma plume écrive en votre honneur. — 18 Mais plutôt. — 19 La torture. — 20 Confiance. — 21 Si bien que. — 22 M'endormir (Noter l'omission du réfléchi).

Églogue au Roi sous les noms de Pan et Robin

Cette charmante *Eglogue* parut en 1539. Le « pastoureau » ROBIN (*Marot*) adresse son « chant rural » à PAN, dieu des bergers (*François Ier*). Usant de transparentes *allusions*, il lui conte sa jeunesse insouciante et les leçons qu'il a reçues de son père ; puis il rappelle au dieu la faveur dont il a comblé ses succès poétiques. Mais voici *l'automne :* le pastoureau sent venir *l'hiver* et demande au dieu des bergers sa protection. L'appel fut entendu et Pan offrit à Robin une maison. Cette églogue où passent des souvenirs de Virgile et de la poésie alexandrine n'en évoque pas moins *la nature* et les scènes champêtres avec une étonnante *fraîcheur*. Et quelle souveraine *élégance* dans l'expression !

Sur le printemps de ma jeunesse folle,
Je ressemblais l'arondelle [1] qui vole
Puis çà, puis là : l'âge me conduisait
Sans peur ni soin [2], où le cœur me disait.
En la forêt, sans la crainte des loups,
Je m'en allais souvent cueillir le houx,
Pour faire glu à prendre oiseaux ramages [3],
Tous différents de chants et de plumages ;
Ou me soulais [4], pour les prendre, entremettre
A faire brics [5], ou cages pour les mettre ;
Ou transnouais [6] les rivières profondes,
Ou renforçais sur le genou les fondes [7],
Puis d'en tirer droit et loin j'apprenois
Pour chasser loups et abattre des noix.
Oh ! quantes [8] fois aux arbres grimpé j'ai,
Pour dénicher ou la pie ou le geai,
Ou pour jeter des fruits jà mûrs et beaux,
A mes compaings [9], qui tendaient leurs chapeaux !
Aucunes fois [10], aux montagnes allais,
Aucunes fois aux fosses dévalais,
Pour trouver là les gîtes des fouines,
Des hérissons ou des blanches hermines,
Ou, pas à pas, le long des buissonnets,
Allais cherchant les nids des chardonnets [11]
Ou des serins, des pinsons ou linottes.
Déjà pourtant, je faisais quelques notes
De chant rustique, et dessous les ormeaux,
Quasi enfant, sonnais des chalumeaux.
Si [12] ne saurais bien dire ni penser
Qui m'enseigna sitôt d'y commencer,
Ou la nature aux Muses inclinée,
Ou ma fortune, en cela destinée
A te [13] servir : si ce ne fut l'un d'eux,
Je suis certain que ce furent tous deux.

— 1 *A* l'hirondelle (emploi transitif de *ressembler*). — 2 Souci. — 3 Qui vivent dans la ramée. — 4 J'avais l'habitude. — 5 M'occuper à faire des pièges. — 6 Traversais à la nage. — 7 Frondes. — 8 Combien de. — 9 Compagnons. — 10 Parfois. — 11 Chardonnerets. — 12 Aussi. — 13 Il s'adresse au dieu PAN (= François Ier).

Ce que voyant, le bon Jeannot [14], mon père,
Voulut gager à Jacquet [15] son compère,
Contre un veau gras deux agnelets bessons [16],
Que quelque jour je ferais des chansons
A ta louange, ô Pan, dieu très sacré,
Voire [17] chansons qui te viendraient à gré.
Et me souviens que bien souvent aux fêtes,
En regardant de loin paître nos bêtes,
Il me soulait une leçon donner,
Pour doucement la musette entonner,
Ou à dicter [18] quelque chanson rurale,
Pour la chanter en mode pastorale.
Aussi le soir, que les troupeaux épars
Étaient serrés et remis en leurs parcs,
Le bon vieillard après [19] moi travaillait,
Et à la lampe assez tard me veillait,
Ainsi que font [20] leurs sansonnets ou pies
Auprès du feu bergères accroupies [21].
Bien est-il vrai que ce lui était peine !
Mais de plaisir elle [22] était si fort pleine,
Qu'en ce faisant, semblait au bon berger
Qu'il arrosait en son petit verger
Quelque jeune ente [23], ou que téter faisait
L'agneau qui plus en son parc lui plaisait ;
Et le labeur qu'après moi il mit tant,
Certes, c'était afin qu'en l'imitant,
A l'avenir, je chantasse le los [24]
De toi, ô Pan, qui augmentas son clos,
Qui conservas de ses prés la verdure,
Et qui gardas ses troupeaux de froidure [25]. (...)
Mais maintenant que je suis en l'automne,
Ne sais quel soin inusité m'étonne,
De tel façon que de chanter la veine
Devient en moi non point lasse ni vaine,
Ains [26] triste et lente, et certes, bien souvent,
Couché sur l'herbe, à la fraîcheur du vent,
Vois ma musette à un arbre pendue
Se plaindre à moi qu'oisive l'ai rendue. (...)
J'ois [27], d'autre part, le pivert jargonner,
Siffler l'écouffle [28], et le butor [29] tonner ;
Vois l'étourneau, le héron et l'aronde [30]
Étrangement voler tout à la ronde,
M'avertissant de la froide venue
Du triste hiver qui la terre dénue.

— 14 *Jehan* MAROT, poète d'Anne de Bretagne, puis de François Ier. — 15 *Jacques* COLIN, secrétaire du roi. — 16 Jumeaux. — 17 Et même. — 18 Composer. — 19 Préciser le sens de la préposition. — 20 Cf. p. 156 n. 42. — 21 Joli tableau pittoresque. — 22 Cette peine. — 23 Arbre récemment greffé. — 24 Louange. — 25 Robin évoque alors « *l'été* » de sa vie où ses chansons lui ont valu la faveur du dieu Pan. — 26 Mais. — 27 J'entends. — 28 Milan. — 29 Sorte de héron. — 30 L'hirondelle.

D'autre côté, j'ois la bise arriver,
Qui, en soufflant, me prononce [31] l'hiver :
Dont mes troupeaux, cela craignant et pis,
Tous en un tas se tiennent accroupis ;
Et, dirait-on, à les ouïr bêler,
Qu'avecques moi te veulent appeler
A leur secours, et qu'ils ont connaissance
Que tu les as nourris dès leur naissance.
Je ne quiers [32] pas, ô bonté souveraine,
Deux mille arpents de pâtis en Touraine,
Ni mille bœufs, errant par les herbis
Des monts d'Auvergne, ou autant de brebis ;
Il me suffit que mon troupeau préserves
Des loups, des ours, des lions, des loucerves [33],
Et moi du froid, car l'hiver qui s'apprête
A commencé à neiger sur ma tête [34]. (...)
Lors ma musette, à un chêne pendue,
Par moi sera promptement descendue,
Et chanterai l'hiver à sûreté [35],
Plus haut et clair que ne fis onc l'été.

Psaume XXXIII

Les *Psaumes* de MAROT eurent un immense succès aussi bien à la Cour, où le roi lui-même les chantait, que chez les Protestants. Ces derniers les associaient à tous les moments de leur vie : prières, réunions clandestines, combats et supplices. Marot a voulu donner une traduction *fidèle* des PSAUMES DE DAVID, et y parvient le plus souvent. Il ne rend guère la large émotion du texte biblique ; mais, voulant écrire des cantiques, il a bâti des *strophes* destinées à être chantées sur les *mélodies* à la mode. Ainsi, le Psautier de Marot est remarquable par la *variété* des rythmes et la *vivacité* du mouvement lyrique. Nous donnons ci-dessous un extrait du *Psaume XXXIII*. On notera le *contraste* entre les deux parties de la strophe : le mouvement, d'abord majestueux, se précipite ensuite avec une sorte d'allégresse.

Réveillez-vous, chacun fidèle,
Menez en Dieu joie orendroit [1] ;
Louange est très séante et belle
En la bouche de l'homme droit.
Sur la douce harpe
Pendue en écharpe
Le Seigneur louez ;
De luths, d'épinettes,
Saintes chansonnettes
A son nom jouez.

Chantez de lui par mélodie,
Nouveau vers, nouvelle chanson,
Et que bien on la psalmodie
A haute voix et plaisant son.
Car ce que Dieu mande,
Qu'il dit et commande,
Est juste et parfait ;
Tout ce qu'il propose,
Qu'il fait et dispose,
A fiance [2] est fait.

La paraphrase des PSAUMES deviendra, au XVIIe siècle, un genre lyrique courant, au rythme plus grave et plus ample que chez Marot (cf. *XVIIe siècle*, Malherbe, p. 25).

— 31 Annonce (Pour la rime, voir App. I, B 2). — 32 Demande. — 33 Loups cerviers. — 34 Expliquer l'image. — 35 *En* sûreté. — 1 Désormais. — 2 Pour inspirer confiance.

LA POÉSIE DE MAROT A RONSARD

Dans la préface des *Odes* (1550), RONSARD se plaint d'avoir trouvé la poésie française « faible et languissante » ; parmi ses prédécesseurs immédiats il retient pourtant trois noms : SAINT-GELAIS, HÉROET et SCÈVE. Parmi ces poètes, fortement marqués tous trois par l'*influence italienne*, le premier, entre Marot et la Pléiade, ne retient plus guère notre attention, mais Héroët et surtout Maurice Scève gardent avec *l'école lyonnaise* une place tout à fait originale dans notre littérature.

SAINT-GELAIS

Mellin de Saint-Gelais est un bon disciple du Marot plaisant et badin. Prélat mondain épris d'élégance italienne, il cultive la poésie comme un aimable divertissement qui fait de lui une des parures de la cour. *Poète officiel* jusqu'à sa mort en 1558, il écrit des pièces courtes, *épigrammes* ou *sonnets*, inspirées des pétrarquistes italiens (cf. p. 98). Cette *poésie de circonstance* ne sera pas entièrement bannie par Ronsard et son groupe, mais ils la relégueront au second plan, en faveur d'une muse plus noble et plus ambitieuse.

L'école lyonnaise

Vers les années 1530-1550, LYON, porte de l'influence italienne, rayonnait d'une vie intellectuelle particulièrement brillante. C'est à Lyon que RABELAIS publie *Pantagruel*, puis *Gargantua*. D'autre part, renouvelant, au moins en esprit, les « Cours d'amour » du Moyen Age, un *cénacle raffiné et courtois* fait alors de Lyon la capitale de la poésie française.

HÉROET

Antoine Héroët y publie, en 1542, *La parfaite amie*, dont le succès fut considérable. Par l'intermédiaire de l'Italie, Héroët, qui fut évêque de Digne, s'inspire de la *conception platonicienne de l'amour* (cf. p. 98). On peut voir une réaction contre les tendances gauloises de Rabelais dans cette poésie teintée de philosophie et de mystique, qui célèbre l'amour éthéré comme la source du bonheur.

MAURICE SCÈVE (1510-1564)

Cette haute conception de l'amour inspire l'œuvre principale de Maurice SCÈVE, *Délie, objet de plus haute vertu* (1544), longue suite de dizains en décasyllabes. Qui est Délie ? Sans doute la poétesse lyonnaise Pernette du Guillet, peut-être aussi la femme idéale. Dans sa jeunesse, Scève avait cru découvrir en Avignon le tombeau de Laure de Noves, chantée par PÉTRARQUE (XIVe siècle). Il imite Pétrarque lui-même et ses disciples italiens, tout en restant fidèle à la rhétorique et à la scolastique médiévales. Son inspiration n'est donc pas originale, mais elle est pleine d'*élévation* (cf. dizain III, v. 5-8 ; IV, v. 1-3), de *fraîcheur* parfois (I ; III, v. 1-2 ; IV, v. 9-10), et surtout de *mystère* (III et IV). Après les symbolistes du XIXe siècle, après Mallarmé et Valéry, cette poésie a connu un renouveau de jeunesse. Un art un peu hautain, des hardiesses de syntaxe, une obscurité volontaire, une forme ingénieuse à prolonger les résonances de la pensée, ont permis de voir en Maurice Scève un ancêtre de la *poésie pure* et de l'*hermétisme* (art délibérément obscur). Sa langue annonce en tout cas la rénovation de la Pléiade : la poésie pour lui n'est plus un jeu, mais un *culte*, et il apparaît comme un *précurseur* de Du Bellay et de Ronsard *pétrarquisants*.

Outre Pernette du Guillet, il faut citer dans le groupe lyonnais une autre poétesse, LOUISE LABÉ, la « belle cordière » (son mari était cordier), dont les *sonnets* sont remarquables par la *sincérité* des sentiments.

DÉLIE

Une scène pittoresque illustre avec humour le thème de l'*amant captif* (I), dont une série de comparaisons souligne le *triste sort* (II). Mais que de douces consolations aussi ! Le visage de la bien-aimée est radieux comme le soleil printanier ; l'amour la rend *toujours présente* à la pensée (III) et, lorsqu'elle est vraiment là (IV), le cœur de l'amant *s'épanouit* (Dizains 221, 396, 141 et 309).

Sur le printemps, que les aloses montent,
Ma Dame et moi sautons dans le bateau
Où les pêcheurs entre eux leur prise comptent,
Et une en prend, qui, sentant l'air nouveau,
Tant se débat qu'enfin se sauve en l'eau ;
Dont ma Maîtresse et pleure et se tourmente.
« Cesse, lui dis-je, il faut que je lamente
L'heur du poisson, que n'as su attraper,
Car il est hors de prison véhémente,
Où [1] de tes mains ne peux onc échapper. »

*

Le laboureur de sueur tout rempli
A son repos sur le soir se retire :
Le pèlerin, son voyage accompli,
Retourne en paix et vers sa maison tire.
Et toi, ô Rhône, en fureur, en grande ire,
Tu viens courant des Alpes roidement
Vers celle-là qui t'attend froidement [2],
Pour en son sein tant doux te recevoir.
Et moi, suant à ma fin grandement,
Ne puis ni paix ni repos d'elle avoir.

*

Comme des rais du soleil gracieux
Se paissent fleurs durant la primevère [3],
Je me recrée aux rayons de ses yeux,
Et loin et près autour d'eux persévère ;
Si que le cœur, qui en moi la révère,
La me [4] fait voir en celle [5] même essence
Que ferait l'œil par sa belle présence,
Que tant j'honore et que tant je poursuis :
Par quoi de rien ne me nuit son absence,
Vu qu'en tous lieux, malgré moi, je la suis.

— 1 *Tandis que... je* ne peux *jamais*. — 2 La Saône. Scève était lyonnais. — 3 Le printemps (italianisme). — 4 Cf. p. 17, n. 10, et App. II, C 1. — 5 *Cette*, cf. App. I, E 2.

Apercevant cet ange en forme humaine,
Qui aux plus forts ravit le dur courage
Pour le porter au gracieux domaine
Du paradis terrestre en son visage [6],
Ses beaux yeux clairs par leur privé usage
Me dorent tout de leurs rais épandus.
Et quand les miens j'ai vers les siens tendus,
Je me recrée au mal où je m'ennuie,
Comme bourgeons au soleil étendus,
Qui se refont aux gouttes de la pluie [7].

CALVIN

Sa vie (1509-1564)

1. HUMANISME ET RÉFORME. Né à Noyon en 1509, Jean CAUVIN (en latin CALVINUS) se destine à l'Église, apprend le latin, le grec, l'hébreu, la théologie et le droit, et semble promis à une carrière d'humaniste. Mais il s'intéresse aux idées nouvelles de LEFÈVRE D'ÉTAPLES et des *Évangélistes* (cf. p. 10) ; poursuivi par le Parlement, il se réfugie à Bâle (1534) où il se consacre à la défense des Réformés. Il expose leur vraie doctrine dans l'*Institution de la Religion Chrétienne* (1536), ouvrage en latin dédié à François Ier.

2. LE " PAPE DE GENÈVE ". Appelé à Genève par Guillaume FAREL, Calvin y enseigne la théologie et la morale avec une implacable rigueur. En 1541, il publie la traduction en français de l'*Institution Chrétienne*, et, jusqu'à sa mort, il est le vrai maître de Genève devenue grâce à lui le centre intellectuel de la Réforme. Malgré sa santé délicate, il lutte avec une inlassable volonté, et son ardeur réformatrice s'étend même au domaine moral. Il traque impitoyablement ses adversaires, faisant brûler Michel Servet qui avait entrepris de réfuter son ouvrage. Énergique et ardent jusqu'à l'intolérance, animé d'une activité prodigieuse, CALVIN meurt d'épuisement en 1564.

L'Institution Chrétienne

Aidé de collaborateurs, il a développé jusqu'à en faire une Somme de la religion réformée, les versions latine, puis française de l'*Institution Chrétienne* (1560). Nos extraits de l'édition de 1541, permettront d'étudier les principaux aspects de sa doctrine :

1. Nécessité, pour être dans *la vraie Foi*, de s'en tenir à la connaissance directe de l'Écriture, au lieu de se fier aveuglément à la tradition de l'Église.
2. *Corruption de l'homme*, déchu par le péché originel, et promis à l'Enfer si Dieu ne lui vient en aide (nous sommes loin de Rabelais et de l'idée épicurienne de la bonté de la nature : cf. p. 69-70).
3. Idée de *la Prédestination* qui fait reposer le salut, non sur les œuvres, mais sur le choix préalable des élus à qui Dieu donne la Foi et le secours de la Grâce.

L'*Institution Chrétienne*, premier ouvrage théologique écrit en français, est remarquable par l'enchaînement logique des idées, la fermeté et la clarté de l'exposé.

— 6 A commenter, cf. v. 1. — 7 Cf. III, v. 1-3.

Bossuet a trop insisté sur ce qu'il y aurait de " triste " dans le style de Calvin : il a parfois une éloquence de pamphlétaire et illustre souvent sa pensée d'images et de comparaisons familières et pittoresques (cf. Extrait 2).

De la Foi Est-ce cela croire, de ne rien entendre, moyennant qu'on submette son sens à l'Église ? Certes la Foi ne gît point en ignorance mais en connaissance, et icelle non seulement de Dieu, mais aussi de sa volonté. Car nous n'obtenons point salut à cause que nous soyons prêts de recevoir pour vrai tout ce que l'Église aura déterminé ou pource que nous lui remettions la charge d'enquérir et connaître, mais en tant que nous connaissons Dieu nous être père bien-veuillant, pour la réconciliation qui nous a été faite en Christ, et pource que nous recevons Christ comme à nous donné en justice, sanctification et vie. C'est par cette connaissance, et non point en submettant notre Esprit aux choses inconnues, que nous obtenons entrée au Royaume céleste. (...) Car la Foi gît en la connaissance de Dieu et de Christ, non pas en la révérence de l'Église.

Corruption de l'homme Il nous faut donc distinctement considérer ces deux choses : c'est à savoir que nous sommes tellement corrompus en toutes les parties de notre nature, que pour cette corruption nous sommes à bonne cause damnables devant Dieu, auquel rien n'est agréable sinon justice, innocence et pureté. (...) Et même l'Apôtre témoigne que la mort est venue sur tous hommes pource que tous ont péché, c'est-à-dire que tous sont enveloppés du péché originel et souillés des macules d'icelui. Pour cette cause, les enfants mêmes sont enclos en cette condamnation. Non pas simplement pour le péché d'autrui, mais pour le leur propre. Car combien qu'ils n'aient encore produit fruits de leur iniquité, toutefois ils en ont la semence en eux... L'autre point que nous avons à considérer, c'est que cette perversité n'est jamais oisive en nous, mais engendre continuellement nouveaux fruits, à savoir iceux œuvres de la chair que nous avons naguère décrits tout ainsi qu'une fournaise ardente sans cesse jette flambe et étincelles.

De la Prédestination Nous appelons Prédestination le conseil éternel de Dieu par lequel il a déterminé ce qu'il voulait faire d'un chacun homme. Car il ne les crée pas tous en pareille condition, mais il ordonne les uns à vie éternelle, les autres à éternelle damnation. Ainsi selon la fin à laquelle est créé l'homme, nous disons qu'il est prédestiné à mort ou à vie. (...) Selon donc que l'Écriture montre clairement, nous disons que le Seigneur a une fois constitué, en son conseil éternel et immuable, lesquels il voulait prendre à salut et lesquels il voulait laisser en ruine. Ceux qu'il appelle à salut, nous disons qu'il les reçoit de sa miséricorde gratuite, sans avoir égard aucun à leur propre dignité. Au contraire, que l'entrée de vie est forclose à tous ceux qu'il veut livrer en damnation, et que cela se fait par son jugement occulte et incompréhensible, combien qu'il soit juste et équitable. (...) Or comme le Seigneur marque ceux qu'il a élus en les appelant et justifiant, aussi, au contraire, en privant les réprouvés de la connaissance de sa parole ou de la sanctification de son Esprit, il démontre par tel signe quelle sera leur fin et quel jugement leur est préparé.

La veine rabelaisienne

Portrait présumé de François Rabelais. (Dessin anonyme, XVIIe siècle. Musée Carnavalet, Paris — Ph.M. Didier © Arch. Photeb.)

Bien que l'œuvre de Rabelais nous apparaisse, dans sa singularité, comme une province très particulière de notre littérature, il n'en existe pas moins, dans l'art comme dans la vie, une **veine rabelaisienne** dont il est le plus illustre représentant ou le modèle.

On trouverait, par exemple, aux Pays-Bas, une inspiration assez voisine dans les scènes réalistes de beuverie et de liesse populaire peintes au XVIe siècle par Brueghel et au XVIIe siècle par Jordaens et Téniers.

Parmi les très nombreux illustrateurs inspirés par l'œuvre de Rabelais, les plus remarquables sont, dans des styles très différents, Gustave Doré au XIXe siècle, et au XXe siècle, Albert Dubout.

P. Brueghel l'Ancien, « La Danse des paysans ». (Peinture, 1568. Kunsthistorisches Museum, Vienne — Ph. © The Bridgeman Art Library. Artephot.)

Kermesse « rabelaisienne » chez les Flamands

Vers l'époque où paraissaient le *Gargantua* et le *Pantagruel*, le Hollandais Pieter Brueghel évoquait avec saveur des réjouissances villageoises et d'énormes festins qui pourraient avoir pour devise le « Tout pour la Tripe ! » du chapitre du *Quart Livre* sur « Messer Gaster », l'Estomac (cf. **p. 86**).

Dans ses compositions étranges et saugrenues, l'œuvre de Jérôme Bosch — autre Hollandais — serait à rapprocher de certains autres chapitres du *Quart Livre* (cf. Analyse **p. 86**).

G. Doré, « Le « Bébé » Pantagruel ». (Gravé par Jonard, 1873. Ph © Bibl. Nat., Paris — Arch. Photeb.)

G. Doré, « Et ce disant, pleurait comme une vache... » (cf. p. 71) (Gravé par N. Sotain, 1854. Ph © Bibl. Nat., Paris — Arch. Photeb.)

Le gigantisme

Tout en manifestant une séduisante originalité d'invention, Gustave Doré reste fidèle à l'esprit comme à la lettre du texte de Rabelais. Il exploite surtout les effets comiques résultant de la disproportion entre les géants rabelaisiens et leur environnement. Rabelais ne limite pas à ces détails matériels la supériorité de ses héros. En lisant, par exemple, les textes de l'éducation, il convient, avant toute critique, de considérer que Gargantua et Pantagruel sont dotés d'une intelligence et d'une mémoire « gigantesques » (cf. **p. 45 et 49)** : leur puissance de travail, leur aptitude à toutes les activités sportives, manuelles, intellectuelles, leur faculté d'adaptation, leur sagesse même sont à l'échelle de leurs personnes physiques (cf. **p. 47**).

Dubout, « Le Repas dans l'estomac de Gargantua ».
(Dessin au pochoir, « Gargantua, » éd. Gibert Jeune, Paris, 1935. Coll. et ph. J. Dubout © Photeb © by ADAGP 1985.)

Repas « pantagruélique »

Dubout est sans doute le dessinateur dont l'inspiration s'apparente le plus à celle de Rabelais. A la différence de Gustave Doré, il ne s'impose pas de respecter fidèlement le détail du récit. Partant du texte, il se livre à une création originale, bien dans la veine rabelaisienne. C'est ainsi qu'à partir de la description d'un formidable repas de Gargantua (cf. **p. 43-44**) et de l'idée qu'il faillit un jour manger six pèlerins en salade, Dubout se plaît à représenter l'énorme panse du géant où se déverse pêle-mêle tout ce qu'il absorbe volontairement ou par mégarde, animaux entiers, objets hétéroclites, personnages qui poursuivent leur existence comme si de rien n'était... Dans cette extrapolation pleine de fantaisie, chaque détail doit être examiné de près pour être savouré comme il le mérite.

Messages de Rabelais

Dubout, « Picrochole ''entra en courroux furieux.'' »
(Dessin au pochoir, « Gargantua », éd. Kra, Paris, 1931, Coll. et Ph. J. Dubout © Photeb © by ADAGP 1985).

Picrochole, roi belliqueux. Dubout a été particulièrement inspiré par les épisodes de la « guerre picrocholine », dans lesquels Rabelais insère un des ses messages les plus importants : la satire de la guerre et des princes avides de conquêtes (cf. **p. 51-52**). Dans cette composition sont réunies deux cibles complémentaires de cette critique : l'excitation colérique du principicule, toujours prêt à entrer en guerre à la moindre occasion (cf. **p. 55**), la bêtise obséquieuse d'un entourage qui flatte son ambition ridicule de « conquêter » tout l'univers (cf. **p. 62**).

Dubout, « Les exploits de Frère Jean protégeant le clos de l'abbaye .» (Deux dessins au pochoir, détails, « Gargantua », éd. Gibert Jeune, Paris, 1935. Coll. et Ph. J. Dubout © Photeb © by ADAGP 1985.)

Frère Jean défenseur du droit

Face à la horde des picrocholistes, « pillant et larronnant », qui envahissent son abbaye, se dresse, victorieux, Frère Jean de Entommeures, la figure la plus séduisante, la plus sympathique, de la « guerre picrocholine ». Voici deux interprétations très différentes, et par suite très libres, mais bien dans l'esprit de Rabelais, de cet épisode inoubliable (cf. **p. 56-59**). Dubout y représente Frère Jean déployant des prodiges d'énergie pour défendre la bonne cause... c'est-à-dire pour sauver la vendange à laquelle les moines sont particulièrement attachés !

« *Concert dans la cour d'un château* ». (Email limousin, XVIe siècle. Musée du Louvre, Paris. Ph. H. Josse © Photeb).

Thélème ou l'abbaye idéale

C'est pour récompenser Frère Jean de ses actions d'éclat que Gargantua construit à son intention l'abbaye de Thélème conçue « au contraire de toutes autres » (cf. **p. 69**). Les Thélémites, qui sont une élite d'âmes « bien nées », étudient en toute liberté et pratiquent tous les arts. Ce « concert dans la cour d'un château » où l'on voit hommes et femmes « lire, écrire, chanter, jouer d'instruments harmonieux » (cf. **p. 69-70**) répond à ce rêve d'une société heureuse et raffinée qui était celui de l'élite cultivée au temps de la Renaissance.

Dubout, « Les Moutons de Panurge ». (Dessin au pochoir. « Pantagruel », éd. Gibert Jeune, Paris 1937. Coll. et Ph. J. Dubout © Photeb © by ADAGP 1985).

« Moutons de Panurge »

Dubout illustre ici l'un des épisodes les plus célèbres du *Quart Livre* de Rabelais (cf. **p. 81-85**). Il faut goûter la saveur du marchandage où Panurge se révèle à nous dans sa patience, puis sa vengeance préparée de loin avec une habile stratégie. Il sera bon également de s'interroger sur une autre leçon de cet épisode et de mesurer les dangers de l'esprit grégaire que depuis Rabelais, et pour toujours, on raille en traitant de « moutons de Panurge » ceux qui manquent de personnalité.

P. Ligorio, « Allégorie des Sciences ».
(Dessin, XVIe siècle. Cabinet des Dessins, Musée du Louvre, Paris. Ph. H. Josse © Arch. Photeb.)

Dubout, « Maître Thubal Holopherne, "un grand docteur en théologie" ». (Dessin au pochoir, détail. « Gargantua », éd. Kra, Paris, 1931. Coll. et Ph. J. Dubout © Photeb © by ADAPG 1985).

Une éducation humaniste

Le jeune Gargantua est d'abord confié à « un grand docteur en théologie ». C'est, pour Rabelais, l'occasion de faire, avec une certaine mauvaise foi, le procès des professeurs ridicules, et surtout des conceptions médiévales en matière d'éducation (cf. **p. 42-44**). Face à cette caricature, il dresse le tableau d'une éducation moderne, conforme à l'idéal humaniste, qui tend à épanouir au maximum toutes les possibilités physiques et intellectuelles (cf. **p. 45-51**). Programme surhumain — mais il s'agit de géants ! — dont l'*Allégorie des Sciences*, reproduite ci-dessus, ne représente qu'une faible partie, et dont l'ambition pourrait se résumer par le conseil de Gargantua à Pantagruel : « Rien ne te soit inconnu » (cf. **p. 50**).

P. Brueghel l'Ancien, « La Chute d'Icare ». (Peinture, 1558, détail. Musées Royaux des Beaux-Arts, Bruxelles. Ph. Lou © Arch. Photeb.)

Léonard de Vinci, « Projet de machine pour voler ». (Dessin, XVIe siècle. Bibl. Ambrosienne, Milan. — Ph. M. Didier © Arch. Photeb).

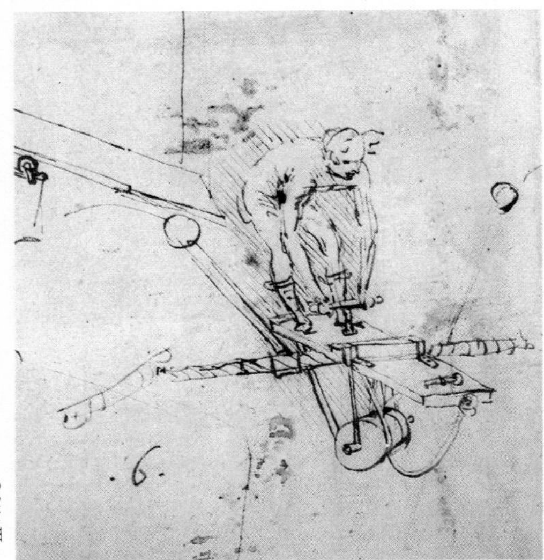

La foi dans le progrès

En présentant l'éloge du pantagruélion (cf. **p. 78**), Rabelais proclame sa foi dans le progrès humain, avec un enthousiasme qui annonce les certitudes des philosophes du siècle des « lumières » (cf. **XVIIIe siècle, p. 86,175**). Il s'émerveille des progrès de la navigation qui ont permis de découvrir des mondes nouveaux. Le pouvoir magique de l'herbe Pantagruélion embarquée sur les grands navires de Pantagruel symbolise la possibilité pour le génie humain d'élargir le champ de ses découvertes. Quant à la navigation aérienne qui, plus d'un siècle auparavant, avait tenté l'esprit inventif de Léonard de Vinci, on verra, en lisant le dernier paragraphe de l'éloge du Pantagruélion (cf. **p. 80**) que, sur ce point, la fantaisie de Rabelais était étrangement prophétique (cf. **XVIIIe siècle, p. 28**).

RABELAIS

François Rabelais est né en 1494, à la métairie de *la Devinière*, non loin de Chinon. Son père, avocat à Chinon, était un assez gros propriétaire : l'œuvre de Rabelais abonde en souvenirs du terroir familial et en allusions aux gens de justice. D'abord initié au rudiment dans l'abbaye, toute proche, de *Seuilly*, puis novice au couvent de *la Baumette* (aux portes d'Angers), il y aurait été instruit selon les *méthodes scolastiques*, qu'il aura en horreur (p. 42-43).

Les années de « moinage »

De 27 à 33 ans (1521-1527), Rabelais, devenu moine, poursuit son activité studieuse, d'abord comme *cordelier*, puis comme *bénédictin*.

1. A FONTENAY-LE-COMTE, capitale du Bas-Poitou, chez les franciscains du *Puy-Saint-Martin*, il se passionne pour *le grec*, il échange des lettres (en latin et en grec) avec Guillaume Budé, et traduit en latin le second livre d'*Hérodote*. Il fréquente un groupe de juristes passionnés d'humanisme, qui se réunissent autour d'André Tiraqueau, auteur d'un livre en latin sur *les Lois du Mariage :* Rabelais s'y familiarise avec le droit ; il assiste à des débats sur les droits des femmes et sur le mariage, qui trouveront leur écho dans le *Tiers Livre*. Mais, à la fin de 1523, notre helléniste se voit retirer ses livres de grec par ordre de la Sorbonne qui lutte contre l'étude de l'Écriture Sainte dans les textes originaux. Protégé par son évêque Geoffroy d'Estissac, il passe chez les bénédictins, à *Maillezais*, non loin de Fontenay-le-Comte.

2. A MAILLEZAIS. Rabelais, familier de l'évêque, l'accompagne dans ses déplacements à travers le Poitou, se mêlant au peuple, aux paysans dont il observe les mœurs et le dialecte : au terme d'une jeunesse studieuse, notre moine ouvre joyeusement ses sens à la vie. Il séjourne à l'*abbaye de Ligugé*, en compagnie du poète Jean Bouchet qui l'initie aux acrobaties verbales des rhétoriqueurs. Enfin il complète, à la Faculté de *Poitiers*, sa connaissance du droit, des gens de justice, des termes de jurisprudence, qui lui inspireront tant d'allusions satiriques.

Dans ces abbayes, Rabelais dut entendre bien des discussions sur les problèmes du Christianisme et de la Réforme. Il semble qu'à Fontenay-le-Comte le milieu humaniste ait été partisan d'épurer la religion catholique (*Évangélisme*), favorable au *gallicanisme* et à l'autorité royale, en face des ambitions temporelles des papes.

L'étudiant et le voyageur

1. PENDANT TROIS ANS (1528-1530), il est difficile de suivre les déplacements de Rabelais, tour à tour étudiant à *Bordeaux*, *Toulouse*, *Orléans* et *Paris*, où il dut se défroquer et prendre l'habit de prêtre séculier. Il put observer, dans le détail, la vie, les mœurs et le langage des étudiants, surtout à Paris et à Montpellier où il s'inscrivit en septembre 1530.

2. A MONTPELLIER, il étudie *la médecine*, pour gagner sa vie et élargir sa culture humaniste, car on étudiait alors l'anatomie, la physiologie, la physique, dans les auteurs grecs (notamment Aristote), et l'histoire naturelle dans Pline. Bachelier au bout de six semaines, Rabelais, candidat à la licence, est *chargé d'un cours* et commente dans le texte grec les médecins Hippocrate et Galien : c'était une innovation importante, car on les étudiait jusque là dans une mauvaise traduction latine.

Rabelais écrivain et médecin

A *Lyon*, au début de 1532, il se fait connaître en publiant avec des commentaires, un livre d'Hippocrate. Sa réputation lui permet (sans être docteur) d'être nommé *médecin de l'Hôtel-Dieu* où il soigne 200 malades. Dès lors, de 1532 à 1551, il exerce la médecine avec succès dans diverses villes de France, fait plusieurs séjours en Italie, et se consacre à ses activités d'écrivain et d'humaniste.

1. L'ÉCRIVAIN. A l'automne de 1532, il publie à Lyon, sous le pseudonyme de *Maistre Alcofribas Nasier* (anagramme de François Rabelais), le *Pantagruel.* L'ouvrage a du succès, et Rabelais en profite pour lancer, au début de 1533, un almanach bouffon, la *Pantagrueline Prognostication.* A l'automne de 1534, il publie le *Gargantua.* Puis il interrompt sa production littéraire jusqu'en 1545 où il obtient un privilège royal pour imprimer librement ses livres pendant dix ans et rédige le *Tiers Livre,* publié en 1546.

2. LA MÉDECINE EN ITALIE. Sa réputation de médecin lui valut la protection de l'évêque de Paris, JEAN DU BELLAY (le cousin du poète, cf. p. 97), qui l'emmena avec lui à *Rome,* une première fois en 1534 (janvier-mai), une deuxième fois en 1535-1536, une dernière fois pour un séjour de deux ans en 1548-1550. Son habileté de médecin lui assura aussi un séjour à *Turin* (1540-1543) auprès de GUILLAUME DU BELLAY, gouverneur du Piémont et frère du cardinal. Rabelais réalisait ainsi un de ses rêves d'humaniste : il a visité les ruines, enrichi sa connaissance de l'art antique, et étudié de près les mœurs de la cour pontificale dont il fera une vive satire.

Au cours de son second voyage à Rome, il obtint son *absolution* pour avoir quitté le froc bénédictin, et reçut l'autorisation d'entrer à l'*abbaye de Saint-Maur.* Cette abbaye fut sécularisée et Rabelais, se trouvant de ce fait libéré de ses vœux monastiques, put reprendre en 1536 son activité de médecin, en habit de prêtre séculier.

3. LA MÉDECINE EN FRANCE. Il deviendra l'un des premiers médecins du royaume. En avril-mai 1536, il passe à Montpellier la *licence* et le *doctorat ;* en 1537 il exerce et enseigne la médecine à *Lyon* et à *Montpellier,* expliquant à nouveau Hippocrate dans le texte grec, et pratiquant dans les deux villes des *dissections* de cadavres, méthode nouvelle d'observation directe qui obtint un vif succès. Dans le reste de cette période de 1532 à 1550, en dehors de ses séjours en Italie, Rabelais exerça la médecine en *Poitou* (1543-1546), à *Lyon* (1546 et 1548), dans *le Midi* de la France, et à *Metz* (mars 1546) où il s'était réfugié, de crainte d'être poursuivi pour ses ouvrages, après le supplice du protestant Étienne Dolet.

Le curé de Meudon

En janvier 1551, Jean du Bellay fit attribuer à son protégé la cure de *St-Martin de Meudon.* RABELAIS touchait le bénéfice de sa cure, mais ne séjourna guère à Meudon : il vivait plus volontiers à *Saint-Maur* auprès de son protecteur. Il acheva la rédaction du *Quart Livre* publié en 1552 et aussitôt condamné par le Parlement. On perd alors la trace de l'écrivain, mort probablement à la fin de 1553 ou au début de 1554. Le *Cinquième Livre,* dont l'attribution à RABELAIS demeure incertaine, parut partiellement en 1562, puis dans sa forme complète en 1564.

L'ŒUVRE DE RABELAIS

1. Pantagruel (1532)

RABELAIS a 38 ans lorsqu'il publie à Lyon « *Les horribles et espoventables faictz et prouesses du très renommé Pantagruel Roy des Dipsodes, filz du Grand Géant Gargantua, composez nouvellement par maistre Alcofribas Nasier* » (1532). Tenté par le succès d'une énorme facétie populaire, parue sans nom d'auteur sous le titre des « *Grandes et inestimables*

Cronicques du grant et enorme geant Gargantua », Rabelais avait eu l'idée d'exploiter la même veine. Il conte les prouesses de PANTAGRUEL, géant comme son père, et comme lui doué d'une force et d'un appétit formidables. Son prédécesseur anonyme visait uniquement le public populaire : merveilleux gigantesque et féerique, mélange de fiction et de réalité historique. La supériorité de Rabelais est éclatante : à ces mêmes effets comiques, il en joignait d'autres, tirés de farces estudiantines (cf. *Écolier*, p. 72 ; *Panurge*, p. 73) et de ses vastes lectures. Dans cette œuvre bouffonne, il insère mille détails tirés de la *vie réelle*. Certains chapitres, nettement au-dessus de l'esprit populaire, expriment l'*idéal humaniste* (cf. *Lettre de Gargantua*, p. 49), critiquent la routine des sciences juridiques, prennent position en faveur de l'*Évangélisme* (p. 72 et 87).

2. Gargantua (1534)

Au retour de son premier voyage en Italie (1534), Rabelais publia « *La vie très horrifique du grand Gargantua, père de Pantagruel.* » Ce livre devenait donc le premier de la geste des géants dont *Pantagruel* forme le livre II. L'auteur reprenait le sujet des *Grandes Cronicques*, mais avec une maîtrise qui faisait de son livre une œuvre originale.

a) *Le plan* du *Gargantua* est parfaitement *net :* Enfance et études de Gargantua ; ses exploits dans la guerre Picrocholine ; récompenses aux vainqueurs et description de Thélème.

b) Plus que le merveilleux gigantesque, c'est le *réalisme des mœurs* qui passe au premier plan : l'action se déroule à Paris, dans le milieu des étudiants, ou en plein Chinonais, dans ce monde des paysans et des moines que Rabelais connaît à merveille. Le *Gargantua* fourmille de *souvenirs personnels* et d'allusions aux plus menus faits de l'histoire locale.

c) Enfin, — la chose était indiquée dès le *prologue* (p. 40) — Rabelais exprime son avis sur diverses *questions sérieuses*. Il revient sur le problème de l'éducation (p. 43-48), flétrit la guerre et les conquérants (p. 53-68), attaque les théologiens de Sorbonne, la paresse des moines et les superstitions religieuses. Il se prononce cette fois encore en faveur du retour à la pure *doctrine évangélique*. C'est qu'en 1534, les humanistes du Collège Royal étaient, malgré la Sorbonne, autorisés par FRANÇOIS Ier à étudier l'Écriture Sainte dans le texte original, et les idées nouvelles paraissaient sur le point de l'emporter.

3. Le Tiers Livre (1546)

Ces attaques sont à peu près absentes du *Tiers Livre*. Que s'était-il donc passé ? Peu après *l'affaire des Placards* (oct. 1534), le roi, irrité, laisse carte blanche à la Sorbonne contre les hérétiques. RABELAIS quitte prudemment Lyon (février 1535) et juge bon, pour quelques années, de se consacrer uniquement à la médecine. Il cherche à gagner la faveur du roi et donne des gages d'orthodoxie : dans une réédition de 1541, il remplace par « *sophistes* » les mots « *Théologiens, sorbonagres, sorbonicoles* ». Devenu maître des requêtes du Roi en 1543, il publie en 1546 *le Tiers Livre*, d'inspiration tout à fait nouvelle. Il renonce, par prudence, à la satire religieuse. D'autre part, lassé du thème gigantesque, il met au premier plan le personnage de PANURGE et la série des consultations bouffonnes sur *la question du mariage* (cf. *Le Tiers Livre*, p. 75). On oublie presque que PANTAGRUEL est un géant : il est devenu *philosophe*, et sa sagesse consiste à garder une sérénité parfaite devant les événements et à considérer les folies humaines avec une large indulgence. Le *Tiers Livre* n'en fut pas moins condamné comme les deux précédents, et RABELAIS dut se réfugier à Metz (mars 1546).

4. Le Quart Livre (1548-1552)

Il publie en 1548 une rédaction partielle du *Quart Livre :* onze chapitres très sages, série de récits où Rabelais renonce à ses attaques contre les théologiens. De nouveau bien en cour, l'écrivain obtient en 1550 un privilège pour réimprimer ses ouvrages, et se remet au travail. Exploitant l'intérêt du public lettré pour les voyages de JACQUES CARTIER vers le Canada, il décrit les *escales de Panurge* en route, par l'Atlantique, vers l'oracle de la DIVE BOUTEILLE. Ce cadre, très souple, lui permet d'introduire dans le livre les fantaisies les plus variées (p. 81 à 86). Or, en 1551-1552, la lutte d'influence reprend entre le pape Jules III et Henri II, soutenu par la Sorbonne. RABELAIS saisit cette occasion de s'associer à la campagne *gallicane :* ses héros descendent tour à tour chez les *Papefigues* (protestants) et les PAPIMANES (catholiques), et ses allégories satiriques visent directement les ambitions temporelles des papes. Hélas ! le livre parut en 1552, au moment où le roi et le pape se réconciliaient : *le Quart Livre*, à son tour, fut condamné par le Parlement !

5. Le Cinquième Livre (1564)

Paru sous sa forme définitive en 1564, une dizaine d'années après la mort de l'écrivain, ce livre n'est peut-être pas de RABELAIS. Il complète les précédents puisqu'il conduit Panurge et ses compagnons jusqu'à l'oracle de la DIVE BOUTEILLE ; mais le procédé, un peu monotone, de l'*allégorie* y devient si direct et si brutal que certains attribuent ce livre à un pamphlétaire protestant inconnu. Il serait précieux d'établir avec certitude si ce *Cinquième Livre* est vraiment de Rabelais : nous connaîtrions mieux l'évolution de sa pensée, notamment au point de vue religieux. Mais s'il est vrai que la *verve rabelaisienne* reparaît dans certains chapitres, les érudits n'arrivent pas à s'accorder sur l'*authenticité* de ce dernier livre, et il est à craindre que le problème ne soit à jamais insoluble.

L'homme

A travers les formes infiniment variées de son génie, deux *tendances fondamentales* résument ses aspirations essentielles : la passion de l'humanisme et l'amour de la nature.

1. L'HUMANISME. Travailleur infatigable, d'une *curiosité* universelle, Rabelais avait accumulé une somme prodigieuse de *connaissances :* s'il veut faire de son géant un « *abîme de science* », c'est qu'il le veut à son image. Pour lui comme pour les hommes de son temps le *savoir* et la *sagesse* se confondent avec la connaissance de l'*Antiquité :* revenir directement aux textes anciens c'est découvrir la vérité *morale* (Platon), la vérité *juridique* (droit Romain), la vérité *religieuse* (Évangiles), la vérité *scientifique* (Médecins, astronomes, mathématiciens, naturalistes, etc...). Il connaît à fond les Latins et les Grecs : il les cite, il les traduit, il les commente, il les transpose avec une allégresse enthousiaste.

2. L'AMOUR DE LA NATURE. Cet homme qui a connu la règle monastique réagit contre l'ascétisme chrétien du Moyen Age, contrainte des corps et des esprits. Au *naturalisme antique* il emprunte l'idéal de l'épanouissement *physique* et *moral* de l'être humain. Médecin, il réhabilite *le corps*, injustement méprisé par le Moyen Age : la vie physique, la nourriture, les fonctions naturelles occupent une place importante dans son œuvre. Il admire le mécanisme du corps humain comme il admire le mécanisme de l'Univers : l'un et l'autre témoignent de la bonté du Créateur. Ce culte de la Nature s'étend même à *la vie morale :* de caractère foncièrement généreux, Rabelais considère, d'après sa propre expérience, que la nature humaine est bonne, qu'il faut s'abandonner à elle avec confiance et la suivre fidèlement. Son œuvre est donc une lutte en faveur de NATURE (*Physis*), qui « *enfanta Beauté et Harmonie* », contre tout ce qui la déforme et la mutile (*Antiphysie*). Aussi cette œuvre respire-t-elle l'*amour de la vie* sous toutes ses formes, et particulièrement sous ses formes *sensibles*.

L'idéal de Rabelais, incarné dans son héros PANTAGRUEL, est donc fait de science et de cette sagesse qui consiste à savoir mener une vie saine selon la nature. L'appétit de science se révèle dans les textes sur l'éducation (p. 50) et dans l'oracle de la Bouteille (p. 89). Quant à la sagesse de Pantagruel, ou « *pantagruélisme* », elle consiste à « *vivre en paix, joie, santé, faisant toujours grande chère* » (II, 34) et se définit comme « *certaine gaîté d'esprit confite en mépris des choses fortuites* » (Prologue du *Quart Livre*).

Son art

1. LE RÉALISME. RABELAIS peint *la réalité* avec un relief, une vérité d'observation qui la dressent, vivante, devant notre imagination (pages 53-54 et 85). Il a par-dessus tout le don d'évoquer le *mouvement* (pages 58 et 68), d'animer un *dialogue* (pages 57, 81-82 et 88-89), et de tracer des *silhouettes* inoubliables (Frère Jean, p. 57 ; Panurge, p. 73). Chez lui, l'*amour de la vie* se traduit par l'art de peindre intensément les formes multiples de la vie.

2. LA FANTAISIE. A ce réalisme pittoresque, sa riche imagination vient mêler tous les jeux de la fantaisie la plus débridée. C'est cette *fusion du réalisme et de la fantaisie* qui fait le charme de son récit : nulle part elle n'est mieux réussie que dans la « *Guerre Picrocholine* » (cf. Étude p. 52). RABELAIS tire d'excellents effets du *grossissement* de la réalité à l'échelle gigantesque (*Gargantua*, p. 44) ou à l'échelle épique (pages 58-59) ; par un nouveau caprice de cette fantaisie, le grossissement est tantôt scrupuleusement respecté, tantôt oublié avec désinvolture (pages 60 et 61). La fantaisie rabelaisienne s'amuse encore à nous présenter, avec le plus grand sérieux, des *invraisemblances* (p. 62-63 ; p. 66 ; p. 86), des *raisonnements paradoxaux* (p. 63, l. 19-30), des *argumentations ingénieuses* mais sans fondement (pages 71-72 et 76-77). Parfois au contraire ce sont des idées sérieuses qui s'expriment sous une *forme bouffonne*. L'imagination et la fantaisie étourdissante de Rabelais sont d'une étrange *séduction poétique*.

3. LE SYMBOLISME. Ce conteur, ce poète, était également *un penseur*. Il nous invite lui-même à chercher, sous la plaisanterie, *les idées sérieuses* (cf. *Prologue* p. 40). Il excelle à nous présenter sa pensée sous la forme la plus vivante, la plus *concrète :* ses idées sur l'éducation, sur le gouvernement, sur la guerre, sur la justice, sur la religion s'expriment en des récits amusants et pittoresques. Beaucoup de ses *personnages* sont *symboliques* et incarnent des vertus ou des défauts : la bonhomie (Grandgousier), l'esprit de la Renaissance (Gargantua, Pantagruel), l'amour de l'action (Frère Jean), la ruse et la perversité (Panurge), l'ambition (Picrochole), etc. L'*allégorie* même, transposition habituellement froide et mécanique, devient chez lui une forme d'art pleine d'humour et de souplesse, lorsqu'il fait l'éloge du *pantagruélion* (p. 78) ou nous décrit les oiseaux de l'*Ile Sonnante* (p. 88-89). Par cet art du récit symbolique, RABELAIS est un des devanciers de VOLTAIRE.

4. LE COMIQUE. RABELAIS est un des maîtres du rire. On trouve chez lui *tous les degrés* du comique : les farces les plus lourdes, héritées du Moyen Age, la gauloiserie poussée jusqu'à la grossièreté, les jeux de mots, calembours et traits d'esprit, la caricature grotesque, la comédie d'intrigue, la parodie, et jusqu'à la comédie de caractère la plus fine. Il y a toutes les formes, tous les tons ; il y en a pour le gros public, pour les étudiants et pour les érudits les plus cultivés, « Et son éclat de rire énorme — Est un des gouffres de l'esprit » (V. HUGO).

5. L'INVENTION VERBALE. On demeure confondu devant la richesse prodigieuse de *son vocabulaire :* il emprunte à tous les langages techniques : agriculture, médecine, navigation, guerre, religion, commerce, littérature ; il puise dans les langues mortes, les langues étrangères, les dialectes provinciaux ; il forge des mots, déforme les termes existants, crée des onomatopées. Il se grise lui-même de cette extraordinaire fécondité : au lieu d'un terme, c'est dix, vingt, qui viennent sous sa plume, tous colorés et pittoresques ; l'énumération et l'accumulation sont ses procédés familiers (p. 40, l. 1-24 ; p. 43, l. 12-17 ; p. 48 ; p. 56). *Son style* est infiniment *souple* et *plastique :* familier et populaire dans les récits du terroir (pages 53-54), aussi naturel que la vie elle-même dans les dialogues (pages 76-77 et 81-84), il devient ample et cicéronien dans les morceaux les plus graves (pages 49-51 et pages 65-66), il est plein de mouvement dans les passages épiques (p. 57 à 59), il s'élève parfois jusqu'à la ferveur lyrique (*Pantagruélion*, p. 78-80) et à la verve la plus étincelante.

On ne s'étonnera pas que, du XVIe au XXe siècle, *les jugements les plus opposés* aient été portés sur cette œuvre si complexe, si riche en contrastes de toutes sortes. Les *deux tendances* de la critique sont assez bien résumées par le jugement de LA BRUYÈRE : « *Où il est mauvais, il passe bien loin au delà du pire, c'est le charme de la canaille ; où il est bon, il va jusques à l'exquis et à l'excellent, il peut être le mets des plus délicats.* »

LA " SUBSTANTIFIQUE MOELLE "

Dans l'avertissement en vers du *Gargantua,* Rabelais proclame d'abord son intention d'écrire une œuvre *franchement comique :*

Mieux est de ris que de larmes écrire
Pour ce que rire est le propre de l'homme.

Mais faut-il s'en tenir à des *apparences* parfois irrésistiblement bouffonnes ? Avec la fantaisie qui est la marque de son génie, il nous invite, dans son *prologue,* à aller jusqu'au fond de son œuvre, et, comme il le dit si joliment, à « *rompre l'os et sugcer la substantificque mouelle.* »

Buveurs très illustres et vous, vérolés très précieux (car à vous, non à autres, sont dédiés mes écrits), Alcibiade, au dialogue de Platon intitulé *le Banquet*, louant son précepteur Socrate, sans controverse prince des philosophes, entre autres paroles le dit être semblable ès [1] Silènes. Silènes étaient jadis petites boîtes, telles que voyons de présent ès boutiques des apothicaires, peintes au-dessus de figures joyeuses et frivoles, comme de harpies, satyres, oisons bridés, lièvres cornus, canes bâtées [2], boucs volants, cerfs limoniers [3] et autres telles peintures contrefaites à plaisir pour exciter le monde à rire [4] (quel [5] fut Silène, maître du bon Bacchus); mais au-dedans l'on réservait [6] les fines drogues, comme baume, ambre gris, amomon [7], musc, civette [8], pierreries et autres choses précieuses. Tel disait [9] être Socrate, parce que, le voyant au dehors et l'estimant par l'extérieure apparence, n'en eussiez donné un coupeau [10] d'oignon tant laid il était de corps et ridicule en son maintien, le nez pointu, le regard d'un taureau, le visage d'un fol, simple en mœurs, rustique en vêtements, pauvre de fortune, infortuné en femmes, inepte [11] à tous offices de la république [12], toujours riant, toujours buvant d'autant [13] à un chacun, toujours se guabelant [14], toujours dissimulant son divin savoir ; mais, ouvrant cette boîte, eussiez au dedans trouvé une céleste et impréciable [15] drogue : entendement [16] plus qu'humain, vertu merveilleuse, courage invincible, sobresse non pareille, contentement certain, assurance parfaite, déprisement [17] incroyable de tout ce pourquoi les humains tant veillent, courent, travaillent, naviguent et bataillent [18].

A quel propos, en votre avis, tend ce prélude et coup d'essai [19] ? Pour autant que [20] vous, mes bons disciples et quelques autres fols de séjour [21], lisant les joyeux titres d'aucuns [22] livres de notre invention, comme *Gargantua*, *Pantagruel*, *Fessepinte*, *La dignité des braguettes*, *Des pois au lard cum commento*[23], etc., jugez trop facilement n'être au-dedans

— 1 Aux. — 2 Portant un bât. — 3 Attelés aux *limons* (= bras) d'une charrette. — 4 A quoi tient le comique de ces peintures ? — 5 Tel. — 6 Mettait en réserve. — 7 Parfum tiré d'une plante exotique. — 8 Parfum animal. — 9 Sujet : *Alcibiade.* — 10 Morceau. — 11 Inapte. — 12 De l'État. — 13 Faisant raison (en buvant). — 14 Se moquant. — 15 Inappréciable. — 16 Intelligence. — 17 Mépris. — 18 Quel est l'effet de cette énumération ? — 19 « *Ce début de mon ouvrage* ». — 20 C'est parce que... — 21 *De loisir* (= désœuvrés). — 22 Quelques. — 23 « *Avec un commentaire* » traité que moqueries, folâtreries et menteries joyeuses : vu que l'enseigne extérieure (c'est le titre), sans plus avant enquérir [24], est communément reçue à dérision et gaudisserie [25]. Mais par telle légèreté ne convient estimer les œuvres des humains : car vous-mêmes dites que l'habit ne fait point le moine (...) C'est pourquoi faut ouvrir le livre et soigneusement peser ce qui y est déduit [26]. Lors connaîtrez que la drogue dedans contenue est bien d'autre valeur que ne promettait la boîte. C'est-à-dire que les matières ici traitées ne sont tant folâtres comme le titre au-dessus prétendait.

Et, posé le cas qu'au sens littéral vous trouviez matières assez joyeuses et bien correspondantes au nom, toutefois pas demeurer là ne faut, comme au chant des sirènes [27] ; ains [28] à plus haut sens interpréter ce que par aventure cuidiez [29] dit en gaieté de cœur. Crochetâtes-vous [30] onques bouteilles ? Réduisez à mémoire [31] la contenance que aviez. Mais vîtes-vous onques chien rencontrant quelque os médullaire [32] ? C'est, comme dit Platon, lib. II *de Rep.* [33] la bête du monde plus philosophe. Si vu l'avez, vous avez pu noter de quelle dévotion il le guette, de quel soin il le garde, de quel ferveur [34] il le tient, de quelle prudence il l'entomme [35], de quelle affection [36] il le brise, et de quelle diligence [37] il le suce. Qui le induit à ce faire ? Quel est l'espoir de son étude ? Quel bien prétend-il ? Rien plus qu'un peu de moelle. Vrai est que ce peu plus est [38] délicieux que le beaucoup de toutes autres, pour ce que la moelle est aliment élabouré [39] à perfection de nature comme dit Galen. III *Facu. natural.* et XI *De usu parti.*

A l'exemple d'icelui [40] vous convient être sages, pour fleurer [41], sentir et estimer ces beaux livres de haute graisse [42], légers [43] au pourchas [44] et hardis à la rencontre. Puis, par curieuse leçon [45] et méditation fréquente, rompre l'os et sucer la substantifique [46] moelle, c'est-à-dire ce que j'entends par ces symboles pythagoriques [47], avec espoir certain d'être faits escors [48] et preux à la dite lecture, car en icelle [49] bien autre goût trouverez, et doctrine plus absconse [50], laquelle vous révèlera de très hauts sacrements [51] et mystères horrifiques, tant en ce qui concerne notre religion que aussi l'état politique et vie économique [52].

Ce grave développement aboutit, il est vrai, à un tissu de plaisanteries. Si l'on découvre dans HOMÈRE *ou* OVIDE *toute une sagesse cachée à laquelle ces auteurs n'avaient nullement songé, pourquoi n'en ferait-on pas de même pour ce livre écrit en* « buvant et mangeant » ? « Aussi est-ce la juste heure d'écrire ces hautes matières et sciences profondes. » *L'auteur n'a-t-il pas trouvé dans le vin le meilleur de sa joyeuse inspiration ?*

(ouvrage imaginaire). — 24 S'informer. — 25 Plaisanterie. — 26 Développé. — 27 Préciser le sens de l'allusion. — 28 Mais. — 29 Vous croyiez. — 30 « *Avez-vous jamais débouché...* » Préciser l'idée, d'après l'exemple suivant. — 31 Rappelez à votre souvenir. — 32 A moelle. — 33 « *De Republica* ». Qu'y a-t-il d'amusant dans cette référence et dans celle qui termine le paragraphe ? — 34 Mot masculin. — 35 Entame. — 36 Passion. — 37 Zèle. — 38 Inversion. — 39 Élaboré. — 40 De celui-ci. — 41 Flairer. — 42 Comme une viande de qualité. — 43 Se rapporte à « *vous* », comme « *sages* ». — 44 A la poursuite. — 45 Soigneuse lecture. — 46 Nourrissante. — 47 A la manière de Pythagore, dont les préceptes avaient, semble-t-il, un sens allégorique. — 48 Avisés. — 49 Celle-ci. — 50 Secrète. — 51 Connaissances sacrées. — 52 Préciser l'importance de ces questions du point de vue humain.

– *Dégagez les idées de* RABELAIS *sur son ouvrage ; par quelles comparaisons sont-elles illustrées ?*
– *Étudiez comment l'image de la précieuse boîte est présentée, puis reprise dans le texte.*
– *Comment comprenez-vous l'allusion au chien et à la moelle ? En quoi, selon* RABELAIS, *le lecteur doit-il ressembler à ce chien ? Quel profit peut-il en attendre ?*
– *Comment, dans ce prologue,* RABELAIS *s'y prend-il pour instruire en amusant ? Distinguez plusieurs tons dans son développement.*
– ***Exposé.*** *L'utilisation de la culture humaniste dans ce prologue.*
• **Groupe thématique : « Substantifique moelle ».** Cherchez des textes dont le lecteur est invité à discerner, sous les apparences, le sens profond : a) dans les extraits de RABELAIS ; – b) chez d'autres auteurs (par ex. dans le XVIIIe SIÈCLE).

GARGANTUA

L'éducation

Les premiers cris de GARGANTUA *venant au monde éclatent au milieu d'une formidable ripaille de paysans dans la région de Chinon :* « Soudain qu'il fut né, ne cria, comme les autres enfants, *mies, mies, mies ;* mais à haute voix s'écriait : *à boire, à boire, à boire,* comme invitant tout le monde à boire, si bien qu'il fut ouï de tout le pays... Le bonhomme Grandgousier, buvant et se rigolant avec les autres, entendit le cri horrible que son fils avait fait entrant en lumière de ce monde, quand il bramait demandant : « *A boire, à boire, à boire !* », dont il dit « *Que grand tu as !* » *(... le gosier)*. Ce que oyant, les assistants dirent que vraiment il devait avoir par ce le nom GARGANTUA, puisque telle avait été la première parole de son père à sa naissance, à l'imitation et exemple des anciens Hébreux... Et pour l'apaiser, lui donnèrent à boire à tire larigot, et fut porté sur les fonts, et là baptisé, comme est la coutume des bons chrétiens ».

Nourri par le lait de 17.913 *vaches, le jeune géant se développait admirablement,* « et le faisait bon voir, car il portait bonne trogne et avait presque dix-huit mentons et ne criait que bien peu... S'il trépignait, s'il pleurait, s'il criait, lui apportant à boire l'on le remettait en nature, et soudain demeurait coi et joyeux », *car* « au seul son des pintes et flacons, il entrait en extase, comme s'il goûtait les joies de paradis ». *L'auteur nous décrit alors longuement les vêtements de Gargantua, avec force références à des auteurs anciens ; nous assistons aux jeux de l'enfant et à une conversation qui révèle à Grandgousier* « le haut sens et merveilleux entendement de son fils ». *Il décide donc de confier l'éducation du jeune prodige à* « un grand docteur en théologie nommé maître Thubal Holopherne ».

RABELAIS *saisit l'occasion de railler les* méthodes d'éducation du Moyen Age *auxquelles l'humanisme est en train de porter un coup fatal. Sous ses maîtres théologiens ès lettres latines, Gargantua apprend son alphabet* (« par cœur au rebours ») *en* 5 *ans et* 3 *mois ; puis des livres de vocabulaire et de grammaire entièrement* en latin, *en* 13 *ans* 6 *mois et* 2 *semaines ; puis un autre ouvrage de grammaire latine avec des commentaires en* 18 *ans et* 11 *mois,* « et le sut si bien qu'au coupelaud (*à l'épreuve*) il le rendait par cœur à revers » ; *puis un calendrier populaire, en* 16 *ans et* 2 *mois ; et enfin une série de livres de rhétorique,* « et quelques autres de semblable farine ». *On voit les défauts de cette éducation : longues études ingrates et entièrement livresques, sans rapport avec la vie ni avec la connaissance du monde ; appel à la mémoire mécanique et non à l'intelligence. Résultat : l'élève* « en devenait fou, niais, tout rêveux et rassoté ». *Pris de colère,* GRANDGOUSIER *décide que son fils fera ses études à Paris, sous la direction du sage* PONOCRATES, *dont le nom signifie laborieux.*

LA MÉTHODE DES « PRÉCEPTEURS SOPHISTES »

Paresse, mépris de l'hygiène et de l'activité intellectuelle, goinfrerie, dévotion formaliste et mécanique : tel est, *selon Rabelais*, l'esprit du Moyen Age vu à travers ses méthodes d'éducation. GARGANTUA prend *naïvement* la défense de ces pratiques néfastes dont sa nature « flegmatique » ne s'est que trop bien accommodée. Toutefois il s'agit ici d'une *critique rétrospective* de l'éducation médiévale, déjà blessée à mort par les humanistes : à l'époque de Rabelais, l'imprimerie, l'influence d'ERASME (cf. p. 8) et de ses disciples avaient balayé les manuels scolastiques et, dans les collèges, on étudiait les anciens.

Ponocrates, pour le commencement, ordonna qu'il feroit à sa maniere accoustumée, affin d'entendre par quel moyen, en si long temps, ses antiques precepteurs l'avoient rendu tant fat [1]*, niays et ignorant. Il dispensoit doncques son temps en telle façon que ordinairement il s'esveilloit entre huyt et neuf heures, feust* [2] *jour ou non ; ainsi l'avoient ordonné ses regens antiques, alleguans ce que dict David :* Vanum est vobis ante lucem surgere [3].

Puis se guambayoit, penadoit et paillardoit [4] *parmy le lict quelque temps pour mieulx esbaudir* [5] *ses esperitz animaulx* [6] *; et se habiloit* [7] *selon la saison, mais voluntiers portoit il une grande et longue robbe de grosse frize* [8] *fourrée de renards ; après se peignoit du peigne de Almain* [9]*, c'estoit des quatre doigtz et le poulce, car ses precepteurs disoient que soy aultrement pigner, laver et nettoyer estoit perdre temps en ce monde.*

Puis fiantoit, pissoyt, rendoyt sa gorge, rottoit, pettoyt, baisloyt [10]*, crachoyt, toussoyt, sangloutoyt, esternuoit et se morvoyt en archidiacre, et desjeunoyt pour abatre la rouzée* [11] *et maulvais aer : belles tripes frites, belles charbonnades* [12]*, beaulx jambons, belles cabirotades* [13] *et forces souppes de prime* [14]*. Ponocrates luy remonstroit que tant soubdain ne debvoit repaistre au partir du lict sans avoir premierement faict quelques exercice. Gargantua respondit :*

« Quoy ! n'ay je faict suffisant exercice ? Je me suis vaultré six ou sept tours parmi le lict davant que me lever. Ne est ce assez [15] *? Le pape Alexandre ainsi faisoit, par le conseil de son medicin Juif, et vesquit jusques à la mort en despit des envieux* [16]*. Mes premiers maistres me y ont accoustumé, disans que le desjeuner faisoit bonne memoire* [17] *; pour tant* [18] *y beuvoient les premiers. Je m'en trouve fort bien et n'en disne que mieulx* [19]*. Et me disoit Maistre Tubal (qui feut premier de sa licence à Paris* [20]*) que ce n'est tout l'advantaige de courir bien toust* [21]*, mais bien de partir de bonne heure ; aussi n'est ce la santé totale de nostre humanité boyre à tas,*

— 1 Stupide. — 2 *Fût.* Expliquer cette plaisanterie. — 3 Verset du *Psaume* 127, pris abusivement à la lettre : « Il est vain de vous lever avant la lumière » (*si Dieu ne bénit pas vos efforts*). D'où vient ici le comique ? — 4 « Gambadait, piaffait et se roulait sur la paillasse ». *Penader* est un mot gascon. — 5 Réjouir. — 6 *Esprits animaux :* corpuscules qui passent du sang dans les nerfs et répandent la vie dans les membres (cf. DESCARTES. Disc. Méth. V). — 7 Habillait. — 8 Étoffe grossière, à poil frisé. — 9 Docteur scolastique de la Sorbonne. C'est une plaisanterie d'étudiant. — 10 *Vomissait, bâillait...* Les détails répugnants ne déplaisent pas à Rabelais. Quel état physique traduit cette peinture réaliste ? — 11 Rosée. — 12 Grillades. — 13 Rôtis de chevreau (mot gascon). — 14 Soupe épaisse mangée par les moines après l'office de *prime* (*prima hora* = 6 h. du matin). — 15 Par quels moyens *opposés* l'idée est-elle mise en valeur ? — 16 Relever les éléments plaisants de cette phrase. — 17 Faculté essentielle ! — 18 Voilà pourquoi. — 19 Souligner l'humour de cette réplique. — 20 Que révèle cette précision ? — 21 Vite.

à tas, à tas, comme canes [22], *mais ouy bien de boyre matin ;* unde versus [23] :

Lever matin n'est poinct bon heur ; | *Boire matin est le meilleur.*

Après avoir bien à poinct desjeuné, alloit à l'eglise, et luy pourtoit on dedans un grand penier [24] *un gros breviaire empantophlé* [25], *pesant, tant en gresse* [26] *que en fremoirs* [27] *et parchemin, poy plus poy moins* [28], *unze quintaulx six livres. Là oyoit vingt et six ou trente messes* [29]. *Ce pendent venoit son diseur d'heures en place* [30] *empaletocqué* [31] *comme une duppe* [32], *et très bien antidoté* [33] *son alaine* [34] *à force syrop vignolat* [35] *; avecques icelluy marmonnoit toutes ces kyrielles* [36], *et tant curieusement* [37] *les espluchoit qu'il n'en tomboit un seul grain* [38] *en terre. Au partir de l'eglise, on luy amenoit sur une traine* [39] *à beufz un faratz* [40] *de patenostres de Sainct Claude, aussi grosses chascune qu'est le moulle d'un bonnet* [41], *et, se pourmenant par les cloistres, galeries ou jardin, en disoit plus que seze* [42] *hermites. Puis estudioit quelque meschante demye heure, les yeulx assis dessus son livre ; mais (comme dict le comicque* [43]*) son ame estoit en la cuysine.*

Pissant doncq plein urinal, se asseoyt à table, et, par ce qu'il estoit naturellement phelgmaticque [44], *commençoit son repas par quelques douzeines de jambons, de langues de bœuf fumées, de boutargues* [45], *d'andouilles, et telz aultres avant coureurs de vin. Ce pendent quatre de ses gens luy gettoient en la bouche, l'un après l'aultre, continuement, moustarde à pleines palerées* [46]. *Puis beuvoit un horrificque traict de vin blanc. Après, mangeoit, selon la saison, viandes* [47] *à son appetit, et lors cessoit de manger quand le ventre luy tiroit. A boyre n'avoit poinct fin ny canon* [48], *car il disoit que les metes* [49] *et bournes de boyre estoient quand, la personne beuvant, le liege de ses pantoufles enfloit en hault d'un demy pied.* GARGANTUA, Chap. XXI

Après le repas, Gargantua joue aux dés et aux cartes (énumération de 200 jeux !), boit copieusement, dort deux ou trois heures, se remet à boire. « Puis commençait à étudier quelque peu et patenôtres en avant... Ainsi marmottant de la bouche et dodelinant de la tête, allait voir prendre quelque connil (*lapin*) aux filets. Au retour se transportait en la cuisine pour savoir quel rôt était en broche. » *Repas du soir, beuveries, jeux divers.* « Puis dormait sans débrider jusqu'au lendemain huit heures. »

– *D'après ce récit, précisez les critiques de l'éducation médiévale concernant ; a) l'activité intellectuelle ; – b) l'activité physique ; – c) l'hygiène ; – d) la nourriture.*
– *Que pensez-vous de la dévotion telle que la pratique le jeune Gargantua ?*
– *Distinguez les diverses sources du comique dans ce chapitre.*
• **Groupe thématique : Religion.** Cf. pages 26, 45-51, 160, 185-188, 232, 241-244.

22 Comparaison à étudier. — 23 D'où les vers. — 24 Panier. — 25 « *Empantouflé* » (enveloppé). Expliquer l'image. — 26 C'est la *crasse.* — 27 Fermoirs. — 28 Un peu plus un peu moins. — 29 Est-ce possible ? Préciser l'intention satirique. — 30 Lecteur du livre d'heures (= *de prières*) en titre. — 31 Couvert d'un paletot. — 32 Huppe (mot poitevin). — 33 Mot imagé à commenter. — 34 Construction grecque : [*quant à*] son haleine. — 35 Le vin est un remède *universel ;* d'où cette périphrase *médicale.* Préciser l'allusion satirique. — 36 Prières en forme de litanie. — 37 Soigneusement. — 38 Étudier le développement de cette image. — 39 Chariot. — 40 Un *tas* de chapelets de Saint-Claude (Jura), en bois tourné. — 41 *La tête.* Périphrase plaisante. — 42 *Seize.* Quelle critique, amorcée plus haut, se précise ici ? — 43 TÉRENCE, auteur latin, dans l'*Eunuque.* En réalité on travaillait beaucoup dans les Collèges du Moyen Age (10 à 15 heures par jour). — 44 Lent à se mettre en appétit. — 45 Œufs de poisson (sorte de *caviar*). — 46 *Pelletées.* Essayer d'imaginer cette scène gigantesque. — 47 Mets. — 48 Règle. — 49 Bornes (lat. *meta*).

L'ÉDUCATION IDÉALE

Voici maintenant l'*idéal de Rabelais*. Il s'oppose en tous points aux conceptions médiévales : c'est en somme l'*idéal antique* d'une formation harmonieuse de l'esprit et du corps. GARGANTUA sera à la fois un *humaniste* initié à fond aux sciences les plus diverses et un *gentilhomme* rompu au métier des armes. Pour la *méthode*, on reconnaîtra dans ce passage bien des principes qui ont trouvé leur application dans la *pédagogie moderne*.

Condamnant « la vicieuse manière de vivre de Gargantua », *Ponocrates fait appel à un médecin pour le « remettre en meilleure voie »*. « Lequel le purgea canoniquement avec ellébore d'Anticyre, et, par ce médicament, lui nettoya toute l'altération et perverse habitude du cerveau. Par ce moyen aussi Ponocrates lui fit oublier tout ce qu'il avait appris sous ses antiques précepteurs. »

Après, en tel train d'étude le mit qu'il ne perdait heure quelconque du jour : ains [1] tout son temps consommait en lettres et honnête savoir. S'éveillait donc Gargantua environ quatre heures du matin. Cependant qu'on le frottait, lui était lue quelque pagine [2] de la divine Écriture hautement et clairement, avec prononciation compétente à la matière [3], et à ce était commis un jeune page, natif de Basché [4], nommé Anagnostes [5]. Selon le propos et argument [6] de cette leçon, souventes fois s'adonnait à révérer, adorer, prier et supplier le bon Dieu, duquel la lecture montrait la majesté et jugements merveilleux [7]. Puis allait ès lieux secrets faire excrétion des digestions naturelles. Là son précepteur répétait ce qu'avait été lu, lui exposant les points plus obscurs et difficiles [8]. Considéraient l'état du ciel, si tel était comme l'avaient noté au soir précédent, et quels signes entrait [9] le soleil, aussi la lune, pour icelle journée [10].

Ce fait, était habillé, peigné, testonné [11], accoutré et parfumé, durant lequel temps on lui répétait les leçons du jour d'avant [12]. Lui-même les disait par cœur [13] et y fondait quelques cas pratiques et concernant l'état humain, lesquels ils étendaient aucunes fois [14] jusque deux ou trois heures, mais ordinairement cessaient lorsqu'il était du tout [15] habillé. Puis par trois bonnes heures [16] lui était faite lecture.

Ce fait, issaient [17] hors, toujours conférant des propos de la lecture, et se déportaient en Bracque [18], ou ès prés, et jouaient à la balle, à la paume, à la pile trigone [19], galantement s'exerçant les corps comme ils avaient les âmes auparavant exercé [20]. Tout leur jeu n'était qu'en liberté, car ils laissaient la partie quand leur plaisait, et cessaient ordinairement lorsque suaient parmi le corps, ou étaient autrement las. Adonc étaient très bien essuyés et frottés, changeaient de chemise, et, doucement se promenant, allaient voir si le dîner était prêt [21]. Là attendant, récitaient

— 1 Mais. — 2 Page (*lat.* pagina). — 3 Quel est l'intérêt de ce détail ? — 4 Non loin de Chinon. — 5 Lecteur (en grec). — 6 Sujet. — 7 L'élève médite donc *personnellement* sur les Écritures. — 8 Remarquer l'appel à l'intelligence. — 9 Construction transitive, souvenir du latin. — 10 Comment est étudiée l'astronomie ? — 11 Coiffé. — 12 On notera ces revisions fréquentes. — 13 Vestige des méthodes médiévales. Mais est-ce un pur exercice de mémoire ? — 14 Parfois. — 15 Complètement. — 16 Que penser de cette « dose » ? — 17 Sortaient. — 18 Jeu de paume. — 19 A la balle (*pila*) à trois (*trigôn* = triangle). — 20 Préciser cet idéal de l'éducation. — 21 A quoi reconnaît-on la pensée d'un médecin ?

clairement et éloquentement quelques sentences retenues de la leçon.

Cependant Monsieur [22] l'Appétit venait, et par bonne opportunité s'asseyaient à table. Au commencement du repas, était lue quelque histoire plaisante des anciennes prouesses [23], jusques à ce qu'il eût pris son vin. Lors, si bon semblait, on continuait la lecture, ou commençaient à deviser joyeusement [24] ensemble, parlant, pour les premiers mois, de la vertu, propriété, efficace et nature de tout ce que leur était servi à table : du pain, du vin, de l'eau, du sel, des viandes, poissons, fruits, herbes, racines, et de l'apprêt d'icelles. Ce que faisant, apprit en peu de temps tous les passages à ce compétents en Pline [25], Athénée, Dioscorides, Julius Pollux, Galien, Porphyre, Oppian, Polybe, Héliodore, Aristoteles, Elien [26] et autres. Iceux propos tenus, faisaient souvent, pour plus être assurés, apporter les livres susdits à table [27]. Et si bien et entièrement retint en sa mémoire [28] les choses dites, que, pour lors, n'était médecin qui en sût à la moitié tant comme il faisait [29]. Après, devisaient des leçons lues au matin, et, parachevant leur repas par quelque confection de cotoniat [30], s'écurait les dents avec un trou [31] de lentisque, se lavait les mains et les yeux de belle eau fraîche [32] et rendaient grâces à Dieu par quelques beaux cantiques faits à la louange de la munificence et bénignité divine.

Ce fait, on apportait des cartes, non pour jouer, mais pour y apprendre mille petites gentillesses et inventions nouvelles, lesquelles toutes issaient [33] d'arithmétique. En ce moyen entra en affection [34] d'icelle science numérale, et, tous les jours après dîner et souper, y passait temps aussi plaisantement qu'il soulait [35] ès dés ou ès cartes. A tant [36] sut d'icelle et théorique et pratique si bien que Tunstal, Anglais qui en avait amplement écrit, confessa que vraiment, en comparaison de lui, il n'y entendait que le haut allemand [37].

Et non seulement d'icelle, mais des autres sciences mathématiques comme géométrie, astronomie et musique ; car, attendant la concoction [38] et digestion de son past [39], ils faisaient mille joyeux instruments et figures géométriques, et de même pratiquaient les canons [40] astronomiques. Après s'ébaudissaient à chanter musicalement à quatre et cinq parties, ou sur un thème à plaisir de gorge. Au regard des instruments de musique, il apprit jouer du luth, de l'épinette [41], de la harpe, de la flûte allemande et à neuf trous, de la viole et de la sacquebutte [42].

GARGANTUA, Chap. XXIII

— 22 Montrer l'humour de ce terme qui désignait les grands personnages. — 23 S'agit-il seulement de donner des connaissances ? — 24 Importance de ce mot ? — 25 Savant romain. — 26 Énumération d'auteurs grecs : quel appétit de science ! — 27 Montrez qu'il y a ici deux méthodes complémentaires. — 28 Commenter ce trait. — 29 La médecine s'étudiait en effet dans les auteurs anciens. — 30 Confiture de coings. — 31 Trognon (détail gigantesque). — 32 Quel sentiment se devine sous cette jolie expression ? — 33 Dérivaient (*issir* = sortir). — 34 Quel est ce principe pédagogique ? — 35 Avait l'habitude. — 36 Alors. — 37 Montrer l'humour de cette réflexion. — 38 Digestion. — 39 Repas. — 40 Lois. — 41 Petit clavecin. — 42 *Trombone*. Toujours le rêve de la connaissance universelle.

– *Quel genre d'homme s'agit-il de former par cette éducation ?*
– *Précisez les diverses disciplines étudiées par Gargantua. Que pensez-vous de ce programme ?*
– *Exposez les principes de cette pédagogie. Quelles sont, dans cette méthode : a) la part de l'expérience et celle de l'éducation livresque ? – b) la part de la mémoire et celle de l'intelligence ?*
– *En quoi les pratiques religieuses définies ici diffèrent-elles de celles du chapitre précédent ?*
– ***Exposé.** Dans quelle mesure les textes des pages 47-51 complètent-ils la pensée pédagogique de* RABELAIS *?*
– ***Essai.** Que retiendriez-vous, que rejetteriez-vous aujourd'hui de cette pédagogie ?*
• **Groupe thématique : Pédagogie.** Cf. p. 42-51 et 69-70 ; – p. 206-212. – ROUSSEAU (XVIIIe s. 295-312).

L'après-midi de Gargantua

On retrouvera dans cette page, avec quelques compléments, les principes et les méthodes exposés dans le texte précédent. Mais ici RABELAIS insiste beaucoup plus sur « *l'art de chevalerie* », car il n'oublie pas que son élève sera un jour roi et chef militaire. On notera aussi la place réservée aux *leçons de choses* et à la connaissance de *la vie pratique*. On a trop tendance à ne voir dans l'élève de Rabelais qu'une « tête bien pleine ». Les jours de pluie sont assez nombreux dans l'année pour qu'il puisse ouvrir largement ses yeux sur les diverses formes de l'activité humaine. Nous avons encore beaucoup à prendre chez Rabelais !

Cette heure ainsi employée, la digestion parachevée, se remettait à son étude [1] principal par trois heures ou davantage, tant à répéter la lecture matutinale qu'à poursuivre le livre entrepris, qu'aussi à écrire et bien traire [2] et former les antiques et romaines lettres [3].

Ce fait, issaient [4] hors leur hôtel, avec eux un jeune gentilhomme de Touraine nommé l'écuyer Gymnaste, lequel lui montrait l'art de chevalerie. Changeant donc de vêtements, montait sur un coursier, sur un roussin [5], sur un genet [6], sur un cheval barbe [7], cheval léger, et lui donnait cent carrières, le faisait voltiger en l'air, franchir le fossé, sauter le palis [8], court tourner en un cercle, tant à dextre comme à senestre [9]. Là rompait, non la lance, car c'est la plus grande rêverie du monde dire : « J'ai rompu dix lances en tournoi ou en bataille », un charpentier le ferait bien ; mais louable gloire est d'une lance avoir rompu dix de ses ennemis [10]. De sa lance donc, acérée, verte et roide, rompait un huis [11], enfonçait un harnois [12], acculait [13] une arbre, enclavait un anneau, enlevait une selle d'armes, un haubert, un gantelet [14]. Le tout faisait armé de pied en cap...

Rabelais consacre alors deux pages à nous énumérer les exercices physiques qui feront de Gargantua un athlète et un homme de guerre accompli : voltige à cheval, maniement de toutes sortes d'armes, chasse à courre, lutte, course, saut, natation, canotage, escalade d'un arbre et d'une muraille, lancement de divers projectiles, haltères.. etc... Gargantua s'adonne à ces exercices variés avec une ardeur et un sens pratique dont la citation suivante pourra donner une idée : « Nageait en profonde eau, à l'endroit, à l'envers, de côté, de tout le corps, des seuls pieds, une main en l'air, en laquelle tenant un livre transpassait toute la rivière de Seine sans icelui mouiller, et tirant par les dents son manteau comme faisait Jules César... Jetait le dard, la barre, la pierre, la javeline, l'épieu, la hallebarde, enfonçait l'arc, bandait ès reins les fortes arbalètes de passe, visait de l'arquebuse à l'œil, affûtait le canon, tirait à la butte, au papegai (*perroquet*), du bas en mont, d'amont en val, devant, de côté, en arrière comme les Parthes. »

— 1 Mot masculin. Pas plus que pour la matinée Rabelais n'indique l'objet de cette étude. On trouvera ces précisions dans la *Lettre de Gargantua à Pantagruel*. — 2 Tracer. — 3 A cette époque l'écriture est une vraie science. — 4 Sortaient. — 5 Cheval de forte taille. — 6 Cheval espagnol, très rapide. — 7 *Berbère*. Pourquoi ces divers chevaux ? — 8 Palissade. — 9 Tant à droite qu'à gauche. — 10 Quelle est la nature de cette réflexion ? — 11 Une porte. — 12 Une armure. — 13 Renversait (*arbre*, fém. comme en latin). — 14 Quelles qualités s'agit-il de développer ? —

Le temps ainsi employé, lui frotté, nettoyé et rafraîchi d'habillements, tout doucement retournait, et, passant par quelques prés, ou autres lieux herbus, visitaient les arbres et plantes, les conférant avec les livres des anciens qui en ont écrit, comme Théophraste, Dioscorides, Marinus, Pline, Nicander, Macer et Galien, et en emportaient leurs pleines mains au logis, desquelles avait la charge un jeune page nommé Rhizotome [15], ensemble des marrochons [16], des pioches, serfouettes [17], bêches, tranches [18] et autres instruments requis à bien herboriser.

Eux arrivés au logis, cependant qu'on apprêtait le souper, répétaient quelques passages de ce qu'avait été lu et s'asseyaient à table. Notez ici que son dîner était sobre et frugal, car tant seulement mangeait pour réfréner les abois de l'estomac ; mais le souper était copieux et large, car tant en prenait que lui était de besoin à soi entretenir et nourrir, ce qui est la vraie diète [19] prescrite par l'art de bonne et sûre médecine, quoiqu'un tas de badauds médecins, harcelés en l'officine [20] des Arabes, conseillent le contraire.

Durant icelui repas était continuée la leçon du dîner tant que bon semblait : le reste était consommé en bons propos, tous lettrés et utiles. Après grâces rendues, s'adonnaient à chanter musicalement, à jouer d'instruments harmonieux, ou de ces petits passe-temps qu'on fait ès cartes, ès dés et gobelets et là demeuraient faisant grand'chère, et s'ébaudissant [21] aucunes fois jusques à l'heure de dormir ; quelquefois allaient visiter les compagnies de gens lettrés, ou de gens qui eussent vu pays étranges [22].

En pleine nuit, devant que soi retirer, allaient au lieu de leur logis le plus découvert voir la face du ciel, et là notaient les comètes, si aucunes étaient [23], les figures, situations, aspects, oppositions et conjonctions des astres [24]. Puis, avec son précepteur, récapitulait [25] brièvement, à la mode des Pythagoriques, tout ce qu'il avait lu, vu, su, fait et entendu au décours de toute la journée.

Si priaient Dieu le créateur, en l'adorant et ratifiant leur foi envers lui, et le glorifiant de sa bonté immense, et, lui rendant grâce de tout le temps passé, se recommandaient à sa divine clémence pour tout l'avenir. Ce fait, entraient en leur repos [26].

S'il advenait que l'air fût pluvieux et intempéré, tout le temps devant dîner était employé comme de coutume, excepté qu'ils faisaient allumer un beau et clair feu, pour corriger l'intempérie de l'air. Mais après dîner, en lieu des exercitations [27], ils demeuraient en la maison, et, par manière d'apothérapie [28], s'ébattaient à botteler du foin, à fendre et scier du bois et à battre les gerbes en la grange. Puis étudiaient en l'art de peinture et sculpture... Semblablement, ou allaient voir comment on tirait les métaux, ou comment on fondait l'artillerie ; ou allaient voir les lapidaires, orfèvres et tailleurs de pierreries, ou les alchimistes et monnayeurs, ou les hautelissiers [29], les tissoutiers [30], les veloutiers, les horlogers, miralliers [31], imprimeurs, organistes, teinturiers, et autres sortes d'ouvriers, et partout donnant le vin, apprenaient et considéraient l'industrie et invention des métiers. Allaient ouïr les leçons publiques, les actes solennels, les répétitions, les déclamations, les plaidoyers des gentils avocats, les concions [32] des prêcheurs évangéliques.

15 « *Coupeur de racines* » (en grec). — 16 Avec des houes. — 17 Sorte de bêche. — 18 Tranchoirs. — 19 Régime. — 20 Rompus à la dispute à l'école... — 21 Principe déjà rencontré. Préciser. — 22 *Étrangers*. Montaigne insistera sur ce moyen d'acquérir de l'expérience. — 23 S'il y en avait. — 24 Originalité de cette méthode ? — 25 Principe important. Mais quelle est l'objection possible ? — 26 Que penser d'une telle journée ? — 27 Exercices physiques. — 28 Hygiène. — 29 « Faiseurs de tapisserie de haute lisse ». — 30 Tisserands. — 31 Miroitiers. — 32 Sermons.

D'autres fois, ils allaient dans les salles d'escrime où Gargantua « essayait de tous bâtons » (*armes*) *contre les meilleurs ; ils visitaient* « les boutiques des drogueurs, herbiers et apothicaires », *allaient écouter les boniments des bateleurs et faiseurs de tours. Le repas du soir était plus sobre que d'habitude puisqu'ils avaient moins fait d'exercice. Une fois par mois, une sortie à la campagne égaie les étudiants qui s'ébattent en liberté, non sans profit toutefois,* « car, en ce beau pré, ils recolaient [33] quelques plaisants vers de l'*Agriculture* [34] de Virgile, de Hésiode, du *Rustique* de Politien [35] : décrivaient quelques plaisants épigrammes en latin, puis les mettaient par rondeaux et ballades en langue française. »

GARGANTUA, Chap. XXIII-XXIV

Lettre de Gargantua à Pantagruel

Publiée dans le *Pantagruel* (1532), cette admirable lettre est *antérieure* aux textes qui précèdent, mais animée du même esprit. Elle traduit d'abord, avec lyrisme, *l'enthousiasme des humanistes* pour la culture et la sagesse antiques : c'est la porte d'un monde nouveau qui vient de s'ouvrir devant les hommes. Au point de vue *pédagogique*, on y trouve déjà le rêve d'une *connaissance universelle et totale ;* l'accent est mis sur un aspect de l'éducation un peu oublié dans le *Gargantua :* la formation *morale*, que Rabelais fait reposer sur *la foi religieuse.* On remarquera enfin le ton *évangélique* et l'émouvante *ferveur* du dernier paragraphe.

Le fils de Gargantua, PANTAGRUEL, *étudiant à Paris, réalisait de rapides progrès,* « car il avait l'entendement à double rebras » (*repli*). *Il reçoit de son père une lettre l'encourageant à redoubler d'efforts : il serait, en effet, impardonnable de négliger les moyens nouveaux qui permettent aux étudiants d'enrichir leur culture.*

Encore que mon feu père, de bonne mémoire, Grandgousier, eût adonné tout son étude [1] à ce que je profitasse en toute perfection et savoir politique et que mon labeur et étude correspondît très bien, voire encore outrepassât son désir [2], toutefois, comme tu peux bien entendre, le temps n'était tant idoine [3] ni commode ès lettres comme est de présent, et n'avais copie [4] de tels précepteurs comme tu as eu. Le temps était encore ténébreux et sentant l'infélicité et calamité des Goths [5] qui avaient mis à destruction toute bonne littérature. Mais, par la bonté divine, la lumière et dignité a été de mon âge rendue ès lettres, et y vois tel amendement que de présent à difficulté serais-je reçu en la première classe des petits grimauds [6], qui [7], en mon âge viril, étais (non à tort) réputé le plus savant dudit siècle.(...)

« Maintenant toutes disciplines [8] sont restituées [9], les langues instaurées [10] : grecque, sans laquelle c'est honte qu'une personne se dise savant ; hébraïque, chaldaïque, latine [11]. Les impressions [12] tant élégantes et correctes [13] en usance, qui ont été inventées de mon âge par inspiration divine, comme, à contre-fil, l'artillerie par suggestion diabolique. Tout le monde est plein de gens savants, de précepteurs très doctes, de librairies [14] très amples, et m'est avis que ni au temps de Platon, ni de Cicéron, ni de Papinien [15] n'était telle commodité d'étude qu'on y voit maintenant ; et ne se faudra plus dorénavant trouver en place ni en compagnie, qui [16] ne sera bien expoli [17] en l'officine de Minerve. Je vois les

— 33 Revisaient. — 34 *Les Géorgiques.* — 35 Humaniste italien du XVe siècle.

— 1 Zèle. — 2 *Désir* est aussi complément de *correspondît.* — 3 Apte. — 4 Abondance. En 1534, désireux de présenter son idéal d'éducation, Rabelais donnera au contraire à Gargantua une formation très poussée (cf. p. 45). — 5 Les gens du Moyen Age considérés comme des barbares. — 6 Écoliers des petites classes. — 7 Moi qui. — 8 Sciences. — 9 Rétablies. — 10 Restaurées. — 11 Le *Collège de France*, fondé par François Ier, enseignait le latin, le grec et l'hébreu. — 12 Livres imprimés. — 13 S.ent. : *sont.* — 14 Bibliothèques. — 15 Jurisconsulte romain (2e siècle après J.-C.). — 16 Si l'on n'est. — 17 *Poli dans l'atelier de la Sagesse.* Style imagé.

brigands, les bourreaux, les aventuriers [18], les palefreniers de maintenant plus doctes que les docteurs [19] et prêcheurs de mon temps.

« Que dirai-je ? Les femmes [20] et filles ont aspiré à cette louange et manne céleste de bonne doctrine. Tant y a qu'en l'âge où je suis, j'ai été contraint d'apprendre les lettres grecques, lesquelles je n'avais contemnées [21] comme Caton, mais je n'avais eu loisir de comprendre [22] en mon jeune âge, et volontiers me délecte à lire les *Moraux* [23] de Plutarque, les beaux *Dialogues* de Platon, les *Monuments* de Pausanias [24] et *Antiquités* d'Atheneus [25], attendant l'heure qu'il plaira à Dieu mon créateur m'appeler et commander issir [26] de cette terre.

« Par quoi [27], mon fils, je t'admoneste qu'emploies ta jeunesse à bien profiter en étude et en vertu [28]. Tu es à Paris, tu as ton précepteur Épistémon [29], dont l'un par vives et vocales instructions, l'autre [30] par louables exemples, te peut endoctriner [31]. J'entends et veux que tu apprennes les langues parfaitement [32], premièrement la grecque, comme le veut Quintilien [33], secondement la latine, et puis l'hébraïque pour les saintes lettres, et la chaldaïque et arabique pareillement [34], et que tu formes ton style, quant à la grecque, à l'imitation [35] de Platon, quant à la latine, à Cicéron ; qu'il n'y ait histoire que tu ne tiennes en mémoire présente [36], à quoi t'aidera la cosmographie [37] de ceux qui en ont écrit. Des arts libéraux, géométrie, arithmétique et musique, je t'en donnai quelque goût quand tu étais encore petit, en l'âge de cinq à six ans ; poursuis le reste, et d'astronomie saches-en tous les canons [38]. Laisse-moi l'astrologie divinatrice et l'art de Lullius [39], comme abus et vanités. Du droit civil, je veux que tu saches par cœur les beaux textes et me les confères [40] avec philosophie.

« Et quant à la connaissance des faits de nature, je veux que tu t'y adonnes curieusement [41], qu'il n'y ait mer, rivière ni fontaine dont tu ne connaisses les poissons ; tous les oiseaux de l'air, tous les arbres, arbustes et fructices [42] des forêts, toutes les herbes de la terre, tous les métaux cachés au ventre des abîmes [43], les pierreries de tout Orient et Midi, rien ne te soit inconnu [44].

« Puis, soigneusement revisite [45] les livres des médecins grecs, arabes et latins, sans contemner [46] les talmudistes et cabalistes [47], et par fréquentes anatomies [48] acquiers-toi parfaite connaissance de l'autre monde qui est l'homme. Et par quelques heures du jour commence à visiter les saintes lettres, premièrement en grec le *Nouveau Testament* et *Epîtres des Apôtres*, et puis en hébreu le *Vieux Testament*. Somme [49], que je voie un abîme de science, car dorénavant que tu

— 18 Soldats irréguliers vivant de pillage. — 19 *En théologie*. Rapprochement satirique. — 20 *Marguerite de Navarre ;* les poétesses de l'école lyonnaise : *Louise Labé* (cf. p. 31). *Louange* = gloire. — 21 *Méprisées*. Caton l'Ancien, longtemps hostile à l'hellénisme, finit par apprendre le grec. — 22 Rabelais dit le contraire dans *Gargantua*, publié deux ans plus tard (cf. p. 46, l. 38). Expliquer cette contradiction. — 23 Œuvres morales. — 24 Historien et géographe grec (2e s. après J.C.). — 25 Grammairien grec (3e s. après J.C.). Ces deux derniers auteurs nous renseignent sur la vie antique. — 26 *Sortir*. Que pensez-vous de cette attitude devant la mort ? — 27 Par suite de quoi. — 28 Distinguer deux aspects de l'éducation. — 29 « *Savant* » (mot grec). — 30 Paris. — 31 Instruire. — 32 Définir le caractère de ces exigences. — 33 Dans son *Institution Oratoire*, il conseille de *commencer* les études par le grec. — 34 *Pour la même raison*. Les Évangéliques voulaient revenir aux textes originaux (cf. p. 10 et p. 87). — 35 L'élève *écrira* donc en latin et en grec. — 36 « *Par cœur* ». Reste de l'éducation médiévale. — 37 Géographie. — 38 Règles. Ces quatre sciences correspondaient au Moyen Age aux études supérieures (*Quadrivium*). — 39 L'alchimiste espagnol Raymond Lulle (XIIIe siècle). — 40 *Compares*. S'agit-il seulement de meubler la mémoire ? — 41 Soigneusement. — 42 Arbrisseaux. — 43 Apprécier ces images. — 44 Comment s'exprime ici l'ardeur de Rabelais pour le savoir ? — 45 Étudie sans cesse. — 46 Mépriser. — 47 Médecins juifs, très estimés à cette époque (cf. p. 43, ligne 21). — 48 Dissections (cf. p. 36, § 3). — 49 En somme. —

deviens homme et te fais grand, il te faudra issir de cette tranquillité et repos d'étude et apprendre la chevalerie et les armes pour défendre ma maison et nos amis secourir en tous leurs affaires [50] contre les assauts des malfaisants. Et veux que, de bref [51], tu essaies combien tu as profité, ce que tu ne pourras mieux faire que tenant conclusions[52] en tout savoir, publiquement, envers tous et contre tous, et hantant les gens lettrés qui sont tant à Paris comme ailleurs.

« Mais parce que, selon le sage Salomon, sapience [53] n'entre point en âme malivole [54], et science sans conscience n'est que ruine de l'âme [55], il te convient servir, aimer et craindre Dieu et en lui mettre toutes tes pensées et tout ton espoir, et par foi, formée de charité, être à lui adjoint, en sorte que jamais n'en sois désemparé [56] par péché. Aie suspects les abus du monde. Ne mets ton cœur à vanité, car cette vie est transitoire, mais la parole de Dieu demeure éternellement [57]. Sois serviable à tous tes prochains et les aime comme toi-même. Révère tes précepteurs, fuis les compagnies de gens esquels tu ne veux point ressembler, et, les grâces que Dieu t'a données, icelles ne reçois en vain. Et quand tu connaîtras que auras tout le savoir de par delà [58] acquis, retourne vers moi afin que je te voie et donne ma bénédiction devant que mourir.

« Mon fils, la paix et grâce de Notre Seigneur soit avec toi, *amen.* D'Utopie, ce dix-septième jour du mois de mars, Ton père, GARGANTUA.

PANTAGRUEL, Chap. VIII.

***

La Paix et la Guerre

C'est dans les chapitres du GARGANTUA consacrés à la *guerre Picrocholine* que Rabelais a exprimé l'essentiel de ses idées sur cette grave question. Jamais peut-être il n'a plus heureusement réalisé la fusion des idées sérieuses, de l'observation réaliste des mœurs, et de l'art de conter.

LES IDÉES DE RABELAIS

1. CONTRE LA GUERRE DE CONQUÊTE. Ridiculisant la folie ambitieuse de PICROCHOLE (p. 62-64), il nous fait au contraire admirer la sagesse de GRANDGOUSIER conscient de ses devoirs envers ses sujets et soucieux de leur éviter le fardeau et les douleurs de la guerre (p. 61, l. 38-47). C'est que *le christianisme*, en enseignant aux hommes qu'ils sont frères, a changé en crimes les prouesses d'autrefois (p. 65, l. 5-13).

2. LE BON PRINCE DOIT ÊTRE PACIFIQUE et charitable envers ses voisins (p. 60 l. 24-37), car les peuples sont unis par des liens de *solidarité économique* (p. 54, l. 23-25). Il assurera le bonheur de ses sujets en observant la *loi de l'Evangile* « par lequel nous est commandé garder, sauver, régir et administrer chacun ses pays et terres, non hostilement envahir les autres » (p. 65, l. 9-11). Le modèle des princes est le « vieux bonhomme GRANDGOUSIER » dont la piété et l'affection pour ses sujets font ressortir l'esprit belliqueux de l'irritable PICROCHOLE (p. 55, l. 1-22), qui joue au grand conquérant (p. 62 à 64) et aspire à la monarchie universelle.

3. COMMENT ÉVITER LA GUERRE ? Quand surviennent des incidents, le prince doit d'abord garder son *sang-froid.* Le déplorable Picrochole accepte sans examen un récit mensonger (p. 55, l. 1-10), saisit le premier prétexte d'agression (p. 65, l. 1-6) et prête l'oreille aux excitations intéressées de ses généraux (p. 62 à 64 et p. 68).

---

50 Mot masculin. Noter cette conception élevée des devoirs d'un prince (cf. p. 61, l. 43). — 51 Bientôt. — 52 *Soutenant des thèses :* les discussions publiques étaient en honneur dans les Universités. — 53 Sagesse. — 54 Malveillante, mauvaise. — 55 Expliquer cette admirable formule. — 56 Séparé. — 57 Parole évangélique (MAT. XXIV), comme l'inspiration de tout ce passage. — 58 C'est-à-dire : de Paris.

Au contraire, Grandgousier s'entoure d'*un conseil* de sages (p. 61, l. 48) et mène *une enquête* minutieuse pour connaître la nature et les circonstances exactes de l'incident qui menace la paix (page 61, l. 49-50 et *Analyse*). Les guerres naissant souvent de motifs futiles (p. 53 et 54), il s'efforce de *réduire le débat à ses proportions véritables*, « quelques fouaces » (p. 62, l. 1), sans prononcer, à propos d'individus sans importance, les grands mots d'*honneur* et de *gloire* qui enveniment les querelles entre peuples (p. 66, l. 25-32). « *Je n'entreprendrai guerre*, dit-il, *que je n'aie essayé tous les arts et moyens de paix.* »

Mais si Grandgousier pousse l'esprit pacifique jusqu'à vouloir *acheter* la paix qui lui coûtera moins que la guerre (p. 62, *Analyse*), c'est qu'il est assez fort pour pouvoir se permettre ces *concessions extrêmes :* il a eu la sagesse d'appeler GARGANTUA (p. 61, l. 52), de se ménager des alliances et d'entretenir, dès le temps de paix, une *armée permanente* parfaitement équipée et disciplinée (p. 67, l. 1-24). Au cas où l'on ne pourrait éviter la guerre, la sagesse consiste en effet, faute de mieux, à se tenir prêt à la gagner.

4. COMMENT CONDUIRE LA GUERRE DÉFENSIVE ? A l'aveuglement de Picrochole, conquérant improvisé, à son équipement hétéroclite, à ses armées levées « sous peine de la hart », et vivant de pillage, à ses généraux ambitieux et divisés, Grandgousier oppose *une armée de métier*, une armée *moderne* où règne la *discipline* (p. 67, l. 1-24). Quand la force est déchaînée on ne peut en effet l'arrêter que par la force, et l'exemple de frère Jean prouve qu'il vient un moment où les prières ne suffisent plus (p. 57). Encore convient-il de combattre avec le plus de *modération* possible, en n'oubliant jamais que les ennemis sont aussi des *hommes* et qu'au terme de la guerre il faudra de nouveau construire la paix (p. 61, *Analyse ;* p. 65, l. 20-25).

RÉALISME ET FANTAISIE

Rabelais excelle à présenter ces idées sérieuses sous la forme la plus attrayante, donc la plus efficace. Son récit plonge à pleines racines dans la *réalité* et présente pourtant le charme de la *fiction romanesque*.

1. L'HISTOIRE LOCALE. Le conteur transpose dans le mode héroï-comique l'histoire du *procès* qui, peu avant le *Gargantua*, venait d'opposer GAUCHER DE SAINTE-MARTHE (Picrochole), seigneur de Lerné, à son voisin ANTOINE RABELAIS (père de l'écrivain), parlant comme avocat au nom des bourgades qui, dans le roman, sont alliées de Grandgousier. Gaucher de Sainte-Marthe était accusé de gêner la navigation sur la Loire par des pêcheries installées en amont de Saumur.

2. LA RÉALITÉ TOURANGELLE. Le théâtre de la guerre, c'est le *pays natal* de RABELAIS, un carré de deux lieues de côté dont il évoque les plus petites bourgades (en particulier ses terres familiales). Ses héros — même les rois et les géants — ressemblent aux *paysans* du cru (fouaciers, métayers et bergers) dont il connaissait parfaitement les mœurs et le langage, ou bien aux *moines* de Seuilly où Rabelais avait fait ses premières études. Il se dégage de ces pages une inoubliable saveur de réalité campagnarde (cf. p. 90).

3. LA FANTAISIE. Rabelais renonce presque entièrement au merveilleux gigantesque : GARGANTUA et GRANDGOUSIER l'emportent par leur *intelligence* et par leur *sagesse* plus que par leur supériorité physique. L'auteur a le don d'évoquer le monde rustique, de camper avec vérité (même dans la caricature) divers types humains (Picrochole, Grandgousier, Frère Jean) et surtout d'animer d'une vie intense certaines *fresques*, hautes en couleur et débordantes d'action.

Pourtant, par une *fantaisie pleine d'humour*, il s'évade parfois de cette réalité pittoresque transformant les propriétaires terriens en rois puissants et les métairies en places fortes, faisant évoluer dans le cadre étroit de ses terres familiales des troupes plus nombreuses que les plus fortes armées du temps. La *parodie de l'épopée* est d'ailleurs une des sources constantes du comique dans l'ensemble de l'œuvre (généalogies, enfances, exploits prodigieux). Cette *alternance de la réalité et de la fiction* est un des aspects séduisants de Rabelais conteur.

« LE GRAND DÉBAT DONT FURENT FAITES GROSSES GUERRES »

« *Comment fut mû entre les fouaciers de Lerné et ceux du pays de Gargantua le grand débat dont furent faites grosses guerres* », tel est le titre à la fois ironique et profond de ce premier chapitre de la *Guerre Picrocholine.* Pendant que Gargantua poursuit ses études, l'auteur nous fait assister à un incident qui tourne à la rixe puis à la bagarre générale. On verra avec quelle *vérité d'observation* il sait animer ses personnages. Le *comique* ne perd jamais ses droits, mais le conteur n'oublie pas qu'il est *philosophe :* il a mis tous les torts du même côté pour nous rendre plus sensible la leçon morale des épisodes à venir (cf. p. 90).

En cestui [1] temps, qui fut la saison de vendanges au commencement d'automne, les bergers de la contrée étaient à garder les vignes, et empêcher que les étourneaux ne mangeassent les raisins. Auquel temps, les fouaciers [2] de Lerné [3] passaient le grand carroi [4], menant dix ou douze charges de fouaces à la ville [5]. Les dits bergers les requirent courtoisement leur en bailler [6] pour leur argent, au prix du marché. Car notez que c'est viande [7] céleste manger à déjeuner raisins avec fouace fraîche, mêmement [8] des pineaux, des fiers, des muscadeaux, de la bicane et des foirards pour ceux qui sont constipés du ventre, car ils les font aller long comme un vouge [9], et souvent, cuidant peter, ils se conchient, dont sont nommés les cuideurs des vendanges.

A leur requête ne furent aucunement enclinés les fouaciers, mais, qui pis est, les outragèrent grandement, les appelant [10] trop d'iteux [11], brèche-dents, plaisants rousseaux [12], galliers [13], averlans [14], limes sourdes [15], fainéants, friandeaux [16], bustarins [17], talvassiers [18], rien-ne-vaut, rustres, chalands [19], happe-lopins [20], traîne-gaines [21], gentils floquets [22], copieux [23], landores [24], malotrus, dendins [25], baugears [26], tézés [27], gaubregeux [28], goguelus [29], claquedents [30], bouviers d'étrons, bergers de merde, et autres tels épithètes diffamatoires, ajoutant que point à eux n'appartenait manger de ces belles fouaces, mais qu'ils se devaient contenter de gros pain ballé [31] et de tourte [32].

Auquel outrage un d'entre eux, nommé Frogier, bien honnête homme de sa personne et notable bachelier [33], répondit doucement : « Depuis quand avez-vous pris cornes qu'êtes tant rogues [34] devenus ? Dea [35], vous nous en souliez [36] volontiers bailler et maintenant y refusez. Ce

— 1 Ce. — 2 Marchands de galettes (ou *fouaces*). — 3 Gros bourg, à 8 km. de Chinon. — 4 Chemin. — 5 Chinon. — 6 Donner. — 7 *Aliment.* Réflexion de gourmet! — 8 — Particulièrement. *Suivent divers noms de raisins.* — 9 Une lance. *Cuider :* croire. — 10 Insultes qui fusent de tous côtés : préciser le ton. — 11 Gens dont il y a trop. — 12 Rouquins ? — 13 Galeux ? — 14 Lourdauds. — 15 Sournois (expliquer l'image). — 16 Gourmands. — 17 Ivrognes. — 18 Fanfarons. — 19 Mauvais clients. — 20 Pique-assiette (image à expliquer). — 21 Matamores (traîneurs de sabre). — 22 Freluquets. — 23 Singes (cf. *copier*). — 24 Endormis. — 25 Niais. — 26 Marauds. — 27 Sots. — 28 Flâneurs. — 29 Plaisantins. — 30 Image à expliquer. — 31 Dont la farine contient de la *balle.* — 32 Pain de seigle. — 33 Jeune garçon. — 34 Batailleurs. Il les compare à de jeunes taureaux. — 35 Vraiment. — 36 Aviez coutume (cf. verbe latin *soleo :* j'ai l'habitude).

n'est fait de bons voisins, et ainsi ne vous faisons-nous, quand venez ici acheter notre beau froment [37], duquel vous faites vos gâteaux et fouaces. Encore par le marché vous eussions-nous donné de nos raisins ; mais, vous en pourriez repentir, et aurez quelque jour affaire de nous. Lors nous ferons envers vous à la pareille, et vous en souvienne [38] ».

Adonc Marquet, grand bâtonnier [39] de la confrérie des fouaciers, lui dit : « Vraiment, tu es bien acrêté [40] à ce matin ; tu mangeas hier soir trop de mil. Viens çà, viens ça, je te donnerai de ma fouace [41] ». Lors Frogier en toute simplesse approcha, tirant un onzain [42] de son baudrier, pensant que Marquet lui dût dépocher de ses fouaces, mais il lui bailla de son fouet à travers les jambes si rudement que les nœuds y apparaissaient ; puis voulut gagner à la fuite [43]. Mais Frogier s'écria au meurtre et à la force [44] tant qu'il put, ensemble lui jeta un gros tribard [45] qu'il portait sous son aisselle [46], et l'atteint par la jointure coronale de la tête, sur l'artère crotaphique [47], du côté dextre, en telle sorte que Marquet tomba de sa jument ; mieux semblait homme mort que vif [48].

Cependant les métayers, qui là auprès challaient [49] les noix, accoururent avec leurs grandes gaules, et frappèrent sur ces fouaciers comme sur seigle vert [50]. Les autres bergers et bergères, oyant le cri de Frogier, y vinrent avec leurs fondes [51] et brassiers [52], et les suivirent à grands coups de pierres, tant menus qu'il semblait que ce fût grêle. Finalement, les aconçurent [53] et ôtèrent de leurs fouaces environ quatre ou cinq douzaines, toutefois ils les payèrent au prix accoutumé, et leur donnèrent un cent de quecas [54] et trois panerées de francs-aubiers [55]. Puis les fouaciers aidèrent à monter Marquet, qui était vilainement blessé, et retournèrent à Lerné sans poursuivre le chemin de Parillé, menaçant fort et ferme les bouviers, bergers et métayers [56] de Seuillé et de Sinais.

Ce fait, et bergers et bergères firent chère lie [57] avec ces fouaces et beaux raisins, et se rigolèrent [58] ensemble au son de la belle bousine [59], se moquant de ces beaux fouaciers glorieux, qui avaient trouvé malencontre par faute de s'être signés [60] de la bonne main au matin. Et avec gros raisins chenins étuvèrent [61] les jambes de Frogier mignonnement, si bien qu'il fut tantôt guéri [62].

GARGANTUA, Chap. XXV

— 37 Quelle grande « *loi économique* » est ici rappelée ? — 38 Ce discours est-il réellement belliqueux ? — 39 Porteur du « *bâton* » de la confrérie ; le mot s'est maintenu chez les avocats. En quoi est-il ici ironique ? — 40 Comme un *coq* batailleur. — 41 Comment interprétez-vous cette offre ? La « *simplesse* » de Frogier est-elle vraisemblable ? — 42 Pièce de onze deniers. *Baudrier* = ceinture. — 43 S'enfuir. — 44 « Coup de force ». — 45 Son bâton de berger. — 46 Montrer, dans tout ce passage, la vérité des attitudes et des réactions. — 47 *Temporale.* En quoi cette érudition est-elle amusante ? — 48 Rabelais parodie visiblement les récits épiques. — 49 Gaulaient. — 50 Encore une comparaison rustique. — 51 Frondes (*funda*). — 52 Sorte de fronde ? ou de gourdin ? — 53 Atteignirent. — 54 Noix (dialectal). — 55 Paniers de raisins blancs. — 56 Étaient-ils coupables ? — 57 Joyeuse chère (*litt. :* joyeux visage ; lat. *: laeta* = joyeuse). — 58 S'amusèrent. — 59 Cornemuse. — 60 Avoir fait le signe de la croix. — 61 Baignèrent. — 62 Montrer le contraste entre les deux derniers paragraphes ; expliquer l'intention de l'auteur.

– *Comment s'explique, selon vous, la conduite des fouaciers : leur refus, leurs insultes, l'agression contre Frogier, leur retour à Lerné ?*
– *Des bergers et des fouaciers, lesquels sont, à vos yeux, les plus sympathiques ? Dites pourquoi.*
– *Quelles leçons se dégagent ; a) du titre du chapitre ; – b) du discours de Frogier ?*
– *Relevez les détails réalistes dans la peinture des paysans : mœurs, caractère, langage.*
– *Distinguez les diverses sources du comique dans ce chapitre.*
• **Groupe thématique : Parodie.** Étudiez la parodie de l'épopée dans les extraits de la « guerre picrocholine » (cf. MOYEN AGE, questionnaire p. 93).

Attaque brusquée

L'ambitieux PICROCHOLE est, pour Rabelais, le type même du mauvais prince, l'exemple à ne pas suivre. Irritable et irréfléchi, avide d'aventure, il saisit — sans l'ombre d'une enquête — le premier *prétexte* de faire la guerre. Il se grise de proclamations et de formules ronflantes. Mais quel piètre organisateur ! Pas d'armée régulière : des pillards indisciplinés ; un équipement désuet et hétéroclite ; des officiers désignés, entre deux bouchées, à la dernière minute ! Quel *contraste* avec l'armée permanente de GRANDGOUSIER, prince pacifique et prudent (p. 67) !

Les fouaciers retournés à Lerné, soudain, devant boire ni manger, se transportèrent au Capitoly [1] et là, devant leur roi nommé Picrochole [2], tiers de ce nom [3], proposèrent leur complainte, montrant leurs paniers rompus, leurs bonnets foupis [4], leurs robes déchirées, leurs fouaces détroussées, et singulièrement Marquet blessé énormément, disant le tout avoir été fait par les bergers et métayers de Grandgousier près le grand carroi par delà Seuillé [5].

Lequel incontinent entra en courroux furieux, et sans plus outre s'interroger quoi ni comment [6], fit crier par son pays ban et arrière-ban [7], et qu'un chacun, sur peine de la hart [8], convînt [9] en armes en la grand place devant le château, à heure de midi [10].

Pour mieux confirmer son entreprise, envoya sonner le tambourin à l'entour de la ville. Lui-même, cependant qu'on apprêtait son dîner, alla faire affûter [11] son artillerie, déployer son enseigne et oriflamme, et charger force munitions, tant de harnais d'armes que de gueule [12].

En dînant bailla les commissions [13], et fut par son édit constitué le seigneur Trépelu [14] sur l'avant-garde, en laquelle furent comptés seize mille quatorze hacquebutiers [15], trente-cinq mille et onze aventuriers [16].

A l'artillerie fut commis le grand écuyer Touquedillon, en laquelle furent comptées neuf cent quatorze grosses pièces de bronze, en canons, doubles canons, basilics, serpentines, couleuvrines, bombardes, faucons, passevolants, spiroles [17] et autres pièces. L'arrière-garde fut baillée au duc Raquedenare [18], en la bataille [19] se tint le roi et les princes de son royaume [20].

— 1 Ce nom du château de Picrochole ne révèle-t-il pas son caractère ? — 2 En grec, *Bile-amère.* — 3 Préciser l'intention de l'auteur. — 4 Chiffonnés (dialectal). — 5 A quoi tendent ces précisions ? Ce récit est-il complet ? — 6 Critique importante, à préciser. — 7 Mobilisation générale. — 8 Pendaison. — 9 Vînt au rassemblement. — 10 Quel est le ton de cette proclamation ? — 11 Placer sur les affûts. — 12 Étudier comment cette phrase traduit la griserie belliqueuse du roi. — 13 Confia les commandements. — 14 *Loqueteux.* — 15 Armés de *hacquebutes,* arquebuses primitives et démodées. — 16 Troupes irrégulières, peu disciplinées et vivant de pillage. — 17 Énumération comique de pièces de tous calibres, de toutes époques : c'est un armement hétéroclite. — 18 « *Râcle-denier* ». — 19 Au centre. — 20 Commenter cette formule majestueuse. —

Ainsi sommairement accoutrés, devant que se mettre en voie [21], envoyèrent trois cents chevau-légers, sous la conduite du capitaine Engoulevent [22], pour découvrir le pays et savoir si embûche aucune était par la contrée ; mais, après avoir diligemment recherché, trouvèrent tout le pays à l'environ en paix et silence, sans assemblée quelconque.

Ce qu'entendant, Picrochole commanda qu'un chacun marchât sous son enseigne hâtivement.

Adonc sans ordre et mesure prirent les champs les uns parmi les autres, gâtant et dissipant tout par où ils passaient, sans épargner ni pauvre ni riche, ni lieu sacré ni profane ; emmenaient bœufs, vaches, chevaux, taureaux, veaux, génisses, brebis, moutons, chèvres et boucs, poules, chapons, poulets, oisons, jars, oies, porcs, truies, gorets [23] ; abattant les noix, vendangeant les vignes, emportant les ceps, croulant [24] tous les fruits des arbres. C'était un désordre incomparable de ce qu'ils faisaient, et ne trouvèrent personne qui leur résistât ; mais un chacun se mettait à leur merci, les suppliant être traités plus humainement, en considération de ce qu'ils avaient de tout temps été bons et amiables [25] voisins ; et que jamais envers eux ne commirent excès ni outrage pour ainsi soudainement être par iceux mal vexés [26], et que Dieu les en punirait de bref [27].

Auxquelles remontrances rien plus ne répondaient, sinon qu'ils leur voulaient apprendre à manger de la fouace [28].

GARGANTUA, Chap. XXVI

FRÈRE JEAN DES ENTOMMEURES

Ces pages sont parmi les plus représentatives de l'art de *Rabelais conteur*. Quel don extraordinaire de conférer *la vie* à tout ce qu'il touche ! Voici les moines, prisonniers de leurs mœurs pacifiques et désarmés devant l'ennemi ; voici les conquérants burlesques de cette épopée bouffonne ; voici le personnage héroï-comique de FRÈRE JEAN, tout heureux de déployer son énergie pour une cause juste, et les petits moinetons ravis de cet intermède dans leur existence monotone. Nous *assistons* aux exploits les plus variés ; nous *entendons* la psalmodie des moines et les hurlements des combattants. Et c'est, d'un bout à l'autre du récit, même aux instants les plus tragiques, un *immense éclat de rire*.

Tant firent et tracassèrent, pillant et larronnant, qu'ils arrivèrent à Seuillé, et détroussèrent hommes et femmes, et prirent ce qu'ils purent : rien ne leur fut ni trop chaud ni trop pesant. (...)

Le bourg ainsi pillé, se transportèrent en l'abbaye avec horrible tumulte, mais la trouvèrent bien resserrée et fermée, dont [1] l'armée principale marcha outre vers le gué de Vède [2], excepté sept enseignes [3] de gens de pied et deux cents lances [4] qui là restèrent et rompirent les murailles du clos afin de gâter toute la vendange.

---

21 Expert en stratégie, il envoie une reconnaissance ! — 22 « *Avaleur de vent* ». — 23 Quelle impression produit cette énumération ? — 24 Abattant. — 25 Aimables. — 26 Maltraités (lat. *vexare*). — 27 Bientôt. — 28 Que vaut cet argument ?

— 1 Par suite de quoi. — 2 A une demi-lieue. — 3 Soldats groupés sous la même enseigne. — 4 Chevaliers armés de lances, suivis de leurs hommes. Comparer ces effectifs à ceux qui sont cités à la fin du passage.

Les pauvres diables de moines ne savaient auquel de leurs saints se vouer. A toutes aventures firent sonner *ad capitulum capitulantes* [5]. Là fut décrété qu'ils feraient une belle procession, renforcée de beaux prêchants et litanie *contra hostium insidias* [6] et beaux répons *pro pace* [7].

En l'abbaye était pour lors un moine claustrier [8] nommé frère Jean des Entommeures [9], jeune, galant [10], frisque [11], de hait [12], bien à dextre [13], hardi, aventureux, délibéré, haut, maigre, bien fendu de gueule [14], bien avantagé en nez, beau dépêcheur [15] d'heures, beau débrideur [15] de messes, beau décrotteur [15] de vigiles, pour tout dire sommairement vrai moine si onques en fut depuis que le monde moinant moina de moinerie, au reste clerc jusques ès dents [16] en matière de bréviaire.

Icelui, entendant le bruit que faisaient les ennemis par le clos de leur vigne, sortit hors pour voir ce qu'ils faisaient, et avisant qu'ils vendangeaient leur clos auquel était leur boire [17] de tout l'an fondé, retourne au chœur de l'église où étaient les autres moines, tous étonnés comme fondeurs de cloches [18], lesquels voyant chanter *ini, nim, pe, ne, ne, ne, ne, ne, ne, tum, ne, num, num, ini, i, mi, i, mi, co, o, ne, no, o, o, ne, no, ne, no, no, no, rum, ne, num, num* [19] : « C'est, dit-il, bien chien chanté. Vertus Dieu ! que ne chantez-vous : Adieu paniers, vendanges sont faites [20] ? Je me donne au diable s'ils ne sont en notre clos, et tant bien coupent et ceps et raisins qu'il n'y aura, par le corps Dieu ! de quatre années que halleboter [21] dedans. Ventre saint Jacques ! que boirons-nous cependant, nous autres pauvres diables ? Seigneur Dieu, *da mihi potum* [22] ! »

Lors dit le prieur claustral : « Que fera cet ivrogne ici ? Qu'on me le mène en prison. Troubler ainsi le service divin ! »

« — Mais, dit le moine, le service du vin [23], faisons tant qu'il ne soit troublé, car vous-même, monsieur le prieur, aimez boire du meilleur : si [24] fait tout homme de bien. Jamais homme noble ne hait le bon vin : c'est un apophtegme [25] monacal. Mais ces répons que chantez ici ne sont, par Dieu ! point de saison. (...) Écoutez, messieurs, vous autres qui aimez le vin : le corps Dieu, si [26] me suivez ! Car hardiment que saint Antoine m'arde [27] si ceux tâtent du piot [28] qui n'auront secouru la vigne ! Ventre Dieu, les biens de l'Église ! » (...)

Ce disant, mit bas son grand habit et se saisit du bâton de la croix qui était de cœur de cormier [29], long comme une lance, rond à plein poing,

---

5 Expression latine signifiant : « *Réunion de ceux qui ont voix au chapitre* ». — 6 « *Contre les pièges des ennemis* ». — 7 « *Pour la paix* ». Montrer l'ironie des adjectifs « *belle, beaux* ». — 8 Cloîtré. — 9 Le nom évoque un vigoureux appétit (*Etym : « des Entamûres, ou hachis* »). — 10 Gaillard. — 11 Pimpant. — 12 Décidé. — 13 Adroit. — 14 *A la grande bouche?* Comment comprendre cette expression ? — 15 Mots savoureux évoquant la promptitude. — 16 Savant inattaquable (cf. « *armé jusqu'aux dents* »). — 17 Expliquer la prompte réaction du moine. — 18 Abasourdis comme les fondeurs par le fracas de la fonderie ? — 19 *Impetum inimicorum* (L'assaut des ennemis). Parodie des modulations du plain-chant. — 20 Locution populaire particulièrement de circonstance ! — 21 De quoi grappiller. — 22 *Donne-moi à boire !* — 23 Jeu de mots. Que traduit cette opposition ? — 24 Ainsi. — 25 Précepte. — 26 Suivez-moi *donc*. — 27 Brûle. — 28 Vin. — 29 Bois extrêmement dur.

et quelque peu semé de fleurs de lys, toutes presque effacées. Ainsi sortit en beau sayon, mit son froc en écharpe [39], et de son bâton de la croix donna si brusquement sur les ennemis qui, sans ordre ni enseigne, ni trompette, ni tambourin, parmi le clos vendangeaient [31], — car les porte-guidons et porte-enseignes avaient mis leurs guidons et enseignes l'orée [32] des murs, les tambourineurs avaient défoncé leurs tambourins d'un côté pour les emplir de raisins, les trompettes étaient chargés de moussines [33], chacun était dérayé [34] —, il choqua donc si roidement sur eux, sans dire gare, qu'il les renversait comme porcs, frappant à tort et à travers, à la vieille escrime [35].

Ès uns écrabouillait la cervelle, ès autres rompait bras et jambes, ès autres délochait les spondyles [36] du col, ès autres démoulait [37] les reins, avalait [38] le nez, pochait les yeux, fendait les mandibules, enfonçait les dents en la gueule, décroulait les omoplates, sphacelait les grèves [39], dégondait les ischies [40], débezillait les faucilles [41].

Si quelqu'un se voulait cacher entre les ceps plus épais, à icelui froissait [42] toute l'arête du dos et l'éreinait [43] comme un chien.

Si aucun sauver se voulait en fuyant, à icelui faisait voler la tête en pièces par la commissure lambdoïde [44]. Si quelqu'un gravait [45] en une arbre, pensant y être en sûreté, icelui de son bâton empalait par le fondement.

Si quelqu'un de sa vieille connaissance lui criait : « Ha ! frère Jean, mon ami, frère Jean, je me rends ! »

« — Il t'est, disait-il, bien force ; mais ensemble tu rendras l'âme à tous les diables ». Et soudain lui donnait dronos [46]. Et si personne tant fût épris de témérité qu'il lui voulût résister en face, là montrait-il la force de ses muscles. Car il leur transperçait la poitrine par le médiastin [47] et par le cœur ; à d'autres donnant sur la faute des côtes, leur subvertissait l'estomac, et mouraient soudainement ; ès autres tant fièrement frappait par le nombril qu'il leur faisait sortir les tripes. Croyez que c'était le plus horrible spectacle qu'on vit onques.

Les uns criaient : « Sainte Barbe ! », les autres « saint Georges ! », les autres « sainte Nitouche [48] ! », les autres « Notre-Dame de Cunault, de Lorette, de Bonnes Nouvelles, de la Lenou, de Rivière ! ». Les uns se vouaient à saint Jacques ; les autres au saint suaire de Chambéry [49]... Les

---

— 30 Comment l'auteur a-t-il traduit l'allure décidée du moine ? — 31 Effet de ce verbe détaché en fin de phrase ? — 32 Le long. — 33 Bouquets de grappes et de feuilles. — 34 Hors de son rang. — 35 Sans les raffinements des maîtres d'armes italiens. — 36 Démettait les vertèbres. — 37 Disloquait. — 38 Défonçait. — 39 Meurtrissait les jambes. — 40 Déboîtait les hanches. — 41 Rompait les bras. Quelle impression vous laisse cette énumération ? — 42 Préciser le sens de cette image. — 43 Lui brisait les reins. — 44 Suture du crâne en forme de *lambda* (λ). — 45 Grimpait. — 46 *Des coups* (languedocien). — 47 Cloison membraneuse qui divise en deux la poitrine. — 48 Sainte imaginaire, placée ici par dérision. — 49 Ici se place l'énumération d'une dizaine d'autres « *bons petits saints* ». —

uns mouraient sans parler, les autres parlaient sans mourir, les uns mouraient en parlant, les autres parlaient en mourant. Les autres criaient à haute voix : « Confession ! confession ! *Confiteor, miserere, in manus* [50] ».

Tant fut grand le cri des navrés [51], que le prieur de l'abbaye avec tous ses moines sortirent, lesquels, quand aperçurent ces pauvres gens ainsi rués [52] parmi la vigne et blessés à mort, en confessèrent quelques-uns. Mais, cependant que les prêtres s'amusaient à confesser, les petits moinetons coururent au lieu où était frère Jean, et lui demandèrent en quoi il voulait qu'ils lui aidassent.

A quoi répondit qu'ils égorgetassent ceux qui étaient portés par terre. Adonc, laissant leurs grandes capes sur une treille au plus près, commencèrent égorgeter et achever ceux qu'il avait déjà meurtris [53]. Savez-vous de quels ferrements [54] ? A beaux gouvets, qui sont petits demi-couteaux dont les petits enfants de notre pays cernent les noix.

Puis, à tout [55] son bâton de croix, gagna la brèche qu'avaient faite les ennemis. Aucuns [56] des moinetons emportèrent les enseignes et guidons en leurs chambres pour en faire des jarretières. Mais quand ceux qui s'étaient confessés voulurent sortir par icelle brèche, le moine les assommait de coups, disant : « Ceux-ci sont confès [57] et repentants et ont gagné les pardons : ils s'en vont en paradis aussi droit comme une faucille, et comme est le chemin de Faye [58]. » Ainsi, par sa prouesse, furent déconfits tous ceux de l'armée qui étaient entrés dedans le clos, jusques au nombre de treize mille six cent vingt et deux, sans les femmes et petits enfants [59], cela s'entend toujours.

Jamais Maugis ermite ne se porta si vaillamment à tout [60] son bourdon [61] contre les Sarrasins, desquels est écrit ès [62] gestes des quatre fils Aymon [63], comme fit le moine à l'encontre des ennemis avec le bâton de la croix.

GARGANTUA, Chap. XXVII

- *Comment s'enchaînent les épisodes de façon à renouveler l'intérêt jusqu'au dénouement ?*
- *Relevez les éléments qui confèrent au récit une vie intense.*
- *En quoi consiste ici la satire de la vie monacale ? Qu'en pensez-vous ?*
- *Quelle leçon se dégage de l'attitude de Frère Jean ? En quoi les moinetons sont-ils ses disciples ?*
- *Étudiez dans cet épisode le mélange du réalisme caricatural et de la fantaisie.*
- ***Exposé.** L'idéal rabelaisien du moine d'après le personnage de Frère Jean et l'évocation de l'abbaye de Thélème (cf. p. 69-70). Quelle est votre opinion à ce sujet ?*
- ***Essai.** L'art de l'expression et les effets comiques qu'en tire RABELAIS dans cet épisode.*

---

50 Début de prières : « *Je confesse* » ; « *ayez pitié* » ; « *En vos mains* (je me confie) ». — 51 Blessés. — 52 Renversés. — 53 A quoi tient le comique du passage ? — 54 Outils de fer. — 55 Avec. — 56 Quelques-uns. — 57 Confessés. — 58 Bourgade des environs : Comment imaginez-vous ce chemin ? — 59 Formule fréquente dans les Évangiles. Qu'a-t-elle ici de comique ? — 60 Avec. — 61 Bâton de pèlerin. — 62 Dans les. — 63 Cf. MOYEN AGE, p. 40. Rabelais souligne ainsi sa volonté de parodier les récits épiques.

GRANDGOUSIER ROI PACIFIQUE

Ce chapitre est une *contre-épreuve*. Il faut, en le lisant, garder présent à l'esprit le souvenir de l'*excitation belliqueuse* de PICROCHOLE au récit de ses fouaciers. Le contraste permettra d'apprécier la *conduite pacifique* de GRANDGOUSIER, sa sagesse politique, son sens profond du « métier de roi ». La fusion du récit pittoresque et de la leçon morale est ici parfaitement réalisée.

Cependant que le moine s'escarmouchait, comme avons dit, contre ceux qui étaient entrés [1] le clos, Picrochole, à grande hâtiveté, passa le gué de Vède avec ses gens et assaillit la Roche-Clermaud [2], auquel lieu ne lui fut faite résistance quelconque, et parce qu'il était jà [3] nuit, délibéra en icelle ville s'héberger, soi et ses gens, et rafraîchir de sa colère pongitive [4]. Au matin, prit d'assaut les boulevards [5] et château, et le rempara très bien, et le pourvut de munitions requises, pensant là faire sa retraite si d'ailleurs était assailli, car le lieu était fort, et par art et par nature, à cause de la situation et assiette [6].

Or laissons-les là [7], et retournons à notre bon Gargantua, qui est à Paris, bien instant [8] à l'étude des bonnes lettres et exercitations [9] athlétiques, et le vieux bonhomme Grandgousier, son père, qui après souper se chauffe à un beau, clair et grand feu, et, attendant graîler [10] des châtaignes, écrit au foyer avec un bâton brûlé d'un bout, dont on écharbotte [11] le feu, faisant à sa femme et famille de beaux contes du temps jadis [12].

Un des bergers qui gardaient les vignes, nommé Pillot, se transporta devers lui en icelle heure, et raconta entièrement les excès et pillages que faisait Picrochole, roi de Lerné, en ses terres et domaines, et comment il avait pillé, gâté, saccagé tout le pays, excepté le clos de Seuillé que frère Jean des Entommeures avait sauvé à son honneur, et de présent était ledit roi en la Roche-Clermaud, et là, en grande instance, se remparait lui et ses gens [13].

« Holos [14] ! holos ! dit Grandgousier. Qu'est ceci, bonnes gens ? Songé-je ou si vrai est ce qu'on me dit ? Picrochole, mon ami ancien de tout temps, de toute race et alliance, me vient-il assaillir ? Qui le meut ? qui le point [15] ? qui le conduit ? qui l'a ainsi conseillé [16] ? Ho, ho, ho, ho, ho ! mon Dieu, mon Sauveur, aide-moi, inspire-moi, conseille-moi à ce qu'est de faire [17]. Je proteste, je jure devant toi, — ainsi [18] me sois-tu favorable ! — si jamais à lui déplaisir, ni à ses gens dommage, ni en ses terres je fis pillerie ; mais bien au contraire je l'ai secouru de gens, d'argent, de faveur et de conseil, en tous cas qu'ai pu connaître son

— 1 Construction transitive. — 2 Château qui domine le pays. — 3 Déjà. — 4 Vive comme une piqûre. — 5 Terre-plein du rempart. — 6 Disposition des lieux. Picrochole joue au grand capitaine. — 7 Que traduit ce tour désinvolte ? — 8 Appliqué. — 9 C'est l'éducation parfaite (cf. p. 45-48). — 10 Griller. 11 Tisonne. — 12 Montrer le réalisme de ce tableau pris sur le vif. — 13 Montrer le caractère pathétique de ce récit. Est-il complet ? — 14 Hélas ! — 15 Pique. — 16 Que traduit cette suite d'interrogations ? — 17 « *Sur ce qu'il faut faire* ». Cp. Picrochole (p. 55) — 18 « Si je

avantage [19]. Qu'il m'ait donc en ce point outragé, ce ne peut être que par l'esprit malin. Bon Dieu, tu connais mon courage [20], car à toi rien ne peut être celé. Si par cas il était devenu furieux [21], et que pour lui réhabiliter [22] son cerveau, tu me l'eusses ici envoyé, donne-moi et pouvoir et savoir [23] le rendre au joug de ton saint vouloir [24] par bonne discipline [25].

« Ho, ho, ho ! mes bonnes gens, mes amis et mes féaux [26] serviteurs, faudra-t-il que je vous empêche [27] à m'y aider ? Las ! ma vieillesse ne requérait dorénavant que repos, et toute ma vie n'ai rien tant procuré [28] que paix ; mais il faut, je le vois bien, que maintenant de harnois [29] je charge mes pauvres épaules lasses et faibles, et en ma main tremblante je prenne la lance et la masse pour secourir et garantir mes pauvres sujets [30]. La raison le veut ainsi, car de leur labeur je suis entretenu et de leur sueur je suis nourri, moi, mes enfants et ma famille [31]. Ce nonobstant [32], je n'entreprendrai guerre que je n'aie essayé tous les arts et moyens de paix [33] ; là je me résous. »

Adonc fit convoquer son conseil et proposa l'affaire tel comme il [34] était, et fut conclu qu'on enverrait quelque homme prudent devers Picrochole savoir pourquoi ainsi soudainement était parti de son repos, et envahi les terres èsquelles n'avait droit quelconque ; davantage [35] qu'on envoyât querir Gargantua et ses gens afin de maintenir le pays et défendre à ce besoin [36]. Le tout plut à Grandgousier et commanda qu'ainsi fût fait.

GARGANTUA, Chap. XXVIII

– *Opposez point par point l'attitude de Grandgousier à celle de Picrochole dans des circonstances identiques.*
– *Quelles sont, d'après ce chapitre, les qualités d'un bon prince dans ses rapports : a) avec ses sujets ; – b) avec ses voisins ?*
– *Quelle leçon se dégage de ce texte sur la question de la paix et de la guerre ?*
• **Groupe thématique : Le roi idéal.** Portrait moral de Grandgousier, roi idéal, d'après l'ensemble des textes de la « guerre picrocholine » (cf. XVIIe siècle, p. 420-422 ; 426-429).

GRANDGOUSIER VEUT " ACHETER " LA PAIX

Par lettre, le vieux roi appelle Gargantua à son secours : « L'exploit sera fait à moindre effusion de sang que sera possible. Et, si possible est, par engins (*moyens*) plus expédients, cautèles et ruses de guerre, nous sauverons toutes les âmes et les enverrons joyeux à leurs domiciles ». *Grâce à son obstination, le pacifique Grandgousier obtient enfin un exposé complet des origines du conflit et peut statuer en pleine connaissance de cause. Encore prend-il l'avis de son conseil ! Il décide de dédommager largement Picrochole :* « Puisqu'il n'est question que de quelques

---

dis vrai » (tour latin). — 19 Dégager la leçon de ce passage. — 20 Mon cœur, mes sentiments. — 21 Fou. — 22 Rendre normal. — 23 Infinitifs construits directement avec le verbe *donner*. — 24 Infin. substantivé. — 25 Exposer clairement l'hypothèse de Grandgousier et le sens de sa prière. — 26 Fidèles. — 27 Embarrasse. — 28 Recherché avec soin (*cura*). — 29 Armure. — 30 Préciser la différence entre cette guerre et celle de Picrochole. — 31 Qu'est-ce qui justifie, à l'origine, ces privilèges ? — 32 Malgré cela. — 33 Opposer cette doctrine à celle de son adversaire. — 34 *Affaire* est encore masculin. — 35 *De plus*. Montrer que ces deux décisions se complètent. — 36 Situation critique.

fouaces, j'essaierai de le contenter, car il me déplaît par trop de lever guerre ». *Pour cinq douzaines qui ont été prises, il en donne cinq charretées ! A Marquet, il offre, outre une énorme indemnité, sa métairie de la Pomardière ! Cet homme de bonne volonté va donc jusqu'à l'extrême limite des concessions. Mais il ne peut être si généreux que parce qu'il est fortement armé et prêt à résister victorieusement. Seuls des ambitieux comme Picrochole peuvent prendre ces concessions pour de la faiblesse. Il confisque* « *argent et fouaces et bœufs et charrettes* », *et congédie brutalement les messagers de paix. Son aveuglement lui coûtera cher.*

Les " conquêtes " de Picrochole

RABELAIS raille ici les ambitions des princes qui aspiraient à la *monarchie universelle*, à commencer par CHARLES-QUINT... Picrochole n'est qu'un pantin entre les mains de ses conseillers, avides de titres et de fiefs, habiles à flatter sa cupidité et son orgueil. En dépit de quelques longueurs, ce chapitre est une *jolie scène de comédie*. On étudiera comment les conseillers *font naître* et *entretiennent* le rêve du conquérant imaginaire, puis, se prenant eux-mêmes au jeu, considèrent les conquêtes comme déjà réalisées. On suivra les *sautes d'humeur* de l'instable souverain, tantôt enthousiaste, tantôt rembruni devant un obstacle imprévu, puis repris par l'excitation générale. On admirera enfin l'*intermède* plein de bon sens que RABELAIS a voulu placer au milieu de ce délire collectif.

Les fouaces détroussées, comparurent devant Picrochole les duc de Menuail, comte Spadassin et capitaine Merdaille, et lui dirent : « Sire, aujourd'hui nous vous rendons le plus heureux, plus chevalereux [1] prince qui onques fut depuis la mort d'Alexandre Macedo [2]. — Couvrez, couvrez-vous, dit Picrochole. — Grand merci, dirent-ils, sire, nous sommes à notre devoir. Le moyen est tel. Vous laisserez ici quelque capitaine en garnison, avec petite bande de gens, pour garder la place, laquelle nous semble assez forte, tant par nature que par les remparts faits à votre invention [3]. Votre armée partirez [4] en deux, comme trop mieux [5] l'entendez.

« L'une partie ira ruer [6] sur ce Grandgousier et ses gens. Par icelle sera de prime abordée facilement [7] déconfit. Là recouvrerez argent à tas [8], car le vilain en a du comptant. Vilain, disons-nous, parce qu'un noble prince n'a jamais un sou. Thésauriser est fait de vilain [9].

« L'autre partie, cependant, tirera vers Aunis, Saintonge, Angoumois et Gascogne, ensemble Périgot, Médoc et Elanes [10]. Sans résistance prendront villes, châteaux et forteresses. A Bayonne, à Saint-Jean-de-Luz et Fontarabie, saisirez toutes les naufs [11], et, côtoyant vers Galice et Portugal, pillerez tous les lieux maritimes jusques à Ulisbonne [12], où aurez renfort de tout équipage requis à un conquérant [13]. Par le corbieu ! Espagne se rendra, car ce ne sont que madourrés [14] ! Vous passerez par l'étroit de Sibyle [15] et là érigerez deux colonnes plus magnifiques que celles d'Hercule à perpétuelle mémoire de votre nom, et sera nommé cestui détroit la mer Picrocholine [16]. « Passée [17] la mer Picrocholine, voici Barberousse [18] qui se rend votre esclave... — Je, dit Picrochole, le prendrai

— 1 Chevaleresque. — 2 *De Macédoine*. Comparaison flatteuse ! — 3 Valeur de ce trait ? — 4 Diviserez. — 5 Bien mieux (que nous). — 6 Foncer. — 7 Ici commence le « *rêve* ». — 8 A profusion. — 9 A quoi tendent ces maximes ? — 10 Périgord, Médoc et Landes. — 11 Nefs. — 12 Lisbonne. — 13 Montrer que tout s'enchaîne à souhait ! — 14 Lourdauds ? — 15 Le détroit de Séville (Gibraltar) qu'Hercule aurait creusé en séparant les montagnes (*Colonnes d'Hercule*). — 16 Après l'appât du gain, voici celui de la gloire. — 17 Commenter ce participe. — 18 Amiral Ottoman qui aida François Ier contre Charles Quint.

à merci. — Voire, dirent-ils, pourvu qu'il se fasse baptiser [19]. Et oppugnerez [20] les royaumes de Tunic, d'Hippes, Argière [21], Bône, Corone [22], hardiment toute Barbarie [23]. Passant outre, retiendrez en votre main Majorque, Minorque, Sardaigne, Corsique [24] et autres îles de la mer Ligustique [25] et Baléare. Côtoyant à gauche, dominerez toute la Gaule Narbonique, Provence et Allobroges, Gênes, Florence, Lucques et à Dieu seas [26] Rome! Le pauvre Monsieur du Pape meurt déjà de peur. — Par ma foi, dit Picrochole, je ne lui baiserai jà sa pantoufle [27]. — Prise Italie, voilà Naples, Calabre, Apouille [28] et Sicile toutes à sac, et Malte avec. Je voudrais bien que les plaisants chevaliers jadis Rhodiens [29] vous résistassent! — J'irais, dit Picrochole, volontiers à Lorette [30]. — Rien, rien, dirent-ils, ce sera au retour. De là prendrons Candie, Chypre, Rhodes et les îles Cyclades, et donnerons sur la Morée. Nous la tenons. Saint Treignan [31], Dieu gard Jérusalem ! car le Soudan [32] n'est pas comparable à votre puissance.

— Je, dit-il, ferai donc bâtir [33] le temple de Salomon ? — Non, dirent-ils, encore, attendez un peu [34]. Ne soyez jamais tant soudain à vos entreprises. Savez-vous que disait Octavian Auguste [35] ? *Festina lente* [36]. Il vous convient premièrement avoir l'Asie minor, Carie, Lycie, Pamphile, Célicie, Lydie, Phrygie, Mysie, Bétune, Charazie, Satalie, Samagarie, Castamena, Luga, Savasta [37], jusques à Euphrate.

— Verrons-nous, dit Picrochole, Babylone et le mont Sinaï ? — Il n'est, dirent-ils, jà besoin pour cette heure. N'est-ce pas assez tracassé d'avoir transfrété [38] la mer Hircane [39], chevauché les deux Arménies et les trois Arabies [40] ?

— Par ma foi, dit-il, nous sommes affolés. Ha ! pauvres gens ! — Quoi ! dirent-ils. — Que boirons-nous par ces déserts ? Car Julian Auguste et tout son ost [41] y moururent de soif, comme l'on dit [42]. — Nous, dirent-ils, avons jà donné ordre à tout. Par la mer Syriaque, vous avez neuf mille quatorze grands naufs, chargées des meilleurs vins du monde ; elles arrivèrent à Japhes [43]. Là se sont trouvés vingt et deux cent mille chameaux et seize cents éléphants, lesquels aurez pris à une chasse environ Sigeilmès [44], lorsque entrâtes en Libye, et d'abondant [45] eûtes toute la caravane de la Mecque. Ne vous fournirent-ils de vin à suffisance [46] ?

— Voire [47], mais, dit-il, nous ne bûmes point frais [48]. — Par la vertu, dirent-ils, non pas d'un petit poisson, un preux, un conquérant, un prétendant et aspirant à l'empire univers [49], ne peut toujours avoir ses aises. Dieu soit loué qu'êtes venu [50], vous et vos gens, saufs et entiers jusques au fleuve du Tigre !

— Mais, dit-il, que fait cependant la part de notre armée qui déconfit ce vilain humeux [51] de Grandgousier ? — Ils ne chôment pas, dirent-ils ; nous les rencon-

19 Noter la satire des croisés qui offrent aux vaincus le baptême ou la mort. — 20 Attaquerez. — 21 Tunis, Hippone, Alger. — 22 Cyrène. — 23 États d'Afrique du Nord, appelés « *barbaresques* ». — 24 Corse. — 25 Golfe de Gênes. — 26 « *Adieu* » (en provençal). — 27 Écho plaisant des querelles entre papes et empereurs. — 28 Les Pouilles (Sud de l'Italie). — 29 Les Chevaliers de Rhodes, chassés de leur île par les Turcs, s'étaient établis à Malte. — 30 Pèlerinage célèbre, en Italie. — 31 Saint écossais. — 32 *Sultan.* Préciser l'intention des conseillers. — 33 Rebâtir. — 34 Picrochole qui freinait d'abord ses conseillers les devance maintenant dans ses projets ! — 35 L'empereur Auguste. — 36 « *Hâte-toi lentement* ». Apprécier l'humour de ce précepte, d'après le contexte. — 37 Villes et contrées d'Asie Mineure. Comique d'énumération souligné par les terminaisons qui se font écho. — 38 Traversé. — 39 Caspienne. — 40 Cette fois, les conseillers freinent Picrochole, tout en lui proposant un bond formidable jusqu'au cœur de l'Asie. — 41 Armée. — 42 Brusque renversement : tout le projet risque de s'effondrer ! — 43 Jaffa. — 44 Oasis du désert africain. — 45 De plus. — 46 Comment procèdent les conseillers pour persuader le roi ? — 47 Oui. — 48 Où est le comique de cette objection ? — 49 Universel. — 50 Commenter le temps et le mode. La Fontaine s'est souvenu de ce rêve dans *La Laitière et le Pot au lait.* — 51 Buveur. —

trerons tantôt. Ils vous ont pris Bretagne, Normandie, Flandres, Hainaut, Brabant, Artois, Hollande, Zélande ; ils ont passé le Rhin par sus le ventre des Suisses et Lansquenets et part d'entre eux ont dompté Luxembourg, Lorraine, la Champagne, Savoie jusques à Lyon, auquel lieu ont trouvé vos garnisons retournant des conquêtes navales de la mer Méditerranée, et se sont rassemblés en Bohême, après avoir mis à sac Souève, Vuitemberg [52], Bavière, Autriche, Moravie, et Styrie. Puis ont donné fièrement ensemble sur Lubeck, Norwege, Sweden Rich, Dace [53], Gotthie, Engroneland [54], les Estrelins [55] jusques à la mer Glaciale. Ce fait, conquêtèrent les îles Orchades, et subjuguèrent Écosse, Angleterre et Irlande. De là, navigant par la mer Sabuleuse [56] et par les Sarmates, ont vaincu et dompté Prussie, Polonie, Lituanie, Russie, Valachie, la Transilvanie et Hongrie, Bulgarie, Turquie, et sont à Constantinople [57].

— Allons nous, dit Picrochole, rendre à eux le plus tôt, car je veux être aussi empereur de Trébizonde [58]. Ne tuerons-nous pas tous ces chiens turcs et mahumétistes ? — Que diable, dirent-ils, ferons-nous donc ? Et donnerez leurs biens et terres à ceux qui vous auront servi honnêtement [59]. — La raison, dit-il, le veut, c'est équité. Je vous donne la Carmaigne [60], Syrie et toute la Palestine. — Ha! dirent-ils, sire, c'est du bien de vous, grand merci! Dieu vous fasse bien toujours prospérer ! »

Là présent était un vieux gentilhomme, éprouvé en divers hasards et vrai routier de guerre, nommé Echéphron [61], lequel, oyant ces propos, dit : « J'ai grand peur que toute cette entreprise sera semblable à la farce du pot au lait [62], duquel un cordonnier se faisait riche par rêverie, puis le pot cassé, n'eut de quoi dîner. Que prétendez-vous par ces belles conquêtes ? Quelle sera la fin de tant de travaux et traverses ? — Ce sera, dit Picrochole, que nous retournés, reposerons à nos aises [63] ».

Dont dit Echéphron : « Et si par cas jamais n'en retournez, car le voyage est long et périlleux, n'est-ce mieux que dès maintenant nous reposons, sans nous mettre en ces hasards ? — O! dit Spadassin, par Dieu, voici un bon rêveur [64]! Mais allons nous cacher au coin de la cheminée, et là passons avec les dames notre vie et notre temps à enfiler des perles, ou à filer comme Sardanapalus. Qui ne s'aventure n'a cheval ni mule, ce dit Salomon. — Qui trop, dit Echéphron, s'aventure, perd cheval et mule, répondit Malcon [65].

— Baste! dit Picrochole, passons outre. Je ne crains que ces diables de légions de Grandgousier. Cependant que nous sommes en Mésopotamie, s'ils nous donnaient sur la queue, quel remède ? — Très bon, dit Merdaille. Une belle petite commission, laquelle vous enverrez ès Moscovites, vous mettra en camp pour un moment quatre cent cinquante mille combattants d'élite. O ! si vous m'y faites votre lieutenant, je tuerais un peigne pour un mercier [66] ! Je mors, je rue, je frappe, j'attrape, je tue, je renie !

— Sus, sus, dit Picrochole, qu'on dépêche tout, et qui m'aime si me suive. »

GARGANTUA, Chap. XXXIII

---

52 Souabe, Wurtemberg. — 53 Suède, Danemark. — 54 Groenland. — 55 Villes hanséatiques. — 56 La Baltique, aux bancs de sable. — 57 Étudier, dans cette énumération, l'emploi des temps. — 58 Cette accumulation a remis Picrochole en appétit ! — 59 Quelle leçon de politique se dégage de ces propos ? — 60 Turquie d'Asie. — 61 « *Qui a du bon sens* » (mot grec). Pourquoi Rabelais a-t-il retardé cette intervention ? — 62 Traitée au XVIe siècle par Bonaventure des Périers, au XVIIe par La Fontaine. — 63 Qu'y a-t-il de piquant dans cette réplique ? — 64 Commenter ce mot magnifique ! — 65 Dans un dialogue du XIIe siècle, *Marcoul* oppose ainsi des répliques de bon sens aux sentences du sage Salomon. — 66 Dans son enthousiasme, il cite à l'envers une expression populaire : « *tuer un mercier pour un peigne* » (= pour peu de chose).

LEÇON DE SAGESSE POLITIQUE

Pour répondre à la folie belliqueuse de PICROCHOLE, voici la sagesse et la modération de GRANDGOUSIER. La plupart des idées de Rabelais sur la guerre se trouvent rassemblées dans cette page où bien des *vérités d'expérience* s'expriment en formules heureuses. A l'usage des rois « très-chrétiens », il insiste sur l'opposition fondamentale entre l'*idéal chrétien* et la guerre de conquête. Tout ce discours de Grandgousier, baigné de christianisme et de sagesse antique, s'inspire d'un sens très profond de la *fraternité humaine.*

GARGANTUA, *arrivant de Paris, commence par massacrer un groupe d'ennemis, puis démolit à coups de massue le château de Vède. De son côté le moine* FRÈRE JEAN *se distingue par ses exploits militaires contre une « escarmouche » envoyée par Picrochole : fait prisonnier, il se délivre, assomme ses gardiens et prend à son tour le capitaine* TOUQUEDILLON.

Touquedillon fut présenté à Grandgousier et interrogé par icelui sur l'entreprise et affaires de Picrochole, quelle fin [1] il prétendait par ce tumultuaire vacarme [2]. A quoi répondit que sa fin et sa destinée [3] était de conquêter tout le pays, s'il pouvait, pour [4] l'injure faite à ses fouaciers. « C'est, dit Grandgousier, trop entrepris : qui trop embrasse peu étreint. Le temps n'est plus d'ainsi conquêter les royaumes, avec dommage de son prochain frère chrétien [5]. Cette imitation des anciens Hercules, Alexandres, Annibals, Scipions, Césars et autres tels, est contraire à la profession [6] de l'Évangile, par lequel nous est commandé garder, sauver [7], régir et administrer chacun ses pays et terres, non hostilement envahir les autres, et ce que les Sarrasins et barbares jadis appelaient prouesses, maintenant nous appelons briganderies et méchancetés [8]. Mieux eût-il fait soi contenir en sa maison, royalement la gouvernant, qu'insulter en [9] la mienne, hostilement la pillant, car par bien la gouverner l'eût augmentée, par me piller sera détruit [10]. Allez-vous-en, au nom de Dieu, suivez bonne entreprise, remontrez à votre roi les erreurs que connaîtrez, et jamais ne le conseillez ayant égard à votre profit particulier, car avec le commun est aussi le propre perdu [11]. Quant est de votre rançon, je vous la donne [12] entièrement, et veux que vous soient rendues armes et cheval ; ainsi faut-il faire entre voisins et anciens amis, vu que cette notre différence [13] n'est point guerre proprement ; comme Platon, li. V, *de Rep.*, voulait être non guerre nommée, ains [14] sédition [15], quand les Grecs mouvaient armes les uns contre les autres ; ce que si par male fortune advenait, il commande qu'on use de toute modestie [16]. Si guerre la nommez, elle n'est que super-

— 1 But. — 2 Montrer le dédain de cette expression. — 3 Dessein. — 4 Commenter ce prétexte. — 5 Souligner la valeur de l'argument. — 6 Enseignement. — 7 Sauvegarder. — 8 Montrer la relativité de la morale humaine. — 9 Sauter sur... — 10 Expliquer ces sages réflexions, et préciser le ton du passage. — 11 Cf. p. 64, l. 74-78. Expliquer cette admirable maxime. — 12 Je vous en fais remise. — 13 Différend. — 14 Mais. — 15 Expliquer la différence. — 16 Modération (cf. p. 61, *Analyse*).

ficiaire [17], elle n'entre point au profond cabinet [18] de nos cœurs, car nul de nous n'est outragé en son honneur, et n'est question, en somme totale, que de rhabiller [19] quelque faute commise par nos gens, j'entends et vôtres et nôtres [20], laquelle, encore que connussiez, vous deviez laisser couler outre, car les personnages querellants étaient plus à contemner [21] qu'à ramentevoir [22], mêmement [23] leur satisfaisant selon le grief, comme je me suis offert. Dieu sera juste estimateur de notre différend, lequel je supplie plutôt par mort me tollir [24] de cette vie et mes biens dépérir devant mes yeux, que par moi ni les miens en rien soit offensé [25]. »...

Lors commanda Grandgousier que, présent Touquedillon, fussent comptés au moine soixante et deux mille saluts [26] pour celle [27] prise, ce qui fut fait, cependant qu'on fit la collation audit Touquedillon, auquel demanda Grandgousier s'il voulait demeurer avec lui ou si mieux aimait retourner à son roi. Touquedillon répondit qu'il tiendrait le parti lequel il lui conseillerait : « Donc, dit Grandgousier, retournez à votre roi [28], et Dieu soit avec vous ! »

Puis lui donna une belle épée de Vienne, avec le fourreau d'or fait à belles vignettes d'orfèvrerie, et un collier d'or pesant sept cent deux mille marcs [29], garni de fines pierreries, à l'estimation de cent soixante mille ducats, et dix mille écus par présent honorable. Après ces propos, monta Touquedillon sur son cheval. Gargantua, pour sa sûreté, lui bailla trente hommes d'armes et six vingts archers sous la conduite de Gymnaste, pour le mener jusques ès portes de la Roche-Clermaud si besoin était [30]. Icelui départi, le moine rendit à Grandgousier les soixante et deux mille saluts qu'il avait reçus, disant : « Sire, ce n'est ores que vous devez faire tels dons. Attendez la fin de cette guerre, car l'on ne sait quels affaires pourraient survenir, et guerre faite sans bonne provision d'argent n'a qu'un soupirail [31] de vigueur. Les nerfs des batailles sont les pécunes [32].

— Donc, dit Grandgousier, à la fin je vous contenterai par honnête récompense, et tous ceux qui m'auront bien servi. »

GARGANTUA, Chap. XLVI

– *Expliquez le revirement de Touquedillon et les intentions de Grandgousier.*
– *Quel genre de guerre condamne* RABELAIS *? Quels sont ses arguments ?*
– *D'après ce texte, comment le bon prince doit-il conduire la guerre ? Comment doit-il agir envers ses sujets ? Comment comprendre les honneurs rendus à Touquedillon ?*
– *Relevez des formules qui, même hors de ce contexte, vous paraissent exprimer la sagesse .*
• **Groupe thématique : Guerre et paix.** D'après les textes des pages 60, 65, 67, définissez l'esprit pacifique, donnez sa justification, précisez ses limites raisonnables.

17 Superficielle. — 18 Au plus profond... — 19 Réparer. — 20 Montrer l'esprit conciliant de Grandgousier. — 21 Mépriser. — 22 *Considérer*. Quel est le principe ici posé ? — 23 Surtout. — 24 Enlever. — 25 Il offre alors à Frère Jean la rançon de Touquedillon. Mais le moine refuse de la fixer : « *Cela ne me mène pas.* » — 26 Monnaie d'or représentant l'ange saluant la Vierge. — 27 Cette. — 28 Expliquer ce conseil (cf. lignes 15 et suivantes). — 29 Le marc pèse 240 grs. Quel est le poids du collier ? — 30 Touquedillon est-il traité comme un prisonnier ? — 31 Souffle. — 32 Richesses (latin : pecunia).

DEUX CAMPS : DEUX MÉTHODES

Si Grandgousier a pu se montrer conciliant à l'extrême, c'est qu'il disposait d'une solide *armée permanente,* « entretenue ordinairement » dans ses places fortes, parfaitement équipée et entraînée. Telle est la leçon de ce chapitre. On notera qu'en 1534, pour éviter l'inconvénient des bandes mercenaires, pillardes et indisciplinées (comme celles de Picrochole), François Ier créa sept *légions provinciales,* recrutées chacune dans une province : Normandie, Guyenne... etc. On verra aussi comment un mauvais prince peut s'aveugler sur ses conseillers jusqu'à honorer les fous et condamner les plus sages et les plus sincères.

Les voisins et alliés de Grandgousier offrent à Gargantua l'appui de leur armée et de leur argent. Mais il est assez fort pour remporter seul la victoire.

Gargantua, grandement les remerciant, dit qu'il composerait [1] cette guerre par tel engin [2] que besoin ne serait tant empêcher [3] de gens de bien. Seulement envoya qui amènerait en ordre les légions [4], lesquelles entretenait ordinairement en ses places de la Devinière, de Chavigny [5], de Gravot, de Quinquenais, montant en nombre deux mille cinq cents hommes d'armes, soixante et dix mille hommes de pied, vingt et six mille arquebusiers, deux cents grosses pièces d'artillerie, vingt et deux mille pionniers et six mille chevau-légers, tous par bandes [6] tant bien assorties [7] de leurs trésoriers, de vivandiers, de maréchaux [8], d'armuriers et autres gens nécessaires au trac [9] de bataille, tant bien instruits en art militaire, tant bien armés, tant bien reconnaissant et suivant leurs enseignes, tant soudains à entendre et obéir à leurs capitaines, tant expédiés [10] à courir, tant forts à choquer, tant prudents à l'aventure, que mieux ressemblaient une harmonie d'orgues et concordance d'horloge [11] qu'une armée ou gendarmerie.

Touquedillon, arrivé, se présenta à Picrochole et lui conta au long ce qu'il avait fait et vu. A la fin conseillait, par fortes paroles, qu'on fît appointement [12] avec Grandgousier, lequel il avait éprouvé le plus homme de bien du monde, ajoutant que ce n'était ni preu [13] ni raison molester ainsi ses voisins, desquels jamais n'avaient eu que tout bien, et, au regard du principal, que jamais ne sortiraient de cette entreprise qu'à leur grand dommage et malheur, car la puissance de Picrochole n'était telle qu'aisément ne les pût Grandgousier mettre à sac. Il n'eut achevé cette parole que Hâtiveau [14] dit tout haut :

— 1 Terminerait (latinisme). — 2 Habileté. — 3 Embarrasser (p. 61, l. 39). — 4 Songer aux *Légions Provinciales* de François Ier. — 5 Propriétés de la famille de Rabelais. — 6 Compagnies. — 7 Munies. — 8 Pour soigner les chevaux. — 9 *Train.* Expliquer l'utilité de chacun de ces éléments. — 10 Agiles. — 11 Quelle est l'impression suggérée par cette comparaison ? — 12 Accord. — 13 Profit. — 14 Son nom reflète son caractère.

« Bien malheureux est le prince qui est de tels gens servi, qui tant facilement sont corrompus comme je connais [15] Touquedillon, car je vois son courage tant changé que volontiers se fût adjoint à nos ennemis pour contre nous batailler et nous trahir, s'ils l'eussent voulu retenir [16] ; mais, comme vertu est de tous tant amis qu'ennemis, louée et estimée, aussi méchanceté est tôt connue et suspecte, et, posé que [17] d'icelle les ennemis se servent à leur profit, si ont-ils [18] toujours les méchants et traîtres en abomination. »

A ces paroles, Touquedillon, impatient, tira son épée et en transperça Hâtiveau un peu au-dessus de la mamelle gauche, dont mourut incontinent, et tirant son coup [19] du corps, dit franchement : « Ainsi périsse qui féaux serviteurs blâmera [20]. »

Picrochole soudain entra en fureur et, voyant l'épée et fourreau tant diapré, dit : « T'avait-on donné ce bâton [21] pour en ma présence tuer malignement mon tant bon ami Hâtiveau ? ».

Lors commanda à ses archers qu'ils le missent en pièces, ce qui fut fait sur l'heure tant cruellement que la chambre était toute pavée [22] de sang ; puis fit honorablement inhumer le corps de Hâtiveau, et celui de Touquedillon jeter par sus les murailles en la vallée [23].

GARGANTUA, Chap. LVII

– *Quelles sont les qualités principales de l'armée de Gargantua ? En quoi est-elle supérieure à celle de Picrochole (cf. p. 55 et 56) ?*
– *Analysez les arguments de Touquedillon en faveur de la paix.*
– *Quelles leçons se dégagent du dénouement de ce chapitre ?*
– *Étudiez l'art de présenter et d'enchaîner les événements à la cour de Picrochole.*
– *Comment se confirme dans ce chapitre l'opposition entre les caractères des deux rois ?*
• **Groupe thématique : Le mauvais roi.** Portrait moral de Picrochole, le mauvais roi, d'après l'ensemble des textes de la « guerre picrocholine ».

Gargantua s'empare de La Roche-Clermaud, après un rude assaut où le moine frère Jean se distingue encore par son courage et son initiative. Picrochole s'enfuit, abat son cheval de colère, puis est malmené par des meuniers à qui il voulait prendre leur âne. « Ainsi s'en alla le pauvre colérique ; puis, racontant ses males fortunes, fut avisé par une vieille lourpidon (*sorcière*) que son royaume lui serait rendu à la venue des coquecigrues. Depuis ne sait-on qu'il est devenu. Toutefois l'on m'a dit qu'il est de présent pauvre gagne-denier (*portefaix*) à Lyon, colère comme devant, et toujours se guémente (*s'enquiert pitoyablement*) à tous étrangers de la venue des coquecigrues, espérant certainement, selon la prophétie de la vieille, être à leur venue réintégré à son royaume ».

Après la victoire, Gargantua traite les Picrocholistes avec mansuétude, et les renvoie dans leurs foyers, exposant, dans une belle harangue, les avantages politiques de la *générosité. Puis il récompense ses compagnons en leur distribuant des châteaux et des terres.*

---

15 Comprendre : Comme je connais Touquedillon « *être corrompu* ». — 16 Est-ce exact ? Sur quelles apparences repose cette insinuation ? — 17 En admettant que. — 18 Toutefois ils ont. — 19 Son épée. — 20 Montrer la vie de ce passage. — 21 Cette arme. — 22 Valeur pittoresque de ce mot ? — 23 Étudier dans tout ce passage les erreurs de Picrochole.

L'Abbaye de Thélème

A l'intention de frère JEAN, *Gargantua bâtit* l'abbaye de THÉLÈME (*en grec :* volonté libre), « au contraire de toutes autres », *sur les bords de la Loire. Pas de mur extérieur, pas d'horloge :* « la plus grande rêverie du monde était, disait-il, soi gouverner au son d'une cloche et non au dicté du bon sens et entendement ». *L'abbaye accueille les femmes « depuis 10 jusqu'à 15 ans ; les hommes depuis 12 jusqu'à 18 ».* « Fut ordonné que là ne seraient reçues sinon les belles, bien formées et bien naturées, et les beaux, bien formés et bien naturés... Fut constitué que là honnêtement on pût être marié, que chacun fût riche et vécût en liberté ».

Et Rabelais de décrire un splendide château de la Renaissance, « en figure hexagone », haut de six étages, « cent fois plus magnifique que n'est Bonnivet, ni Chambord, ni Chantilly ». *Il évoque en détail les splendeurs de cette abbaye d'un nouveau genre : matériaux précieux, vastes salles claires, ornées de peintures et de tapisseries, jardins, vergers pleins d'arbres fruitiers, « lices, hippodrome, théâtre et natatoires avecques les bains mirifiques... ». Point d'église toutefois : chacune des 9.332 chambres dispose d'une* chapelle particulière ! « A l'issue des salles du logis des dames étaient les parfumeurs et les testonneurs (*coiffeurs*), par les mains desquels passaient les hommes quand ils visitaient les dames. Iceux fournissaient par chacun matin la chambre des dames d'eau rose, d'eau de naphe et d'eau d'ange... »

Là-dessus, Rabelais nous décrit, en deux pages chatoyantes, les vêtements et joyaux des hommes et des femmes : velours, satin, taffetas, or, perles et diamants ! Servis par « les maîtres des garde-robes » et les « dames de chambre », les religieux et religieuses de Thélème changent de costume chaque jour, « à l'arbitre des dames ».

“ FAY CE QUE VOULDRAS ”

Après ce rêve d'homme de la Renaissance, les yeux tout éblouis des fastes de la cour et des châteaux de la Loire, voici la « *règle* » *morale* de cette abbaye. Elle s'oppose entièrement à l'ascétisme monacal. Sur la grande porte de THÉLÈME, une inscription en interdit l'entrée aux « *hypocrites, bigots, cagots* », gens de justice et usuriers ; seuls sont admis les « *nobles chevaliers* », les « *dames de haut parage, fleurs de beauté, à céleste visage, à maintien prude et sage* », et les chrétiens évangéliques : « *Entrez, qu'on fonde ici la foi profonde, | Puis qu'on confonde, et par voix et par rôle | Les ennemis de la sainte parole* ». Ces mots donnent au chapitre qu'on va lire son éclairage véritable. Il s'agit de concilier *le christianisme,* retrempé à ses textes originaux, et l'épanouissement total de *la nature humaine,* aspiration essentielle de la Renaissance. RABELAIS le croit possible, au moins pour une élite de « *gens libères* » (les « *belles âmes* », comme dira plus tard ROUSSEAU), dont la bonté naturelle s'épanouira plus largement dans un climat de liberté. Mais l'existence *épicurienne* dont nous avons ici le tableau peut-elle s'accorder avec l'esprit même du Christianisme ?

Toute leur vie était employée, non par lois, statuts ou règles, mais selon leur vouloir et franc arbitre. Se levaient du lit quand bon leur semblait, buvaient, mangeaient, travaillaient, dormaient quand le désir leur venait [1]. Nul ne les éveillait, nul ne les parforçait [2] ni à boire, ni à manger [3] ni à faire chose autre quelconque. Ainsi l'avait établi Gargantua. En leur règle n'était que cette clause [4] :

FAIS CE QUE VOUDRAS,

— 1 Et les préceptes du médecin ? — 2 Contraignait. — 3 Commenter le retour de ce thème. — 4 Montrer l'ironie de cette « *règle* ». —

parce que gens libères [5], bien nés, bien instruits [6], conversant [7] en compagnies honnêtes, ont par nature [8] un instinct et aiguillon qui toujours les pousse à faits vertueux et retire de vice, lequel ils nommaient honneur. Iceux, quand par vile subjection et contrainte sont déprimés [9] et asservis, détournent la noble affection [10], par laquelle à vertu franchement [11] tendaient, à déposer [12] et enfreindre ce joug de servitude, car nous entreprenons toujours choses défendues et convoitons ce qui nous est dénié [13].

Par cette liberté, entrèrent en louable émulation de faire tous ce qu'à un seul voyaient plaire [14]. Si quelqu'un ou quelqu'une [15] disait : « Buvons », tous buvaient. Si disait : « Jouons », tous jouaient. Si disait : « Allons à l'ébat ès champs », tous y allaient [16]. Si c'était pour voler [17] ou chasser, les dames, montées sur belles haquenées [18], avec leur palefroi gourrier [19], sur le point mignonnement engantelé portaient chacune ou un épervier, ou un laneret, ou un émerillon; les hommes portaient les autres oiseaux [20].

Tant noblement étaient appris [21] qu'il n'était entre eux celui ni celle qui ne sût lire, écrire, chanter, jouer d'instruments harmonieux, parler de cinq à six langages, et en iceux composer, tant en carme [22] qu'en oraison solue [23]. Jamais ne furent vus chevaliers tant preux, tant galants, tant dextres à pied et à cheval, plus verts, mieux remuant, mieux maniant tous bâtons [24], que là étaient [25]. Jamais ne furent vues dames tant propres [26], tant mignonnes, moins fâcheuses, plus doctes à la main, à l'aiguille, à tout acte muliébre [27] honnête et libère, que là étaient. Par cette raison quand le temps venu était que aucun d'icelle abbaye, ou à la requête de ses parents, ou pour autre cause, voulût issir hors [28], avec soi il emmenait une des dames, celle laquelle l'aurait pris pour son dévot, et étaient ensemble mariés ; et si bien avaient vécu à Thélème en dévotion [29] et amitié, encore mieux la continuaient-ils en mariage ; d'autant s'entr'aimaient-ils à la fin de leurs jours comme le premier de leurs noces [30].

GARGANTUA, Chap. LVII

– *A quelles conditions, d'après Rabelais, peut être appliquée la règle : « Fay ce que vouldras » ?*
– *Comment l'auteur justifie-t-il la liberté accordée aux thélémites ? Qu'en pensez-vous ?*
– *Précisez l'idéal de vie qui s'exprime dans ce chapitre ; ne retrouve-ton pas ici des idées déjà présentées dans les pages pédagogiques du* Gargantua ?
– **Entretien.** *Quels sont ici les détails qui, pour vous, évoquent le mieux le climat de la Renaissance ?*
– **Débat.** *Réalisme et utopie dans les chapitres sur Thélème (cf. p. 69-70).*
• **Groupe thématique : Liberté.** *« Âmes bien nées*, cf. XVIIe SIÈCLE, p. 88. 124. – XVIIIe SIÈCLE, p. 89-91 ; – 310-312.

— 5 Libres. — 6 Noter l'importance de l'instruction. — 7 Vivant ordinairement. — 8 Montrer l'importance du mot au point de vue moral. — 9 Écrasés. — 10 Passion. — 11 Librement, spontanément. — 12 Complément de *détournent*. — 13 Préciser cette vérité psychologique d'expérience. — 14 De quelle qualité s'agit-il ici ? — 15 Cette abbaye est mixte. — 16 Commenter les exemples choisis par Rabelais. — 17 Chasser avec des oiseaux de proie. — 18 Juments. — 19 Richement harnaché. — 20 Montrer qu'il s'agit d'une vie aristocratique et féodale. — 21 Instruits. Rattacher ces qualités à l'idéal humaniste. — 22 Vers (lat. *carmen*). — 23 Prose (*oratio soluta* = sans la mesure). — 24 Armes. — 25 En quoi ces qualités complètent-elles les précédentes ? — 26 Élégantes. — 27 De femme. — 28 Différence avec les moines ? — 29 Préciser, d'après le contexte, le sens de ce mot. — 30 Quelle impression se dégage de ce dernier paragraphe ?

PANTAGRUEL

Parodiant la Bible, Maître Alcofribas *commence par exposer en plusieurs pages la généalogie de son héros depuis le commencement du monde ; puis il nous conte la naissance de* Pantagruel *un jour de grande sécheresse :* « Et parce qu'en ce propre jour naquit Pantagruel, son père lui imposa tel nom : car Panta, en grec, vaut autant à dire comme tout, et Gruel, en langue hagarène (= *arabe*), vaut autant comme altéré. Voulant inférer qu'à l'heure de sa nativité le monde était tout altéré, et voyant, en esprit de prophétie, qu'il serait quelque jour dominateur des altérés ».

Entre le rire et les larmes

Situation pénible entre toutes, que Rabelais a su traiter avec un comique irrésistible, par *le contraste* entre la douleur et l'explosion de joie du bon géant. Peut-être a-t-il voulu se moquer des discussions scolastiques sans valeur réelle pour la vie pratique, ou des dissertations littéraires sur la mort. En tout cas c'est le *gros bon sens* pratique de Gargantua, — et en définitive la Nature —, qui l'emporte dans ce débat entre ce qu'on doit à la Mort et ce qu'on doit à la Vie.

Quand Pantagruel fut né, qui fut bien ébahi et perplexe ? ce fut Gargantua son père. Car, voyant d'un côté sa femme Badebec morte, et de l'autre son fils Pantagruel né, tant beau et tant grand, ne savait que dire ni que faire, et le doute qui troublait son entendement [1] était à savoir s'il devait pleurer pour le deuil de sa femme, ou rire pour la joie de son fils. D'un côté et d'autre, il avait arguments sophistiques [2] qui le suffoquaient, car il les faisait très bien *in modo et figura* [3], mais il ne les pouvait souldre [4], et par ce moyen, demeurait empêtré comme la souris empeigée [5], ou un milan pris au lacet.

« Pleurerai-je ? disait-il. Oui, car pourquoi ? Ma tant bonne femme est morte, qui était la plus ceci, la plus cela qui fût au monde. Jamais je ne la verrai, jamais je n'en recouvrerai une telle : ce m'est une perte inestimable. O mon Dieu ! que t'avais-je fait pour ainsi me punir ? Que n'envoyas-tu la mort à moi premier [6] qu'à elle ? car vivre sans elle ne m'est que languir. Ha ! Badebec, ma mignonne, m'amie, (...) ma tendrette, ma braguette, ma savate, ma pantoufle [7], jamais je ne te verrai. Ha ! pauvre Pantagruel, tu as perdu ta bonne mère, ta douce nourrice, ta dame très aimée. Ha ! fausse [8] mort, tant tu m'es malivole [9], tant tu m'es outrageuse, de me tollir [10] celle à laquelle immortalité [11] appartenait de droit ».

Et, ce disant, pleurait comme une vache, mais tout soudain riait comme un veau [12], quand Patagruel lui venait en mémoire. « Ho ! mon petit-fils, disait-il, mon couillon, mon peton [13], que tu es joli ! et tant je suis tenu [14] à Dieu de ce qu'il m'a donné un si beau fils, tant joyeux, tant riant, tant joli. Ho, ho, ho, ho ! que je suis aise ! buvons [15]. Ho ! laissons toute mélancolie; apporte du meilleur, rince les verres, boute [16] la nappe, chasse ces chiens, souffle ce feu, allume la chandelle, ferme cette porte, taille ces soupes [17], envoie ces pauvres, baille-leur ce qu'ils demandent, tiens ma robe [18] que je me mette en pourpoint pour mieux festoyer les commères ».

— 1 Intelligence. — 2 Logiques. — 3 Selon les méthodes (*modes* et *figures*) des logiciens. Voir la suite. — 4 *Résoudre.* Expliquer pourquoi la logique ne suffit pas en pareille circonstance. — 5 Prise dans la poix. — 6 Avant. — 7 Que penser de cette énumération ? — 8 Trompeuse. — 9 Malveillante. — 10 Enlever. — 11 Que traduit ce terme absolu ? — 12 Expressions populaires plaisamment accolées. — 13 Petit pied. — 14 Reconnaissant. — 15 Traduction normale du bonheur, dans Rabelais ! — 16 Mets. — 17 Tranches de pain qu'on trempe dans le bouillon. — 18 Vêtement de dessus. —

Ce disant, ouït la litanie et les mémentos [19] des prêtres qui portaient sa femme en terre, dont [20] laissa son bon propos et tout soudain fut ravi [21] ailleurs disant : Seigneur Dieu, faut-il que je me contriste encore ? Cela me fâche, je ne suis plus jeune, je deviens vieux, le temps est dangereux, je pourrai prendre quelque fièvre : me voilà affolé [22]. Foi de gentilhomme, il vaut mieux pleurer moins et boire davantage. Ma femme est morte, eh bien, par Dieu (*da jurandi* [23]), je ne la ressusciterai pas par mes pleurs. Elle est bien ; elle est en paradis pour le moins, si mieux n'est. Elle prie Dieu pour nous ; elle est bien heureuse ; elle ne se soucie plus de nos misères et calamités. Autant nous en pend à l'œil [24]. Dieu gard' le demeurant [25]. Il me faut penser d'en trouver une autre [26]. (PANTAGRUEL, Chap. III).

Le bébé se signale, bien entendu, par un appétit gigantesque *et une force prodigieuse : il dévore la vache qui le nourrit et brise d'un coup de poing le navire qui lui sert de berceau. Devenu étudiant, il fait, comme Rabelais, le tour des* Universités françaises : *Bordeaux, Toulouse, Montpellier, Valence, Bourges, Orléans et enfin Paris. A Poitiers, pour réjouir les étudiants, il édifie la « Pierre levée » en plaçant une roche sur quatre piliers.*

L'ÉCOLIER LIMOUSIN

C'est à Orléans que Pantagruel rencontre un ECOLIER LIMOUSIN *qui, pour l'éblouir, lui conte la vie des étudiants parisiens, en un français écorché du latin dont voici un échantillon :* « Nous transfretons la Sequane au dilucule et au crepuscule. Nous deambulons par les compites et quadrivies de l'urbe, nous despumons la verbocination latiale... ; puis cauponizons es tabernes de la Pomme de pin, du Castel, de la Magdeleine et de la Mulle, belles spatules vervecines perforaminees de petrosil ». (*Nous traversons la Seine matin et soir. Nous nous promenons par les places et carrefours de la ville, nous polissons la langue latine... ; puis nous mangeons dans les auberges de la Pomme de pin... de belles épaules de mouton piquées de persil*). *L'affaire tourne mal pour l'écolier qui se voit pris à la gorge par Pantagruel et retrouve subitement son patois limousin pour implorer la pitié du géant. Étudiant à Paris, notre héros reçoit de son père Gargantua l'*admirable lettre *que nous avons citée plus haut* (p. 49). *Docile aux conseils de son père, il étudie avec l'ardeur passionnée d'un humaniste et devient un* habile juriste, *capable de résoudre un différend auquel nul ne comprend plus rien : négligeant les énormes dossiers accumulés sur l'affaire, il décide d'entendre contradictoirement les deux plaideurs et répond à leur bredouillement incompréhensible par une sentence également inintelligible* (satire de l'obscurité des procès, cf. p. 76-77). *C'est aussi à Paris qu'il fait la connaissance de* PANURGE, *« lequel il aima toute sa vie »* (cf. p. 73).

CONQUÊTE DE LA DIPSODIE

Gargantua ayant été « translaté au pays des fées par Morgue », les DIPSODES (*Altérés*) *en profitent pour attaquer sa terre d'*UTOPIE. *Pantagruel et ses compagnons s'y rendent par mer, au delà du cap de Bonne Espérance. Panurge prend au lacet* 660 *chevaliers ennemis ; puis Pantagruel attaque* 300 *géants munis de pierres de taille et commandés par* Loup-Garou, *géant armé d'enclumes. Il abat ce dernier, puis se sert de son cadavre comme d'une massue pour assommer les autres géants qui sont finalement « égorgetés » par Panurge et ses compagnons. Avant le combat, Pantagruel adresse à Dieu une* grave prière, *écho des sympathies de l'auteur pour les* EVANGÉLIQUES (cf. p. 87). *Après cette victoire, Panurge recoud la tête d'*EPISTÉMON *qui avait été tranchée par une pierre. Ce dernier raconte ce qu'il a vu dans l'au-delà :* « Ceux qui avaient été gros seigneurs en ce monde ici, gagnaient leur pauvre méchante et paillarde vie là-bas » ; *ils la gagnent,* « à vils et sales métiers ». « Au contraire, les philosophes, et ceux qui avaient été indigents en ce monde, de par delà étaient gros seigneurs en leur tour ». *Pantagruel conquiert entièrement le pays des Dipsodes, dont le roi* ANARCHE *est fait marchand « de sauce verte ».*

---

19 Ce sont les prières pour les vivants et pour les morts. — 20 Par suite de quoi. — 21 Emporté (en pensée). — 22 *A demi-mort.* Étudier tous les arguments en faveur de la joie. — 23 « *Permets-moi de jurer* ». — 24 Nous attend (nous dirions : *au nez*). — 25 Celui qui demeure. — 26 Qu'y a-t-il de comique dans ce trait ?

Panurge Voici peut-être le plus célèbre des personnages *simplement humains* de Rabelais : PANURGE, dont le nom signifie en grec « *le rusé* » (et aussi « *apte à tout faire* » *!*). Dès leur première rencontre il s'est signalé à PANTAGRUEL comme capable de parler une douzaine de langues, puis de soutenir victorieusement une « controverse » par signes avec l'illustre savant anglais Thaumaste. Si les premiers chapitres nous le présentent sous un jour assez *satanique*, d'autres passages viendront nuancer cette impression : dans la campagne contre les Dipsodes, *la ruse* de Panurge est l'utile auxiliaire de *la force* de Pantagruel. Mais en définitive c'est son *ingéniosité sans scrupules* qui a fait de Panurge, héros malicieux et couard, un type littéraire inoubliable. Ses exploits nous intéressent et nous amusent au même titre que ceux de PATHELIN et de RENARD le goupil. On retrouvera ce personnage aux p. 81 et 89.

Des mœurs et conditions de Panurge

Figure pittoresque d'*étudiant* famélique et joyeux drille, toujours en quête d'une farce ou d'un mauvais coup, PANURGE est pourtant *sympathique* par son habileté, sa bonne humeur, son tour d'esprit naïvement diabolique. « Avec lui s'introduit dans la geste horrifique du géant un élément qui était l'âme de notre théâtre comique au Moyen Age, *la mystification* » (J. PLATTARD).

Panurge était de stature moyenne, ni trop grand, ni trop petit, et avait le nez un peu aquilin, fait à manche de rasoir, et pour lors était de l'âge de trente et cinq ans ou environ, fin à dorer comme une dague de plomb [1], bien galant homme de sa personne, sinon qu'il était un peu paillard [2] et sujet de nature à une maladie qu'on appelait en ce temps-là : « *Faute d'argent, c'est douleur non pareille* [3] » (toutefois il avait soixante et trois manières d'en trouver toujours à son besoin, dont la plus honorable [4] et la plus commune était par façon de larcin furtivement fait), malfaisant, pipeur [5], buveur, batteur de pavés [6], ribleur [7] s'il en était en Paris, *au demeurant, le meilleur fils du monde* [8], et toujours machinait quelque chose contre les sergents et contre le guet [9].

A l'une fois, il assemblait trois ou quatre bons rustres, les faisait boire [10] comme Templiers sur le soir, après les menait au-dessous de Sainte-Geneviève ou auprès du Collège de Navarre [11] et à l'heure que le guet montait par là (ce qu'il connaissait en mettant son épée sur le pavé et l'oreille auprès, et lorsqu'il oyait [12] son épée branler, c'était signe infaillible que le guet était près), à l'heure donc, lui et ses compagnons prenaient un tombereau et lui baillaient le branle [13], le ruant de grande force contre la vallée, et ainsi mettaient tout le pauvre guet par terre comme porcs, puis fuyaient de l'autre côté, car en moins de deux jours il sut toutes les rues et traverses de Paris comme son *Deus det* [14].

A l'autre fois, faisait en quelque belle place, par où ledit guet devait passer, une traînée de poudre de canon, et à l'heure que passait, mettait le feu dedans, et puis prenait son passe-temps à voir la bonne grâce qu'ils avaient en fuyant, pensant que le feu saint Antoine les tînt aux jambes. (...)

— 1 *Plaisanterie.* L'or pour la dorure est extrêmement fin. Rabelais transforme l'expression consacrée : « *fin comme une dague* », en ajoutant *de plomb* (et non d'*acier*). — 2 Débauché. — 3 Proverbe versifié par Jean Marot. — 4 Commenter le mot. — 5 Trompeur. — 6 Préciser le sens. — 7 Coureur (ou *chapardeur?*). — 8 Vers de Clément Marot (p. 23 v. 5). — 9 A quel poète du Moyen Age vous fait penser ce personnage ? — 10 Pourquoi cette précaution ? — 11 Au sommet de la colline. — 12 Entendait. — 13 Le mettaient en mouvement. — 14 « *Que Dieu nous donne* » (sa paix). Actions de grâces, après le repas.

En son saie [15] avait plus de vingt et six petites bougettes [16] et fasques [17] toujours pleines, l'une d'un petit dé de plomb et d'un petit couteau affilé comme l'aiguille d'un pelletier, dont il coupait les bourses ; l'autre d'aigret [18] qu'il jetait aux yeux de ceux qu'il trouvait ; l'autre de glaterons [19] empennés de petites plumes d'oisons ou de chapons qu'il jetait sur les robes et bonnets des bonnes gens, et souvent leur en faisait de belles cornes qu'ils portaient par toute la ville, aucunes fois toute leur vie. (...)

En l'autre un tas de cornets tous pleins de puces et de poux qu'il empruntait des guenaux [20] de Saint-Innocent, et les jetait, avec belles petites cannes [21] ou plumes dont on écrit, sur les collets des plus sucrées demoiselles qu'il trouvait, et mêmement [22] en l'église, car jamais ne se mettait au chœur au haut, mais toujours demeurait en la nef entre les femmes, tant à la messe, à vêpres, comme au sermon.

En l'autre, force provision de haims et claveaux [23] dont il accouplait souvent les hommes et les femmes en compagnies où ils étaient serrés, et mêmement celles qui portaient robes de taffetas armoisi [24], et à l'heure qu'elles se voulaient départir [25], elles rompaient toutes leurs robes.

En l'autre, un fusil garni d'amorce, d'allumettes, de pierre à feu et tout autre appareil à ce requis. En l'autre, deux ou trois miroirs ardents, dont il faisait enrager aucunesfois les hommes et les femmes, et leur faisait perdre contenance à l'église, car il disait qu'il n'y avait qu'un antistrophe entre femme folle à la messe et femme molle à la fesse. En l'autre, avait provision de fil et d'aiguilles, dont il faisait mille petites diableries. (...)

Item, en une autre il avait une petite guedoufle [26] pleine de vieille huile, et quand il trouvait ou femme ou homme qui eût quelque belle robe, il leur engraissait et gâtait tous les plus beaux endroits, sous le semblant de les toucher et dire : « Voici de bon drap, voici bon satin, bon taffetas, madame ; Dieu vous donne ce que votre noble cœur désire, vous avez robe neuve, nouvel ami : Dieu vous y maintienne ! » Ce disant, leur mettait la main sur le collet, ensemble la male tache y demeurait perpétuellement.

En l'autre un daviet [27], un pélican [28], un crochet, et quelques autres ferrements, dont il n'y avait porte, ni coffre qu'il ne crochetât. En l'autre, tout plein de petits gobelets dont il jouait fort artificiellement [29], car il avait les doigts faits à la main [30] comme Minerve ou Arachné [31], et avait autrefois crié le thériacle [32], et quand il changeait un teston [33] ou quelque autre pièce, le changeur eût été plus fin que maître Mouche [34] si Panurge n'eût fait évanouir à chacune fois cinq ou six grands blancs [35], visiblement, apertement [36], manifestement, sans faire lésion [37] ni blessure aucune, dont le changeur n'en eût senti que le vent [38].

PANTAGRUEL, Chap. XVI

15 Manteau. — 16 Pochettes. — 17 Poches. — 18 Verjus (suc de raisin vert). — 19 Plante qui s'attache aux vêtements. — 20 Mendiants. — 21 Roseaux (sarbacanes). — 22 Particulièrement. — 23 Hameçons et crochets. — 24 Doux et souple. — 25 Séparer. — 26 Fiole. — 27 Une pince. — 28 Instrument recourbé. — 29 Artistement. — 30 Habiles (jeu de mots). — 31 Changée en araignée par Minerve, jalouse de son habileté à tisser (*érudition humaniste*). — 32 Ou thériaque : Médicament compliqué et universel, vendu par les charlatans. — 33 Pièce d'argent (ornée d'une *tête*). — 34 Escamoteur célèbre, d'où vient le mot *mouchard*. — 35 Menue monnaie (blanche). — 36 Ouvertement. — 37 Mal. — 38 *Produit par le tour de main.* Étudier comment Rabelais nous suggère l'habileté de Panurge.

LE TIERS LIVRE

PANURGE ET LE MARIAGE

Nous voyons d'abord comment Panurge « mangeait son blé en herbe » (chap. II) *et faisait l'éloge des dettes* (chap. III-V). *A partir du chapitre VII se pose brusquement* le problème central *du* TIERS LIVRE : *Panurge annonce son intention de* se marier. *Sera-t-il heureux ? Sa femme lui sera-t-elle fidèle ? Il découvre alternativement les avantages et les inconvénients du mariage, et Pantagruel lui répond en écho, tantôt :* « Mariez-vous donc », *tantôt :* « Point donc ne vous mariez ». *C'est un souvenir des controverses de Fontenay-le-Comte, dans le salon de* TIRAQUEAU (cf. p. 35). *Pour sortir de cette incertitude, ils interrogent en vain les* « sorts Virgiliens » (*on lit les premiers vers d'un Virgile ouvert au hasard*) *et recourent à l'interprétation des* songes. *Ils consultent successivement la* sibylle *de Panzoust* (*une vieille sorcière du terroir*) *; le muet* Nazdecabre ; *le vieux poète mourant* Raminagrobis (*peut-être Jean Lemaire de Belges*) ; *l'astrologue* Herr Trippa (*le médecin Corneille Agrippa*) ; frère Jean des Entommeures ; *le théologien* Hippothadée, *qui lui conseille de se marier, mais ne peut l'assurer de la fidélité de sa femme ; le médecin* Rondibilis (*Rondelet, condisciple de Rabelais*), *qui n'est pas plus rassurant ; le philosophe sceptique* Trouillogan, *dont les réponses sont évasives ; le fou du roi* Triboulet. *Seul le juge* Bridoye *ne peut être consulté, car il est lui-même inquiété pour sa manière originale de rendre la justice* (p. 76).

Toutes ces consultations, extrêmement burlesques, aboutissent chaque fois au même résultat : *selon Pantagruel et frère Jean, les réponses obscures des uns et des autres prédisent à Panurge qu'il sera malheureux en ménage ; ce dernier, au contraire, n'écoutant que son désir de prendre femme, interprète favorablement toutes les prédictions et se berce d'illusions. Il y a là quelques bonnes* scènes de comédie *dont Molière se souviendra.*

*Pantagruel et Panurge décident enfin d'aller consulter l'*oracle de la DIVE BOUTEILLE. *La fin du Tiers Livre est consacrée à leurs préparatifs de voyage et à l'éloge du* Pantagruélion (p. 78). *La navigation des deux derniers livres les conduira en effet à la* DIVE BOUTEILLE, *mais il n'y sera plus guère question du mariage. Le mot du bon sens sur ce problème est prononcé par Pantagruel qui condamne les mariages sans le consentement des parents et s'en remet entièrement à la décision de son père pour le choix de son épouse.*

La Satire de la Justice

RABELAIS était fils d'un avocat ; son existence l'avait mis en relations avec les gens de justice, à Fontenay-le-Comte chez l'avocat TIRAQUEAU, à Ligugé auprès de JEAN BOUCHET, procureur au siège de Poitiers, et surtout à la Faculté de Poitiers où il avait lui-même étudié le droit. Les termes de procédure et de chicane, les textes juridiques lui étaient donc familiers.

En dehors de l'*épisode de Bridoye* que nous citons ci-dessous, les idées de Rabelais s'étaient déjà exprimées dans le *Pantagruel* (II, 10), et seront reprises avec violence au *Cinquième Livre* dans l'allégorie satirique des *Chats Fourrés* (V, 11-15). Quels sont ses principaux griefs ?

1. OBSCURITÉ ET COMPLICATION DE LA PROCÉDURE. Pantagruel ordonne de brûler la « fatrasserie de papiers qui ne sont que tromperies, cautèles (*ruses*) diaboliques et subversions de droit », et rendent obscures les causes les plus claires (II, 10).

2. INCOMPÉTENCE ET IGNORANCE DES JUGES qui citent sans cesse des jurisconsultes du Moyen Age, « ignorants de tout ce qui est nécessaire à l'intelligence des lois », c'est-à-dire le *grec*, le *latin*, la *philosophie morale* et l'*histoire ancienne* (II, 10). Sur ce point, Rabelais s'associe aux jurisconsultes humanistes qui, comme BUDÉ, prônaient la rénovation du droit par l'étude directe des textes juridiques latins et grecs.

3. CRUAUTÉ ET RAPACITÉ DES JUGES aux fourrures d'hermine « *qui vivent de corruption* » : « Les CHATS FOURRÉS sont bêtes moult horribles et épouvantables : ils mangent les petits enfants et paissent sur des pierres de marbre... Ils ont le poil de la peau non hors-sortant mais au dedans caché, et portent pour leur symbole et devise tous et chacun d'eux une gibecière ouverte (*pour recevoir les épices*)... Ont aussi les griffes tant fortes, longues et acérées que rien ne leur échappe depuis qu'une fois l'ont mis entre leurs serres » (V, 11).

Le juge Bridoye

Rien ne trouve grâce devant la *verve satirique* de RABELAIS : *bêtise* solennelle du juge bardé de citations latines, qui tire au sort ses sentences et se justifie en prenant à la lettre des textes métaphoriques ; *paperasserie* et superstition de *la forme ;* lenteurs et *complications* ruineuses, indispensables pour qu'un procès soit « galant et bien formé ». Telle est la première ébauche d'où BEAUMARCHAIS tirera son immortel BRID'OISON (*Mariage de Figaro*, III, 12-15). Ne nous y trompons pas : le langage de l'ineffable Bridoye va plus loin qu'il ne semble. « *Comme vous autres, Messieurs* » répète-t-il en guise de refrain. Si les juges du temps n'ont pas accoutumé de « sententier les procès au sort des dés », le résultat n'est guère plus brillant. La complexité des lois et les « chausse-trapes » des gens de justice permettent-elles d'ailleurs de rendre des sentences plus équitables que celles des dés ? Tel est, dans la bouche de Pantagruel, le dernier mot de la sagesse rabelaisienne.

Au jour subséquent, à l'heure de l'assignation, Pantagruel arriva en Mirelingues [1]. Les président, sénateurs et conseillers le prièrent entrer avec eux et ouï la décision des causes et raisons qu'allèguerait Bridoye, pourquoi [2] aurait donné certaine sentence contre l'élu Toucheronde, laquelle ne semblait du tout équitable à icelle cour centumvirale [3]. Pantagruel entre volontiers, et là trouve Bridoye on milieu du parquet [4] assis, et, pour toutes raisons et excuses [5], rien plus ne répondant, sinon qu'il était vieux devenu et qu'il n'avait la vue tant bonne comme de coutume, alléguant plusieurs misères et calamités que vieillesse apporte avec soi, lesquelles *not. per Archid. d. lxxxvj c. tanta* [6]. Pourtant [7] ne connaissait-il tant distinctement les points des dés, comme avait fait par le passé. Dont pouvait être [8] qu'en la façon qu'Isaac, vieux et mal voyant, prit Jacob pour Esaü, ainsi à la décision du procès dont était question il aurait pris un quatre pour un cinq, notamment référant [9] que lors il avait usé de ses petits dés, et que, par disposition de droit, les imperfections de nature ne doivent être imputées à crime [10], comme appert *ff. de re milit. l. qui cum uno ; ff. de reg. jur. l. fere ; ff. de edil. ed. per totum ; ff. de term. mod. l. divus Adrianus ; resolut. per Lud. Ro. in l. : si vero., ff. solu. matri. [...].* « Quels dés, demandait Trinquamelle, grand président d'icelle cour, mon ami, entendez-vous ? — Les dés, répondit Bridoye, des jugements, *alea judiciorum* ».

Toute la suite repose ainsi sur l'interprétation fantaisiste de formules latines. Et Bridoye d'expliquer doctement pourquoi il laisse grossir les dossiers avant de tirer au sort la sentence : « Le temps mûrit toutes choses » !

« Un procès, à sa naissance première, me semble, comme à vous autres, Messieurs, informe et imparfait. Comme un ours naissant n'a pieds ni mains, peau, poil ni tête : ce n'est qu'une pièce de chair, rude et informe. L'ourse, à force de lécher, la met en perfection des membres, *ut no. doct. ff. ad leg. Aquil. l. ii, in fi.* Ainsi vois-je, comme vous autres, Messieurs, naître les procès à leurs commencements, informes, et sans membres. Ils n'ont qu'une pièce ou deux : c'est pour lors une laide bête. Mais, lorsqu'ils sont bien entassés, enchâssés et ensachés [11], on les peut vraiment dire membrus et formés, car *forma dat esse rei* [12] ».

TIERS LIVRE, Chap. XXXIX et XLII

— 1 Pays imaginaire. — 2 Pour expliquer pourquoi. — 3 De cent juges (vise le Parlement). — 4 Espace entre les sièges des juges et le barreau des avocats. *On* = en le. — 5 De la sentence contestée. — 6 Pour étayer ses allégations ridicules, Bridoye va citer les textes juridiques qu'il interprète à tort et à travers. — 7 Voilà pourquoi. — 8 D'où il se pouvait. — 9 Rapportant. — 10 Ainsi Bridoye s'excuse, non de tirer au sort ses jugements, mais de n'avoir plus la vue assez bonne pour compter les points en faveur de chaque partie. — 11 Noter le calembour. — 12 *« La forme donne l'être à la chose »*. Suivent 4 lignes de références !

Mythe prémonitoire : les paroles gelées

A titre d'introduction aux *hymnes au génie humain* (p. 77) qui font de Rabelais un précurseur des philosophes du XVIIIe siècle, voici, au Quart Livre, le célèbre mythe des paroles gelées. A l'ère de l'électronique et des moyens perfectionnés d'enregistrer et de reproduire les sons ou les images, cette fantaisie bouffonne nous semble étrangement prophétique. — *Au cours du voyage de Pantagruel (voir l'analyse p. 86), les navigateurs interrogent le pilote sur de mystérieux bruits de bataille qui retentissent alors que, sur la mer glaciale, c'est le dégel...*

Le pilote fit réponse : « Seigneur, de rien ne vous effrayez. Ici est le confin de la mer glaciale, sur laquelle eut, au commencement de l'hiver dernier passé, grosse et félonne bataille, entre les Arismapiens et les Nephelibates. Lors gelèrent en l'air les paroles et cris des hommes et femmes, les chaplis [1] des masses [2], les heurts des harnois [3], des bardes [4], les hennissements des chevaux et tout autre effroi [5] de combat. A cette heure la rigueur de l'hiver passée, advenant la sérénité et tempérie [6] du bon temps, elles fondent et sont ouïes.

— Par Dieu, dit Panurge, je l'en crois. Mais en pourrions-nous voir quelqu'une ? Me souvient avoir lu que, l'orée [7] de la montagne en laquelle Moïse reçut la loi des Juifs, le peuple voyait les voix sensiblement.

— Tenez, tenez, dit Pantagruel, voyez en ci qui encore ne sont dégelées. »

Lors nous jeta sur le tillac pleines mains de paroles gelées, et semblaient dragée perlée de diverses couleurs. Nous y vîmes des mots de gueule [8], des mots de sinople, des mots d'azur, des mots de sable, des mots dorés. Lesquels, être [9] quelque peu échauffés entre nos mains, fondaient comme neiges, et les oyions réellement, mais ne les entendions [10], car c'était langage barbare. Exceptez un assez grosset, lequel ayant Frère Jean échauffé entre ses mains [11], fit un son tel que font les châtaignes jetées en la braise sans être entamées, lors que s'éclatent, et nous fit tous de peur tressaillir. « C'était, dit Frère Jean, un coup de faucon [12] en son temps. »

Panurge requit Pantagruel lui en donner encore. Pantagruel lui répondit que donner paroles était acte des amoureux. « Vendez m'en donc, disait Panurge. — C'est acte d'avocats, répondit Pantagruel, vendre paroles. Je vous vendrais plutôt silence et plus chèrement [13], ainsi que quelquefois le vendit Démosthène moyennant son argentangine [14]. »

Ce nonobstant il en jeta sur le tillac trois ou quatre poignées. Et y vis des paroles bien piquantes, des paroles sanglantes, lesquelles le pilote nous disait quelquefois retourner au lieu duquel étaient proférées, mais c'était la gorge coupée ; des paroles horrifiques, et autres assez mal plaisantes à voir. Lesquelles ensemblement fondues, ouïmes hin, hin, hin, hin, his, ticque, torche, lorgne, brededin, brededac, frr, frrr, frrrr, bou, bou, bou, bou, bou, bou, bou, bou, tracc, tracc, trr, trr, trr, trrr, trrrrrr, on, on, on, on, on, ououououon, goth, magoth, et ne sais quels autres mots barbares ; et disait que c'étaient vocables du heurt et hennissement des chevaux à l'heure qu'on choque [15]. Puis en ouïmes d'autres grosses, et rendaient son en dégelant, les unes comme de tambours et fifres, les autres comme de clairons et trompettes. Croyez que nous y eûmes du passetemps beaucoup.

Quart Livre, chap. LVI

— 1 Cliquetis. — 2 Masses d'armes. — 3 Armures. — 4 Armures des chevaux. — 5 Vacarme. — 6 Douceur. — 7 Au bord de. — 8 « *Bouche* » ; mais aussi, en termes de blason, « *rouge* » (et, pour les mots suivants : *vert, bleu, noir, or*). — 9 Après avoir été... — 10 Nous ne les *comprenions* pas. — 11 « *Frères Jean l'ayant échauffé.* » — 12 Pièce d'artillerie. — 13 Cf. « le silence est d'or ». — 14 Pour esquiver une requête des ambassadeurs de Milet, dont il avait reçu beaucoup d'argent, il feignit d'avoit une *angine*. — 15 Du *choc*, du corps à corps.

Hymnes au génie humain

Dans ce roman, qui bien souvent n'est qu'une revue des ridicules et des vices, perce par instant un sentiment de *confiance dans la nature humaine*, aussi bien le corps que l'esprit. Cette foi, sensible dans l'épisode de THÉLÈME (p. 69), s'exprime aussi dans le *programme d'éducation* de Gargantua (p. 45-48) et de Pantagruel (p. 49) : on y perçoit l'*ivresse du savoir* nouvellement conquis et le souci de développer harmonieusement *le corps*, dédaigné par l'ascétisme chrétien et réhabilité par le médecin Rabelais. Dans les pages qui vont suivre, au milieu de ses bouffonneries habituelles, l'écrivain, interprète de l'*esprit de la Renaissance*, a trouvé pour exalter les conquêtes de l'intelligence les accents du *lyrisme* le plus élevé.

ÉLOGE DU PANTAGRUÉLION

En apparence, ce n'est ici qu'un éloge *paradoxal* comme le XVIe siècle les a tant aimés (ÉRASME : *Éloge de la Folie ;* DU BELLAY : *Hymne de la Surdité* ; éloge du *Poète Courtisan*). **Mais, derrière l'humour et la fantaisie étourdissante de l'invention verbale, se glissent un** hymne fervent à l'intelligence, une foi très vive dans le progrès de la science. Comme malgré lui, RABELAIS passe d'une *parade burlesque* de charlatan à une *éloquence* sincère et émue, pour recourir enfin à un *mythe pittoresque* au moment où l'audace de l'anticipation et la hardiesse de l'idée risquaient de devenir dangereuses pour leur auteur.

A la fin du TIERS LIVRE (chap. 49-52), *Pantagruel armant une flotte puissante embarque « grande foison de son herbe pantagruélion ». Rabelais nous fait une description érudite de cette herbe (il s'agit du* chanvre) *et nous révèle pourquoi « elle est dite pantagruélion »* : « Comme Pantagruel a été l'idée exemplaire de toute joyeuse perfection, ainsi en pantagruélion je reconnais tant de vertu, tant d'énergie, tant de perfection, tant d'effets admirables... qu'elle mérite d'être reine des plantes ». *L'auteur chante alors les propriétés du pantagruélion.*

Je laisse à vous dire comment le jus d'icelle exprimé et instillé dedans les oreilles tue toute espèce de vermine qui y serait née par putréfaction, et tout autre animal qui dedans serait entré [1]. Si d'icelui jus vous mettez dedans un seilleau [2] d'eau, soudain vous verrez l'eau prise, comme si fussent caillebotes [3], tant est grande sa vertu [4]. Et est l'eau ainsi caillée remède présent [5] aux chevaux coliqueux et qui tirent des flancs. La racine d'icelle, cuite en eau, remollit les nerfs retirés, les jointures contractes, les podagres scirrhotiques [6] et les gouttes nouées. Si promptement voulez guérir une brûlure, soit d'eau soit de feu, appliquez-y du Pantagruélion cru, c'est-à-dire tel qu'il naît de terre, sans autre appareil ni composition. Et ayez égard de le changer ainsi que le verrez desséchant sur le mal.

Sans elle seraient les cuisines infames [7], les tables détestables [8], quoique couvertes fussent de toutes viandes [9] exquises ; les lits sans délices, quoique y fût en abondance or, argent, électre [10], ivoire et

— 1 Montrer le comique de cette idée. — 2 Seau. — 3 Lait caillé. — 4 Son pouvoir. — 5 Efficace. — 6 Accompagnées de *tumeurs* ou *squirres*. Quel est l'effet de l'énumération et de la précision scientifique ? — 7 Songer qu'il s'agit du *chanvre*, d'où l'on tire les tissus, les cordages, etc... — 8 Calembour (cf. *lits sans délices*). — 9 Nourritures (*vivenda* = vivres). — 10 Mélange d'or et d'argent.

porphyre. Sans elle ne porteraient les meuniers blé au moulin, n'en rapporteraient farine. Sans elle comment seraient portés les plaidoyers des avocats à l'auditoire [11] ? Comment serait sans elle porté le plâtre à l'atelier ? Sans elle comment serait tirée l'eau du puits ? Sans elle que feraient les tabellions [12], les copistes, les secrétaires et écrivains ? Ne périraient les pantarques [13] et papiers rentiers ? Ne périrait le noble art d'imprimerie ? De quoi ferait-on chassis [14] ? Comment sonnerait-on les cloches [15] ? D'elle sont les Isiaques [16] ornés, les Pastophores [17] revêtus, toute humaine nature couverte en première position [18]. Toutes les arbres lanifiques [19] des Sères [20], les gossampines [21] de Tyle en la mer Persique, les cynes [22] des Arabes, les vignes de Malte, ne vêtissent tant de personnes que fait cette herbe seulette [23]. Couvre les armées contre le froid et la pluie, plus certes commodément que jadis [24] ne faisaient les peaux. Couvre les théâtres et amphithéâtres contre la chaleur [25], ceint les bois et taillis au plaisir des chasseurs, descend en eau tant douce que marine au profit des pêcheurs [26]. Par elle sont bottes, bottines, bottasses, houseaux, brodequins, souliers, escarpins, pantoufles, savates [27] mises en forme et usage. Par elle sont les arcs tendus, les arbalètes bandées, les fondes [28] faites, et comme si fût herbe sacrée, verbenique [29] et révérée des Mânes et Lémures [30], les corps humains morts sans elle ne sont inhumés.

Je dirai plus. Icelle herbe moyennante [31], les substances invisibles visiblement [32] sont arrêtées, prises, détenues et comme en prison [33] mises. A leur prise et arrêt sont les grosses et pesantes meules [34] tournées agilement à insigne profit de la vie humaine. Et m'ébahis comment l'invention d'un tel usage a été par tant de siècles celée aux antiques philosophes [35], vu l'utilité impréciable [36] qui en provient, vu le labeur intolérable que sans elle ils supportaient en leurs pistrines [37]. Icelle moyennant [38], par la rétention des flots aérés [39], sont les grosses orchades [40], les amples thalamèges [41], les forts galions, les nefs chiliandres et myriandres [42] de leurs stations [43] enlevées et poussées à l'arbitre de leurs gouverneurs [44]. Icelle moyennant, sont les nations que Nature

---

11 Les dossiers des plaideurs s'enfermaient dans des sacs (cf. p. 77, n. 17), encore au XVIIe (cf. Les Plaideurs, I, 1). — 12 Notaires. — 13 Pancartes, registres. — 14 La trame de la toile ? — 15 Montrer la variété des tours dans cette suite d'interrogations. — 16 Prêtres d'Isis. — 17 Prêtres portant la statue d'un dieu. — 18 Dès le berceau. — 19 Producteurs de laine (*arbre* est fém. comme en latin). — 20 Chinois. — 21 Cotonniers. — 22 Arbre d'où l'on tirait des étoffes (cf. PLINE). — 23 Valeur de ce diminutif ? — 24 Quelle idée nouvelle apparaît ici ? — 25 Expliquer la transition. — 26 Étudier le rythme éloquent de cette phrase. — 27 Comique rabelaisien, sans doute ; mais quelle est l'idée profonde concernant l'invention humaine ? — 28 Frondes. — 29 *Magique*, comme la verveine. — 30 Fantôme des morts, chez les Romains. — 31 Inversion : « *grâce à...* ». — 32 Jeu de mots à expliquer. — 33 Étudier le développement de cette image. — 34 Des moulins à vent. — 35 Quelle conclusion en tirer pour l'avenir ? — 36 Inappréciable. — 37 Leurs moulins. — 38 L'accord du participe qui s'observait à la ligne 36 ne se fait pas ici. Période de transition où il n'y a pas encore de règle fixe. — 39 Expliquer l'image et la retrouver plus bas. — 40 Gros vaisseaux. — 41 Vaisseaux. — 42 Portant mille et dix mille hommes. — 43 Mouillages (lat. : *statio*). — 44 Étudier le rythme, très expressif, de cette phrase. —

semblait tenir absconses [45], imperméables et inconnues, à nous venues, nous à elles, chose que ne feraient les oiseaux, quelque légèreté de pennage [46] qu'ils aient, quelque liberté de nager en l'air qui leur soit baillée par Nature. Taprobana a vu Lappia [47] ; Java a vu les monts Riphées [48] ; Phebol [49] verra Thélème [50] ; les Islandais et les Engronelands [51] boiront Euphrate. Par elle Boréas a vu le manoir de Auster, Eurus a visité Zéphyre [52].

De mode que les Intelligences célestes, les Dieux tant marins que terrestres en ont été tous effrayés, voyant par l'usage de cestui benedict [53] Pantagruélion les peuples Arctiques en plein aspect des Antarctiques, franchir la mer Atlantique, passer les deux Tropiques, volter [54] sous la zone torride, mesurer tout le Zodiaque, s'ébattre sous l'Equinoxial, avoir l'un et l'autre Pôle en vue à fleur de leur horizon [55]. Les Dieux Olympiques ont en pareil effroi dit : « Pantagruel nous a mis en pensement nouveau et tedieux [56] plus que onques ne firent les Aloïdes [57], par l'usage et vertu de son herbe. Il sera de bref [58] marié, de sa femme aura enfants. A cette destinée ne pouvons-nous contrevenir : car elle est passée par les mains et fuseaux des sœurs fatales [59], filles de Nécessité. Par ses enfants, peut-être, sera inventée [60] herbe de semblable énergie, moyennant laquelle pourront les humains visiter les sources des grêles, les bondes des pluies et l'officine [61] des foudres. Pourront envahir les régions de la Lune, entrer le territoire des signes célestes, et là prendre logis, les uns à l'Aigle d'Or, les autres au Mouton, les autres à la Couronne, les autres à la Harpe, les autres au Lion d'argent [62] ; s'asseoir à table avec nous, et nos Déesses prendre à femmes, qui sont les seuls moyens d'être déifiés [63]. » Enfin ont mis le remède de y obvier en délibération et au conseil.

TIERS LIVRE, Chap. LI

– *Étudiez dans le § 1 les procédés et les tours qui font penser à un boniment.*
– *Relevez et expliquez tous les usages du chanvre auxquels il est fait allusion.*
– *Comment, dans cet éloge d'une plante, l'auteur fait-il l'éloge indirect du génie humain ?*
– *Dégagez les idées sur le progrès qui s'expriment dans le mythe final. A quelle invention particulière pensez-vous ? Comment interpréter les craintes des dieux ?*
– *Étudiez le mélange de poésie et de bouffonnerie dans l'ensemble du chapitre.*
– ***Exposé.** Symboles et allégories dans les extraits de* RABELAIS *(et l'analyse).*
• **Groupe thématique : Le progrès.** XVIIe SIÈCLE, p 269. – XVIIIe SIÈCLE : questions p. 87, 176, 256.

---

45 Cachées. — 46 Plumage. — 47 Ceylan a vu Laponie. Expliquer le choix de ces pays. — 48 Montagnes de Scythie (Nord du monde connu des anciens). — 49 Ile du Golfe Arabique. — 50 Abbaye imaginaire (cf. p. 69). — 51 Groenlandais. — 52 Personnification des vents qui soufflent du Nord, du Midi, de l'Est et de l'Ouest. — 53 Ce bénit. — 54 Tourner. — 55 Montrer, sous le comique de l'expression (pittoresque des verbes ; comique des sons), la hardiesse de l'idée. — 56 Ennuyeux (lat. : *taedium*). — 57 Géants qui tentèrent d'escalader l'Olympe. — 58 Bientôt. — 59 *Les Parques*. Préciser l'idée concernant le progrès. — 60 Découverte (lat. : *invenio*). Valeur symbolique de cette herbe ? — 61 *L'atelier*. Étudier ces images familières. — 62 Ces noms de constellations rappellent les enseignes des hôtelleries du temps. Simple plaisanterie ou hardiesse voilée ? — 63 Préciser l'idée sérieuse que recouvre, sous le burlesque, cette plaisanterie mythologique.

LE QUART LIVRE

LES MOUTONS DE PANURGE

PANTAGRUEL *et ses compagnons s'embarquent au port de* Thalasse *sur une grande flotte, magnifiquement décrite. Ils se dirigent vers l'oracle de la* DIVE BOUTEILLE, « près le Cathay (*Chine*), en Inde Supérieure », *mais au lieu de suivre la route des Portugais, par le cap de Bonne Espérance, ils cinglent à travers l'Atlantique, comme* JACQUES CARTIER.

*Entre deux escales se place l'*épisode des moutons de PANURGE. *Le rusé compagnon s'est disputé avec le marchand* DINDENAULT, *et les deux hommes ont failli en venir aux mains. Mais on les a apaisés et ils boivent ensemble en signe de réconciliation.*

I. La " patience " de Panurge

L'épisode commence par une *jolie scène de farce*, reposant essentiellement sur la patience de PANURGE qui subit sans broncher les railleries du marchand. Avec courtoisie il met son adversaire en confiance et feint *la naïveté* pour encourager le marchand. Ce dernier devient d'autant plus agressif que Panurge garde son calme ; il se grise de son propre *boniment* et s'enferre d'autant mieux qu'il se croit très spirituel.

Panurge dit secrètement à Épistémon et à frère Jean : « Retirez-vous ici un peu à l'écart, et joyeusement passez temps à ce que verrez. Il y aura bien beau jeu, si la corde ne rompt [1] ». Puis s'adressa au marchand, et derechef but à lui plein hanap [2] de bon vin lanternois [3]. Le marchand le pleigea [4] gaillard, en toute courtoisie et honnêteté. Cela fait, Panurge dévotement le priait lui vouloir de grâce vendre un de ses moutons. Le marchand lui répondit : « Halas, halas ! mon ami, notre voisin, comment vous savez bien truffer [5] des pauvres gens. Vraiment vous êtes un gentil chaland [6]. O le vaillant acheteur de moutons ! Vrai bis, vous portez le minois non mie [7] d'un acheteur de moutons, mais bien d'un coupeur de bourses. Deu Colas m'faillon [8], qu'il ferait bon porter bourse pleine auprès de vous en la triperie sur le dégel ! Han, Han, qui ne vous connaîtrait[9], vous feriez bien des vôtres. Mais voyez, hau, bonnes gens, comment il taille de l'historiographe[10] !

— Patience[11], dit Panurge, Mais, à propos, de grâce spéciale, vendez-moi un de vos moutons. Combien ?

— Comment, répondit le marchand, l'entendez-vous, notre ami, mon voisin ? Ce sont moutons à la grande laine [12]. Jason y prit la toison d'or. L'ordre de la maison de Bourgogne en fut extrait. Moutons de levant, moutons de haute futaie [13], moutons de haute graisse [14] !

— Soit, dit Panurge, mais de grâce vendez-m'en un, et pour cause, bien et promptement vous payant en monnaie de ponant [15], de taillis et de basse graisse. Combien ?

— 1 *Si la chose réussit.* Montrer l'importance de cet avertissement secret, pour goûter le marchandage qui va suivre. — 2 Coupe. — 3 Le pays de Lanternois est imaginaire. — 4 « *Lui fit raison* ». Expliquer toutes ces prévenances de Panurge. — 5 Vous moquer. — 6 Un noble acheteur. — 7 Pas. — 8 *Par Saint Nicolas, mon fiston !* — Sur le *dégel*, il y a foule dans la *triperie*. — 9 Si l'on ne vous connaissait. — 10 Mot savant qui évoque un homme d'importance. — 11 Expliquer ce mot de Panurge lancé, à la cantonade, à ses amis. — 12 Jeu de mots. On appelait ainsi des pièces d'or marquées d'un agneau. D'où les deux allusions suivantes. — 13 Métaphore. Bois planté de grands arbres. — 14 *Très gras*, mais aussi, au figuré : *de grande valeur.* — 15 *Couchant.* Panurge réplique sur le mode plaisant.

— Notre voisin, mon ami, répondit le marchand, écoutez ça un peu de l'autre oreille [16]. PANURGE : A votre commandement [17].

LE MARCHAND : Vous allez en Lanternois ? PANURGE : Voire [18].

LE MARCHAND : Voir le monde ? PANURGE : Voire.

LE MARCHAND : Joyeusement ? PANURGE : Voire.

LE MARCHAND : Vous avez, ce crois-je, nom Robin mouton [19]. PANURGE : Il vous plaît à dire.

LE MARCHAND : Sans vous fâcher [20]. PANURGE : Je l'entends ainsi.

LE MARCHAND : Vous êtes, ce crois-je, le joyeux [21] du roi ? PANURGE : Voire.

LE MARCHAND : Fourchez-là [22]. Ha ! ha ! vous allez voir le monde, vous êtes le joyeux du roi, vous avez nom Robin mouton. Voyez ce mouton-là ; il a nom Robin comme vous. Robin, Robin, Robin ! Bês, bês, bês, bês [23]. O la belle voix ! PANURGE : Bien belle et harmonieuse.

LE MARCHAND : Voici un pacte qui sera entre vous et moi, notre voisin et ami. Vous qui êtes Robin mouton, serez en cette coupe de balance, le mien mouton Robin sera en l'autre : je gage un cent d'huîtres de Busch [24] qu'en poids, en valeur, en estimation, il vous emportera haut et court en pareille forme que serez un jour suspendu et pendu [25].

— Patience, dit Panurge. Mais vous feriez beaucoup pour moi et pour votre postérité [26] si me le vouliez vendre, ou quelque autre du bas chœur [27]. Je vous en prie, sire monsieur.

— Notre ami, répondit le marchand, mon voisin, de la toison de ces moutons seront faits les fins draps de Rouen ; les louchets des balles de limestre [28] au prix d'elle ne sont que bourre. De la peau seront faits les beaux maroquins, lesquels on vendra pour maroquins Turquins [29] ou de Montélimar, ou d'Espagne pour le pire [30]. Des boyaux, on fera cordes de violons et harpes, lesquels tant chèrement on vendra comme si fussent cordes de Munican [31] ou Aquila. Que pensez-vous [32] ?

— S'il vous plaît, dit Panurge, m'en vendrez un, j'en serai bien fort tenu au courrail de votre huis [33]. Voyez ci argent comptant. Combien ? » Ce disait montrant son escarcelle pleine de nouveaux Henricus [34].

QUART LIVRE, Chapitre VI

— 16 Métaphore : « *n'en parlons plus* ». — 17 Jeu de scène comique : Panurge présente l'autre oreille. — 18 *Oui*. D'où le jeu de mots sur *voir*. Le marchand est-il aussi spirituel qu'il le croit ? — 19 Parce qu'il répète toujours *Voire*. — 20 Montrer l'insolence du Marchand. — 21 Fou. — 22 Touchez-là. — 23 C'est le marchand qui imite le mouton. Panurge feint de s'y laisser prendre. — 24 Dans le bassin d'Arcachon. — 25 *Haut et court*. Montrer que le passage est doublement insultant. — 26 Mot à double sens ! — 27 De moindre valeur. — 28 Fines étoffes de laine (expression obscure). — 29 Turcs. — 30 Expliquer ce trait satirique. — 31 Munich. — 32 Panurge écoute d'une oreille distraite. — 33 Le *vassal* baisait le *verrou* de la *porte* de son suzerain. — 34 Monnaie de Henri II qui vient d'accéder au trône en 1547 ; mais elle ne fut frappée qu'après 1549.

II. La vengeance de Panurge

La deuxième partie de l'épisode est plus complexe. PANURGE paraît décidé à payer comptant : DINDENAULT vante donc la qualité de ses moutons comme sur un champ de foire. Mais entendit-on jamais pareil *boniment ?* *L'humaniste* Rabelais s'amuse à parodier et à transposer avec une *érudition burlesque* l'éloquence habituelle des charlatans. Quant au dénouement, il est remarquable par la *rapidité* et le *mouvement* du récit qui nous présente les faits avec la vie et la *précision évocatrice* d'une chose vue.

Mon ami, répondit le marchand, notre voisin, ce n'est viande que pour rois et princes. La chair en est tant délicate, tant savoureuse et tant friande que c'est baume [1]. Je les amène d'un pays auquel les pourceaux (Dieu soit avec nous) ne mangent que myrobolans [2]. Les truies en leur gésine (sauf l'honneur de toute la compagnie) ne sont nourries que de fleurs d'orangers.

— Mais, dit Panurge, vendez-m'en un, et je vous paierai en roi, foi de piéton [3]. Combien ?

— Notre ami, répondit le marchand, mon voisin, ce sont moutons extraits de la propre race de celui qui porta Phrixus et Hellé par la mer dite Hellesponte [4]. (...). Aussi me coûtent-ils bon.

— Coûte et vaille, répondit Panurge, seulement vendez-m'en un, le payant bien.

— Notre ami, dit le marchand, mon voisin, considérez un peu les merveilles de nature consistant en ces animaux que voyez, voire en un membre qu'estimeriez inutile. Prenez-moi ces cornes-là, et les concassez un peu avec un pilon de fer, ou avec un landier [5], ce m'est tout un. Puis les enterrez en vue du soleil la part que [6] voudrez, et souvent les arrosez. En peu de mois vous en verrez naître les meilleurs asperges [7] du monde. Je m'en daignerais excepter ceux de Ravenne. Allez me dire que les cornes de vous autres messieurs les cocus aient vertu telle et propriété tant mirifique !

— Patience, répondit Panurge.

— Je ne sais, dit le marchand, si vous êtes clerc. J'ai vu prou [8] de clercs, je dis grands clercs, cocus. Oui-da. A propos, si vous étiez clerc, vous sauriez que, ès membres plus inférieurs de ces animaux divins (ce sont les pieds) y a un os (c'est le talon, l'astragale [9], si vous voulez) duquel, non d'autre animal du monde, fors [10] de l'âne Indien et des dorcades [11] de

— 1 Montrer qu'après cet éloge vraisemblable le marchand s'amuse à la *mystification grotesque*. — 2 Fruits rares des Indes. — 3 Montrer la bonne humeur de cette réplique. — 4 Allusion mythologique : les deux enfants furent transportés de Grèce en Colchide par le bélier à la toison d'or. — 5 Chenet. — 6 Là où vous. — 7 Mot masculin. — 8 Beaucoup. — 9 Qu'y a-t-il d'amusant dans ces éclaircissements ? — 10 Sauf. — 11 Gazelles (mot grec).

Libye, l'on jouait antiquement au royal jeu des tales [12], auquel l'empereur Octavien Auguste un soir gagna plus de 50.000 écus. Vous autres cocus n'avez garde d'en gagner autant !

— Patience, répondit Panurge. Mais expédions [13].

— Et quand, dit le marchand, vous aurai-je, notre ami, mon voisin, dignement loué les membres internes : les épaules, les éclanches, les gigots, le haut côté, la poitrine, le foie, la ratelle, les tripes, la gogue [14], la vessie dont on joue à la balle, les côtelettes dont on fait en Pygmion [15] les beaux petits arcs pour tirer des noyaux de cerises contre les grues (...).

— Bren, bren ! dit le patron de la nef au marchand, c'est trop ici barguigné [16]. Vends-lui si tu veux ; si tu ne veux, ne l'amuse [17] plus.

— Je le veux, répondit le marchand, pour l'amour de vous [18]. Mais il en paiera trois livres tournois de la pièce en choisissant.

— C'est beaucoup, dit Panurge. En nos pays j'en aurais bien cinq, voire six pour telle somme de deniers. Avisez que ne soit trop. Vous n'êtes le premier de ma connaissance qui, trop tôt voulant riche devenir et parvenir, est à l'envers [19] tombé en pauvreté, voire quelquefois s'est rompu le col [20].

— Tes fortes fièvres quartaines [21], dit le marchand, lourdaud sot que tu es ! (...)

— Benoît monsieur, dit Panurge, vous vous échauffez en votre harnois [22] à ce que je vois et connais. Bien tenez, voyez là votre argent. » Panurge, ayant payé le marchand, choisit de tout le troupeau un beau et grand mouton, et l'emportait criant et bêlant, voyants [23] tous les autres et ensemblement bêlants et regardants quelle part on menait leur compagnon. Cependant le marchand disait à ses moutonniers : « O qu'il a bien su choisir, le chaland ! Il s'y entend ! Vraiment, le bon vraiment, je le réservais pour le seigneur de Cancale, comme bien connaissant son naturel, car, de sa nature, il est tout joyeux et ébaudi quand il tient une épaule de mouton en main, bien séante et avenante, comme une raquette gauchère [24], et, avec un couteau bien tranchant, Dieu sait comment il s'en escrime ! »

Soudain, je ne sais comment (le cas fut subit, je n'eus loisir le considérer), Panurge, sans autre chose dire [25], jette en pleine mer son mouton criant et bêlant. Tous les autres moutons, criants et bêlants en pareille intonation, commencèrent soi jeter et sauter en mer après, à la file. La foule [26] était à qui premier y sauterait après leur compagnon. Possible

— 12 Osselets. — 13 Finissons-en. — 14 Les boyaux. — 15 Pays des Pygmées qui, selon Homère, faisaient la guerre aux grues. — 16 Marchandé. — 17 Ne lui fais plus perdre son temps. — 18 Montrer la vérité de cette formule. — 19 Inversement. — 20 Le marchand interprète-t-il cette protestation comme une menace directe ? — 21 S.e. *te saisissent.* — 22 Armure. Expression militaire. — 23 Remarquer l'accord : *tous les autres le voyant...* — 24 « *Tenue de la main gauche* ». Montrer le pittoresque de cette évocation. — 25 A quoi tendent toutes ces longueurs ? — 26 L'empressement.

n'était les en garder [27], comme vous savez être du mouton le naturel, toujours suivre le premier, quelque part qu'il aille. Aussi le dit Aristoteles, *lib.* 9 *de Histo. animal.* [28], être le plus sot et inepte animant [29] du monde.

Le marchand, tout effrayé de ce que devant ses yeux périr voyait et noyer ses moutons, s'efforçait les empêcher et retenir de tout son pouvoir, mais c'était en vain. Tous à la file sautaient dedans la mer et périssaient [30]. Finalement il en prit un grand et fort par la toison sur le tillac [31] de la nef, cuidant [32] ainsi le retenir et sauver le reste aussi conséquemment. Le mouton fut si puissant qu'il emporta en mer avec soi le marchand, et fut noyé [33], en pareille forme que les moutons de Polyphémus, le borgne cyclope, emportèrent hors la caverne Ulysse et ses compagnons [34]. Autant en firent les autres bergers et moutonniers, les prenants uns par les cornes, autres par les jambes, autres par la toison, lesquels tous furent pareillement en mer portés et noyés misérablement.

Panurge, à côté du fougon [35], tenant un aviron en main, non pour aider les moutonniers, mais pour les engarder [36] de grimper sur la nef et évader le naufrage, les prêchait éloquentement, comme si fût un petit frère Olivier Maillard ou un second frère Jean Bourgeois [37], leur remontrant par lieux [38] de rhétorique les misères de ce monde, le bien et l'heur de l'autre vie, affirmant plus heureux être les trépassés que les vivants en cette vallée de misère, et à un chacun d'eux promettant ériger un beau cénotaphe et sépulcre honoraire au plus haut du mont Cenis [39], à son retour de Lanternois, leur optant [40] ce néanmoins, en cas que vivre encore entre les humains ne leur fâchât et noyer ainsi ne leur vînt à propos [41], bonne aventure et rencontre de quelque baleine, laquelle au tiers jours subséquent [42] les rendît sains et saufs en quelque pays de satin [43], à l'exemple de Jonas.

Frère Jean ne trouve qu'une critique à ce « tour de vieille guerre ». *Pourquoi Panurge a-t-il payé le mouton avant de le précipiter ? Mais ce dernier s'estime satisfait :* « J'ai eu du passe-temps pour plus de cinquante mille francs ! ».

QUART LIVRE, Chap. VII et VIII

– *Comment* RABELAIS *nous fait-il désirer, puis accepter la terrible punition du marchand ?*
– *Énumérez les arguments du marchand, et distinguez : a) ceux qui sont vraisemblables ; – b) ceux qui sont purement burlesques.*
– *Montrez la persévérance de Panurge. Pourquoi Dindenault vante-t-il son choix (l. 51-57) ? Relevez les répliques où le dénouement est annoncé indirectement.*
– *Étudiez (p. 81-85) la parodie des procédés familiers aux bonimenteurs.*
• **Groupe thématique : Panurge.** Portrait de Panurge (cf. p. 73 ; 81-85). Connaissez-vous d'autres personnages se rattachant au même type littéraire ?

— 27 Les en empêcher. — 28 Effet produit par cette référence ? — 29 Animal. — 30 Que traduit le contraste de rythme entre cette phrase et la précédente ? — 31 Pont. — 32 Croyant. — 33 Sujet : *le marchand.* — 34 ODYSSÉE, Chant IX. — 35 Cuisine du vaisseau. — 36 Empêcher. — 37 Prédicateurs célèbres (XVe siècle). — 38 Lieux communs. — 39 Boutade à expliquer. — 40 Souhaitant. — 41 Ne fût pas de leur goût. — 42 Suivant. — 43 De rêve.

EXERCICE D'ENSEMBLE. *Voici une traduction du récit (en latin macaronique) de* MERLIN COCCAIE *dont s'inspire* RABELAIS : « Cingar... finement s'approcha de l'un de ces paysans, lui disant : que voici grande abondance de vivres ! Veux-tu, mon compagnon, me vendre un gras mouton ? Le marchand lui répondit : Moi ! trois, huit, quatorze, si un seul ne te suffit, moyennant que tu les veuilles payer, et que tu m'en donnes au moins huit carlins pour pièce. » *Là-dessus Cingar paye le mouton et le lance à la mer :* « tout le troupeau à la file saute en la mer », *malgré les efforts des marchands pour le retenir.*

1. *Quelles sont les* modifications *apportées par Rabelais à ce récit?*
2. *Quels éléments, à peine indiqués, a-t-il longuement* développés ?
3. *Les* dialogues *des l. 23-43 (texte I), et l. 12-34 (texte II) ont été* ajoutés *par Rabelais à sa rédaction primitive. Quelle a été son intention?*

Après cet épisode, les voyageurs visitent l'île des CHICQUANOUS (procureurs et huissiers), *qui* « *gagnent leur vie à être battus* » (*ils perçoivent des amendes en dédommagement des coups qu'ils reçoivent*). *Après les îles de* Tohu et Bohu, *où vient de mourir* BRINGUENARILLES *qui se nourrissait de moulins à vent, survient une tempête où Panurge se comporte comme un poltron ; il fait de nouveau le brave, une fois la tempête apaisée ! Voici l'île de* Tapinois *où règne* QUARESME-PRENANT (*personnification du jeûne dans la religion catholique*), *ennemi juré des* ANDOUILLES *de l'île* Farouche.

LUTTE CONTRE LES ANDOUILLES

Des ANDOUILLES *qui font le guet prennent Pantagruel pour leur ennemi Quaresme-Prenant et dressent une embuscade contre lui.* FRÈRE JEAN *revendique l'honneur de les combattre et se met à la tête des* cuisiniers (*énumération de* 150 *noms tirés des mets, des ustensiles de cuisine...*). *Il en garnit une* truie (*tour de siège*), *à la manière du* cheval de Troie. *La bataille héroï-comique s'engage, symbole de la lutte entre l'ascétisme et les appétits naturels :* « Adonc commença le combat martial pêle-mêle. Riflandouille riflait (*découpait*) andouilles. Tailleboudin taillait boudins. Pantagruel rompait les andouilles au genou. Frère Jean se tenait coi dedans sa truie, tout voyant et considérant, quand les godiveaux (*pâtés*) qui étaient en embuscade, sortirent en grand effroi (*tumulte*) sur Pantagruel. Adonc voyant Frère Jean le désarroi et tumulte, ouvre la porte de sa truie, et sort avec ses bons soudards, les uns portant broches de fer, les autres tenant landiers, contre-hâtiers (*chenets*), poêles, pelles, coquasses (*chaudrons*), grils, fourgons, tenailles, lèchefrites, ramons (*balais*), marmites, mortiers, pilons, tous en ordre comme brûleurs de maisons, hurlant et criant tous ensemble épouvantablement... ». *C'est une immense débandade et* « si Dieu n'y eût pourvu, la génération andouillique eût, par ces soudards culinaires, toute été exterminée. » *Mais la lutte est interrompue par l'intervention miraculeuse, sous la forme d'un pourceau ailé, de* MARDIGRAS, « *premier fondateur et original de toute race andouillique* ». *Il survole le champ de bataille et déverse sur les andouilles mortes et blessées un flot de* moutarde *qui leur rend la vie et la santé.*

PAPEFIGUES ET PAPIMANES

Après une escale à l'île de Ruach, *dont les habitants ne se nourrissent que de vent, les voyageurs visitent l'île des* PAPEFIGUES (*protestants, qui ne respectent pas le Pape*), *pauvres et malheureux, puis l'île des* PAPIMANES *où l'on vit dans l'adoration béate du* PAPE *et de ses saintes* DÉCRÉTALES. *L'évêque* HOMENAZ *leur offre un grand banquet, leur expliquant* « Comment par la vertu des Décrétales est l'or tiré subtilement de France en Rome ». *Ce chapitre est une vive satire des prétentions temporelles des papes. A la limite de la mer Glaciale, les navigateurs entendent les* bruits d'une bataille *livrée l'année précédente : ces bruits, qui s'étaient* gelés, *se font entendre à la faveur du dégel* (cf. p. 77). *Ce* LIVRE *se termine sur l'évocation du* royaume de MESSER GASTER (*l'Estomac*), « *premier maître ès arts de ce monde* »... « *Pour le servir, tout le monde est empêché* (occupé), *tout le monde labeure. Aussi pour récompense il fait ce bien au monde, qu'il lui invente tous arts, toutes machines, tous métiers, tous engins et subtilités... Les corbeaux, les geais, les papegais, les étourneaux, il rend poètes ; les pies il fait poétrides et leur apprend langage humain proférer, parler, chanter. Et tout pour la tripe* ». *Suit l'énumération lyrique des prodiges que l'obligation de nourrir* MESSER GASTER *fait réaliser à tous les êtres. Et sans cesse revient ce refrain demeuré célèbre :* « Et tout pour la tripe ».

LE CINQUIÈME LIVRE (1564)

Idées religieuses de Rabelais

Cordelier, bénédictin, puis *prêtre*, il a vécu dans l'intimité de deux évêques. A Rome, il a pu observer *la cour pontificale*. Il a été en correspondance avec ERASME (son « *père spirituel* ») et s'est trouvé en relations, à Fontenay-le-Comte, avec des *gallicans* qui soutenaient le roi contre la papauté. La question religieuse occupe une grande place dans son œuvre et, bien que la prudence l'ait parfois contraint de nuancer sa pensée, il est possible de préciser les tendances générales de son esprit.

1. RABELAIS ET LES « ÉVANGÉLIQUES » : Dès 1512, l'humaniste LEFÈVRE D'ÉTAPLES proclamait la nécessité de prendre l'*Écriture* comme seul fondement du christianisme et d'abandonner, dans le catholicisme, les institutions créées par les hommes. Cette tendance combattue par la Sorbonne qui interdisait d'étudier le grec, et soutenue par l'entourage de MARGUERITE DE NAVARRE, a reçu le nom d'ÉVANGÉLISME. C'est l'idée qui revient le plus souvent dans Rabelais. Elle apparaît nettement dès le *Pantagruel*, où le héros, invoquant Dieu avant de combattre les Dipsodes, s'écrie : « *Je ferai prêcher ton Saint Évangile purement, simplement et entièrement, si que les abus d'un tas de papelards et faux prophètes, qui ont par constitutions humaines et inventions dépravées envenimé tout le monde, seront d'entour moi exterminés* (chassés) » (II, 29).

2. LA SATIRE DU CATHOLICISME : Parmi ces « *abus* », Rabelais dénonce dans le *Gargantua* le ridicule, la malfaisance et les intrigues des théologiens (I, 20), l'inutilité sociale des moines qui prient « sans y penser ni entendre » (I, 40), la vénération des reliques (I, 6), les pèlerinages, « otieux et inutiles voyages » (I, 45). Il met une sourdine à ses attaques dans le *Tiers Livre*, au moment où le pape a réconcilié François Ier et Charles-Quint dans la lutte contre les hérétiques. Mais dès le *Quart Livre* la satire reprend plus vive, visant cette fois les ambitions temporelles des Papes et la vertu des *Décrétales* par laquelle « est l'or subtilement tiré de France en Rome » (Papefigues et Papimanes, IV, 45 à 53). Sur ce point, Rabelais rejoignait les jurisconsultes *gallicans* et les théologiens de Sorbonne eux-mêmes, défenseurs de l'autorité royale contre les ambitions pontificales. Au *Cinquième Livre*, enfin, la violence des attaques directes contre le pape et les gens d'Église est telle que certains n'hésitent pas à attribuer ce livre posthume à un auteur *protestant* inconnu.

3. RABELAIS ET LE PROTESTANTISME : Était-il donc devenu protestant ? En réalité CALVIN l'avait cité, dans le *Traité des Scandales* (1550), au nombre de ceux qui estimaient « quant à leur âme, ne différer en rien des chiens et des pourceaux ». En 1552, RABELAIS, de son côté, unit dans le même mépris « *les démoniacles Calvins, imposteurs de Genève, les enragés Putherbes* (catholique intransigeant)... *et autres monstres difformes et contrefaits en dépit de nature* » (IV, 32). Il les déclare engendrés par l'ennemie de Nature, « *Antiphysie* », tandis que « *Physis, c'est Nature, enfanta Beauté et Harmonie* ». Il semble en effet y avoir antagonisme entre la rigueur ascétique, la réglementation étroite imposées par Calvin à la communauté genevoise, et l'existence épicurienne des Thélémites. L'importance que Rabelais accorde au corps, sa confiance dans la nature humaine sont même difficilement compatibles avec le christianisme.

En somme, Rabelais paraît partisan d'une morale plus conforme aux exigences de *la Nature* et de *la vie* qu'il a chantée sous toutes ses formes ; et sans pousser jusqu'au *rationalisme* (thèse d'ABEL LEFRANC), il tendait probablement au *déisme* (thèse de J. PLATTARD).

Escale à l'Ile Sonnante

L'ILE SONNANTE (Rome, la ville des cloches) « *avait été habitée par les siticines* (chantres des funérailles), *lesquels étaient devenus oiseaux* ». A partir de ce thème, l'auteur s'ingénie à *transposer* dans le monde des oiseaux la variété de la *hiérarchie ecclésiastique*, les prérogatives du Pape, les ordres de chevalerie. Cette satire est *irrévérencieuse :* elle va jusqu'à attribuer à la misère, au dénuement des cadets, à la paresse, au désespoir d'amour, et même à des crimes cachés les vocations ecclésiastiques. Nulle part, dans les quatre premiers livres on ne trouverait hardiesse aussi *malveillante*. Par contre l'allusion *gallicane* aux richesses puisées dans la « *benoîte Touraine* » ne fait que reprendre la satire des DÉCRÉTALES du *Quart Livre*.

Les cages [1] étaient grandes, riches, somptueuses et faites par merveilleuse architecture. Les oiseaux étaient grands, beaux et polis à l'avenant, bien ressemblant les hommes de ma patrie, buvaient et mangeaient comme hommes, enduisaient [2] comme hommes, dormaient comme hommes. Bref, à les voir de prime face [3], eussiez dit que fussent hommes, toutefois ne l'étaient mie [4], selon l'instruction de maître Æditue [5], nous protestant [6] qu'ils n'étaient ni séculiers, ni mondains [7]. Aussi leur pennage [8] nous mettait en rêverie, lequel aucuns [9] avaient tout blanc, autres tout noir, autres tout gris, autres mi-parti de blanc et noir, autres tout rouge, autres parti de blanc et bleu [10]. C'était belle chose de les voir. Les mâles il nommait clergaux, monagaux, prêtregaux, abbégaux, évêgaux, cardingaux et papegaut [11], qui est unique en son espèce. Les femelles il nommait clergesses, monagesses, prêtregesses, abbegesses, évêgesses, cardingesses, papegesse...

Il n'avait ces mots parachevés, quand près de nous advolèrent vingt-cinq ou trente oiseaux, de couleur et pennage qu'encore n'avais vu en l'île... « Qui sont, demanda Panurge, ceux-ci, et comment les nommez ? — Ils sont, répondit Æditue, métis [12]. Nous les appelons gourmandeurs [13], et ont grand nombre de riches gourmanderies en votre monde. — Je vous prie, dis-je, faites-les un peu chanter, afin qu'entendions leur voix. — Ils ne chantent, répondit-il, jamais, mais ils repaissent au double en récompense... Ores, dit Æditue, c'est assez parlementé, allons boire. — Mais repaître ? dit Panurge. — Repaître, dit Æditue, et bien boire... ». Après les premières bauffreures [14], frère Jean demandait à Æditue : « En cette île vous n'avez que cages et oiseaux. Ils ne labourent ni cultivent la terre. Toute leur occupation est gaudir, gazouiller et chanter. De quel pays vous vient cette corne d'abondance et copie [15] de tant de biens et friands morceaux ? — De tout l'autre monde, répondit Æditue, exceptez-moi quelques contrées des régions aquilonaires, lesquelles depuis certaines années ont mû la Camarine [16]. — Chou, dit frère Jean, ils s'en repentiront dondaine, ils s'en repentiront dondon. Buvons, amis. — Mais de quel pays êtes-vous ? demanda Æditue. — De Touraine, répondit Panurge. — Vraiment, dit Æditue, vous ne fûtes onques de mauvaise pie couvés, puisque vous êtes de la benoîte Touraine. De Touraine tant et tant de biens annuellement nous viennent, que nous fut dit, un jour, par gens du lieu par-ci passant que le duc de Touraine n'a

— 1 Palais et églises de Rome. — 2 Digéraient (terme de fauconnerie). — 3 Abord. — 4 Pas. — 5 Sacristain (lat. : *aedituus*). — 6 Assurant. — 7 Vivant dans « *le siècle* », le « *monde* », par opposition au clergé « *régulier* ». — 8 Plumage. — 9 Quelques-uns. — 10 Que désignent ces plumages variés ? — 11 Étudier le procédé. — 12 Ni gens d'église ni laïcs. Il s'agit des *Ordres de Chevalerie* (de Malte, de Saint Jacques...). — 13 Jeu de mots satirique sur « *commandeurs* ». — 14 Action de *bauffrer :* = manger gloutonnement. — 15 Abondance. — 16 *Remué* « *le bourbier* ». Allusion aux pays nordiques passés au protestantisme.

en tout son revenu de quoi son saoul de lard manger, par l'excessive largesse que ses prédécesseurs ont faite à ces sacro-saints oiseaux [17], pour ici de faisans nous saouler, de perdreaux, de gelinottes, poules d'Inde, gras chapons de Loudunois, venaisons de toutes sortes et toutes sortes de gibier. Buvons, amis, voyez cette perche d'oiseaux, comme ils sont douillets et en bon point, des rentes qui nous en viennent : aussi chantent-ils [18] bien pour eux... ».

Le tiers [19] jour continua en festins et mêmes banquets que les deux précédents. Auquel jour Pantagruel requérait instamment voir Papegaut : mais Æditue répondit qu'il ne se laissait ainsi facilement voir... « Je donnerai toutefois ordre que le puissiez voir, si faire se peut. » Ce mot achevé, nous laissa au lieu, grignotant. Un quart d'heure après retourné, nous dit Papegaut être pour cette heure visible : et nous mena en tapinois et silence droit à la cage en laquelle il était acroué [20], accompagné de deux petits cardingaux et de six gros et gras évêgaux. Panurge curieusement considéra sa forme, ses gestes, son maintien. Puis s'écria à haute voix : « En mal an soit la bête, il semble une dupe [21]. — Parlez bas, dit Æditue, de par Dieu, il a oreilles. — Si a [22] bien une dupe, dit Panurge. — Si une fois il vous entend ainsi blasphémant, vous êtes perdus, bonnes gens : voyez-vous là, dedans sa cage, un bassin ? D'icelui sortira foudre, tonnerre, éclairs, diables et tempête, par lesquels en un moment serez cent pieds sous terre abîmés [23]. — Mieux serait, dit frère Jean, boire et banqueter ».

CINQUIÈME LIVRE, Extraits des Chap. II, V, VI, VIII

Les voyageurs débarquent ensuite chez les Chats Fourrés, *gouvernés par* GRIPPEMINAUD : *satire des tribunaux et des gens de justice, de leurs cruautés et de leur avidité ; ils vivent* « de corruption » *et on leur apporte toutes sortes de gibiers et d'épices* (cf. p. 75). *Les navigateurs visitent, dans l'île des* Apedeftes (« *ignorants* », *satire de la* Chambre des Comptes), *les pressoirs destinés à pressurer les assujettis. Les voici dans le royaume de la* QUINTE ESSENCE, *pays des idées pures et de l'abstraction, où les officiers de la reine, les* « abstracteurs », *réalisent mille exploits impossibles. Puis par l'île d'*Odes, « *en laquelle les chemins cheminent* », *et le pays de* Satin, *tout en tapisseries et animaux étranges, ils parviennent au pays de* Lanternois, *où la reine des Lanternes leur donne pour guide une jeune Lanterne qui les conduira au temple de la* BOUTEILLE.

LE " MOT " DE LA BOUTEILLE

Dans ce temple merveilleux, « *la pontife* » BACBUC *présente* PANURGE *à l'oracle de la* DIVE BOUTEILLE. *Au milieu d'un silence religieux retentit le* « *mot* » *de la Bouteille :* TRINCH (*c'est-à-dire* « BOIS »). *Bacbuc s'empresse de l'interpréter en offrant à Panurge une large rasade de vin de Falerne, affirmant l'universalité de ce vocable :* « Et ici maintenons que non rire, ains boire est le propre de l'homme, je ne dis boire simplement et absolument, car aussi bien boivent les bêtes, je dis boire vin bon et frais. Notez, amis, que de vin divin on devient, et n'y a argument tant sûr, ni art de divination moins fallace. Vos académiques l'affirment, rendant l'étymologie de vin, lequel ils disent en grec OINOS, être comme *vis*, force, puissance, car pouvoir il a d'emplir l'âme de toute vérité, tout savoir et philosophie. Si avez noté ce qui est en lettres ioniques écrit dessus la porte du temple, vous avez pu entendre qu'en vin est vérité cachée. La dive Bouteille vous y envoie : soyez vous-mêmes interprètes de votre entreprise ». *Comment comprendre cette réponse ? Au sens littéral, Panurge est invité à décider* par lui-même (*aidé de quelque bon vin !*) *s'il doit ou non se marier. Au sens* symbolique, *il faudrait comprendre, selon certains :* « Bois aux sources pures de la Science qui rend les hommes divins et leur livre la vérité ». *Les deux interprétations s'accordent également avec le génie multiforme de Rabelais.*

— 17 Expliquer l'allusion gallicane. — 18 Que représentent ces chants ? — 19 Troisième. — 20 Accroupi. — 21 Huppe. — 22 De même en a... — 23 Allusion à l'excommunication.

LE « JARDIN DES LETTRES FRANÇAISES » AU XVIe SIÈCLE

Rabelais, Ronsard, Du Bellay, D'Aubigné

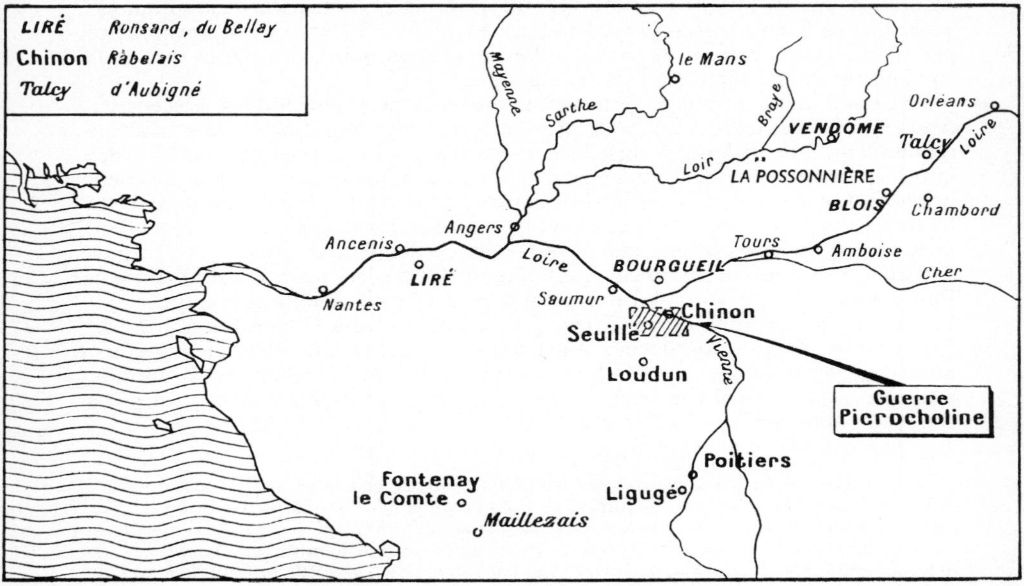

LIRÉ Ronsard, du Bellay
Chinon Rabelais
Talcy d'Aubigné

le Mans
Mayenne
Sarthe
Braye
Orléans
VENDÔME
Talcy
Loire
Loir
LA POSSONNIÈRE
BLOIS
Chambord
Angers
Ancenis
Tours
Amboise
Loire
BOURGUEIL
Cher
LIRÉ
Nantes
Saumur
Chinon
Seuillé
Vienne
Loudun
Guerre Picrocholine
Poitiers
Fontenay le Comte
Ligugé
Maillezais

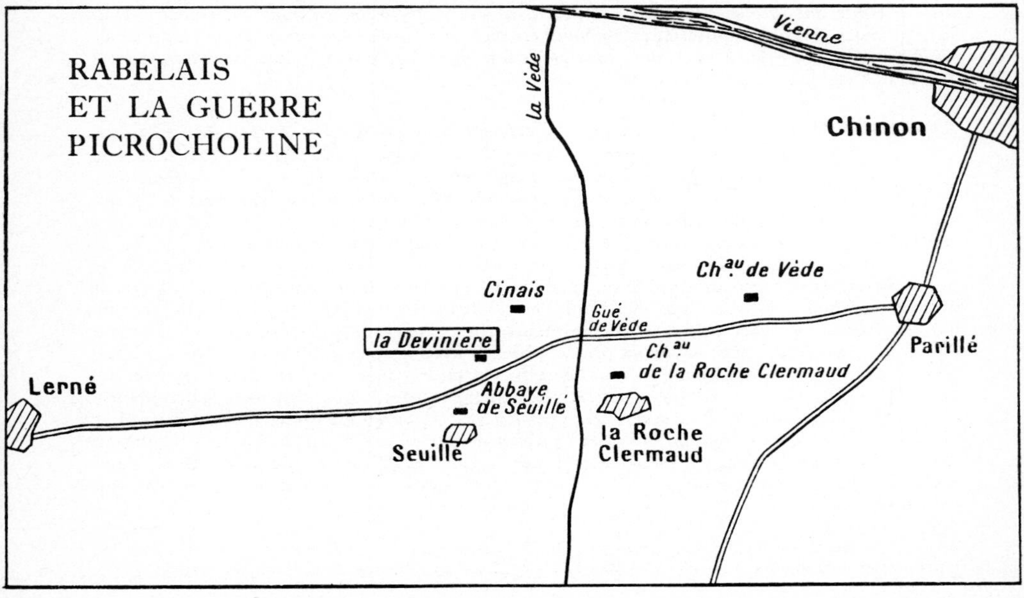

RABELAIS ET LA GUERRE PICROCHOLINE

Vienne
la Vède
Chinon
Chau de Vède
Cinais
Gué de Vède
la Devinière
Chau de la Roche Clermaud
Parillé
Lerné
Abbaye de Seuillé
Seuillé
la Roche Clermaud

Du Bellay poète antique

« Portrait de Joachim du Bellay .» (Dessin anonyme, XVIe siècle. Ph. © Bibl. Nat., Paris — Arch. Photeb).

Dans les *Antiquités de Rome*, Du Bellay médite sur la destinée prodigieuse du Peuple Romain : ses humbles origines, sa croissance progressive (cf. **p. 108**) jusqu'au faîte de la grandeur (cf. **p. 103**), puis sa chute brutale et sa décadence (cf. **p. 104, 107**).

A la mélancolie qu'engendre cette méditation sur le passé s'ajouteront, dans les *Regrets*, l'amertume d'une condition subalterne (cf. **p. 110,112,114**), l'irritation d'une âme blessée par la médiocrité et la corruption des courtisans romains (cf. **p. 115, 116**) — mais les courtisans français ne valent pas mieux (cf. **p. 116, 117**) —, la nostalgie du pays natal (cf. **p. 111, 112, 113**).

« La Louve romaine ». (Art étrusque, bronze, début du Ve siècle av. J.C. Palais des Conservateurs, Musées du Capitole, Rome. Ph. © Arch. Photeb.)

P. Brill, « Vue de Rome ». (Dessin, 1595. Bibl. de l'Ecole des Beaux-Arts, Paris. Ph. L. de Selva © Arch. Photeb.)

Des origines au néant

Du Bellay s'émerveille des débuts modestes de cette ville dont le pouvoir « fut le pouvoir du monde » (cf. **p. 103**), et même de ses origines mythiques, si l'on remonte à la légende de la louve allaitant Romulus et Rémus (cf. **p. 108**). Mais la mélancolie l'envahit au spectacle de ces vestiges que l'on ne respecte même plus (cf. **p. 104, 105**).

Las ! peu à peu, cendre vous devenez,
Fable du peuple et publiques rapines ! (sonnet 7)

C'est ici le prélude à la *méditation sur les ruines* qui inspirera Diderot et Bernardin de Saint-Pierre (cf. **XVIIIe siècle, p. 223, 346**), avant de trouver sa forme la plus achevée sous la plume de Chateaubriand (cf. **XIXe siècle, p. 67-69**).

A. Caron, « Les massacres du Triumvirat ». (Peinture, 1566, détail. Musée du Louvre, Paris. Ph. H. Josse © Arch. Photeb.)

« Rome seule pouvait Rome faire trembler »

Méditant sur la grandeur et la décadence de Rome, Du Bellay y voit l'image même de l'inconstance des choses humaines. C'est un thème banal et, somme toute, inévitable. Mais il est intéressant de noter que, comme Montesquieu dans les *Considérations* (cf. **XVIIIe siècle, p. 91-92**), Du Bellay voit dans les guerres civiles et dans l'altération des vertus civiques dont résulta la chute de la République, la cause profonde de la décadence progressive de Rome.

S. Botticelli, « Le Printemps ». (Peinture, 1478, détail. Galerie des Offices, Florence. Ph. Scala © Arch. Photeb.)

Inspiration mythologique

Dans la partie gauche de ce tableau célèbre, Botticelli a représenté Mercure et la danse des trois Grâces. Cette inspiration mythologique est chère aux poètes de la Pléiade. C'est ainsi que Du Bellay évoque la danse des Muses au second quatrain du sonnet « Las où est maintenant... » (cf. **p. 110**), et que (cf. **p. 151**) nous voyons Ronsard, adolescent, se retirer dans la solitude

Afin de voir au soir les Nymphes et les Fées
Danser dessous la Lune en cotte par les prées.

LA PLÉIADE

Heureux hasards (1546-1547)

En 1546, JOACHIM DU BELLAY, âgé de 24 ans, connut à Poitiers JACQUES PELETIER DU MANS, traducteur d'Horace et vibrant défenseur de notre langue. S'il admire les anciens, Peletier considère que les Français ne doivent pas négliger leur langue, pas plus que les Italiens PÉTRARQUE et BOCCACE n'ont sacrifié au latin leur langue nationale. Dans ses *Œuvres Poétiques* (1547), il donne l'exemple en imitant des poèmes anciens et douze sonnets de Pétrarque. Il dut développer ses idées devant DU BELLAY qui faisait ses débuts poétiques ; il put aussi lui parler du jeune RONSARD qui lui avait montré, au Mans, des poèmes imités d'Horace.

Or, à la fin de 1547, Du Bellay aurait rencontré ce même Ronsard, âgé de 23 ans, dans une hôtellerie des environs de Poitiers. Chez son ami JEAN-ANTOINE DE BAIF, Ronsard avait suivi les leçons de l'helléniste JEAN DORAT. Ce dernier venait d'être nommé, à Paris, principal du *Collège de Coqueret* où les deux jeunes gens, passionnés pour l'étude et la poésie, étaient allés le rejoindre. C'est ainsi que Du Bellay, séduit par le grand rêve de s'illustrer dans la poésie, suivit Ronsard à Coqueret.

Le Collège de Coqueret

Maître aimé et admiré, DORAT initiait à la *culture gréco-latine* un petit groupe d'élèves. Il traduisait les poètes, les commentait, et communiquait à ses disciples son aspiration ardente à la beauté. Il leur fit parcourir toute la poésie *grecque*, admirant surtout Pindare qu'il traduisait en grandes odes latines. Ils étudiaient Horace, Virgile (que Ronsard savait par cœur !) et les élégiaques *latins :* Catulle, Properce, Tibulle, Ovide. Cette passion s'étendait même à des poètes médiocres et aux *modernes néo-latins*.

Ces jeunes gens apprenaient l'*italien* et goûtaient Dante, Boccace, Pétrarque, l'Arioste, Bembo. Ils admiraient ces artistes qui, en s'inspirant des anciens, avaient doté l'Italie d'une magnifique littérature nationale. Donner le même lustre à la langue française, telle était l'ambition des jeunes poètes du Collège qui, groupés autour de Ronsard, de Du Bellay et de Baïf avaient pris le nom belliqueux de BRIGADE. Ils s'essayaient à imiter les odes de Pindare et d'Horace et les sonnets de Pétrarque. Quelques années plus tard, sous l'égide de Ronsard, la « BRIGADE » deviendra la PLÉIADE (cf. p. 120, 3).

En juillet 1548 parut l'*Art Poétique* de THOMAS SIBILET. Cet écrivain développait quelques idées chères à la Brigade : noblesse de la poésie, supériorité des genres antiques sur ceux du Moyen Age ; mais il proposait comme modèles les *modernes*, Marot, Saint-Gelais, Héroët et Scève, les mettant sur le même plan que les Anciens. La nouvelle école décida de *répliquer* et confia à DU BELLAY le soin de rédiger le manifeste issu des études et des discussions du groupe tout entier : *la Défense et Illustration de la Langue Française* (1549). C'est une œuvre batailleuse et touffue, mais elle contient les idées essentielles de la nouvelle école et il suffit de la compléter par quelques textes de DU BELLAY (2e *Préface de l'Olive*, 1550) et de RONSARD (*Art Poétique*, 1565 ; *Préfaces de la Franciade*, 1572-1574) pour connaître la doctrine de la Pléiade. Comme l'indiquait le titre, la Pléiade a voulu :

1. *Défendre* la langue française contre ses détracteurs.
2. *Illustrer* notre langue, c'est-à-dire lui donner une grande littérature, par l'*imitation* des Anciens, comme l'avaient fait chez eux les Italiens.

LA DÉFENSE DE LA LANGUE FRANÇAISE

Le *latin* était resté la langue des *savants*, séduits par son universalité et rebutés par la difficulté d'exprimer leurs idées en français. Il tendait à devenir la langue des *artistes :* de 1500 à 1549 fleurit une *poésie néo-latine* s'inspirant (jusqu'au plagiat !) de Virgile, Horace, Catulle, Ovide. DU BELLAY s'efforce de ramener ces égarés au culte de notre langue. *Quels sont ses arguments ?* La langue française est *pauvre*, parce que nos ancêtres ont plus pratiqué « le bien faire que le bien dire » ; mais elle est loin d'être impropre à exprimer les idées et les sentiments puisqu'on peut *traduire* en français les œuvres étrangères. Le latin était aussi, à l'origine, une langue pauvre, mais les Romains l'ont enrichi à l'exemple du grec ; de même, pour peu que nos savants et nos poètes s'attachent à cultiver leur langue nationale, elle *s'enrichira.* Ils en seront récompensés, car s'il leur est impossible d'égaler les anciens en latin ou en grec, en revanche ils acquerront aisément l'immortalité dans leur langue maternelle. La *Défense* invite donc artistes et savants à composer leurs œuvres *en français.*

L'ILLUSTRATION DE LA LANGUE FRANÇAISE

Enrichissement de la langue Puisque cette langue est pauvre, il faut *accroître le nombre des mots* qui s'offrent au poète pour nuancer son expression. DU BELLAY, puis RONSARD proposent donc (non sans prudence) divers moyens d'enrichir la langue, soit en usant plus largement de mots qui existent déjà, soit en forgeant des mots nouveaux.

I. LES MOTS QUI EXISTENT DÉJA. Sans avoir besoin de créer des vocables nouveaux, l'artiste peut enrichir son vocabulaire de termes *étrangers à la langue usuelle :*

1. VIEUX MOTS, dont l'usage s'est perdu et qu'on retrouve dans « tous ces vieux romans et poètes français » (*Défense*, II, 6). Ex. : *ajourner* (faire jour) ; *anuyter* (faire nuit) ; *assener* (frapper où l'on visait) ; *isnel* (léger). L'artiste pourra les « enchâsser ainsi qu'une pierre précieuse et rare » dans son poème, lui donnant ainsi « grande majesté ».

2. EMPRUNTS AUX DIALECTES PROVINCIAUX, picard, wallon, gascon, poitevin, normand..., « *quand tu n'en auras point de si bons et de si propres en ta nation* » (*Art Poét.*). L'idée est raisonnable si l'on songe que ces dialectes dérivés du latin sont *frères* du français et qu'ils ont donné, avant le triomphe du dialecte de l'Ile-de-France, quelques chefs-d'œuvre de notre Moyen Age. RABELAIS et MONTAIGNE usent volontiers de termes dialectaux.

3. MOTS TECHNIQUES, du langage des *métiers*, connus des seuls spécialistes, et qu'il faut transporter dans la langue littéraire. Ces mots fourniront des *comparaisons* et des *images* qui sont à la fois des moyens d'expression nouveaux et des embellissements du style. « *Encore te veux-je avertir de hanter quelquefois non seulement les savants, mais aussi toutes sortes d'ouvriers et de gens mécaniques, comme mariniers, fondeurs, peintres, engraveurs et autres, savoir leurs inventions, les noms des matières, des outils et les termes usités en leurs arts et métiers, pour tirer de là ces belles comparaisons et vives descriptions.* » (*Déf.* II, 11).

II. LES MOTS NOUVEAUX. « *Je te veux bien encourager de prendre la sage hardiesse d'inventer des vocables nouveaux, pourvu qu'ils soient moulés et façonnés sur un patron déjà reçu du peuple.* » (2e *préf. Franciade.* — Noter l'emploi de *termes techniques* du langage des *fondeurs*). « Sage hardiesse » en effet, puisqu'il s'agit, dans la plupart des cas, de termes formés sur des mots qui existent déjà et que les novateurs gardent le souci de respecter le génie de la langue.

1. MOTS COMPOSÉS (à l'exemple du *latin*, et surtout du *grec*) :
   a) Adjectifs ou substantifs apposés : *aigre-doux, pied-vite, chèvre-pied, homme-chien.*
   b) Adverbe + adjectif (ou participe) : *mal-rassis.*
   c) Verbe + Complément direct : *l'été donne-vin ; l'air porte-nue ; mouton porte-laine.*

Certains disciples de Ronsard abusèrent ridiculement de ces mots composés, comme DU BARTAS qui écrivait : « *O Terre porte-grains, Porte-or, porte-santé, porte-habits, porte-humains, Porte-fruits, porte-tours... etc..* ». Mais dans l'ensemble les créations de la Pléiade furent *discrètes*, et beaucoup se sont acclimatées.

2. MOTS FORMÉS PAR PROVIGNEMENT. « *Si les vieux mots abolis par l'usage ont laissé quelque rejeton, comme les branches des arbres coupés se rajeunissent de nouveaux drageons,* (rejets) *tu le pourras* PROVIGNER (lui faire reprendre racine), *amender et cultiver, afin qu'il se repeuple de nouveau : exemple, de* lobbe, *qui est un vieil mot français qui signifie moquerie et raillerie, tu pourras faire sur le nom le verbe* lobber, *qui signifiera moquer et gaudir, et mille autres de même façon.* » (*Franciade*, 2ᵉ préf.). « *Puisque le nom de* verve *nous reste, tu pourras faire sur le nom le verbe* verver *et l'adverbe* vervement. » (*Art Poét.*). Il s'agit donc de mots formés par *dérivation*, au moyen de *suffixes*, « par bonne et certaine analogie » avec d'autres formations qui existent déjà : c'est en somme imiter *consciemment* l'évolution *spontanée* du langage qui crée des mots selon certains moules. Parmi ces mots provignés, Ronsard a accordé une mention spéciale aux *diminutifs* qu'il a beaucoup aimés. En voici un exemple, tiré de sa propre épitaphe :

Amelette Ronsardelette,
Mignonnelette, doucelette,
Très chère hôtesse de mon corps,
Tu descends là-bas faiblelette,
Pâle, maigrelette, seulette,
Dans le froid royaume des morts.

3. DÉRIVÉS DE MOTS LATINS OU GRECS. Ronsard critique l'abus de ceux qui écorchent le latin, comme l'ÉCOLIER LIMOUSIN de Rabelais (p. 72), et ont « sottement tiré des Romains une infinité de vocables étrangers, vu qu'il y en avait d'aussi bons en notre langue. » Mais il conseille de créer des mots d'origine latine ou grecque pour *suppléer aux lacunes du français*, « pourvu qu'ils soient gracieux et plaisants à l'oreille ». Les humanistes qui écrivaient couramment le latin et le grec ont abondamment puisé à ces sources et introduit en français beaucoup de *mots savants* empruntés à ces langues. Exemples de mots tirés du latin : *perennel, exceller, floride, inversion, mânes, révolu, senestre ;* mots tirés du grec : *ode, lyrique, orgie, périphrase, stratagème...*

Ronsard et Du Bellay insistent constamment sur la nécessité de ne hasarder ces créations de mots qu'avec *prudence*, en respectant à la fois *l'harmonie, l'analogie* et *le génie de la langue.* Ils ont été eux-mêmes très prudents et on ne saurait les accuser d'avoir « *en français parlé grec et latin* » (Boileau). Les excès sont venus de leurs disciples.

Enrichissement du style

« *Le style prosaïque est ennemi capital de l'éloquence poétique* » (*Franciade*, 2ᵉ préf.). Comme en grec et en latin, la poésie doit donc avoir un style différent de celui du peuple pour lequel Ronsard et Du Bellay ont maintes fois proclamé leur mépris *aristocratique*. Ils ont indiqué et pratiqué divers *moyens d'orner le style poétique :*

1. LES TOURS. Ils s'inspireront « de la phrase et manière de parler latine » et grecque :
   a) Infinitif pour le nom : *l'aller, le chanter, le vivre, le mourir...* (Défense II, 9).
   b) Adjectif substantivé : *le liquide des eaux, le vide de l'air, le frais des ombres...*
   c) Adjectif pour l'adverbe : *ils combattent obstinés* (= obstinément) ; *il vole léger.*
   d) Verbes construits librement avec l'infinitif : *volant d'y aller* (se hâtant d'y aller).
   e) Éviter l'omission des *articles* et des démonstratifs.

Certains de ces tours (infinitif substantivé, adjectif adverbial) étaient usités au Moyen Age. La Pléiade ne les introduit pas dans la langue : elle les diffuse.

2. LES FIGURES DE RHÉTORIQUE. « *Métaphores, allégories, comparaisons... et tant d'autres figures et ornements, sans lesquels tout oraison et poème sont nus, manques et débiles* » (Défense I, 5). Citons parmi ces « ornements » :
   a) *Les Périphrases*, notamment pour désigner les dieux : *Le Père foudroyant* (= Jupiter).

b) *Les Epithètes significatives*, c'est-à-dire enrichissant le sens du substantif : *les soucis mordants, la flamme dévorante.* Au contraire RONSARD proscrit « les épithètes naturels qui ne servent de rien », comme *la rivière courante, la verte ramée...* etc.

c) *Les métaphores* et *comparaisons*, tirées particulièrement du *langage des métiers*, où Homère a si heureusement puisé. (*Défense* II, 11).

Le métier poétique

Sans *inspiration* on ne peut être un grand poète. Mais cette « félicité de nature » ne suffit pas, et il serait même « contemptible » (méprisable) de passer sans effort à l'immortalité que confère la poésie.

1. NÉCESSITÉ DU TRAVAIL. Le vrai poète ajoute *le travail* à la « fureur divine » : il cherche l'inspiration dans ses lectures ; il médite dans le silence ; il contrôle et corrige ce qu'il a créé ; il écoute même les conseils de ses amis.

« *Qu'on ne m'allègue point que les poètes naissent... Qui veut voler par les mains et bouches des hommes doit longuement demeurer en sa chambre ; et qui désire vivre en la mémoire de la postérité, doit, comme mort en soi-même, suer et trembler maintefois, et, autant que nos poètes courtisans boivent, mangent et dorment à leur aise, endurer de faim, de soif et de longues vigiles* (= veilles). *Ce sont les ailes dont les écrits des hommes volent au ciel.* » (Défense, II, 3).

2. LA VERSIFICATION. C'est un *métier* : elle exige la connaissance de *lois* et une laborieuse initiation à l'*art des vers.* Sur cet art, RONSARD et DU BELLAY ont formulé de nombreux *conseils de détail ;* ils ont fait eux-mêmes toutes sortes de *tentatives.*

a) LA RIME doit être *riche* et d'autant plus riche que le vers est plus long ; mais on ne doit pas sacrifier le sens du vers à une rime riche. Il faut rimer pour l'*oreille* et non pour les yeux (*maître-prêtre ; Athènes-fontaines*). On doit éviter les rimes équivoquées (cf. p. 15), la rime du simple et du composé (*baisser-abaisser*), la rime d'une syllabe longue et d'une syllabe brève (*passe-trace ; chevelure-hure*). L'alternance des rimes masculines et féminines, que Du Bellay admet sans en faire une obligation, s'est imposée peu à peu comme plus harmonieuse.

b) LE VERS est avant tout « *une bien amoureuse musique tombante en un bon et parfait accord* » (*Défense* II, 7). Comment réaliser cette harmonie ? Ronsard a multiplié les conseils. Par exemple il invite à « ôter la dernière *e* féminine » des mots en *ée, ées*, à l'intérieur du vers. « *Exemple :* Roland avait deux *épées* en mains. *Ne sens-tu pas que ces* deux *épées* en main *offensent la délicatesse de l'oreille ? et pour ce tu dois mettre* Roland avait deux *épés* en *la* main. » (*Art Poét.*). Il destinait d'ailleurs sa poésie à être *mise en musique*, « car la Poésie sans les instruments ou sans la grâce d'une seule ou plusieurs voix n'est nullement agréable » (Art Poét.). Ronsard a écrit des vers de 4, 5, 6, 7, 8, 9, 10, 11, 12 syllabes. Il a eu le mérite de mettre en honneur l'*alexandrin* coupé à l'hémistiche et de montrer qu'il est fait pour *la grande poésie* lyrique ou philosophique.

c) LA STROPHE doit former *un tout harmonieux.* Ronsard a varié à l'infini les combinaisons de rimes et de vers inégaux, jusqu'à essayer *plus de* 100 *cadres de strophes.* Par ses tentatives, autant que par ses préceptes, il a vraiment forgé l'admirable instrument poétique dont disposeront, sans bien mesurer leur dette à son égard, nos grands classiques.

3. LES GRANDS GENRES. DU BELLAY condamne les genres du Moyen Age, « *comme Rondeaux, Ballades, Virelais, chants Royaux, chansons et autres telles épiceries* (= épices) *qui corrompent le goût de notre langue* » (II, 4). Il approuve les petits genres antiques (déjà repris par Marot et son école), épigrammes, élégies, épîtres, satires et églogues, mais à condition d'imiter sur ce point les anciens qui ont pratiqué ces genres dans toute leur pureté. Surtout il recommande les *grands genres antiques :* « *Chante-moi ces* ODES, *inconnues encore de la Muse française, d'un luth bien accordé au son de la lyre grecque et romaine, et qu'il n'y ait vers où n'apparaisse quelque vestige de rare et antique*

érudition. » Les autres grands genres sont la TRAGÉDIE, la COMÉDIE, et surtout l'ÉPOPÉE, le « long poème » qui donne à toute littérature ses lettres de noblesse ! Chez les modernes, Du Bellay n'admet que le SONNET, illustré par Pétrarque et son école.

Au reste, ce qui distingue la grande œuvre poétique, c'est la résonance profonde qu'elle trouve dans l'âme humaine : « *Sache, lecteur, que celui sera véritablement le poète que je cherche en notre langue, qui me fera indigner, apaiser, éjouir, douloir, aimer, haïr, admirer, étonner, bref qui tiendra la bride de mes affections* (sentiments), *me tournant çà et là à son plaisir. Voilà la vraie pierre de touche où il faut que tu éprouves tous poèmes et en toutes langues* » (II, 11).

La doctrine de l'imitation

Comment réaliser des œuvres *immortelles ?* Les Italiens avaient montré la voie en s'inspirant des *écrivains anciens.* A son tour, la PLÉIADE a voulu puiser chez ces modèles le secret de la beauté littéraire. Mais fallait-il traduire ou imiter ?

1. CONTRE LA TRADUCTION. Suffisait-il de traduire un chef-d'œuvre grec ou latin pour créer un chef-d'œuvre en langue française ? Du Bellay *condamne la traduction* pratiquée par les disciples de Marot et recommandée par Sibilet. En effet, si la traduction fait connaître *les idées* du modèle, elle est impuissante à rendre *les grâces du style* et les *tournures originales* qui font la beauté d'une œuvre poétique.

2. L'IMITATION. Reprenant presque littéralement les préceptes de l'écrivain latin QUINTILIEN, Du Bellay vante les mérites de *l'imitation,* qu'il définit comme l'art difficile « *de bien suivre les vertus d'un bon auteur et quasi comme se transformer en lui* » (I, 8). Ainsi firent les latins « imitant les meilleurs auteurs grecs, se transformant en eux, les dévorant et après les avoir bien digérés *les convertissant en sang et nourriture* ». Du Bellay invite donc le poète futur à lire et relire, et feuilleter « de main nocturne et journelle les exemplaires grecs et latins ». Il s'écrie dans sa conclusion : « *Français, marchez courageusement vers cette superbe cité romaine, et des serves dépouilles d'elle, ornez vos temples et autels... Pillez-moi sans conscience* (scrupule) *les sacrés trésors de ce temple delphique* ». Cette doctrine invitant au « *pillage* » des œuvres antiques n'établit pas une distinction assez nette entre *imitation* et *traduction :* certaines œuvres de la Pléiade ne sont en somme que des *traductions géniales.* Dans une réplique à la Défense, GUILLAUME DES AUTELS réclamait, en 1550, plus d'originalité, s'écriant : « *De qui ont été imitateurs les Grecs ?* »

3. L'INNUTRITION. Dans la *Seconde préface de l'Olive* (1550), Du Bellay a précisé sa conception de l'imitation sous la forme plus raisonnable que FAGUET a appelée *l'innutrition.* « *Si, par la lecture des bons livres, je me suis imprimé quelques traits en la fantaisie* (= imagination), *qui après, venant à exposer mes petites conceptions selon les occasions qui m'en sont données, me coulent beaucoup plus facilement en la plume qu'ils ne me reviennent en la mémoire, doit-on pour cette raison les appeler pièces rapportées ?* » Ainsi le poète, nourri des œuvres antiques, les a si bien faites *siennes* que les pensées, les sentiments, les moyens d'expression dont il est imprégné viennent *spontanément* sous sa plume, dans le feu de sa propre inspiration. C'est pour lui une *seconde nature.*

On verra dans nos extraits les chefs-d'œuvre réalisés grâce à cette *imitation originale* qui fait, des écrivains anciens, des *maîtres* dont on suit les leçons plutôt que des modèles qu'on imite servilement.

Par cette doctrine de l'imitation, la Pléiade a décidé de l'*orientation de notre littérature* pour plus de deux siècles. Le XVIIe siècle fondera cette imitation sur le culte de *la nature* si admirablement « attrapée » par les anciens : en les imitant on a la certitude d'imiter la nature ; en les consultant, on peut, en tout cas, reconnaître ce qui constitue, à travers les siècles, *le fond éternel de la nature humaine.* Ainsi, en dépit des jugements sévères de MALHERBE et de BOILEAU sur la Pléiade, c'est d'elle que procèdent indirectement les chefs-d'œuvre du classicisme si heureusement inspirés de l'art antique. Sur elle aussi retombe peut-être la responsabilité d'avoir détourné de l'originalité des écrivains dont le génie se serait mieux épanoui sans les contraintes de l'imitation.

DU BELLAY

Les années de formation (1522-1553)

D'une famille déjà célèbre par ses hommes de guerre et ses diplomates, JOACHIM DU BELLAY est né en 1522 au château de *la Turmelière*, non loin de *Liré*, en Anjou.

1. UNE JEUNESSE « DANS LES TÉNÈBRES » (1522-1547). Maladif, orphelin de bonne heure, négligé par son tuteur, il passa dans le manoir paternel, au contact de la nature, une *enfance rêveuse et mélancolique*, sans grande activité intellectuelle. Il rêvait de s'illustrer dans la *carrière des armes*, sous l'égide de son cousin GUILLAUME DE LANGEY, gouverneur du Piémont ; mais la mort de ce parent (1543) ruina ses projets. Du Bellay se tourna alors vers l'*état ecclésiastique*, comptant sur le crédit d'un autre cousin, le cardinal JEAN DU BELLAY, évêque de Paris et diplomate célèbre. Pour se préparer à servir le cardinal, Du Bellay alla étudier *le droit* à la Faculté de Poitiers, vers 1545.

A Poitiers, il apprit le latin, connut l'érudit MURET, le poète néo-latin SALMON MACRIN et PELETIER DU MANS, qui devait avoir tant d'influence sur les idées de la Pléiade (p. 91). C'est à Poitiers que Du Bellay rédigea ses *premières poésies latines et françaises*. On a vu plus haut (p. 91) comment, à la fin de 1547, il suivit Ronsard à Paris pour y mener, au *Collège de Coqueret*, une vie studieuse et consacrée aux Muses.

2. LE COLLÈGE DE COQUERET (1547-1549). Du Bellay s'associe avec ardeur à l'étude des anciens, sous la conduite de DORAT. En retard pour le grec sur Ronsard et Baïf, il est surtout nourri de *culture latine :* moins engagé dans l'hellénisme que Ronsard, il conservera mieux son originalité et sera plus proche de la tradition nationale. A Coqueret, Du Bellay apprit l'*italien* et écrivit les sonnets *pétrarquistes* de l'*Olive*. Quand la « *Brigade* » voulut publier son manifeste poétique, elle en confia le soin à DU BELLAY, peut-être plus hardi que Ronsard et protégé du cardinal alors tout puissant à Rome. En même temps que la *Défense et Illustration* (1549), il publiait aussi l'*Olive* et un recueil de *Vers lyriques* surtout inspirés d'Horace. Quelques mois plus tard (nov. 1549), devenu poète courtisan en dépit des idées de la *Défense*, il dédiait un *Recueil de Poésie* à la princesse MARGUERITE, sœur du roi Henri II.

3. TROIS ANNÉES DE SOUFFRANCES (1550-1552). De santé déjà délicate, surmené par cette production fiévreuse, Du Bellay tomba malade et resta plus de deux ans sur son lit de douleur. C'est alors qu'il ressentit les premières atteintes de la *surdité*. Pour oublier son mal, il lisait les auteurs grecs et latins et cultivait la poésie (2e *édition de l'Olive*, 1550). En 1552, il publiait une traduction libre, en décasyllabes, du *IVe livre de l'Enéide* (épisode de Didon), suivie des *Inventions*, recueil de pièces plus personnelles, comme la *Complainte du Désespéré*, où il évoque avec un réalisme poignant sa déchéance physique : il n'a pas encore trente ans !

Mes os, mes nerfs et mes veines,
Témoins secrets de mes peines,
Et mille soucis cuisants,

Avancent de ma vieillesse
Le triste hiver, qui me blesse
Devant l'été de mes ans.

Les souffrances et les soucis avaient dès lors arraché à DU BELLAY, qui jusque là n'avait vécu que dans ses livres, des cris *sincères* et *personnels*. La douloureuse aventure de Rome le mettra définitivement en possession de son véritable génie.

Du Bellay à Rome (1553-1557)

Le cardinal JEAN DU BELLAY que nous avons vu (p. 36) ambassadeur à Rome en 1534, au temps où Rabelais était son médecin, était un homme de confiance de FRANÇOIS Ier. Il connut des heures de disgrâce au début du règne d'Henri II ; mais en 1553, le roi en guerre contre CHARLES QUINT eut recours à lui pour négocier avec le pape JULES III. Le cardinal consentit à s'attacher son cousin et l'emmena à Rome en avril 1553.

1. HUMANISME. L'élève de Dorat réalisait son *rêve d'humaniste :* il a pu contempler les vestiges de la majesté romaine, imaginer les scènes antiques dans leur cadre millénaire et philosopher sur la grandeur et la décadence des empires : c'est la matière des *Antiquités de Rome.* — Par ailleurs, il a fréquenté tout un groupe d'humanistes romains qui s'exerçaient à bien tourner les *vers latins.* Oubliant encore les principes de la *Défense,* il écrivit à son tour des poésies latines (POEMATA), élégies, épigrammes, amours et tombeaux, qui sont parfois la première *ébauche* de ses poèmes français les plus achevés (cf. p. 114). Sur la fin de son séjour, il a chanté en vers latins, à la manière de Catulle, sa violente passion pour une jeune Romaine que nous connaissons sous les noms de FAUSTINE ou de COLUMBA.

2. AMÈRES DÉCEPTIONS. Du Bellay avait cru que le voyage en Italie lui ouvrait enfin une brillante carrière *diplomatique.* Investi d'une mission de confiance, il fut pourtant déçu dans ses plus chères ambitions, et les *Regrets* sont les confidents de son amertume.

a) *Le « ménage ».* Le cardinal menait grand train dans un magnifique palais, peuplé de pages, de laquais, de cuisiniers, de secrétaires et de gentilshommes : plus de cent personnes à nourrir chaque jour. Du Bellay avait la charge d'*intendant :* c'est lui qui réglait la dépense et négociait avec les *banquiers,* car son cousin devait faire face à une meute de *créanciers.* Occupations ingrates et ennuyeuses (p. 112) pour notre poète qui protestait : « *Je suis né pour la Muse, on me fait mesnager* » (sonnet 39).

b) *La nostalgie.* Très vite, il a souffert du *mal du pays.* Il regrette l'indépendance et l'inspiration d'autrefois (cf. p. 110), la Cour et la faveur du roi (cf. p. 112), les amis qui s'illustrent dans la poésie (cf. p. 112), l'humble foyer où l'on vit « *entre pareils à soi* » (s. 38). Surtout il pleure les horizons du pays natal, unissant dans son *regret* ses deux patries :

La France et mon Anjou dont le désir me point (s. 25).

Bien des fois il eut ce désir, très violent, de retourner en France : toujours la « flatteuse espérance » le retenait auprès de son maître et de quelques amis exilés comme lui (cf. p. 112) comme lui prisonniers d'un incommensurable ennui.

c) *Les mœurs romaines.* Le spectacle qu'il avait sous les yeux accrut encore son dégoût de l'exil et stimula sa *verve satirique.* Quelle amère désillusion pour qui ne connaissait « les vrais Romains » qu'à travers Virgile et Pétrarque ! La moitié des Regrets est consacrée à nous peindre les *distractions* de la société romaine (fêtes du carnaval ; combats de taureaux), et surtout l'*hypocrisie* (cf. p. 115), l'*ambition* (cf. p. 116), les turpitudes de la ville des cardinaux. Quand il fut renvoyé en France, ce fut un chant de triomphe et d'espoir.

Retour en France (1557-1560)

De son voyage de retour, il a laissé quelques esquisses pittoresques, notamment sur les Suisses, leurs ripailles et leur pays magnifique (s. 135). Il retrouva « *Paris sans pair* » (s. 138) et descendit chez MOREL qui deviendra son ami le plus cher.

1. PUBLICATION DES CHEFS-D'ŒUVRE. Désireux de reprendre sa place parmi les poètes français, DU BELLAY publia en 1558 les œuvres de l'exil : les *Antiquités de Rome,* les *Regrets,* les *Poemata* et les *Jeux Rustiques.* En 1559, il donnait la satire du *Poète Courtisan,* écrite en France.

2. DU BELLAY POÈTE DE COUR. En dépit de ses attaques contre les poètes courtisans, une cinquantaine de sonnets des *Regrets,* écrits après son retour, témoignent de son désir de s'imposer à la Cour : hommages à Henri II et aux princes ; satire des courtisans hypocrites, dont Du Bellay se refusait à imiter la bassesse (p. 117). A la mort tragique d'Henri II (juillet 1559), tout est à recommencer : pour attirer l'attention de

François II, jeune monarque de 15 ans, Du Bellay écrit un *Ample Discours au Roi sur le fait des quatre états du royaume de France* (1559), œuvre admirable de fermeté. Il fut inscrit sur la liste des pensions mais ne devait guère en bénéficier.

3. DERNIÈRES ÉPREUVES. Dès son retour en France, Du Bellay fut aux prises avec de *graves ennuis domestiques* (p. 116). Avait-on, comme il semble le dire, « mangé son bien » pendant son absence ? En tout cas, en juillet 1559, il se débattait encore « pour la conservation de sa maison ». Chargé de défendre les intérêts du cardinal, il eut des démêlés avec ses autres parents, et il semble que la satire impitoyable des *Regrets* lui attira même les foudres de son protecteur.

Repris par sa *surdité*, qui s'était atténuée en Italie, il ne pouvait plus guère communiquer que par écrit. Ainsi, tracassé, découragé, vieilli avant l'âge, il mourut d'apoplexie, en écrivant des vers, dans la nuit du 1er janvier 1560, à l'âge de 37 ans.

L'OLIVE

En même temps que la *Défense et Illustration* (1549), Du Bellay publiait l'*Olive*, recueil de 50 sonnets, dont le nombre fut porté à 115 dans la seconde édition (1550).

1. L'INSPIRATRICE : Ce titre était-il l'anagramme de Mlle VIOLE, dont l'oncle fut, plus tard, évêque de Paris ? Désignait-il une des trois parentes de Du Bellay qui ont porté le prénom d'*Olive ?* La chose, mal élucidée, n'a guère d'importance, car il s'agit visiblement d'une passion toute littéraire où la sincérité des sentiments tient peu de place : Du Bellay chante une maîtresse *idéale*, en s'inspirant, jusqu'à les traduire presque littéralement, de Pétrarque et des poètes de son école.

2. LE PÉTRARQUISME : Dans ses *Sonnets* et ses *Canzones*, PÉTRARQUE (1304-1374) a chanté son amour pour LAURE DE NOVES, amour sincère et douloureux qui s'exprime sous une forme *ingénieuse* et parfois *artificielle*. Chez ses imitateurs italiens (BEMBO et son école), c'est à qui rivalisera de subtilité précieuse et factice. Séduit par l'éclat de cette littérature, Du Bellay donne à son tour dans les raffinements du pétrarquisme. Faut-il chanter les beautés de sa dame ? c'est une suite de comparaisons avec les métaux précieux, les astres et les divinités. Elle a pris « *son teint des beaux lis blanchissants, Son chef de l'or, ses deux lèvres des roses, Et du soleil ses yeux resplendissants.* » Faut-il traduire l'ardente passion du poète ? Il est blessé par une flèche meurtrière ; il est prisonnier (p. 99) ; il n'y a pas, dans toute la mythologie, de victimes plus torturées que cet amant éternellement fidèle ! Souffrances physiques, tourments moraux, torrents de larmes, appels à la mort ne l'empêchent d'ailleurs ni de chérir celle qui le torture ni d'être heureux de sa servitude. Dans ces 115 sonnets c'est un défilé vite fastidieux de *figures de rhétorique :* allégories, périphrases, hyperboles, antithèses, jeux de mots et métaphores le plus souvent incohérentes. La meilleure critique de cette poésie conventionnelle a été faite par DU BELLAY lui-même dans son joli poème satirique *Contre les Pétrarquistes* (p. 101).

3. IDÉALISME PLATONICIEN ET INSPIRATION CHRÉTIENNE : Cette œuvre artificielle repose sur une conception nouvelle de l'*amour* et de la *beauté*, écho lointain du philosophe grec PLATON, qui avait déjà inspiré les poètes de l'*École Lyonnaise* (HÉROËT, MAURICE SCÈVE, cf. p. 31). DU BELLAY a formulé avec noblesse cette idée que l'amour pour la beauté terrestre traduit l'aspiration sublime de l'âme, prisonnière ici-bas, vers *la beauté divine et idéale* (p. 100). A l'idée d'un amour purement physique se substitue celle d'un *amour chaste et pur*, d'un élan vers la beauté et la perfection, et par là cette œuvre occupe une place importante dans l'histoire de notre poésie. Enfin, dans quelques sonnets qui terminent le recueil, à l'idéalisme platonicien vient se mêler *la foi chrétienne :* ces élévations religieuses traduisent une émotion plus profonde et plus touchante que la subtilité des poèmes d'amour.

Ces cheveux d'or...

Le sonnet *Ces cheveux d'or* (s. 10), imité de l'ARIOSTE, est un des plus beaux échantillons de la *préciosité pétrarquiste :* l'amant y est à la fois *prisonnier, brûlé* et mortellement *blessé ;* mais comment ne pas chérir la souffrance qui lui vient d'une telle « ennemie » ? Et quel artifice, dans ces *trois métaphores* (le lien, la flamme et le glaive) développées parallèlement, au mépris de toute cohérence, avec un raffinement très italien ! On remarquera les quatrains entièrement en rimes *féminines.*

Ces cheveux d'or sont les liens, Madame,
Dont fut premier [1] ma liberté surprise,
Amour la flamme autour du cœur éprise [2],
Ces yeux le trait qui me transperce l'âme.

Forts sont les nœuds, âpre et vive la flamme,
Le coup de main [3] à tirer bien apprise,
Et toutefois j'aime, j'adore et prise
Ce qui m'étreint, qui me brûle et entame.

Pour briser donc, pour éteindre et guérir
Ce dur lien, cette ardeur [4], cette plaie,
Je ne quiers [5] fer, liqueur, ni médecine [6] :

L'heur [7] et plaisir que ce m'est de périr
De telle main ne permet que j'essaie
Glaive tranchant, ni froideur, ni racine.

Déjà la nuit en son parc...

Le sonnet qu'on va lire (s. 83) traite le thème de la *Belle Matineuse,* un des plus charmants de la poésie précieuse, repris avec diverses variantes par DESPORTES, MALLEVILLE, VOITURE, etc... Le soleil se lève, mais son éclat se trouve éclipsé par la beauté radieuse de la femme aimée. DU BELLAY imite l'Italien RINIERI, mais l'admirable tableau du premier quatrain lui appartient en propre. On notera la *beauté* des images et la *netteté* de la composition.

Deja la nuit en son parc amassoit
Un grand troupeau d'etoiles vagabondes,
Et pour entrer aux cavernes profondes,
Fuyant le jour, ses noirs chevaulx chassoit.

Deja le ciel aux Indes [1] rougissoit,
Et l'aulbe encor' de ses tresses tant blondes [2],
Faisant gresler [3] mille perlettes [4] rondes,
De ses thesors [5] les prez enrichissoit :

Quand d'occident, comme une etoile vive [6],
Je vy sortir dessus ta verde rive,
O fleuve mien [7] ! une Nymphe en rient.

Alors voyant cete nouvelle Aurore,
Le jour honteux d'un double [8] teint colore
Et l'Angevin et l'Indique orient.

— 1 D'abord. — 2 Allumée. — 3 Voir v. 4 et v. 14 : l'image est-elle cohérente ? — 4 Flamme (cf. *ardent*). — 5 Cherche (lat. : *quaero*). — 6 Remède (cf. v. 14 : *racine*). — 7 Bonheur.

— 1 A l'Orient (cf. v. 14). — 2 Si blondes. — 3 Tomber comme grêle. — 4 De rosée. — 5 *Trésors.* Expliquer cette image. — 6 Vivante. — 7 Apostrophe à la Loire. — 8 Expliquer l'idée.

L'IDÉE

Selon PLATON, les objets que nous appelons « *réels* » ne sont en vérité que des *reflets* du monde éternel des IDÉES où se trouvent, seuls doués d'une vie réelle, les modèles de ces objets. Nos sensations, liées au corps périssable, ne nous font donc connaître que des *apparences*, et c'est seulement par la science que notre âme peut s'élever graduellement jusqu'à la contemplation du monde réel des Idées pures. Cette âme éternelle a vécu autrefois dans le monde supérieur des Idées, où elle retournera quand elle sera libérée de la prison du corps. Elle en a gardé une *réminiscence* confuse qui lui permet parfois d'accéder à la *contemplation des Idées* sans recourir au raisonnement.

Dans ce sonnet (s. 113) Du Bellay respecte, jusque dans le détail, la doctrine platonicienne. Il y mêle une *impatience* d'échapper à la « prison » terrestre, une aspiration vers la *perfection* et l'*absolu* qui annoncent les plus beaux élans de la poésie romantique. SAINTE-BEUVE a rapproché ce poème de l'*Isolement*, de LAMARTINE, comme une de ces œuvres par lesquelles « *on est transporté par delà* ».

Si notre vie est moins qu'une journée
En l'éternel [1], si l'an qui fait le tour [2]
Chasse [3] nos jours sans espoir de retour,
Si périssable est toute chose née [4],

Que songes-tu, mon âme emprisonnée [5] ?
Pourquoi te plaît [6] l'obscur de notre jour,
Si, pour voler en un plus clair séjour [7],
Tu as au dos l'aile bien empennée [8] ?

Là est le bien que tout esprit désire,
Là le repos où tout le monde aspire,
Là est l'amour, là le plaisir encore [9].

Là, ô mon âme, au plus haut ciel guidée [10],
Tu y pourras reconnaître [11] l'Idée
De la beauté [12], qu'en ce monde j'adore [13].

– *Établissez le plan du sonnet ; étudiez la progression dans les idées.*
– *Que veut exprimer le poète dans les vers 1 à 5 ? Et comment s'y prend-il ? Quels sentiments traduit-il par les interrogations des vers 5 à 8 ?*
– *D'après les tercets, quelles sont les perfections du monde idéal ?*
– *Relevez dans le sonnet tout ce qui se réfère à la doctrine platonicienne.*
– *Examinez les rimes des tercets ; quel est, d'après vous, l'effet recherché par le poète ?*
• **Groupe thématique : L'homme et l'infini.** Cf. XIXe SIÈCLE, pages 91, 95, 433, 532, 533.

— 1 Dans l'éternité (Adj. substantivé. Cf. : *obscur*, v. 6). Valeur de cet enjambement ? — 2 Dans sa révolution. — 3 Apprécier l'image, et la rime intérieure : *jours, retour*. — 4 Quel est le mot mis en valeur par cette inversion ? — 5 Dans le corps. — 6 Le mot n'évoque-t-il pas discrètement une lutte intérieure ? Préciser. — 7 Dans le monde des Idées, « *Lieux où le vrai soleil éclaire d'autres cieux* » (Lamartine). — 8 Munie de plumes (lat. : *penna*). Platon parle aussi des *ailes* de l'âme. Montrer la netteté et l'élan de cette évocation. — 9 Étudier le rythme de ce tercet, et l'effet produit par le redoublement, au vers 11. — 10 Effet obtenu par cette inversion ? — 11 Montrer la propriété de ce terme. — 12 Enjambement à commenter. — 13 Quel sentiment s'exprime à la fin du sonnet ?

EXERCICE : *Voici la traduction du sonnet de* BERNARDINO DANIELLO *imité dans* L'IDÉE. *Relever les emprunts concernant les* idées *et la* forme ; *apprécier les* modifications *que Du Bellay a fait subir à son modèle :* « Si notre vie n'est qu'un jour obscur et bref face à l'éternité, et pleine d'angoisse et de maux ; si bien plus rapides que vents et flèches je vois fuir les années qui plus jamais ne retournent : mon âme, que fais-tu ? Ne vois-tu pas que tu es ensevelie dans l'aveugle erreur au sein des lourds soucis des mortels ? Et puisque des ailes te sont données pour voler vers les hauteurs de l'éternel séjour, secoue-les, pauvre âme, car il est bien temps, désormais, hors de la glu du monde qui est si tenace, et déploie-les vers le ciel, tout droit ; là est le bien que tout homme désire, là le vrai repos, là la paix qu'en vain ici-bas tu vas cherchant. »

Contre les Pétrarquistes

Après le succès de l'*Olive*, tout un flot de poésie pétrarquiste déferle sur la France, avec les *Amours de Cassandre* de Ronsard, les *Erreurs amoureuses* de Pontus de Tyard, la *Méline* de Baïf, la *Castianire* d'Olivier de Magny, la *Diane* de Jodelle..., etc. C'est à qui chantera avec le plus d'*ingéniosité* et de *subtilité* les perfections de maîtresses réelles ou imaginaires. Du Bellay, vite revenu du pétrarquisme, publia dès 1553 l'amusante satire dont nous donnons quelques strophes. On étudiera avec quel esprit malicieux il ridiculise l'excessive préciosité des sentiments et de l'expression dans l'*Olive*, et surtout dans les *Amours* de Ronsard (p. 136). Il reviendra d'ailleurs au pétrarquisme, sur la fin de sa vie, dans une trentaine de sonnets qui ne se distinguent guère de ceux de l'*Olive*.

J'ai oublié l'art de pétrarquiser,
Je veux d'amour franchement deviser,
Sans vous flatter et sans me déguiser :
Ceux qui font tant de plaintes
N'ont pas le quart d'une vraie amitié,
Et n'ont pas tant de peine la moitié,
Comme [1] leurs yeux, pour vous faire pitié,
Jettent de larmes feintes.

Ce n'est que feu [2] de leurs froides chaleurs,
Ce n'est qu'horreur de leurs feintes douleurs,
Ce n'est encor de leurs soupirs et pleurs
Que vent, pluie et orages,
Et bref, ce n'est, à ouïr leurs chansons,
De leurs amours que flammes et glaçons,
Flèches, liens, et mille autres façons
De semblables outrages [3].

De vos beautés, ce n'est que tout fin or [4],
Perles [5], cristal, marbre et ivoire encor,
Et tout l'honneur de l'Indique trésor,
Fleurs, lis, œillets, et roses [6] :
De vos douceurs, ce n'est que sucre et miel,
De vos rigueurs, .n'est qu'aloès et fiel,
De vos esprits, c'est tout ce que le ciel
Tient de grâces encloses...

— 1 Que. — 2 Cf. sonnet 10, v. 3. — 3 Cf. sonnet 10. — 4 Cf. sonnet 10, v. 1. — 5 Cf. sonnet 83, v. 7-8. — 6 Cf. p. 98, § 2 : « Le Pétrarquisme ».

Je ris souvent, voyant pleurer ces fous,
Qui mille fois voudraient mourir pour vous [7],
Si vous croyez de leur parler si doux
Le parjure artifice ;
Mais, quant à moi, sans feindre ni pleurer,
Touchant ce point je vous puis assurer
Que je veux sain et dispos demeurer,
Pour vous faire service.

De vos beautés je dirai seulement
Que, si mon œil ne juge follement,
Votre beauté est jointe également
A votre bonne grâce ;
De mon amour, que mon affection
Est arrivée à la perfection
De ce qu'on peut avoir de passion
Pour une belle face.

Si toutefois Pétrarque vous plaît mieux,
Je reprendrai mon chant mélodieux,
Et volerai jusqu'au séjour des dieux
D'une aile mieux guidée ;
Là, dans le sein de leurs divinités,
Je choisirai cent mille nouveautés
Dont je peindrai vos plus grandes beautés
Sur la plus belle Idée [8].

LES ANTIQUITÉS DE ROME

Les *Antiquités de Rome* (1558) sont un recueil de 32 sonnets, suivis d'un *Songe* ou *Vision* en 15 sonnets, Publiés après les *Regrets*, ces poèmes sont probablement antérieurs. Des poètes néo-latins, comme SANNAZAR ou BUCHANAN avaient déjà chanté les ruines de Rome, mais Du Bellay se flatte

« D'avoir chanté le premier des Français
L'antique honneur du peuple à longue robe » (s. 32).

1. LA POÉSIE DES RUINES. Tout entier consacré à Rome, ce livre contient, comme l'indiquait le titre, « une générale description de sa grandeur et comme une déploration de sa ruine. » C'est le *thème des ruines* qui prélude ainsi dans notre littérature. Du Bellay décrit parfois leur aspect *pittoresque ;* il s'émeut, en *humaniste*, devant la puissance encore sensible de ce peuple de « géants », évoque les ombres du passé, les étapes de l'histoire romaine. Il *s'afflige* de ne plus trouver à Rome que des « monceaux pierreux » et *médite* sur la puissance du destin, sur la fragilité des choses humaines, avec cette *mélancolie* poignante qu'inspire le spectacle des ruines. Par la sincérité et la profondeur de l'émotion, les Antiquités annoncent déjà le lyrisme romantique.

2. UNE POÉSIE SAVANTE. Fervent humaniste, Du Bellay ne peut s'empêcher d'*imiter* Virgile, Horace, Lucain et les Italiens qui ont le mieux chanté la Ville éternelle. Mais on verra avec quel rare bonheur il a su tirer parti de ses modèles : il reprend un

7 Cf. sonnet 10, v. 9-14. — 8 Étudier la satire du sonnet 113 (*L'Idée*).

tableau pittoresque (s. 6), choisit la formule la plus vigoureuse (s. 6), transpose une magnifique comparaison (s. 28), combine harmonieusement les sources les plus diverses (s. 14).

Les sonnets les plus réussis sont remarquables par la justesse et la précision *pittoresque* des *comparaisons* qui nous rendent plus sensibles la grandeur et la chute brutale de Rome (s. 14, 28. 30). Du Bellay excelle aussi à traduire les sentiments par *le rythme* du vers et la *musique* des mots ou des rimes (s. 14, 15, 30). Il connaît le secret de frapper les esprits en réservant pour la fin du sonnet, soit une *formule énergique* (s. 6, 14), soit un *vers évocateur* qui stimule notre imagination (s. 15, 30 ; Vision 6).

Telle que dans son char...

Devant les ruines, le poète retrouve l'image de la *grandeur romaine* si fièrement célébrée par les écrivains latins : à la suite de VIRGILE, il chante à son tour cette grandeur. Avec un *enthousiasme religieux,* Du Bellay compare Rome à une déesse et la met au-dessus des villes les plus célèbres. Pour évoquer cette puissance, voici tour à tour un tableau d'une imposante noblesse, des vers d'une plénitude déjà « cornélienne », une envolée finale comme les aimera VICTOR HUGO.

Telle que dans son char la Bérécynthienne [1],
Couronnée [2] de tours [3], et joyeuse d'avoir
Enfanté tant de Dieux [4], telle se faisait voir,
En ses jours plus heureux, cette ville ancienne,

Cette ville qui fut, plus que la Phrygienne [5],
Foisonnante en enfants, et de qui le pouvoir
Fut le pouvoir [6] du monde, et ne se peut revoir,
Pareille à sa grandeur, grandeur [6], sinon la sienne.

Rome seule pouvait à Rome ressembler,
Rome seule pouvait Rome faire trembler [7] :
Aussi n'avait permis l'ordonnance fatale [8]

Qu'autre pouvoir humain, tant fût audacieux [9],
Se vantât d'égaler celle qui fit égale [10]
Sa puissance à la terre, et son courage aux cieux [11].

ANTIQUITÉS, VI

SOURCE : VIRGILE. *Enéide.* VI, 781-787.

En hujus, nate, auspiciis illa inclita Roma
Imperium terris, animos aequabit Olympo,
Septemque una sibi muro circumdabit arces,
Felix prole virum : qualis Berecyntia mater
Invehitur curru Phrygias turrita per urbes,
Laeta deum partu, centum complexa nepotes,
Omnes caelicolas, omnes supera alta tenentes.

« *Sous les auspices de ce dernier* (*Romulus*), *mon fils, l'illustre Rome égalera son empire à la terre et son courage à l'Olympe et, seule, entourera dans ses murailles sept collines, féconde en une race de guerriers : telle la Mère Bérécynthienne, couronnée de tours, est portée sur son char à travers les villes phrygiennes, heureuse d'avoir enfanté les dieux et tenu dans ses bras cent petits-enfants, tous habitants du ciel, tous occupant les hauteurs divines.* »

— 1 *Cybèle,* mère de Jupiter, Junon, Neptune... etc., honorée sur le mont Bérécynthe, en Phrygie. Périphrase tirée de Virgile. — 2 Quatre syllabes : l'*e* muet n'est pas élidé. — 3 On la représentait avec une couronne crénelée. — 4 Valeur expressive du rejet ? — 5 *Troie.* Comparaison naturelle chez un humaniste. Expliquer. — 6 Du Bellay a aimé ces reprises de termes, parfois maladroites. Quel effet veut-il produire ici ? — 7 Allusion aux guerres civiles. Montrer la progression du v. 9 au v. 10. — 8 Du destin (*fatum*). — 9 Si audacieux qu'il fût. — 10 Commenter la périphrase, le rejet et la reprise : *égaler... égale.* — 11 A quoi tient le mouvement ascendant des 4 derniers vers ? — Du Bellay a réservé pour la fin le plus beau vers de son modèle. Comment a-t-il modifié, pour y parvenir, le développement de Virgile ?

COMME ON PASSE EN ÉTÉ...

Ces ruines grandioses, hélas, n'en sont pas moins des ruines. Du Bellay s'indigne au spectacle des ambitieux, Français, Espagnols, Autrichiens, — les vaincus d'autrefois — qui convoitent les dépouilles de la puissance romaine. Il exprime ses sentiments par *trois comparaisons*, trois *tableaux* admirables de *variété* et de *précision évocatrice*. Les sources que nous indiquons plus bas permettront d'apprécier la richesse et la sûreté de l'*innutrition*

Comme on passe en été le torrent sans danger,
Qui soulait [1] en hiver être roi de la plaine [2]
Et ravir [3] par les champs [4], d'une fuite hautaine [5],
L'espoir du laboureur et l'espoir du berger [6] ;

Comme on voit les couards animaux [7] outrager [8]
Le courageux lion gisant dessus l'arène [9],
Ensanglanter leurs dents et d'une audace vaine [10]
Provoquer l'ennemi qui ne se peut venger [11] ;

Et comme devant Troie on vit des Grecs encor
Braver [12] les moins vaillants autour du corps d'Hector :
Ainsi ceux qui jadis soulaient, à tête basse [13],

Du triomphe [14] romain la gloire accompagner [15],
Sur ces poudreux tombeaux exercent leur audace [16],
Et osent les vaincus les vainqueurs dédaigner.

ANTIQUITÉS, XIV

– *Quelle est l'idée centrale du sonnet ? Par quels moyens le poète l'a-t-il exprimée ?*
– *Sur quelles impressions le poète insiste-t-il : a) dans les vers 1-4 ; – b) dans les vers 5-8 ?*
– *En quoi le tableau du premier tercet nous rapproche-t-il du sujet de la comparaison ?*
– *Quels sentiments s'expriment à la fin, à propos : a) de Rome ; – b) de ses ennemis ?*
– *Étudiez le rythme et l'ordre des mots dans les quatre derniers vers.*
• **Groupe thématique : Sonnet.** L'organisation des sonnets reposant sur des comparaisons, dans les extraits des *Antiquités* et les *Regrets*.

— 1 Avait coutume. — 2 Impression produite par cette fin de vers ? — 3 Emporter violemment (*rapere*). — 4 Justifier l'emploi des mots *plaine* (v. 2) et *champs* (v. 3). — 5 Montrer la richesse de cette alliance de mots. — 6 Quel est l'avantage de ces périphrases sur les termes propres ? — 7 Pourquoi le poète ne précise-t-il pas ? — 8 Montrer qu'il y a ici une progression dans l'idée. — 9 *Le sable*. Montrer le pittoresque de cette évocation. — 10 Nouvelle alliance de mots à expliquer. — 11 Sur ce thème, qui se trouvait déjà chez le fabuliste latin Phèdre, voir LA FONTAINE : *Le lion devenu vieux* (III, 14). — 12 « *Faire les braves* ». Quel est l'effet de cette inversion ? — 13 Étudier dans ce vers le rôle des coupes et le contraste avec le vers suivant. — 14 Dans la cérémonie du triomphe, les vaincus, enchaînés, accompagnaient au Capitole le général vainqueur. — 15 Étudier l'effet produit par l'ordre des mots. — 16 Relever les termes chargés d'une ironie méprisante.

Du Bellay et ses sources :

1. *Premier quatrain :* « Comme un torrent qui, plein d'orgueil, grossi par de longues pluies ou par la fonte des neiges, va semant la ruine et s'élance du haut des montagnes, entraînant arbres, rochers, champs et récoltes ; — mais vient un temps où, dépouillant son orgueilleuse face, il perd ses forces au point qu'un enfant, qu'une femme peut le passer partout, et souvent à pied sec, — De même Marganor... » Arioste, *Roland furieux*, XXXVII, 110.
2. *Vers 4 :* « Le ciel se précipite de ses hauteurs et noie dans un déluge les riches moissons et les travaux des bœufs (*sata laeta boumque labores*) » Virgile. *Géorgiques*, I, 324-325.
3. *Premier tercet :* « Les autres fils des Achéens accoururent en foule, admirant la stature et la beauté d'Hector : pas un qui ne s'approchât sans lui faire une blessure ! Et chacun de dire à son voisin : « Ah ! il est bien moins dangereux à toucher que lorsqu'il mettait le feu à nos vaisseaux ! » Et là-dessus, ils s'approchaient et le frappaient de nouveau. » Iliade, XXII, 369-375.
4. *Vers 14 : Del vero vincitor si gloria il vinto :* « Du vrai vainqueur triomphe orgueilleusement le vaincu ». Sannazar (1458-1530). Comparer l'ordre des mots à celui de Du Bellay.

Exercice : *Montrer ce que Du Bellay doit à ses sources, ce qu'il a modifié ou ajouté. Étudier l'art avec lequel il a concilié ces diverses inspirations.*

Pâles Esprits...

Après l'enthousiasme et l'indignation du début, la *tristesse* qui se dégage de ces ruines a imprégné de sa grisaille quelques sonnets dont voici le plus remarquable. Les *rimes* monotones et assourdies, les *hésitations* de cette longue phrase encombrée de parenthèses, l'évocation des *ombres errantes* dans les ruines poudreuses, tout contribue à nous faire partager l'*invincible mélancolie* qui s'est emparée de l'âme du poète.

Pâles Esprits [1], et vous, Ombres poudreuses,
Qui, jouissant de la clarté du jour,
Fîtes sortir cet orgueilleux séjour,
Dont nous voyons les reliques [2] cendreuses ;

Dites, Esprits (ainsi [3] les ténébreuses
Rives du Styx non passable [4] au retour,
Vous enlaçant d'un trois fois triple tour,
N'enferment point vos images [5] ombreuses),

Dites-moi donc (car quelqu'une de vous,
Possible [6] encor se cache ici dessous),
Ne sentez-vous augmenter votre peine,

Quand quelquefois de ces coteaux romains
Vous contemplez l'ouvrage de vos mains
N'être [7] plus rien qu'une poudreuse plaine ?

Antiquités, XV

— 1 Il s'adresse aux ombres des vieux Romains. — 2 Les ruines. — 3 Souhait formulé à la manière latine (*Sic...* + le subjonctif). Comprendre : *que les rives... n'enferment point...* — 4 *Le Styx*, qui entoure neuf fois les Enfers, ne peut être retraversé (cf. Virgile : *irremeabilis unda*). — 5 Fantômes. — 6 Peut-être. — 7 Équivalent d'une proposition infinitive latine.

QUI A VU QUELQUEFOIS UN GRAND CHÊNE ASSÉCHÉ...

Dans une magnifique comparaison, LUCAIN avait exprimé le respect des Romains pour le grand Pompée, chargé de gloire mais déjà déclinant. DU BELLAY reprend cette comparaison pour traduire sa propre vénération envers la Ville, encore imposante dans ses ruines. Avec quelle maîtrise il a su adapter cette comparaison, modifiant l'*ordre* et le *rapport des termes*, ajoutant des détails tous utiles et pittoresques et trouvant, lorsqu'il traduit littéralement, des *équivalents* français aux beautés de son modèle latin !

Qui a vu [1] quelquefois un grand chêne asséché,
Qui pour son ornement quelque trophée [2] porte,
Lever encore au ciel sa vieille tête morte,
Dont le pied fermement n'est en terre fiché,

Mais qui [3], dessus le champ plus qu'à demi penché [4],
Montre ses bras tout nus et sa racine torte,
Et, sans feuille ombrageux [5], de son poids se supporte
Sur un tronc nouailleux [6] en cent lieux ébranché,

Et, bien qu'au premier vent il doive [7] sa ruine
Et maint jeune [8] à l'entour ait ferme la racine,
Du dévot populaire être seul révéré :

Qui tel chêne a pu voir [9], qu'il imagine encore
Comme entre les cités qui plus florissent ore [10]
Ce vieil honneur poudreux [11] est le plus honoré.

ANTIQUITÉS, XXVIII

– *Étudiez comment le poète a entrelacé, dans la description du chêne, les thèmes de la grandeur et de la ruine. Quel sentiment éprouvez-vous après avoir lu le poème ?*
– *Comment, par le rythme et la structure des phrases, a-t-il créé une impression de grandeur ?*
• **Comparaison.** a) Relevez les détails empruntés à Lucain et montrez comment DU BELLAY applique à Rome ce qui s'appliquait à Pompée, – b) Quels sont les détails pittoresques ajoutés par DU BELLAY à son modèle ?

SOURCE : LUCAIN. *Pharsale*, I, 136-142.
Qualis frugifero quercus sublimis in agro,
Exuvias veteris populi sacrataque gestans
Dona ducum, nec jam validis radicibus haerens,
Pondere fixa suo est ; nudosque per aera ramos
Effundens, trunco, non frondibus, efficit [umbram ;
Et quamvis primo nutet casura sub Euro,
Tot circum silvae firmo se robore tollant,
Sola tamen colitur.

« *Tel, dans un champ fertile, un chêne élevé portant les trophées d'un peuple antique et les offrandes consacrées des chefs ; il ne tient plus par de solides racines : c'est son propre poids qui le maintient ; étendant par les airs ses branches nues, il fait ombre de son tronc, non de son feuillage ; et bien qu'il chancelle, prêt à tomber sous le premier Eurus, bien qu'alentour s'élèvent tant de forêts au bois solide, c'est lui seul pourtant qu'on révère* ».

— 1 Voici l'armature de cette longue phrase : *Qui a vu... un grand chêne... lever* (v. 3)... *et* (v. 9)... *être seul révéré* (v. 12). — 2 *Trophée* (3 syllabes) : souvenir de victoire qu'on pendait aux arbres. — 3 Nouvelle relative, parallèle à celle du v. 2 : construction très libre et embarrassée. — 4 Étudier la valeur pittoresque de tout ce quatrain. — 5 Préciser cette idée. — 6 Noueux. — 7 Expliquer ce verbe expressif. — 8 Comparer cette épithète à celle de Lucain. — 9 Quel est l'effet de cette reprise ? — 10 Maintenant. — 11 Couvert de poussière.

COMME LE CHAMP SEMÉ...

Pour exprimer à la fois la *croissance* de ROME, sa *déchéance* au moment des invasions barbares et la *ferveur des humanistes* de son temps, Du Bellay a trouvé une admirable comparaison. La fusion de l'élément *réel* et de l'élément *symbolique* est — sauf une légère réserve —, parfaitement réalisée. Nous assistons à des scènes de la vie rustique, peintes avec précision et poésie, et une harmonie plus profonde s'établit entre nos sentiments et l'émotion, à peine suggérée, de l'artiste.

Comme le champ semé en verdure foisonne [1],
De verdure se hausse en tuyau verdissant,
Du tuyau se hérisse [2] en épi florissant,
D'épi jaunit en grain, que le chaud [3] assaisonne [4] ;

Et comme en la saison le rustique [5] moissonne
Les ondoyants cheveux du sillon blondissant [6],
Les met d'ordre en javelle [7], et du blé jaunissant
Sur le champ dépouillé mille gerbes façonne :

Ainsi de peu à peu crût l'empire romain [8],
Tant [9] qu'il fut dépouillé [10] par la barbare main,
Qui ne laissa de lui que ces marques antiques

Que chacun va pillant, comme on voit le glaneur,
Cheminant pas à pas, recueillir les reliques [11]
De ce qui va tombant [12] après le moissonneur.

ANTIQUITÉS, XXX

– *Quelle est l'idée directrice du sonnet ? Où est-elle exprimée ? Par quels moyens littéraires* DU BELLAY *l'a-t-il rendue sensible ?*
– *Qu'a voulu suggérer le poète dans le premier quatrain ? A quels procédés a-t-il recours ?*
– *Dans les vers 5-9, étudiez la correspondance entre la réalité décrite et ce qu'elle symbolise.*
– *En vous souvenant des idées de la Pléiade, expliquez la comparaison du dernier tercet.*
– *Étudiez dans ce sonnet l'évocation de la campagne et des travaux des champs.*
– ***Commentaire composé.*** *Le poème rustique et sa signification symbolique.*
• **Groupe thématique : Rome.** L'expression de la grandeur et de la décadence de Rome dans les *Antiquités* et dans les *Regrets*. – Cf. planches XIII à XV.
– ***Essai.*** *Imaginez d'autres comparaisons permettant d'évoquer symboliquement la croissance progressive, puis la chute de la grandeur romaine.*

— 1 Préciser cette impression visuelle. — 2 Apprécier la propriété du terme. — 3 Est-ce un adjectif ? (p. 93, 1 b). — 4 Fait mûrir. — 5 Adjectif ou substantif ? Préciser le sens. — 6 Expliquer cette image. Le vers lui-même n'est-il pas « *ondoyant* » ? — 7 Poignée de blé qu'on dépose à terre après l'avoir coupée à la faucille. — 8 A quoi tient la majesté de ce vers ? — 9 Jusqu'à ce que. — 10 La reprise de ce terme (cf. v. 8) est-elle une maladresse ? — 11 *Restes.* Commenter le rythme expressif de ce vers. — 12 Forme « progressive ».

Vision

Le « *Premier livre des Antiquités* » était suivi d'un « *Songe ou Vision* ». Le poète y décrit en 15 sonnets une série de visions, symbolisant chacune la *grandeur* et la *chute brutale* de Rome, qui lui apparaissent *en songe* sur les bords du Tibre. Celle que nous citons est remarquable par le *pittoresque* et *la variété des tableaux :* les images s'y succèdent sans transition comme dans un rêve.

Une louve [1] je vis sous l'antre d'un rocher
Allaitant deux bessons [2] : je vis à sa mamelle
Mignardement jouer cette couple [3] jumelle,
Et d'un col allongé la louve les lécher [4].

Je la vis hors de là sa pâture chercher,
Et, courant par les champs, d'une fureur nouvelle
Ensanglanter la dent et la patte cruelle
Sur les menus troupeaux pour sa soif étancher [5].

Je vis mille veneurs [6] descendre des montagnes
Qui bordent d'un côté les lombardes campagnes,
Et vis de cent épieux lui donner dans le flanc.

Je la vis de son long sur la plaine étendue,
Poussant mille sanglots, se vautrer en son sang,
Et dessus un vieux tronc la dépouille pendue.

VISION, VI

D'un vanneur de blé aux vents

Des *Jeux Rustiques*, publiés en même temps que les *Regrets*, nous citons cette exquise *chanson du vanneur* [7], si pittoresque et si gracieuse dans sa brièveté. La légèreté des voyelles et des rimes, l'abondance des sifflantes, évoquent le *souffle bienfaisant de la brise*, tandis que la dernière strophe, au rythme monotone, aux rimes plus lourdes, traduit *l'effort du vanneur* dans la chaleur de l'été.

A vous, troupe légère,
Qui d'aile passagère
Par le monde volez,
Et d'un sifflant murmure
L'ombrageuse verdure
Doucement ébranlez,

J'offre ces violettes,
Ces lis et ces fleurettes
Et ces roses ici,
Ces vermeillettes roses,
Tout fraîchement écloses,
Et ces œillets aussi.

De votre douce haleine
Eventez cette plaine,
Eventez ce séjour,
Cependant que j'ahanne [8]
A mon blé que je vanne
A la chaleur du jour.

— 1 Ce premier quatrain est joliment adapté de l'*Enéide*, VIII, 630-634. — 2 Jumeaux. — 3 *Couple :* genre conforme à l'étymologie latine. — 4 Noter l'allitération expressive en *l*. — 5 Tableau symbolisant la conquête du monde par Rome. — 6 Ces *chasseurs* représentent les invasions barbares. — 7 Imitée d'une épigramme de NAUGERIUS. — 8 Je travaille avec effort.

LES REGRETS

De ces 191 sonnets publiés en 1558, la plupart (1-127) ont été écrits en Italie à partir de 1555 ; quelques-uns (128-138) font allusion au voyage de retour ; les 42 derniers ont dû être rédigés *après* le retour en France.

I. INSPIRATION PERSONNELLE ET SINCÈRE. Dès les premiers sonnets, Du Bellay souligne le caractère *nouveau* du recueil. Il renonce à la grande inspiration philosophique chère à Ronsard (I), à l'imitation des Grecs, d'Horace ou de Pétrarque (IV). « *Agité d'une fureur plus basse* », il suivra une route plus commune, demandant à ses vers de lui servir de *confidents*, de « *papiers journaux* » (I), de le consoler dans ses « *ennuis* » (XI, XII, XIII).

Je me plains à mes vers si j'ai quelque regret ;
Je me ris avec eux, je leur dis mon secret,
Comme étant de mon cœur les plus sûrs secrétaires (I).

Je me contenterai de simplement écrire
Ce que la passion seulement me fait dire,
Sans rechercher ailleurs plus graves arguments (IV).

Les souffrances du séjour à Rome (p. 97) venaient de lui découvrir *la poésie personnelle*. Les *Regrets* sont le journal de voyage d'une âme douloureuse et sincère, tour à tour *élégiaque* et *satirique*. La sincérité de cette confidence fait de Du Bellay le plus *moderne* des poètes de la Pléiade.

II. POÉSIE ÉLÉGIAQUE. Le titre indique bien le *désenchantement* qui inspire le recueil. Le poète se souvient des exilés qui ont chanté leur détresse, en particulier d'Ovide. Mais il sait rester original parce qu'il est *toujours sincère*. On pourra retrouver, à travers nos extraits, les *amères déceptions* (cf. Vie, p. 97) d'où jaillit cette plainte multipliée. Il y a dans le ton de ses poèmes une *détresse* contenue et poignante qui n'appartient qu'à lui (s. VI, IX et XVI) ; parfois, cette *amertume* se teinte d'*attendrissement* lorsqu'il pense aux douceurs du pays lointain (s. XXXI) ; parfois enfin c'est un mélange plus subtil d'*ironie désabusée* et de *brutalité douloureuse*, opposant à la naïveté de ses rêves les rigueurs de l'implacable réalité (XXXII, CXXX).

III. POÉSIE SATIRIQUE. Du Bellay a pu s'inspirer de Burchiello, père de la poésie « *burlesque* », ou des sonnets de Berni, réédités en 1555 ; mais il avait une *verve satirique naturelle*, et nous venons de voir qu'il l'a parfois exercée sur lui-même. Il se vengeait des intolérables déceptions de l'exil — puis de celles du retour — en criblant de traits tout ce qui lui déplaisait dans le spectacle de la vie romaine futile et médiocre, dans les mœurs des courtisans (s. LXXXVI) et des cardinaux (CXVIII), dans l'hypocrisie des courtisans français (CL). « *Du fiel, du miel, du sel* », a-t-il dit lui-même ; cette satire, en effet, ne manque pas de variété : c'est tantôt une série de traits pittoresques et colorés (LXXXVI), tantôt une eau-forte, amère et sarcastique (CXVIII), tantôt une ironie légère et désinvolte (CL). Cette *union de la satire et du lyrisme* dans le cadre du sonnet — jusque là consacré à l'amour — constitue la grande originalité de Du Bellay.

IV. UNE SAVANTE SIMPLICITÉ. Rompant avec les principes de la *Défense*, il ne veut ni « *polir sa rime* », ni « *ses ongles ronger* » (II) : il veut que ce qu'il écrit « *Soit une prose en rime ou une rime en prose* » (II). Mais cette simplicité, en accord avec la sincérité de son inspiration, est le fruit d'un *art très conscient*. Du Bellay donne à ses sonnets, uniquement en alexandrins, une régularité qui leur confère une grande *perfection formelle :* alternance des rimes masculines et féminines dans les quatrains ; disposition « marotique » des tercets (ccd, eed). La pointe finale cesse d'être un jeu de mots ingénieux : elle appelle l'attention sur une idée essentielle ou sur un vers plus évocateur. Parfois même c'est tout un tableau qui occupe le dernier tercet et lance l'imagination vers l'infini du rêve. Quant à l'*art de l'écrivain*, l'étude approfondie de ses plus beaux sonnets révélera avec quelle parfaite *maîtrise* il a usé des ressources de la *versification*, inversions, coupes, rejets et enjambements. Mais plus que ces qualités de métier, c'est la souplesse évocatrice et nuancée des *sons* qui fait la valeur de ces poèmes : aux accords triomphants des *Antiquités* succèdent les musiques des *Regrets*, parfois incisives, le plus souvent douloureuses et désabusées. C'est toute l'*âme mélancolique*, tout l'*esprit railleur* de Du Bellay qui s'expriment par le mystère de ces harmonies.

LAS ! OU EST MAINTENANT...

Est-il rien de plus poignant que cette *confidence*, d'un accent si *moderne*, où Du Bellay exilé, accablé par la Fortune, en vient à *douter* de son propre génie ? Avec quelle mélancolie il évoque, à mi-voix, tout ce qu'il y avait de *doux* et de *surhumain* dans l'inspiration d'autrefois : cruelle blessure pour cette âme orgueilleuse, éprise de perfection ! Mais fut-il jamais *plus noblement inspiré* qu'en cette heure de découragement ?

Las ! Où est maintenant ce [1] mépris de Fortune [2] ?
Où est ce cœur vainqueur de toute adversité,
Cet honnête [3] désir de l'immortalité,
Et cette honnête flamme [4] au peuple non commune [5] ?

Où sont ces doux plaisirs qu'au soir, sous la nuit brune [6],
Les Muses me donnaient, alors qu'en liberté [7],
Dessus le vert tapis d'un rivage écarté [8],
Je les menais danser aux rayons de la lune [9] ?

Maintenant la Fortune est maîtresse de moi,
Et mon cœur, qui soulait [10] être maître de soi,
Est serf [11] de mille maux et regrets qui m'ennuient [12].

De la postérité je n'ai plus de souci [13],
Cette divine ardeur, je ne l'ai plus aussi,
Et les Muses de moi, comme étranges [14], s'enfuient [15].

Regrets, VI

– *Précisez le thème douloureux de ce sonnet ; montrez que les deux parties s'opposent point par point. Quel effet produit cette opposition rigoureuse ?*
– *A quels signes Du Bellay croit-il reconnaître la décadence de son génie ? Qu'en pensez-vous ?*
– *Lisez à haute voix le second quatrain. Qu'a voulu suggérer le poète ? Cette évocation vous semble-t-elle correspondre à la nature de son génie ?*
– *Quels sentiments a voulu exprimer le poète dans les tercets ? Comment les suggère-t-il ?*
– ***Commentaire composé.** Le doute, le découragement et leur expression artistique.*
• **Groupe thématique : L'inspiration.** Du Bellay, page 110 ; – Ronsard, pages 127, 151.

— 1 Nuance emphatique. — 2 Personnification antique : *le Sort*. — 3 *Honorable*. Expliquer pourquoi. — 4 L'inspiration. — 5 Idée fréquente chez les poètes de la Pléiade (cf. p. 93) et dans Horace. — 6 Étudier le ton du passage. — 7 Mot important à commenter. — 8 Quel est l'intérêt de ce détail ? — 9 A quoi tient la grâce et le mystère de cette évocation inspirée d'Horace ? (*Odes*, I, 4) *Jam Cytherea choros ducit Venus imminente luna* : « Déjà Vénus de Cythère conduit les danses sous la lune ». — 10 *Avait coutume*. Pourquoi ce nouveau rappel du passé ? — 11 Esclave. — 12 *Me tourmentent*. Sens conservé au XVIIe s. — 13 En quoi est-ce une déchéance ? — 14 Étrangères. — 15 Effet produit par les coupes et par l'ordre des mots ? (cf. Ronsard : *Comme un Chevreuil*, v. 4). Comparer cette évocation au tableau du deuxième quatrain.

FRANCE, MÈRE DES ARTS...

Tourné vers sa lointaine patrie, un être qui souffre appelle désespérément, et seul l'*écho* répond à cet appel : c'est, mis en valeur par le cadre étroit du sonnet, *le drame de tous les exilés*. Pour exprimer l'horreur *physique* et la détresse *morale* de l'exil, Du Bellay a trouvé la tendre et pathétique image de l'agneau égaré ; mais il oublie parfois sa comparaison et nous entendons alors *directement* la protestation déchirante du poète pour qui l'*oubli* est la suprême injustice.

France, mère [1] des arts, des armes et des lois [2],
Tu m'as nourri longtemps du lait de ta mamelle [3] :
Ores [4], comme un agneau qui sa nourrice [5] appelle,
Je remplis de ton nom les antres et les bois [6].

Si tu m'as pour enfant avoué [7] quelquefois [8],
Que ne me réponds-tu maintenant, ô cruelle ?
France, France, réponds à ma triste querelle [9].
Mais nul, sinon Écho [10], ne répond à ma voix.

Entre les loups cruels j'erre parmi la plaine [11] ;
Je sens venir l'hiver, de qui la froide haleine
D'une tremblante horreur [12] fait hérisser ma peau.

Las ! Tes autres agneaux [13] n'ont faute [14] de pâture,
Ils ne craignent le loup, le vent, ni la froidure :
Si [15] ne suis-je pourtant le pire du troupeau.

Regrets, IX

– *Dégagez les sentiments qui expriment la détresse de l'exilé ; montrez que l'impression de solitude se fait de plus en plus angoissante.*
– *Étudiez la naissance de la comparaison, puis son développement sous la forme imagée.*
– *Indiquez la relation établie entre le second quatrain et le vers 4 (étudiez les répétitions).*
– *Précisez : a) la valeur physique et morale des évocations contenues dans les tercets ; – b) leur valeur symbolique.*
– *Étudiez la qualité expressive du rythme dans les deux quatrains.*
– **Commentaire composé.** *Détresse de l'exilé ; symbolisme des images et comparaisons.*
• **Groupe thématique : Exil.** Le thème de l'exil dans les extraits des *Regrets.*

— 1 Montrer que la comparaison se prépare dès ce premier mot. — 2 Justifier ce triple éloge (cf. *Vie de Du Bellay*, p. 96). — 3 Relever les mots qui amorcent le symbole. — 4 Maintenant. — 5 *Mère nourricière.* Quel est le mot mis en valeur par l'inversion ? — 6 Valeur symbolique et pathétique de cette évocation ? — 7 *Reconnu.* Préciser ce sentiment. — 8 Autrefois. — 9 Plainte (lat. : *querela*). — 10 La nymphe Echo. Effet produit par cette réponse ? — 11 En quoi l'évocation est-elle plus redoutable qu'au v. 4 ? — 12 Sens étymologique : *horror :* l'effroi qui fait dresser les cheveux. — 13 Quel est ce nouvel élément de *regret?* — 14 Ne manquent pas. — 15 Cependant (*Si* est renforcé par *pourtant*).

CEPENDANT QUE MAGNY...

Autre élément des *Regrets :* le *dépit* d'avoir fait fausse route, avec une pointe d'envie à l'égard de Ronsard, habile courtisan et favori de la Fortune. Du Bellay, réduit à une condition subalterne et monotone, analyse avec une *cruelle lucidité* la duperie d'un espoir toujours renaissant. L'image des trois poètes comparés à trois *cygnes*, admirée de SAINTE-BEUVE, est remarquable à la fois par sa *justesse* et par sa *perfection artistique.*

Cependant que Magny [1] suit son grand Avanson,
Panjas [2] son cardinal, et moi le mien encore [3],
Et que l'espoir flatteur [4], qui nos beaux ans dévore [5],
Appâte nos désirs d'un friand hameçon [6],

Tu [7] courtises les rois, et, d'un plus heureux son
Chantant l'heur de Henri [8], qui son siècle décore [9],
Tu t'honores toi-même, et celui qui honore
L'honneur [10] que tu lui fais par ta docte chanson [11].

Las ! et nous cependant nous consumons notre âge
Sur le bord inconnu d'un étrange [12] rivage,
Où le malheur nous fait ces tristes vers chanter [13],

Comme on voit quelquefois, quand la mort les appelle [14],
Arrangés flanc à flanc [15] parmi l'herbe nouvelle [16],
Bien loin sur un étang trois cygnes lamenter [17].

REGRETS, XVI

– *Établissez la composition du sonnet, en précisant les oppositions et les rapprochements établis par* DU BELLAY. *Comparez cette composition à celle du sonnet* *page 107*.
– *Dégagez, d'après les quatrains, les principales sources de la mélancolie du poète.*
– *Quels sont les avantages de* RONSARD, *et pourquoi* DU BELLAY *les envie-t-il ?*
– *Comment se prépare et se développe la comparaison finale ? Appréciez la valeur artistique du tableau.*
– **Commentaire composé.** *Tableaux symboliques exprimant détresse et protestation.*
• **Groupe thématique : Symboles.** Images et comparaisons symboliques dans les extraits de Du Bellay.

— 1 Poète, secrétaire de notre ambassadeur, le cardinal d'Avanson. — 2 Poète, secrétaire d'un autre cardinal. — 3 Quel est l'effet de cette énumération ? — 4 Trompeur. — 5 Commenter l'image. — 6 Expliquer cette nouvelle image. — 7 Ronsard. — 8 Henri II. — 9 *Est l'ornement de son siècle.* — Éloge de poète courtisan. — 10 Recherche de style un peu vieillie. Quel sentiment s'exprime pourtant dans cette répétition ? — 11 Préciser cette idée chère à la Pléiade (cf. p. 95, 2). — 12 Étranger. — 13 Commenter l'ordre des mots. — 14 Légende antique du *chant du Cygne* devenu plus mélodieux au moment de sa mort. — 15 Expliquer pourquoi. — 16 Intérêt de ce détail ? — 17 Souvenir d'une comparaison de VIRGILE : « *Dant sonitum rauci per stagna loquacia cycni* » : « [Comme...] chantent les cygnes à la voix rauque sur les étangs bavards » (*Enéide*, XI, 456-458).

HEUREUX QUI COMME ULYSSE...

Nous voici loin des *Antiquités de Rome :* l'humaniste s'efface maintenant devant l'*homme*, l'exilé, dont le cœur s'émeut au souvenir de *la petite patrie*. En exprimant sa propre nostalgie, Du Bellay traduit un sentiment éprouvé par la plupart des hommes au cours de leur existence. Bien des poètes lui feront écho dans les siècles à venir. C'est la *valeur profondément humaine* de ce sonnet discret et ému qui l'a rendu *immortel*.

Heureux qui [1], comme Ulysse, a fait un beau [2] voyage,
Ou comme cestui-là qui conquit la toison [3],
Et puis est retourné, plein d'usage [4] et raison,
Vivre entre ses parents le reste de son âge [5] !

Quand reverrai-je, hélas ! de mon petit village
Fumer la [6] cheminée, et en quelle saison
Reverrai-je le clos [7] de ma pauvre maison,
Qui m'est une province [8], et beaucoup davantage ?

Plus me plaît le séjour qu'ont bâti mes aïeux [9]
Que des palais romains le front audacieux [10] ;
Plus que le marbre dur me plaît l'ardoise [11] fine,

Plus mon [12] Loire gaulois que le Tibre latin,
Plus mon petit Liré [13] que le mont Palatin,
Et plus que l'air marin la douceur angevine [14].

REGRETS, XXXI

– *Quelles aspirations humaines s'expriment, en contraste dans le premier quatrain ?*
– *Quel est le rapport logique entre le premier et le second quatrain ?*
– *Quelle impression DU BELLAY nous donne-t-il de son village natal dans le second quatrain ? Quelle est son intention ? Quels sentiments lui inspire-t-il ?*
– *Relevez les oppositions indiquées dans les tercets, et précisez leur signification.*
– ***Entretien.*** *Souvenirs antiques et sincérité du sentiment personnel.*
– ***Commentaire composé.*** *Sentiments personnels et valeur humaine de ces sentiments.*
• **Groupe thématique : Nostalgie.** DU BELLAY, pages 111, 112, 113. – MOYEN AGE, page 207.

— 1 Exclamation à la manière antique (*Félix qui...*). — 2 C'est-à-dire *grand, héroïque*. Son retour à Ithaque, qui dura dix ans, est conté dans l'*Odyssée*. — 3 JASON, chef des Argonautes, conquit la Toison d'Or dans le Caucase, puis retourna en Grèce. Du Bellay n'aurait-il pu songer aussi à des navigateurs de son temps ? — 4 Expérience. — 5 Vie. — 6 Le village n'a-t-il qu'une seule cheminée ? Expliquer. — 7 L'enclos, le jardin. — 8 Un royaume (cf. p. 150, v. 26). — 9 Quelle est la valeur de cette périphrase ? — 10 A quoi tient la majesté de ce vers ? — 11 Évoque les maisons de l'Anjou, pays des *ardoisières*. — 12 Le nom du fleuve était *masculin* en latin. Pourquoi « *gaulois* » et non « *français ?* » — 13 Village natal de Du Bellay. — 14 Quelle impression vous laisse ce dernier vers ?

PREMIÈRE ÉBAUCHE de ce sonnet : *Élégie latine*, écrite à Rome par DU BELLAY. On appréciera mieux les mérites du sonnet en étudiant : *a*) ce que le poète a gardé de sa première ébauche ; *b*) ce qu'il a rejeté ; *c*) ce qu'il a ajouté ou modifié.

Felix qui mores multorum vidit et urbes,
Sedibus et potuit consenuisse suis.
Ortus quaeque suos cupiunt, externa placentque
Pauca diu, repetunt et sua lustra ferae.
Quando erit ut notae fumantia culmina villae
Et videam regni jugera pauca mei ?
Non septemgemini tangunt mea pectora colles,
Nec retinet sensus Thybridis unda meos.
Non mihi sunt cordi veterum monumenta [Quiritum,
Nec statuae, nec me picta tabella juvat :
Non mihi Laurentes nymphae, sylvaeque [virentes,
Nec mihi, quae quondam, florida rura placent.

Heureux qui a vu les mœurs et les villes de beaucoup de peuples, et a pu vieillir dans son propre foyer. Tous les êtres désirent revenir à leur source, et parmi les choses étrangères, il en est peu qui plaisent longtemps : même les bêtes sauvages regagnent leur tanière. Quand reverrai-je le toit fumant de ma maison familière et les quelques arpents qui sont mon royaume? Les sept collines ne touchent pas mon cœur, et l'onde du Tibre ne retient pas mes sens. Les monuments des anciens Romains me laissent indifférent ; ni les statues ni les tableaux ne me charment. Ni les Nymphes de Laurente (ville du Latium), ni les forêts verdoyantes, ni les campagnes fleuries ne me plaisent comme autrefois.

Je me ferai savant...

Au début de ce sonnet mélancolique, c'est tout un *rêve d'humaniste* et d'homme de la Renaissance qui s'épanche dans une belle *envolée lyrique*. Mais quel *ton désabusé* dans la suite du poème, quelle *brutalité voulue* dans l'avant-dernier vers pour évoquer les déceptions du « malheureux voyage » !

« Je me ferai savant en la philosophie,
En la mathématique et médecine aussi ;
Je me ferai légiste, et, d'un plus haut souci,
Apprendrai les secrets de la théologie ;

Du luth et du pinceau j'ébatterai [1] ma vie,
De l'escrime et du bal ». Je discourais ainsi [2]
Et me vantais en moi d'apprendre tout ceci,
Quand je changeai la France au [3] séjour d'Italie.

O beaux discours humains ! Je suis venu si loin
Pour m'enrichir d'ennui, de vieillesse et de soin [4],
Et perdre en voyageant le meilleur de mon âge.

Ainsi le marinier souvent, pour tout trésor,
Rapporte des harengs en lieu de lingots d'or,
Ayant fait comme moi un malheureux voyage [5].

REGRETS XXXII

— 1 J'égaierai (cf. *s'ébattre*). — 2 Noter le changement de ton à l'hémistiche. — 3 Pour le. — 4 Souci. — 5 Montrer que la comparaison est à la fois pittoresque et bien adaptée.

MARCHER D'UN GRAVE PAS...

Observateur amer de la *cour pontificale*, et précurseur de La Bruyère, Du Bellay nous révèle en une *succession de traits pittoresques* le caractère du courtisan romain. Cette satire générale prend, dans les derniers vers, un accent douloureusement personnel, car derrière les souffrances physiques nous devinons les *blessures morales*. Ironie d'abord *enjouée* puis chargée d'*amertume :* cette discrétion n'est-elle pas en définitive plus touchante que bien des déclamations romantiques ?

Marcher d'un grave pas et d'un grave sourci [1],
Et d'un grave souris [2] à chacun [3] faire fête,
Balancer [4] tous ses mots, répondre de la tête [5],
Avec un *Messer non* ou bien un *Messer si* [6] ;

Entremêler souvent un petit *È cosi* [7],
Et d'un *son Servitor* [8] contrefaire [9] l'honnête [10] ;
Et, comme si l'on eût [11] sa part en la conquête [12],
Discourir [13] sur Florence, et sur Naples aussi ;

Seigneuriser [14] chacun d'un baisement de main,
Et, suivant la façon du courtisan romain,
Cacher sa pauvreté d'une brave [15] apparence :

Voilà de cette cour [16] la plus grande vertu,
Dont [17] souvent, mal monté [18], mal sain [19] et mal vêtu,
Sans barbe [20] et sans argent, on s'en retourne en France [21].

Regrets, LXXXVI

– *Sur quel effet de contraste repose la composition du sonnet ?*
– *Précisez le caractère du courtisan romain d'après cette peinture.*
– *Étudiez les sentiments du poète révélés par l'évolution du ton entre les quatrains et les tercets.*
– *Relevez et interprétez les répétitions aux v. 1-2 et 13-14. Voyez-vous un rapport entre elles ?*
– ***Essai.*** *Portrait moral de Du Bellay d'après les extraits des* Regrets *et du* Poète courtisan.
• **Groupe thématique : Satire.** Cf. pages 115-118 : a) les critiques ; – b) les moyens littéraires.

— 1 *Sourcil.* — 2 *Sourire.* Commenter l'alliance de mots. — 3 Mot répété au v. 9. Préciser ce trait de caractère. — 4 Peser. — 5 Montrer que ces deux traits se complètent. — 6 *Non, monsieur... ; oui, monsieur.* — 7 *C'est ainsi* (approbateur). — 8 *Je suis votre serviteur.* — 9 Préciser ce trait de caractère. — 10 L'homme *bien élevé* (c'est déjà le sens du XVIIe siècle). — 11 *Si l'on avait eu.* Préciser cette nuance. — 12 De l'Italie par les rois de France. — 13 Changement d'attitude à expliquer. — 14 Traiter en seigneur. — 15 Élégante et riche. — 16 *Romaine.* Effet de l'inversion ? — 17 D'où. — 18 Avec un mauvais cheval. — 19 Malade. — 20 Il a contracté la pelade. — 21 Commenter la place du mot.

Quand je vois ces Messieurs...

Du Bellay a assisté, en avril, puis en mai 1555, à *l'élection de deux papes*. Il a vu les *intrigues* des cardinaux, leurs manèges *ambitieux*, les *inquiétudes* des uns, les *espérances* des autres, au chevet du pape moribond. On notera le contraste entre la *majesté*, toute de façade, de ces cardinaux et la *passion inquiète* que trahit, malgré eux, leur visage. De retour en France, le poète devait découvrir que les courtisans français ne le cédaient en rien aux courtisans romains. (REGRETS, CXVIII)

Quand je vois ces Messieurs, desquels l'autorité
Se voit ores ici commander en son rang,
D'un front audacieux cheminer flanc à flanc,
Il me semble de voir quelque divinité.

Mais les voyant pâlir, lorsque Sa Sainteté
Crache dans un bassin, et, d'un visage blanc,
Cautement [1] épier s'il y a point de sang,
Puis d'un petit souris feindre une sûreté [2],

« O combien, dis-je alors, la grandeur que je vois
« Est misérable au prix de la grandeur d'un Roi [3] !
« Malheureux qui si cher achète tel honneur !

« Vraiment le fer meurtrier et le rocher [4] aussi
« Pendent bien sur le chef de ces seigneurs ici,
« Puisque d'un vieil filet dépend tout leur bonheur ».

Et je pensais aussi ce que pensait Ulysse...

Lorsqu'il enviait le « *beau voyage* » d'ULYSSE, Du Bellay oubliait les luttes qui accueillirent le héros dans son île d'Ithaque ! Le poète est de retour en France, en butte à mille *tracas domestiques*, et tenté de regagner l'Italie. Quelle *langueur*, quelle *désillusion* dans ces imparfaits qui disent la fragilité de ses rêves ! Son aventure lui paraît maintenant trop semblable à celle d'Ulysse... (s. CXXX)

Et je pensais aussi ce que pensait Ulysse,
Qu'il n'était rien plus doux que voir encore un jour
Fumer sa cheminée, et après long séjour
Se retrouver au sein de sa terre nourrice.

Je me réjouissais d'être échappé au vice,
Aux Circés d'Italie, aux Sirènes [5] d'amour
Et d'avoir rapporté en France à mon retour
L'honneur que l'on s'acquiert d'un fidèle service.

Las ! mais après l'ennui [6] de si longue saison [7],
Mille soucis mordants je trouve en ma maison,
Qui me rongent le cœur sans espoir d'allégeance [8].

Adieu donques, Dorat, je suis encor Romain,
Si l'arc que les neuf Sœurs [9] te mirent en la main
Tu ne me prête [10] ici, pour faire ma vengeance.

1 Adroitement. — 2 D'être rassurés. — 3 Parce qu'il est héréditaire et règne longtemps. — 4 Épée de Damoclès et rocher de Tantale. — 5 Allusions aux aventures d'Ulysse. — 6 *Tourment*. — 7 Période. — 8 Soulagement. — 9 *Les Muses*. — 10 *Prêtes*. « L'arc » de la satire pour châtier ses ennemis, comme Ulysse massacra les prétendants qui pillaient sa maison.

Les vieux " Singes de Cour "

La verve satirique qui avait fustigé les vices de Rome allait s'exercer maintenant sur *les courtisans français*. Du Bellay a recherché lui-même la faveur de la Cour, mais il ne pouvait s'abaisser jusqu'aux *hypocrisies* de ces « *singes de Cour* », dont il nous trace ici un portrait vif et moqueur. Cette *élégance* dans l'ironie se retrouvera dans la satire du *Poète Courtisan*.

Seigneur, je ne saurais regarder d'un bon œil
Ces vieux Singes [1] de Cour, qui ne savent rien faire,
Sinon en leur marcher les Princes contrefaire,
Et se vêtir, comme eux, d'un pompeux appareil.

Si leur maître se moque, ils feront le pareil ;
S'il ment, ce ne sont eux qui diront du [2] contraire :
Plutôt auront-ils vu, afin de lui complaire,
La lune en plein midi, à minuit le soleil.

Si quelqu'un devant eux reçoit un bon visage [3],
Ils le vont caresser, bien qu'ils crèvent de rage ;
S'il le [4] reçoit mauvais, ils le montrent au doigt.

Mais ce qui plus contre eux quelquefois me dépite,
C'est quand devant le Roi, d'un visage hypocrite,
Ils se prennent à rire, et ne savent pourquoi.

Regrets, CL

Le Poète Courtisan

Cette satire, parue d'abord à Poitiers sous un nom d'emprunt (1559), développe ironiquement des *idées opposées à celles de la Défense*. C'est donc, à dix ans d'intervalle et en dépit des infidélités de Du Bellay à ses propres principes, la *confirmation* de la doctrine de la Pléiade. On verra avec quelle *fermeté* dans le style et quelle *finesse* dans l'ironie Du Bellay a tracé le portrait pittoresque de « *l'Apollon courtisan* » : plein de mépris pour les longues études, l'imitation des anciens et le laborieux métier poétique, il n'écoute que son seul naturel et cultive les petits genres du Moyen Age. Il devra, de bonne heure, étudier l'art de réussir à la Cour.

Je ne veux que longtemps à l'étude il pâlisse,
Je ne veux que, rêveur [1], sur le livre il vieillisse,
Feuilletant, studieux, tous les soirs et matins [2],
Les exemplaires grecs et les auteurs latins [3].
Ces exercices-là font l'homme peu habile,
Le rendent catarrheux, maladif et débile,
Solitaire, fâcheux, taciturne et songeard [4] ;
Mais notre courtisan est beaucoup plus gaillard.

— 1 Cf. La Fontaine : « *Peuple singe du maître* ». (VIII, 14). — 2 Le. — 3 Est bien accueilli du roi. — 4 Le visage.

— 1 Méditant. — 2 Cf. *Défense*, p. 94. — 3 Ce passage est *justement* imité d'Horace (A. P. 268). — 4 Tout l'opposé de l'homme de cour. —

Pour un vers allonger ses ongles il ne ronge ;
Il ne frappe sa table [5], il ne rêve, il ne songe,
Se brouillant le cerveau de pensements divers [6],
Pour tirer de sa tête un misérable vers,
Qui ne rapporte, ingrat, qu'une longue risée
Partout où l'ignorance est plus autorisée [7].
Toi donc qui as choisi le chemin le plus court
Pour être mis au rang des savants de la cour,
Sans mâcher le laurier [8], ni sans prendre la peine
De songer en Parnasse, et boire à la fontaine
Que le cheval volant [9] de son pied fit saillir,
Faisant ce que je dis, tu ne pourras faillir.
Je veux, en premier lieu, que, sans suivre la trace
(Comme font quelques-uns) d'un Pindare et Horace [10],
Et sans vouloir, comme eux, voler si hautement,
Ton simple naturel tu suives seulement.
Ce procès tant mené, et qui encore dure,
Lequel des deux vaut mieux, ou l'art ou la nature,
En matière de vers, à la cour est vidé :
Car il suffit ici que tu soies [11] guidé
Par le seul naturel, sans art et sans doctrine [12],
Fors [13] cet art qui apprend à faire bonne mine.
Car un petit sonnet qui n'a rien que le son,
Un dizain à propos, ou bien une chanson,
Un rondeau bien troussé, avec une ballade [14]
(Du temps qu'elle courait), vaut mieux qu'une Iliade.
Laisse-moi doncques là ces Latins et Grégeois [15]
Qui ne servent de rien au poète françois,
Et soit la seule cour ton Virgile et Homère,
Puisqu'elle est, comme on dit, des bons esprits la mère [16].

LE POÈTE COURTISAN (v. 21-58)

Quels seront ses sujets ? de petits poèmes de circonstance *sur les événements de la vie de cour, noces, festins, mascarades, tournois et victoires ; il louera le prince et les grandes dames, et ses chansons seront chantées dans la chambre du Roi.* « Il faut avoir toujours le petit mot pour rire » *et savoir mettre en valeur sa science en évitant toutefois l'érudition, sous peine d'être ennuyeux. Il faut savoir se moquer des poètes rivaux ou patronner doctement ceux qui sont en faveur. Quant à ses propres œuvres, à l'exemple de* MELLIN DE SAINT-GELAIS *(p. 31) le poète courtisan se gardera de les publier, afin d'échapper à la critique. Ainsi, dit Du Bellay,*

Tu seras bienvenu entre les grands seigneurs,
Desquels tu recevras les biens et les honneurs
Et non la pauvreté, des Muses l'héritage,
Laquelle est à ceux-là réservée en partage,
Qui, dédaignant la cour, fâcheux et mal plaisants,
Pour allonger leur gloire accourcissent leurs ans.

5 Imité d'Horace et de Perse. — 6 Cf. *Défense*, p. 94. — 7 *Plus* = le plus. Montrer la virulence de ce dernier trait. — 8 D'Apollon qui inspire les poètes. — 9 Pégase (cf. p. 151, n. 8). — 10 Cf. *Odes* de RONSARD (p. 122). — 11 Deux syllabes. — 12 Science. — 13 Excepté. — 14 Cf. *Défense*, p. 94, 3. — 15 Cf. *Défense*, p. 95, 2. — 16 Cf. MAROT : « *La Cour du Roi, ma maîtresse d'école* » (Au Dauphin, de Ferrare, v. 34).

RONSARD

Les ambitions déçues Né en 1524 au château de *la Possonnière*, en Vendômois, PIERRE DE RONSARD était de vieille famille noble. Son père, LOUIS DE RONSARD, « maître d'hôtel des enfants de France», avait rapporté des guerres d'Italie le goût des beaux-arts : il écrivait des vers et avait orné dans le style de la Renaissance le château de la Possonnière.

1. LA NATURE. En dehors de six mois d'études à Paris, au *collège de Navarre* (1533-1534), le jeune RONSARD a passé ses douze premières années au milieu de *la nature* verdoyante et calme de son *Vendômois* natal. Peut-être entendit-il, dès cette époque, l'appel des Muses (cf. p. 151) ; il y a trouvé, en tout cas, une source inépuisable de souvenirs pittoresques et d'impressions épicuriennes.

2. LE PAGE DE COUR. Dès 1536, âgé de 12 ans, il est attaché comme *page* au dauphin François qu'il voit mourir trois jours après. Il passe au service du troisième fils de François Ier, Charles d'Orléans, qui le cède à sa sœur MADELEINE DE FRANCE, mariée depuis peu avec Jacques Stuart, roi d'Écosse. Il suit *la reine d'Écosse* dans son royaume, où elle meurt presque aussitôt de phtisie (mars 1537). Il reste quelque temps encore en Écosse, puis rentre en France, traversant l'*Angleterre* et la *Flandre*. En 1540, enfin, il séjourne trois mois en *Allemagne* auprès de son cousin le diplomate LAZARE DE BAIF, fervent humaniste qui dut développer en lui le goût des lettres antiques. Ces voyages, ces vives émotions, cette vie brillante des cours ont pu impressionner la tendre imagination de l'enfant.

3. LA SURDITÉ. A quinze ans, ce charmant petit page, plein d'intelligence et de séduction, était promis à la carrière des *armes* ou à la *diplomatie*. Mais à son retour d'Allemagne une grave maladie le laissa « *demi-sourd* » et l'obligea à se retirer à la Possonnière. Il entendait encore assez pour apprécier la musique, mais il devait renoncer à ses grandes ambitions. L'Italien PAUL DUC lui avait appris à goûter Horace et Virgile ; il s'essayait — à vrai dire, sans grand succès — aux vers latins : isolé du monde par sa surdité, il décida de se consacrer aux Muses et de s'illustrer dans sa langue maternelle. En mars 1543 il reçut *la tonsure*, non pour être prêtre, mais, selon les mœurs du temps, pour s'assurer le revenu de bénéfices ecclésiastiques.

La Brigade 1. RONSARD ÉMULE DE MAROT. Ébloui par le succès des *chansons* et des *Psaumes* de MAROT, Ronsard se promit d'abord de rivaliser avec lui, en adaptant en français les *Odes épicuriennes* d'HORACE. Dès 1543, il montrait à JACQUES PELETIER DU MANS ses premières odes horaciennes. Peletier, dont nous avons indiqué l'heureuse influence (p. 91), l'encouragea dans cette voie : la première ode que Ronsard fera paraître sera insérée dans les œuvres poétiques de Jacques Peletier (1547).

2. LE COLLÈGE DE COQUERET. Désireux d'imiter Horace, et mesurant les lacunes de sa formation humaniste, Ronsard allait, pendant cinq ans au moins, se remettre avec passion à *l'étude des lettres antiques*. Nous avons vu (p. 91) qu'il suivit, auprès de Jean Antoine de Baïf, les leçons de l'helléniste DORAT (1545-1547) ; puis, qu'il se décida

à abandonner son emploi « *d'écuyer d'écurie* » à la cour pour s'enfermer avec Du Bellay et Baif au *Collège de Coqueret,* sous la direction de Dorat (nov. 1547). On sait quelle admirable éducation humaniste ces jeunes gens reçurent à Coqueret (p. 91) : Ronsard était surtout attiré par les *poètes grecs*, et, à l'exemple des plus grands d'entre eux, il considéra la poésie comme un sacerdoce. Chef admiré de la Brigade, il prit sans doute une part importante à l'élaboration de la doctrine exposée par Du Bellay dans *la Défense et Illustration* (avril 1549). Quelques mois plus tard (janvier 1550), il publiait ses *Quatre premiers livres d'Odes*, qui le désignaient comme le chef de la nouvelle école poétique.

La montée vers la gloire

Désormais les étapes de sa vie sont celles de son inspiration poétique et de son ascension vers la gloire. D'abord accueilli avec froideur, il conquit peu à peu une autorité qui lui valut le titre de « *prince des poètes* ».

1. DE PINDARE A PÉTRARQUE. Les *odes de* 1550 étaient peu faites pour séduire la cour. Si Ronsard, disciple d'Horace, y chantait en épicurien son Vendômois natal et sa passion pour Cassandre Salviati (p. 136), il donnait la première place aux *odes pindariques*, grandiloquentes, trop souvent obscures ou pédantesques. Les érudits admirèrent « le Pindare français », mais il eut contre lui *les poètes de cour* qu'il malmenait dans sa préface. Changeant alors de ton, il publia deux ans plus tard les sonnets *pétrarquistes* des *Amours de Cassandre* (1552) : il espérait, par cette concession à la mode italienne, se concilier un plus large public. Il est vrai qu'il publiait en même temps le *Cinquième livre des Odes*, plus pindarique encore que les précédents (cf. *A Michel de l'Hôpital*, p. 122).

2. LE LYRISME SIMPLE ET GRACIEUX. L'hostilité des poètes courtisans allait avoir d'heureux effets. Saint-Gelais, poète officiel (cf. p. 31), avait lu les *Odes* devant le roi, en soulignant, perfidement, l'emphase et l'obscurité de certains passages. La princesse Marguerite et Michel de l'Hopital prirent la défense de Ronsard ; la cour fut, un moment, divisée en deux camps, mais L'Hopital réconcilia les deux rivaux et sut décider Ronsard à redescendre vers une inspiration plus simple. Cette poésie plus familière, souvent imitée d'Horace et d'Anacréon, se manifeste dans les recueils publiés entre 1554 et 1556 : le *Bocage* (1554) et les *Mélanges* (fin 1554) où l'on retrouve la veine « marotique » ; la *Continuation des Amours* (1555), où quelques sonnets sont encore dédiés à Cassandre ; et surtout la *Nouvelle Continuation des Amours* (1556), recueil de sonnets, chansons et chansonnettes, inspirés par une simple paysanne : Marie Dupin.

Ce retour à la simplicité marquait la victoire de son tempérament sur les exercices d'école ; il lui valut la *faveur grandissante de la cour.* Mais son génie était d'une extrême variété, et sans cesse à l'affût d'inspirations nouvelles : en même temps qu'il faisait ces concessions au goût de la cour, jusqu'à écrire les odes trop lestes des *Folastries* (1553), il cédait à une aspiration vers le sublime qui, elle aussi, lui était naturelle, et à partir de 1555 il enrichit sa Muse d'un genre élevé : les *Hymnes* et les *Poèmes*.

3. LE « PRINCE DES POÈTES ». C'est dans cette période de 1550 à 1558 que Ronsard a conquis le premier rang. Malgré sa rupture avec les grands principes de la poésie érudite, il garde ses amis de la première heure et voit peu à peu se ranger autour de lui ses adversaires, gagnés par ses concessions, et les jeunes poètes attirés par ses succès. Parmi ses compagnons de la *Brigade*, il s'entoure des six meilleurs, constituant avec eux la *Pléiade*, en souvenir des sept poètes alexandrins qui, au IIIe siècle av. J.-C., avaient placé leur groupe sous le signe de cette constellation. Les noms qu'il nous cite, en 1556, en plus du sien, sont ceux de Du Bellay, Pontus de Tyard, Baif, Peletier, Belleau et Jodelle. Il est unanimement reconnu « *prince des poètes* ». Ses recueils sont, à maintes reprises, réédités avec succès ; on les imite, on lui dédie des poèmes. En 1560 il publie une édition collective de ses œuvres, classant toutes ses poésies en quatre volumes : *Amours, Odes, Poèmes, Hymnes.* Ainsi, dix ans après ses débuts, ce poète de 36 ans permettait au public de mesurer l'*ampleur* de sa production et la *variété* de son inspiration : c'est avec orgueil qu'il pouvait, lui-même, proclamer sa royauté littéraire.

Ronsard poète des Princes

1. APRÈS LA GLOIRE, LA FORTUNE. Dès 1553, HENRI II, son ami dès l'enfance, lui avait fait attribuer les bénéfices de quelques cures. A la mort de SAINT-GELAIS, poète officiel (octobre 1558), RONSARD devient, à sa place, *conseiller* et *aumônier ordinaire* du roi : il n'est pas prêtre, mais sa charge consiste à présenter au roi l'eau bénite et le coussin sur lequel il s'agenouille. Dès lors il fournit la cour de poésies de circonstance et de divertissements littéraires pour les fêtes royales : cartels, mascarades, inscriptions, devises, étrennes, qu'il réunira, en 1565, sous le titre d'*Élégies, Mascarades et Bergerie*. Faut-il écrire des billets doux pour de grands personnages ou pour le roi lui-même ? c'est à Ronsard qu'on s'adresse. Il est, en échange, largement pensionné, surtout à partir de l'avènement de CHARLES IX (1560), qui le comble de biens, lui attribuant, en grand nombre, *prieurés* et *canonicats*. Quand il veut se reposer de la vie de cour, il retrouve ses livres et sa chère nature dans ses deux résidences préférées : les prieurés de *Saint-Cosme-les-Tours* et de *Croixval-en-Vendômois*.

2. LE POÈTE DES DISCOURS. Sa place de poète officiel, ses convictions personnelles, l'ont entraîné à prendre parti dans les luttes religieuses du temps : les *Discours* (p. 153) enrichissent son œuvre d'une éloquence de *pamphlétaire*. D'abord modéré, reconnaissant les torts des deux partis, il gémit sur les malheurs qui menacent la patrie ; puis, quand les troubles ont éclaté, ce sont de véritables pamphlets pleins de violence et d'indignation qu'il écrit contre les protestants ; au moment des victoires catholiques de *Jarnac* et de *Moncontour* (1569), il a même chanté des hymnes de triomphe d'une sauvagerie déconcertante. Et pourtant il était foncièrement pacifique, et, sur la fin de sa vie, il se rangera avec L'HOPITAL au nombre des « *politiques* », amis de la tolérance, qui condamnaient les excès des ligueurs comme ceux des réformés.

Le Crépuscule

Après l'échec de la *Franciade* (1572), l'épopée promise depuis 23 ans (p. 162), RONSARD connaît, à la mort de Charles IX (mai 1574), l'amertume d'une *demi-disgrâce :* le nouveau roi HENRI III a ramené de Pologne son poète favori, le jeune DESPORTES. Le « prince des poètes », riche et malade, se retire à partir de 1575 dans ses prieurés, et, au crépuscule de sa gloire, ajoute encore à son bouquet poétique ces mélancoliques roses d'automne, les *Sonnets sur la Mort de Marie* et les *Sonnets pour Hélène* (1578). Travaillant sans relâche à rééditer ses œuvres complètes, il était tourmenté et souvent retenu au lit par la goutte : ses derniers sonnets, si poignants, évoquent ses tortures physiques, ses insomnies, sa préoccupation de l'au-delà. Il mourut à *Saint-Cosme* le 27 décembre 1585. Deux mois plus tard, ses funérailles eurent lieu à Paris : jamais la mémoire d'un poète français n'avait été aussi solennellement honorée.

Étrange destinée de l'œuvre

Avide d'immortalité, Ronsard avait consacré ses dix dernières années à préparer les *grandes éditions de ses œuvres* complètes de 1578 et de 1584 : inlassablement, il reclasse, élague, supprime, corrige. Beaucoup de ces remaniements sont heureux ; d'autres sont inacceptables, surtout la suppression d'œuvres auxquelles la postérité a rendu justice. Mais quelle surprenante *éclipse de deux siècles !* Ce père du classicisme sera victime de MALHERBE et de sa tendance étroite à épurer la langue ; BOILEAU ne voit que « *le faste pédantesque* » de « *ses grands mots* », que « *sa Muse en français parlant grec et latin* » ; le grand ARNAULD parle des « *pitoyables poésies de Ronsard* ». Il faut attendre les ROMANTIQUES, ennemis de l'imitation, mais séduits par son lyrisme personnel, pour que soient reconnus le génie de Ronsard, la variété de son inspiration et la perfection de son art. SAINTE-BEUVE lui rendit justice dans son *Tableau de la Poésie française au XVIe siècle* (1828) suivi des *Œuvres choisies de Ronsard*. Les PARNASSIENS ont aimé en lui l'imitateur des anciens, le poète épris de beauté plastique ; et il semble que, désormais, cette œuvre aux mille tons soit de celles où chaque génération peut découvrir des raisons d'admirer et de se retrouver.

LE POÈTE DES ODES

Avec les *Quatre Premiers Livres des Odes* (1550), suivis du *Cinquième Livre* (1552), RONSARD proclamait sa volonté de restaurer le *lyrisme antique.* Il avait commencé par imiter HORACE ; mais Dorat, fervent admirateur de PINDARE, lui avait donné l'ambition de rivaliser avec les formes les plus hautes du lyrisme grec. Le recueil s'ouvrait donc sur de « *grandes odes* » *pindariques* (Ier Livre), bien qu'elles eussent été écrites après les odes inspirées d'Horace. De plus en plus c'est la veine *horacienne,* puis *anacréontique,* plus conforme au tempérament de Ronsard, qui enrichira, dans les éditions postérieures, le *Quatrième* et le *Cinquième Livre des Odes.*

Les Odes Pindariques Dans ses *odes triomphales* (*Olympiques, Pythiques, Néméennes, Isthmiques*), le Thébain PINDARE (521-441) célébrait les athlètes vainqueurs aux Jeux de la Grèce. Sa poésie, destinée à être chantée *sur le théâtre* au cours de cérémonies religieuses, s'étale en vastes ensembles lyriques, divisés en *triades* (strophe, antistrophe, épode), qui correspondaient aux évolutions du *chœur.* Ronsard s'est inspiré de ce haut lyrisme pour chanter à son tour le roi Henri II, les princes, les grands personnages comme Michel de l'Hôpital, les poètes ses amis. Il a appris de PINDARE la valeur poétique des symboles et des mythes païens, le pouvoir évocateur des métaphores, des comparaisons grandioses et des épithètes significatives ; il a puisé chez lui le goût des larges envolées rythmiques et des harmonies verbales. Mais il ne recueillera que plus tard, lorsqu'il se sera assagi, le fruit de cette initiation. Dans ses *odes pindariques,* il s'est laissé entraîner à une imitation trop directe, trop puérilement formelle : il applique des recettes mécaniques, accumulant invocations, apostrophes, interrogations, souvenirs mythologiques et jusqu'à ce « *beau désordre* » dont parlera Boileau.

L'ODE A MICHEL DE L'HOPITAL *Filles de* JUPITER *et de* MÉMOIRE (cf. Hésiode), *les Muses, âgées de sept ans, rendent visite à leur père, qui prend part à un festin au fond de l'Océan* (*souvenir d'*HOMÈRE *et de* VIRGILE). *Pour charmer les convives, elles chantent la victoire de Jupiter sur les Géants* (*d'après* HÉSIODE). *En récompense, elles obtiennent de leur père le pouvoir d'inspirer de leur « fureur divine » les poètes au cœur pur et vertueux* (cf. CALLIMAQUE *et* PLATON, Ion). *Elles descendent sur la terre, où elles inspirent Orphée, Homère, puis les poètes de la Grèce et de Rome. Bientôt le souffle divin s'affaiblit : la guerre et le règne de l'Ignorance contraignent les Muses à regagner le ciel. Mais voici qu'elles redescendent sur terre, après avoir vu les Parques* (*souvenir de* PLATON *et de* CATULLE), *filer la vie de* MICHEL DE L'HOPITAL, *défenseur de Ronsard. Ainsi, tout en rattachant à son éloge les plus belles légendes antiques, Ronsard trouvait le moyen de s'acquitter envers son protecteur et de chanter haut et clair sa prétention de renouveler la poésie.*

Combat des Dieux et des Géants

Nous donnons deux *triades* de cette ode, la plus longue (816 vers) et la plus célèbre. C'est le début du *combat entre les Dieux et les Géants,* un des mythes qui reviennent le plus souvent chez les poètes anciens. Le passage, d'une réelle *grandeur épique,* est intéressant par la puissance des évocations et par la variété des attitudes. On devine néanmoins les dangers de cette *érudition indiscrète,* parfois obscure et vite fastidieuse. Le rythme de l'*épode* diffère du rythme commun à la *strophe* et à l'*antistrophe ;* mais cette division en triades ne répond à aucune intention du poète et elle est devenue sans objet puisque l'ode n'est plus destinée au chant choral à la manière antique.

On pourra constater, dans ces quelques vers, *l'application des idées de la Pléiade :* images (v. 10, 17, 26, 27, 35, 45) ; comparaisons (v. 31, 39, 67-68) ; périphrases (v. 7, 14, 34, 59).

STROPHE VIII

Il [1] arma d'un foudre terrible
Son bras qui d'éclairs rougissait ;
En la peau d'une chèvre [2] horrible
Son estomac [3] se hérissait ;
Mars renfrogné d'une ire [4] noire
Branlait [5] son bouclier inhumain ;
Le Lemnien [6] d'une mâchoire
Garnit la force de sa main ;
Phébus, souillé de la poussière,
Tenait au poing son arc voûté,
Et le tenait d'autre côté
Sa sœur, la Dictynne [7] guerrière.

ANTISTROPHE

Bellonne eut la tête couverte
D'un acier, sur qui rechignait [8]
De Méduse la gueule ouverte,
Qui pleine de flammes grognait ;
En sa dextre [9] elle enta la hache
Par qui les Rois sont irrités,
Alors que dépite [10] elle arrache
Les vieilles tours de leurs cités.
Styx [11] d'un noir halecret [12] rempare
Ses bras, ses jambes et son sein,
Sa fille amenant par la main
Contre [13] Cotte, Gyge et Briare.

EPODE

Rhète et Myme [14], cruels soudards,
Les nourrissons des batailles,
Brisaient les dures entrailles
Des rocs, pour faire des dards ;
Typhée hochait [15] arraché
Un grand sapin ébranché
Comme une lance facile ;
Encelade un mont avait,
Qui bientôt porter devait
Le fardeau de la Sicile [16].

STROPHE IX

Un tonnerre [17] ailé par la Bise
Ne choque pas l'autre si fort,
Qui sous le vent Africain brise
Même air par un contraire [18] effort,
Comme les camps s'entre-heurtèrent
A l'aborder [19] de divers lieux ;
Les poudres sous leurs pieds montèrent
Par tourbillons jusques aux cieux,
Un cri se fait, Olympe en tonne,
Othrye [20] en bruit, la mer tressaut [21],
Tout le Ciel en meugle [22] là-haut,
Et là-bas [23] l'Enfer s'en étonne [24].

ANTISTROPHE

Voici le magnanime [25] Hercule
Qui de l'arc Rhète [26] a menacé ;
Voici Myme qui le recule [27]
Du haut d'un rocher élancé ;
Neptune, à la fourche étoffée [28]
De trois crampons, vint se mêler
Par la troupe, contre Typhée
Qui rouait [29] une fonde [30] en l'air ;
Ici Phébus, d'un trait qu'il jette,
Fit Encelade trébucher ;
Là Porphyre lui fit broncher
Hors des poings l'arc et la sagette [31].

EPODE

Adonc [32] le Père puissant [33]
Qui d'os et de nerfs s'efforce,
Ne mit en oubli la force
De son foudre punissant [34] :
Mi-courbant son sein en bas
Et dressant bien haut le bras
Contre eux guigna [35] la tempête,
Laquelle en les foudroyant
Sifflait aigu [36], tournoyant
Comme un fuseau sur leur tête.

— 1 Jupiter. — 2 La Chèvre Amalthée, dont la peau recouvrait l'*égide* (bouclier) de Zeus. — 3 Poitrine. — 4 Colère (*vieux mot*). — 5 Agitait ; *Bouclier :* 2 syll. — 6 Dieu de Lemnos (Vulcain). — 7 Surnom de Diane chasseresse. — 8 Grinçait des dents. — 9 Sa main droite (lat. *dextra*). *Enta* = litt. *greffa*. — 10 En colère. — 11 Fille d'Océan ; elle a pour fille *Victoire*. — 12 Cuirasse. — 13 *Auprès de...* Il s'agit de trois géants, alliés de Jupiter. — 14 L'un est un *centaure*, l'autre un *titan*. *Cruels :* 1 syll. — 15 Brandissait. — 16 Il fut enseveli sous l'*Etna*. — 17 Nuage orageux. — 18 La *bise* souffle du N., et le vent africain vient du S. Comme : *que*. — 19 *Inf. substantivé* (à l'assaut). — 20 Les géants sont sur le mont Orthrys, face au mont Olympe. — 21 Frémit. — 22 Image *transposée* d'Hésiode : La « Terre *mugit* à grande voix » (*Théog.*, 679). — 23 S'oppose à *là-haut*. — 24 Sens très fort. — 25 Epith. « *homérique* » (mot tiré du *latin*). — 26 Forte inversion. — 27 Repousse. — 28 *Garnie*. Epith. « *significative* ». — 29 Faisait tourner (*vieux mot*). — 30 Fronde (lat. *funda*). — 31 Flèche (lat. *sagitta*). — 32 Alors. — 33 Jupiter. — 34 Epith. « *significative* ». — 35 Lança en visant (*vieux mot*). — 36 Adjectif employé comme adverbe.

Les Odes Horatiennes Imitateur d'HORACE avant son séjour à Coqueret, RONSARD lui resta fidèle même au temps des odes pindariques ; après 1550, cette influence mêlée à celle d'ANACRÉON a continué d'inspirer tout un aspect de son lyrisme. Perfection formelle, variété de l'inspiration et des rythmes, voilà les qualités que Ronsard pouvait admirer chez le lyrique latin. Épicurien comme lui, il goûtait à sa manière la *nature*, le *bon vin*, les douceurs de l'*amour* et de l'*amitié*.

1. SES ODES RUSTIQUES partent indiscutablement d'*impressions sincères* éprouvées devant les sources, les grottes, les arbres et les animaux de son Vendômois ; mais il savait par cœur son Virgile et son Horace, et « comme la nature qu'ils ont décrite ne diffère pas sensiblement de celle qu'il voyait et dont il jouissait, c'est de concert avec eux qu'il exprime une partie de ce que lui inspire le paysage environnant... Ses poésies champêtres sont un *mélange perpétuel d'observations directes et d'imitations* » (P. LAUMONIER). On verra que, même lorsqu'il imite assez fidèlement (p. 125), Ronsard sait repenser son modèle, le confronter avec ses impressions et le refondre selon son propre génie. Le poète latin lui a appris à mieux sentir la nature et surtout à *exprimer ses sentiments :* nous citons d'ailleurs des odes rustiques où Ronsard apparaît entièrement personnel.

2. LES THÈMES ÉPICURIENS par excellence sont ceux de la *joie de vivre* et de la *joie d'aimer*, en relation avec le sentiment de la *fuite du temps* et de la *mort inexorable*. La muse de Ronsard se trouvait, sur ce point, en parfaite affinité avec celle d'Horace. Dès 1553, les odelettes familières et charmantes d'Anacréon (révélé par H. ESTIENNE), viennent colorer de leur grâce la veine horacienne. On lira plus loin des *chansons à boire* inspirées de ce lyrisme aimable et léger (page 133). Quant à la joie d'aimer, elle s'exprime aussi dans les *Odes*, mais on trouvera les chefs-d'œuvre de ce lyrisme dans les *Amours de Cassandre*, les *Amours de Marie* et les *Sonnets pour Hélène*.

A LA FONTAINE BELLERIE

HORACE avait chanté la « *fontaine* » de Bandusie : RONSARD se devait de chanter lui aussi une « fontaine ». On verra ce qu'il doit à son modèle jusque dans le détail du style. Mais nous sommes loin d'une plate imitation. « *Pierre de Ronsard, Vendômois* » choisit une source qu'il connaît bien et qu'il aime pour des raisons toutes personnelles : la *fontaine Bellerie* faisait partie du domaine de la Possonnière. Derrière la *fiction mythologique* par laquelle cet humaniste exprime tout naturellement la vie de la nature, nous devinons les *impressions fraîches et sincères* d'un artiste passionnément attaché à sa terre natale.

O Fontaine [1] Bellerie,
Belle fontaine chérie
De nos Nymphes, quand ton eau
Les cache au creux de ta source
Fuyantes [2] le satyreau
Qui les pourchasse à la course
Jusqu'au bord de ton ruisseau [3] ;

— 1 *Source* (sens étym.). Texte primitif (1550) : *O déesse Bellerie* | *Belle déesse*. — 2 Cf. App. II, D 2 a. — 3 Quel est l'effet produit par la succession des enjambements ?

Tu [4] es la Nymphe éternelle
De ma terre paternelle :
Pour ce [5] en ce pré verdelet [6]
Vois ton poète qui t'orne
D'un petit chevreau de lait,
A qui l'une et l'autre corne
Sortent du front nouvelet [7].

L'été je dors ou repose
Sur ton herbe, où je compose [8],
Caché sous tes saules verts,
Je ne sais quoi [9], qui ta gloire
Enverra [10] par l'univers,
Commandant à la mémoire
Que tu vives par mes vers [11].

L'ardeur de la Canicule
Ton vert rivage ne brûle [12],
Tellement qu'en toutes parts
Ton ombre est épaisse et drue
Aux pasteurs venant des parcs,
Aux bœufs las de la charrue,
Et au bestial [13] épars.

Io [14] ! tu seras sans cesse
Des fontaines la princesse,
Moi célébrant [15] le conduit
Du rocher percé, qui darde
Avec un enroué bruit
L'eau de ta source jasarde
Qui trépillante se suit [16].

ODES, II, 9

– *Établissez le plan de cette ode ; étudiez l'enchaînement des idées et des thèmes.*
– *Pour quelles raisons personnelles le poète chante-t-il cette source ?*
– *Relevez les détails permettant d'imaginer un paysage précis. Quelle est la relation entre ce paysage et la source ?*
– *Quel est ici le rôle de la mythologie ? Que devient, à la strophe 2, l'idée du sacrifice païen ?*
– *Étudiez les corrections apportées au texte primitif (cf. notes 1, 8, 12).*
– ***Commentaire composé.*** *Diversité des tableaux ; mythologie et sentiment de la nature.*
• **Groupe thématique : Nature et mythologie.** Cf. pages 124, 126, 151. – XIXe SIÈCLE, page 52.

EXERCICE : *Comparer cette ode à la traduction de celle d'*HORACE (Odes III, XIII), *et montrer :* a) *Ce que Ronsard doit à son modèle ;* b) *Ce qu'il a modifié ;* c) *Ce qu'il a ajouté.*

« O fontaine de Bandusie, plus brillante que le cristal, qui mérites du vin doux sans oublier les fleurs, demain tu recevras en offrande un chevreau dont le front gonflé de cornes naissantes

— 4 *Tu es :* Noter l'*hiatus* qui sera condamné par Malherbe. — 5 Pour cela (élision de *e*). — 6 Diminutif (cf. v. 14). — 7 A quoi tient la grâce de cette évocation ? — 8 Texte primitif (1550) : *Sur ton bord je me repose — Et là oisif je compose.* — 9 Commenter cette expression. — 10 Quel est l'effet de cette inversion ? — 11 Préciser ce trait de caractère. — 12 Texte primitif (1550) : *Toi ni tes rives ne brûle.* — 13 Bétail. — 14 Exclamation de joie chez les Grecs. — 15 Si je célèbre (cf. *Horace.*) — 16 Étudier l'harmonie « *jasarde* » de ces 4 derniers vers.

s'apprête aux combats. Mais en vain ! car il tachera de son sang rouge tes eaux fraîches, le rejeton du troupeau folâtre !

Toi que la cruelle saison de la brûlante Canicule ne saurait atteindre, toi qui offres une aimable fraîcheur aux taureaux las de la charrue et au bétail errant, tu deviendras aussi une des fontaines illustres, si je chante (littéralement : *moi chantant*) l'yeuse plantée sur ton rocher creux, d'où tes eaux babillardes tombent en bondissant ».

A la forêt de Gastine

Après la fontaine, voici la *forêt de Gastine* (non loin de la *Possonnière* et de *Croixval*), où RONSARD écrivit ses premiers vers et où il composera ses derniers poèmes. Sans s'inspirer d'un modèle précis, il la chante encore en *humaniste*, mais elle est pour lui le *calme*, la *fraîcheur*, l'*inspiratrice*, la *consolatrice :* sa reconnaissance et sa ferveur s'expliquent par une *dette personnelle* d'artiste et d'épicurien. « *C'est un bijou que cette petite pièce,* dit Sainte-Beuve, *tout y appartient à Ronsard : l'idée et le rythme* ».

Couché sous tes ombrages verts,
Gastine, je te chante
Autant que les Grecs par leurs vers
La forêt d'Erymanthe [1].

Car, malin [2], celer je ne puis
A la race future [3]
De combien obligé je suis
A ta belle verdure.

Toi qui, sous l'abri de tes bois,
Ravi d'esprit [4] m'amuses [5] ;
Toi qui fais qu'à toutes les fois
Me répondent les Muses [6] ;

Toi par qui de ce méchant soin [7]
Tout franc je me délivre,
Lorsqu'en toi je me perds bien loin
Parlant [8] avec un livre.

Tes bocages soient [9] toujours pleins
D'amoureuses brigades [10]
De Satyres et de Sylvains,
La crainte des Naïades !

En toi habite [9] désormais
Des Muses le collège [11],
Et ton bois ne sente [9] jamais
La flamme sacrilège [12] !

ODES, II, 15

Contre les bûcherons de la forêt de Gastine

Vers la fin de sa vie, RONSARD eut la douleur de voir abattre une partie de « *sa* » forêt de Gastine, vendue par le roi de Navarre (le futur Henri IV). Il publia en 1584 cette vibrante *élégie* dont certains vers comptent parmi les plus *harmonieux* et les plus *évocateurs* de notre langue. Le *mystère* de la forêt, sa *fraîcheur*, son *charme pittoresque* ne pourraient être chantés avec cet accent si Ronsard n'avait ressenti, devant la nature, les plus vives émotions. Et quelle magnifique *plénitude* dans ce « finale » teinté d'une émouvante *mélancolie !*

Écoute [1], bûcheron, arrête un peu le bras !
Ce ne sont pas des bois que tu jettes à bas ;
Ne vois-tu pas le sang, lequel dégoutte à force [2],
Des nymphes [3] qui vivaient dessous la dure écorce ?

— 1 Forêt d'Arcadie, où Hercule tua un sanglier. Commenter le rapprochement. — 2 Sous peine d'être méchant. — 3 *A la postérité.* Préciser ce thème cher à Ronsard. — 4 Expliquer l'expression. — 5 Me retiens. — 6 Quel est ce sentiment ? — 7 Souci. — 8 Commenter cette belle expression. — 9 Subj. de souhait. — 10 Troupes désordonnées. — 11 L'Assemblée. — 12 Quel sentiment apparaît ici ?

— 1 Étudier le ton et le mouvement de ce premier vers. — 2 Abondamment — 3 Comment ce mot est-il mis en valeur ?

Sacrilège meurtrier [4], si on pend un voleur
Pour piller un butin de bien peu de valeur,
Combien de feux, de fers, de morts, et de détresses [5],
Mérites-tu, méchant, pour tuer nos déesses [6] ?

Forêt, haute maison des oiseaux bocagers,
Plus le cerf solitaire et les chevreuils légers [7]
Ne paîtront sous ton ombre, et ta verte crinière
Plus du soleil d'été ne rompra la lumière.
Plus l'amoureux pasteur, sur un tronc adossé,
Enflant [8] son flageolet à quatre trous percé,
Son mâtin à ses pieds, à son flanc la houlette,
Ne dira plus l'ardeur de sa belle Jeannette [9].
Tout deviendra muet, Écho [10] sera sans voix,
Tu deviendras campagne [11], et, en lieu de tes bois
Dont l'ombrage incertain lentement se remue [12],
Tu sentiras le soc, le coutre [13] et la charrue ;
Tu perdras ton silence [14], et, haletants d'effroi,
Ni Satyres ni Pans ne viendront plus chez toi.

Adieu, vieille forêt, le jouet de Zéphyre,
Où premier [15] j'accordai les langues [16] de ma lyre,
Où premier j'entendis les flèches résonner
D'Apollon [17], qui me vint tout le cœur étonner [18] ;
Où premier, admirant la belle Calliope [19],
Je devins amoureux de sa neuvaine trope [20],
Quand sa main sur le front cent roses me jeta [21],
Et de son propre lait Euterpe [22] m'allaita.
Adieu, vieille forêt, adieu, têtes sacrées,
De tableaux [23] et de fleurs autrefois honorées,
Maintenant le dédain des passants [24] altérés,
Qui, brûlés [25] en l'été des rayons éthérés [26],
Sans plus trouver le frais de tes douces verdures,
Accusent tes meurtriers [27] et leurs disent injures.

---

4 Deux syll. — 5 Quel est l'effet de cette accumulation ? — 6 D'où vient la force de cette expression ? — 7 Étudier la valeur évocatrice de ces épithètes ; celle des sons dans les 2 vers suivants. — 8 Soufflant dans. — 9 Montrer la précision pittoresque de ce tableautin. — 10 La nymphe Echo. — 11 Préciser le sens. — 12 Commenter cette évocation. Montrer le contraste avec le v. suivant. — 13 Le « *couteau* » de la charrue, qui tranche la terre. — 14 Cf. v. 17. Y a-t-il contradiction ? — 15 Pour la première fois. — 16 Cordes (métaphore antique). — 17 Dieu de la poésie. Quel est l'effet de ce rejet ? — 18 Sens fort : *surprise et vive émotion.* — 19 Muse de la poésie épique. — 20 La *troupe* des neuf Muses. — 21 Qu'exprime cette gracieuse évocation ? — 22 Muse de la poésie lyrique. — 23 Ex-voto suspendus aux arbres par les anciens. — 24 Montrer la propriété de ce terme. — 25 Étudier le contraste d'harmonie entre ce vers et le suivant. — 26 Qui ont traversé les régions brûlantes de l'éther. — 27 Deux syllabes. Prononciation courante jusqu'à Corneille. —

Adieu, chênes, couronne aux vaillants citoyens [28],
Arbres de Jupiter, germes Dodonéens [29],
Qui premiers aux humains donnâtes à repaître [30] ;
Peuples vraiment ingrats, qui n'ont su reconnaître
Les biens reçus de vous, peuples vraiment grossiers
De massacrer ainsi leurs pères nourriciers !

Que l'homme est malheureux qui au monde se fie !
O dieux, que véritable est la philosophie [31],
Qui dit que toute chose à la fin périra,
Et qu'en changeant de forme une autre vêtira !
De Tempé [32] la vallée un jour sera montagne,
Et la cime d'Athos [33] une large campagne ;
Neptune [34] quelquefois [35] de blé sera couvert ;
La matière demeure et la forme se perd.

ÉLÉGIES, XXIV (V. 19-68)

– *Établissez le plan de cette élégie ; étudiez l'enchaînement des idées et l'évolution du ton.*
– *Pour quelles raisons personnelles* RONSARD *est-il attaché à cette forêt ?*
– *A quels traits reconnaissez-vous les impressions ou les émotions sincèrement éprouvées ?*
– *Que pensez-vous de l'intervention de la mythologie dans ce poème ? porte-t-elle atteinte à l'expression sincère des émotions ?*
• **Comparaison.** RONSARD et HUGO dans la forêt. Cf. pages 124, 126, 151. – XIXe SIÈCLE, page 161.
– ***Commentaire composé*** *: v-1-22. Le sentiment de la nature : sincérité et artifice.*
• **Groupe thématique : L'homme et la forêt.** Cf. XIXe SIÈCLE, pages 32, 34, 52 ; – page 137 ; – pages 161, 175, 179 ; – page 226.

LE BEL AUBÉPIN

Dans ses odelettes, à l'imitation d'ANACRÉON et aussi de l'*école marotique*, RONSARD a composé des « *blasons* » d'arbres et d'animaux. Voici l'éloge d'un arbuste charmant, et du même coup l'évocation vivante et gracieuse de *tout un aspect de la nature* au printemps. On notera avec quelle *délicatesse* le poète, séduit par tant de « *gentillesse* », s'inquiète des dangers qui menacent le bel aubépin. Nous voilà loin des pompeuses imitations de Pindare.

Bel aubépin verdissant,
    Fleurissant [1]
Le long de ce beau rivage,
Tu es vêtu [2] jusqu'au bas
    Des longs bras
D'une lambrunche [3] sauvage.

28 La couronne civique, en feuilles de chêne, récompensait à Rome le soldat qui avait sauvé un camarade. — 29 Les chênes de Dodone (en Épire) prédisaient l'avenir par leur bruissement. — 30 Les premiers hommes se seraient nourris de glands (cf. *Lucrèce*, V, 936). — 31 Cf. *Lucrèce*, La Nature, livre V. — 32 Vallée de Thessalie. — 33 Haute montagne de Chalcidique. — 34 La mer. — 35 Un jour.

— 1 Les fleurs de l'aubépin sont blanches. — 2 Étudier le développement de cette image. — 3 Vigne sauvage.

Deux camps [4] drillants [5] de fourmis
Se sont mis
En garnison sous ta souche ;
Et, dans ton tronc mi-mangé,
Arrangé [6]
Les avettes [7] ont leur couche.

Le gentil rossignolet
Nouvelet,
Avecques sa bien-aimée,
Pour ses amours alléger,
Vient loger [8]
Tous les ans [9] en ta ramée,

Dans laquelle il fait son nid
Bien garni
De laine et de fine soie,
Où ses petits écloront,
Qui seront
De mes mains [10] la douce proie [11].

Or vis, gentil aubépin,
Vis sans fin,
Vis sans que jamais tonnerre,
Ou la cognée, ou les vents,
Ou les temps
Te puissent ruer [12] par terre.

ODES, IV, 22

- *Quel ordre le poète a-t-il suivi dans sa description ? Quel est le lien entre la dernière strophe et le reste du poème ?*
- *Sur quels points porte l'éloge de l'aubépin ? Relevez les détails descriptifs les plus pittoresques.*
- *Notez les détails qui – dans les v. 1 à 24 – suggèrent l'idée de la fragilité universelle. Comment s'exprime cette idée dans la dernière strophe ?*
- *En quoi la versification contribue-t-elle à la grâce de la description ?*
- ***Commentaire composé.*** *Blason d'un arbuste : son charme et sa fragilité.*
- **Groupe thématique : Nature.** La nature dans la poésie de RONSARD d'après l'ensemble des extraits.

EXERCICE : *Nous donnons le texte primitif de cette odelette, fréquemment modifiée par Ronsard. Apprécier les remaniements suivants :*

STR. 1 : *Bel aubépin fleurissant — Verdissant* (1578).
STR. 2 : *V.* 1 : *Deux camps de rouges fourmis* (1578). — V. 4-5 : *En ton pied demi-mangé — Allongé* (1578) ; puis : *Dans les pertuis de ton tronc — Tout du long* (1584).
STR. 3 : *Le chantre Rossignolet — Nouvelet — Courtisant sa bien-aimée* (1578).
STR. 4 : *Sur ta cime il fait son nid — Bien uni — De mousse et de fine soie* (1578).

4 La métaphore « militaire » va se préciser. — 5 « *Actifs et brillants* » (mot déjà vieux au XVIe s.). — 6 Quel est l'effet de cette inversion ? — 7 Abeilles (terme rustique). — 8 Préciser la nuance (cf. *arrangé*, v. 11). — 9 Quelle idée nouvelle apparaît ici ? — 10 Quel est l'effet de l'enjambement et de l'inversion ? — 11 Étudier cette alliance de mots. — 12 *Précipiter brutalement.* Comment Ronsard a-t-il évoqué la *brutalité* de ces coups ?

A l'alouette

Comme il a célébré l'aubépin, le houx, la rose, la violette, RONSARD a aussi chanté l'alouette, le rossignol, les abeilles, le chien de chasse, etc... Cette *ode à l'alouette* nous peint avec *verve* la vie de l'oiseau, son vol, son babillage, ses amours, ses inquiétudes ; elle évoque aussi les activités de la campagne au printemps. Et, comme c'est souvent le cas chez Ronsard, le thème amoureux apparaît dans la comparaison familière de la fin.

T'oserait bien quelque poète
Nier [1] des vers, douce alouette ?
Quant à moi, je ne l'oserais.
Je veux célébrer ton ramage
Sur [2] tous oiseaux qui sont en cage
Et sur tous ceux qui sont ès [3] bois.

Qu'il te fait bon ouïr à l'heure
Que le bouvier les champs labeure [4],
Quand la terre le printemps sent,
Qui plus de ta chanson est gaie,
Que courroucée [5] de la plaie
Du soc qui l'estomac lui fend !

Sitôt que tu es arrosée,
Au point du jour, de la rosée,
Tu fais en l'air mille discours ;
En l'air des ailes tu frétilles,
Et pendue au ciel tu babilles
Et contes au vent tes amours [6].

Puis du ciel tu te laisses fondre
Dans un sillon vert, soit pour pondre,
Soit pour éclore [7] ou pour couver,
Soit pour apporter la bechée [8]
A tes petits, ou d'une achée [9],
Ou d'une chenille, ou d'un ver.

Lors moi, couché dessus l'herbette,
D'une part j'ois [10] ta chansonnette ;
De l'autre, sur du poliot [11]
A l'abri de quelque fougère
J'écoute la jeune bergère
Qui dégoise son lerelot [12].

Lors je dis : « Tu es bienheureuse,
Gentille alouette amoureuse,
Qui n'as peur ni souci de riens [13],
Qui jamais au cœur n'as sentie [14]
Les dédains d'une fière amie,
Ni le soin d'amasser des biens ;

Ou si quelque souci te touche,
C'est, lorsque le soleil se couche,
De dormir, et de réveiller
De tes chansons, avec l'aurore,
Et berger et passants encore
Pour les envoyer travailler.

Mais je vis toujours en tristesse
Pour [15] les fiertés d'une maîtresse
Qui paie [16] ma foi [17] de travaux [18]
Et d'une plaisante mensonge [19],
Mensonge qui toujours allonge
La longue trame de mes maux. »

ODES, IV, 27

— 1 Refuser. — 2 Plutôt que. — 3 Dans les. — 4 Laboure. — 5 Quatre syll. — 6 Étudier la vie de cette strophe. — 7 Faire éclore. — 8 Becquée. — 9 Vermisseau qui sert d'appât aux pêcheurs (lat. : *esca*). — 10 J'entends. — 11 Menthe sauvage. — 12 Refrain de chansons populaires. *Dégoise :* Chante. — 13 Employé au plur. comme subst. — 14 Remarquer l'accord avec le sujet. — 15 A cause de. — 16 Deux syll. — 17 Fidélité. — 18 Épreuves. — 19 Mot encore fém. au XVIe siècle.

QUAND JE SUIS VINGT OU TRENTE MOIS...

Les charmants spectacles du Vendômois natal versent parfois dans l'âme du poète une *mélancolie* qui ne doit rien aux modèles antiques. Deux siècles et demi avant LAMARTINE, il éprouve devant la nature immuable la *tristesse de l'homme qui passe* et des ans qui s'écoulent. Mais RONSARD ne pouvait rester sur cette note pessimiste : dans le trait final, d'une galanterie un peu précieuse, reparaît l'épicurien, tout à la vie et à l'amour.

Quand je suis vingt ou trente mois
Sans retourner en Vendômois,
Plein de pensées [1] vagabondes,
Plein d'un remords et d'un souci,
Aux rochers je me plains ainsi,
Aux bois, aux antres, et aux ondes :

« Rochers, bien que soyez âgés
De trois mille ans [2], vous ne changez
Jamais ni d'état ni de forme [3] :
Mais toujours ma jeunesse fuit,
Et la vieillesse qui me suit [4]
De jeune en vieillard me transforme.

« Bois, bien que perdiez tous les ans
En hiver vos cheveux [5] mouvants,
L'an d'après qui se renouvelle
Renouvelle [6] aussi votre chef [7] :
Mais le mien ne peut derechef
Ravoir sa perruque [8] nouvelle.

« Antres, je me suis vu chez vous
Avoir jadis verts [9] les genoux,
Le corps habile, et la main bonne :
Mais ores [10] j'ai le corps plus dur,
Et les genoux, que n'est le mur
Qui froidement vous environne.

« Ondes, sans fin vous promenez,
Et vous menez et ramenez
Vos flots d'un cours qui ne séjourne [11] :
Et moi sans faire long séjour
Je m'en vais de nuit et de jour
Au lieu d'où plus on ne retourne [12] ».

— 1 Trois syll. — 2 Montrer l'effet produit par cet enjambement et par le suivant. — 3 Cf. p. 128, v. 50. Y a-t-il contradiction ? — 4 *Poursuit*. Étudier l'image des v. 10 et 11. — 5 Image traditionnelle chez les poètes latins ; mais Ronsard lui donne la fraîcheur d'une chose vue (cf. p. 127, v. 19). — 6 Recherche de style à expliquer. — 7 Tête. — 8 Chevelure naturelle. — 9 Souples. — 10 Maintenant. — 11 Comment Ronsard traduit-il ce cours incessant ? — 12 Montrer la valeur expressive de la périphrase.

Si est-ce que [13] je ne voudrois
Avoir été ni roc ni bois,
Antre, ni onde, pour défendre
Mon corps contre l'âge emplumé [14],
Car ainsi dur je n'eusse aimé
Toi qui m'as fait vieillir, Cassandre.

ODES, IV, 10

– *Étudiez la composition de cette ode ; vous semble-t-elle ordonnée avec rigueur ?*
– *Strophes 1 à 5. Par quelles constatations le poète prend-il conscience de la fuite du temps ?*
– *Quelle idée inattendue apporte la dernière strophe ? Par quels moyens est-elle mise en valeur ?*
– ***Commentaire composé.*** *L'homme devant la nature et le sentiment de la fuite du temps.*
• **Groupe thématique : La nature et l'homme.** Cf. pages 124, 126, 131, et page 28. – XIXe SIÈCLE : LAMARTINE, pages 88, 96, 104, 117. – VIGNY, page 137. – HUGO, pages 163, 181 ; MUSSET, page 226.

De l'élection de son sépulcre

L'amour de *la petite patrie,* si chère aux poètes de la Pléiade (cf. p. 113), inspire à RONDARD le vœu d'y reposer après sa mort. Dans cette ode assez longue (124 vers), il se souvient de l'Anthologie grecque, de Properce, de Virgile et d'Horace : il décrit la sépulture qu'il souhaite, institue un culte annuel que les « pastoureaux » rendront à ses mânes, et se flatte de trouver place, aux Champs-Élysées, parmi l'élite des poètes. Nous citons *les premières strophes* où les réminiscences antiques laissent toute sa *fraîcheur* au sentiment personnel. SAINTE-BEUVE en admirait « l'exécution parfaite » : « *Ce petit vers masculin de quatre syllabes qui tombe à la fin de chaque stance produit à la longue une impression mélancolique : c'est comme un son de cloche funèbre* ». (*Odes*, IV, 4).

Antres, et vous fontaines
De ces roches hautaines
Dévalant contre-bas
D'un glissant pas,

Et vous forêts, et ondes
Par ces prés vagabondes,
Et vous, rives et bois,
Oyez ma voix.

Quand le ciel et mon heure [1]
Jugeront que je meure,
Ravi [2] du doux séjour
Du commun jour,

Je veux, j'entends, j'ordonne,
Qu'un sépulcre on me donne,
Non près des rois levé,
Ni d'or gravé,

Mais en cette île verte [3]
Où la course entr'ouverte
Du Loir autour coulant
Est accolant' [4],

Là où Braye s'amie
D'une eau non endormie
Murmure à l'environ
De son giron.

Je défends qu'on ne rompe
Le marbre pour la pompe [5]
De vouloir mon tombeau
Bâtir plus beau.

Mais bien je veux qu'un arbre [6]
M'ombrage en lieu [7] d'un marbre,
Arbre qui soit couvert
Toujours de vert.

De moi puisse la terre
Engendrer un lierre
M'embrassant en maint tour
Tout à l'entour ;

Et la vigne tortisse [8]
Mon sépulcre embellisse [9],
Faisant de toutes parts
Un ombre [10] épars.

— 13 Et cependant. — 14 *Le temps qui a des ailes.* Expliquer l'image.

— 1 Fixée par le destin. — 2 Enlevé. — 3 L'Ile Verte se trouve, à Couture, au confluent du Loir et de la Braye (v. 21). — 4 Accolante (le Loir « embrasse » l'île). — 5 L'orgueil. — 6 Souhait touchant qui était déjà dans Properce et que reprendra Musset (*Le Saule*). — 7 Au lieu. — 8 Tordue en spirale. — 9 Subj. de souhait (comme *puisse*, v. 33). — 10 Masc. chez Ronsard (cf. p. 145, v. 10).

Chansons épicuriennes

Disciple d'Horace et d'Anacréon, autant par tempérament que par goût artistique, Ronsard a chanté le plaisir, les « vins libres » et la bonne chère. Ses odes nous offrent diverses chansons à boire dont voici les plus savoureuses, l'une naïvement rustique, l'autre pleine de grâce et de délicatesse. Dans les deux cas c'est la brièveté de l'existence qui incite l'épicurien à jouir de l'instant qui passe

J'ai l'esprit tout ennuyé [1]
D'avoir trop étudié
Les *Phénomènes* d'Arate [2] ;
Il est temps que je m'ébatte
Et que j'aille aux champs jouer.
Bons Dieux ! qui voudrait louer
Ceux qui, collés sur un livre,
N'ont jamais souci de vivre !

Que nous sert l'étudier [3],
Sinon de nous ennuyer
Et soin [4] dessus soin accroître,
A nous qui serons peut-être,
Ou ce matin ou ce soir,
Victime de l'Orque [5] noir,
De l'Orque qui ne pardonne,
Tant il est fier [6], à personne ?

Corydon [7], marche devant ;
Sache où le bon vin se vend.
Fais rafraîchir la bouteille,
Cherche une feuilleuse treille
Et des fleurs pour me coucher.
Ne m'achète point de chair,
Car, tant soit-elle friande,
L'été je hais la viande ;

Achète des abricots,
Des pompons [8], des artichauts,
Des fraises et de la crème :
C'est en été ce que j'aime,
Quand, sur le bord d'un ruisseau,
Je les mange au bruit de l'eau,
Étendu sur le rivage
Ou dans un antre sauvage.

Ores [9] que je suis dispos,
Je veux rire sans repos,
De peur que la maladie
Un de ces jours ne me die,
Me happant à l'impourvu :
« Meurs, galant [10] : c'est trop vécu ! »

Versons ces roses en ce vin,
En ce bon vin versons ces roses,
Et buvons l'un à l'autre, afin
Qu'au cœur nos tristesses encloses
Prennent en buvant quelque fin.

La belle rose du printemps,
Aubert [1], admoneste [2] les hommes
Passer joyeusement le temps,
Et pendant que jeunes nous sommes
Ébattre la fleur de nos ans.

Tout ainsi qu'elle défleurit
Fanie en une matinée,
Ainsi notre âge se flétrit,
Las ! et en moins d'une journée
Le printemps d'un homme périt [3].

Ne vis-tu pas hier Brinon [4],
Parlant et faisant bonne chère,
Lequel aujourd'hui n'est sinon
Qu'un peu de poudre en une bière,
Qui de lui n'a rien que le nom ?

Nul ne dérobe [5] son trépas,
Caron serre tout en sa nasse [6],
Rois et pauvres tombent là-bas ;
Mais cependant le temps se passe,
Rose, et je ne te chante pas.

La rose est l'honneur d'un pourpris [7],
La rose est des fleurs la plus belle,
Et dessus toutes a le prix :
C'est pour cela que je l'appelle
La violette de Cypris [8]...

ODES, II, 18 et IV, 38

— 1 Fatigué (ennui = tourment). — 2 Aratos, poète et astronome grec. — 3 Inf. substantivé. — 4 Souci. — 5 *Orcus*, dieu des enfers. — 6 Farouche. — 7 Cf. p. 140, v. 2. — 8 Melons. — 9 Maintenant. — 10 Joyeux viveur.

— 1 Ami et éditeur de Du Bellay. — 2 Avertit. — 3 Cf. p. 139. — 4 Ami de Ronsard. — 5 N'échappe à. — 6 Nacelle. — 7 Enclos. — 8 Nom grec de *Vénus*. L'éloge de la Rose inspiré d'Anacréon occupe les 6 str. suivantes.

Les Odes Anacréontiques

« *Anacréon me plaît, le doux Anacréon !* » s'écriait RONSARD en 1556, en délaissant les vers de Pindare, « *obscurs, rudes et fâcheux* ». Rien ne marque mieux, en effet, son évolution que de placer auprès des Odes pindariques les chansons légères qu'on vient de lire, et surtout les charmantes *odelettes*, presque uniquement inspirées d'ANACRÉON, dont le petit dieu AMOUR est le héros. Ces récits sont d'une grâce précieuse et mignarde, reflet de la poésie alexandrine : les pièces du recueil d'H. Estienne sont en effet, pour la plupart, des pastiches de l'*époque alexandrine*, et non des œuvres d'Anacréon de Téos, poète ionien du VIe siècle.

L'Amour mouillé

Certains critiques reprochent à ces odelettes de manquer de naturel. On goûtera néanmoins dans l'*Amour mouillé* la narration *aisée* et spirituelle, le *pittoresque* de l'expression souligné par la plus heureuse des *versifications*. Ronsard est incontestablement supérieur à son modèle et il est permis de se demander si l'*Amour mouillé* de LA FONTAINE peut rivaliser avec celui de Ronsard.

Il était minuit, et l'Ourse
De son char tournait la course
Entre les mains du Bouvier,
Quand le somme vint lier
D'une chaîne sommeillière
Mes yeux clos sous la paupière.

Jà je dormais en mon lit
Lorsque j'entr'ouïs le bruit
D'un [1] qui frappait à ma porte,
Et heurtait de telle sorte
Que mon dormir s'en alla :
Je demandai : « Qu'est-ce là
Qui fait à mon huis [2] sa plainte ?
— Je suis enfant, n'aie [3] crainte »
Ce me dit-il ; et adonc
Je lui desserre le gond
De ma porte verrouillée.
« J'ai la chemise mouillée
Qui me trempe jusqu'aux os,
Ce disait ; dessus le dos,
Toute nuit, j'ai eu la pluie :
Et, pour ce, je te supplie
De me conduire à ton feu
Pour m'aller sécher un peu. »
Lors je pris sa main humide,
Et par pitié je le guide
En ma chambre, et le fis seoir
Au feu qui restait du soir ;
Puis allumant des chandelles,
Je vis qu'il portait des ailes,
Dans la main un arc turquois [4],
Et sous l'aisselle un carquois.
Adonc en mon cœur je pense
Qu'il avait grande puissance,
Et qu'il fallait m'apprêter
Pour le faire banqueter.

Cependant il me regarde
D'un œil, de l'autre il prend garde
Si son arc était séché ;
Puis, me voyant empêché [5]
A lui faire bonne chère,
Me tire une flèche amère
Droit en l'œil : le coup de là
Plus bas au cœur dévala,
Et m'y fit telle ouverture
Qu'herbe, drogue ni murmure [6],
N'y serviraient plus de rien.

Voilà, Robertet [7], le bien
(Mon Robertet qui embrasses
Les neuf Muses et les Grâces),
Le bien qui m'est advenu
Pour loger un inconnu.

ODES, II, 19 (vers 11-62)

— 1 De quelqu'un. — 2 Ma porte. — 3 Deux syllabes. — 4 Turc. — 5 Occupé. — 6 Murmure magique. — 7 Ami de Ronsard à qui est dédiée cette odelette.

EXERCICE : *Voici* (d'après P. LAUMONIER) *la traduction du récit d'*ANACRÉON *qui figurait dans le recueil d'H. Estienne :* « Naguère, au milieu de la nuit, à l'heure où la Grande Ourse tourne déjà sous la main du Bouvier, où tous les mortels reposent domptés par la fatigue, Erôs survint et frappa la barre de ma porte : « Qui, dis-je, frappe à ma porte ? Tu vas dissiper mes songes ». — « Ouvre, dit Erôs, je suis un petit enfant, ne crains rien. Je suis trempé et j'erre dans la nuit sans lune ». J'eus pitié, entendant ces mots : aussitôt j'allumai une lampe et j'ouvris. Je vois en effet un petit enfant qui portait un arc, des ailes et un carquois. Je le fis asseoir devant le foyer ; dans mes mains je réchauffai les siennes, puis j'exprimai l'eau de ses cheveux humides. Mais lui, dès qu'il ne sentit plus le froid : « Allons, dit-il, essayons cet arc : voyons si sa corde mouillée n'est pas endommagée ». Il le tend alors et me blesse en plein foie, comme un taon. Puis sautant et riant aux éclats : « Félicite-moi, mon hôte, dit-il ; mon arc se porte bien, mais toi, ton cœur sera bien malade ! »

Comparer RONSARD *à son modèle, et apprécier :* a) *Son originalité* (emprunts ; additions ; modifications). — b) *Son habileté de conteur* (art de créer et d'entretenir l'intérêt ; pittoresque de l'expression. — c) *Sa versification* (enjambements expressifs, etc.).

L'Amour piqué par une abeille

Cette odelette plaira par le charme des évocations, par la légèreté du rythme et des sons, et surtout par le caractère de la scène, plus familière, plus intime et en bien des points plus réaliste que chez Anacréon.

Le petit enfant Amour
Cueillait des fleurs à l'entour
D'une ruche, où les avettes [1]
Font leurs petites logettes.

Comme il les allait cueillant,
Une avette sommeillant
Dans le fond d'une fleurette
Lui piqua la main douillette.

Sitôt que piqué se vit,
« Ah ! je suis perdu ! » ce [2] dit,
Et, s'en courant vers sa mère,
Lui montra sa plaie amère ;

« Ma mère, voyez ma main,
Ce [2] disait Amour, tout plein
De pleurs, voyez quelle enflure
M'a fait une égratignure ! »

Alors Vénus se sourit [3]
Et en le baisant le prit,
Puis sa main lui a soufflée
Pour guérir sa plaie enflée.

« Qui t'a, dis-moi, faux [4] garçon,
Blessé de telle façon ?
Sont-ce mes Grâces [5] riantes,
De leurs aiguilles poignantes [6] ?

— Nenni, c'est un serpenteau,
Qui vole au printemps nouveau
Avecques deux ailerettes
Ça et là sur les fleurettes.

— Ah ! vraiment je le connois [7],
Dit Vénus ; les villageois
De la montagne d'Hymette [8]
Le surnomment Mélissette [9].

Si doncques un animal
Si petit fait tant de mal,
Quand son alène époinçonne [10]
La main de quelque personne,

Combien fais-tu de douleur,
Au prix de lui, dans le cœur
De celui en qui tu jettes
Tes amoureuses sagettes [11] ? »

ODES. IV, 16

— 1 Abeilles. — 2 *Ce* = *cela*, est explétif. — 3 Sourit (cf. *se rire*). — 4 Trompeur. — 5 Compagnes de Vénus, qui *cousaient ses robes*. — 6 Piquantes. — 7 Les deux rimes se pron. : *ouè*. — 8 Le miel de l'Hymette (en Attique) était réputé. — 9 Diminutif du grec *melissa*, abeille. — 10 Préciser l'image. — 11 Flèches.

LE POÈTE DES AMOURS

Les Amours de Cassandre (1552)

En avril 1545, RONSARD rencontre, dans une fête à la cour de Blois, CASSANDRE SALVIATI, fille d'un banquier italien. Il a vingt ans et elle en a treize ! Le surlendemain la cour quittait Blois et il « n'eut moyen que de la voir, de l'aimer et de la laisser à même instant » (Binet). L'année suivante elle épousera le seigneur de Pré ; mais Ronsard la reverra et chantera le souvenir d'un beau nom antique et d'une vision radieuse qui devait encore s'embellir dans ses rêves d'étudiant, à Coqueret. C'était l'époque où DU BELLAY publiait les sonnets pétrarquistes de l'*Olive* (1549). A son tour RONSARD composa les *Amours de Cassandre*, recueil de sonnets où triomphent la subtilité et les gentillesses précieuses du *pétrarquisme* (cf. p. 137 et 138). De sonnet en sonnet, ce ne sont que jeux d'esprit et comparaisons mythologiques, ce ne sont que lèvres de rose, mains d'ivoire, cheveux divins (tantôt blonds tantôt bruns !), soupirs, langueurs et martyres, soleils, chaleurs et glaces. Mais s'il s'agit généralement d'un « amour en l'air », simple prétexte à littérature, d'autres maîtresses avaient éveillé en son cœur de fougueuses passions. Il arrive parfois que Ronsard se prenne à ce roman d'imagination ou qu'il mêle à ses exercices littéraires l'écho d'*émotions plus sincères*, un sanglot, un cri de joie, vite contenus mais très humains et profondément émouvants. Derrière l'auteur et son « petit jeu de tête », nous devinons « un homme de chair, avec ses nerfs, avec sa sensibilité frémissante. Malgré lui, Ronsard fait par instant en quelque sorte irruption dans son œuvre » (P. VILLEY).

La *forme* de ces 183 sonnets révèle un art scrupuleux : certains sont des merveilles d'*harmonie délicate*, de composition et de mouvement. Ne concevant pas la poésie sans *la musique*, Ronsard destinait ses poèmes à être chantés : pour qu'une même mélodie pût convenir à plusieurs sonnets, il a contribué à fixer les lois du *sonnet régulier*. Il a imposé l'alternance des rimes masculines et féminines, considérée comme plus harmonieuse, et n'admettait, pour les tercets, que les deux dispositions déjà admises par Marot (CCD, EED ou CCD, EDE).

Je ne suis point, ma guerrière Cassandre...

Fusion du *pétrarquisme* et de l'*érudition humaniste*. Tout comme Du Bellay dans l'*Olive* (1549) RONSARD connaît l'art de mourir par métaphore (v. 10 et 14). Mais, de plus, le nom de CASSANDRE l'invitait à évoquer, non sans pittoresque, divers épisodes de la guerre de Troie. On verra avec quelle *laborieuse ingéniosité* le poète a souligné les rapports entre la légende homérique et son propre destin.

Je ne suis point, ma guerrière Cassandre [1],
Ni Myrmidon ni Dolope [2] soudart [3]
Ni cet Archer [4], dont l'homicide dard
Tua ton frère et mit ta ville [5] en cendre.

Un camp armé pour esclave te rendre
Du port d'Aulide en ma faveur ne part,
Et tu ne vois au pied de ton rempart
Pour t'enlever mille barques descendre.

— 1 Fille de Priam, roi de Troie. — 2 Peuples ennemis de Troie. — 3 Soldat. — 4 Le Grec Philoctète qui tua Pâris, frère de Cassandre. — 5 Troie.

Hélas ! je suis ce Corèbe [6] insensé,
Dont le cœur vit mortellement blessé,
Non de la main du Grégeois [7] Pénelée,

Mais de cent traits qu'un Archerot [8] vainqueur
Par une voie en mes yeux recélée,
Sans y penser [9] me tira dans le cœur.

AMOURS DE CASSANDRE, IV

COMME UN CHEVREUIL...

C'est l'italien BEMBO, lui-même disciple de PÉTRARQUE, qui sert ici de modèle à RONSARD. On peut rester insensible à la préciosité assez incohérente du second tercet. Mais comment ne pas admirer le *drame rapide* des trois premières strophes ? Visions légères et charmantes, surprise brutale, émotion contenue : cette suite de tableautins, si *discrets* mais si *évocateurs* dans leur précision pittoresque, est d'un artiste délicat et raffiné.

Comme un chevreuil, quand le printemps détruit
Du froid hiver [1] la poignante [2] gelée,
Pour mieux brouter la feuille emmiellée [3],
Hors de son bois avec l'aube s'enfuit [4] ;

Et seul, et sûr [5], loin de chiens et de bruit [6],
Or' [7] sur un mont, or' dans une vallée,
Or' près d'une onde à l'écart recélée,
Libre, folâtre où son pied [8] le conduit ;

De rets ne d'arc sa liberté [9] n'a crainte,
Sinon alors que sa vie est atteinte [10]
D'un trait meurtrier [11] empourpré de son sang [12] ;

Ainsi j'allais, sans espoir [13] de dommage,
Le jour qu'un œil, sur l'avril de mon âge,
Tira d'un coup mille traits en mon flanc [14].

AMOURS DE CASSANDRE, LIX

– *Examinez avec précision la correspondance entre les deux termes de la comparaison.*
– *Comment* RONSARD *a-t-il évoqué l'éveil du printemps et l'élan du chevreuil ?*
– *Dans le deuxième quatrain, comment est suggérée la course fantasque du chevreuil ?*
– *Quel est l'effet recherché dans le premier tercet ? Par quels moyens artistiques ?*
– *Que pensez-vous de la « confidence » du second tercet ?*
• **Comparaison.** Les sonnets « pétrarquistes » de RONSARD et DU BELLAY : leurs défauts, leurs mérites.

— 6 Amant de Cassandre, tué par Pénelée. — 7 Grec. — 8 Cupidon. — 9 Sans que j'y pense.

— 1 Effet obtenu par l'inversion ? — 2 Piquante (*pungere* = piquer). Épithète significative. — 3 Autre épithète significative, traduction de l'adj. homérique *mélièdès* = doux comme le miel. — 4 Étudier l'ordre des mots, dans ce vers. — 5 Que suggèrent ces coupes ? — 6 Indiquer la gradation entre ces termes. — 7 Tantôt... tantôt... — 8 Expliquer l'idée. — 9 Sa démarche libre. — 10 Qu'exprime l'enjambement ? — 11 Deux syllabes. — 12 Montrer le pittoresque et la discrétion de ce tableau. — 13 Attente. — 14 Montrer l'incohérence de cette métaphore.

Ciel, air et vents...

Inspiré de l'italien, c'est encore un *sonnet précieux ;* mais le *rythme* est de RONSARD : quelle fermeté de mouvement et quel souffle admirable pour traduire la ferveur du poète ! Rien d'italien dans ce *paysage vendômois :* Ronsard portait en lui ces images familières et laisse parler son cœur.

Ciel, air et vents, plains [1] et monts découverts,
Tertres vineux [2] et forêts verdoyantes,
Rivages tors et sources ondoyantes,
Taillis rasés, et vous, bocages verts ;

Antres moussus à demi-front ouverts,
Prés, boutons, fleurs et herbes rousoyantes [3],
Vallons bossus et plages [4] blondoyantes,
Gastine [5], Loir, et vous, mes tristes vers,

Puis qu'au partir [6], rongé de soin [7] et d'ire [8],
A ce bel œil adieu je n'ai su dire,
Qui près et loin me détient en émoi,

Je vous suppli [9], ciel, air, vents, monts et plaines,
Taillis, forêts, rivages et fontaines,
Antres, prés, fleurs, dites-le-lui pour moi.

AMOURS DE CASSANDRE, LXVI

Prends cette rose...

Les variations sur la beauté éphémère des roses et de l'amour sont un des motifs traditionnels de la *poésie précieuse*. Ce sonnet méritait cependant d'être cité pour son *harmonie délicate* et pour l'*élégance* très directe du compliment. Les thèmes précieux y sont indiqués sans maniérisme excessif, et, sous la grâce de l'expression, se devine parfois la vibration d'un *cœur sincèrement épris*. Le texte cité dans sa forme originale, permettra de constater que l'*orthographe du temps* était plus près de l'étymologie que la nôtre.

Pren ceste rose aimable comme toy
Qui sers de rose aux roses les plus belles,
Qui sers de fleur aux fleurs les plus nouvelles,
Dont la senteur me ravist [1] *tout de moy.*

Pren ceste rose, et ensemble reçoy
Dedans ton sein mon cœur qui n'a point d'ailes [2] *:*
Il est constant, et cent playes [3] *cruelles*
N'ont empesché qu'il ne gardast sa foy.

La rose et moy differons d'une chose :
Un Soleil voit naistre et mourir la rose,
Mille Soleils ont veu naistre m'amour [4],

Dont l'action jamais ne se repose.
Que pleust à Dieu que telle amour enclose
Comme une fleur, ne m'eust duré qu'un jour.

AMOURS DE CASSANDRE, XCVI

— 1 Plaines. — 2 Riches en vin. — 3 Couvertes de rosée. — 4 Plaines. — 5 Forêt de Gastine (cf. p. 126). — 6 Au départ. — 7 Souci. — 8 Colère. — 9 Orthographe étymologique.

— 1 Me transporte hors de moi. — 2 Image à expliquer par les deux vers suivants. — 3 *Plaies*. Nouvelle image. — 4 *Mon amour* (le mot est féminin, cf. v. 13).

MIGNONNE, ALLONS VOIR SI LA ROSE...

Cette ode à CASSANDRE est universellement connue : mise en musique, elle était sur toutes les lèvres et a contribué à guider le poète vers un lyrisme plus familier. Il s'agit d'un *éternel lieu commun :* P. LAUMONIER, dans son *Ronsard poète lyrique*, consacre dix pages aux sources possibles de ces dix-huit vers, mais ne peut que conclure à la supériorité et, en définitive, à l'*originalité de Ronsard*. Aussi convient-il, au lieu de l'écraser sous les comparaisons, de s'abandonner au charme de ce petit chef-d'œuvre : épicurisme discret, mélancolie contenue, perfection du style dans son naturel et son exacte propriété.

Mignonne, allons voir si la rose [1]
Qui ce matin avait déclose [2]
Sa robe [3] de pourpre au soleil,
A point perdu cette vesprée [4]
Les plis de sa robe pourprée,
Et son teint au vôtre pareil [5].

Las [6] ! voyez comme en peu d'espace,
Mignonne, elle a dessus la place [7],
Las, las ses beautés [8] laissé choir !
O vraiment marâtre Nature [9],
Puisqu'une telle fleur ne dure
Que du matin jusques au soir [10] !

Donc [11], si vous me croyez, mignonne [12],
Tandis que votre âge fleuronne [13]
En sa plus verte nouveauté,
Cueillez [14], cueillez votre jeunesse :
Comme à cette fleur, la vieillesse
Fera ternir votre beauté [15].

ODES, I, 17

– *Distinguez les « actes » du petit « drame » qui se déroule dans cette ode.*
– *Commentez la place et le ton du mot « mignonne » d'une strophe à l'autre.*
– *Par quelles comparaisons, par quels raisonnements le poète arrive-t-il à sa conclusion ?*
– *Étudiez les termes qui assimilent la rose à une jeune fille, la jeune fille à la rose.*
– *Comment le poète a-t-il suggéré la* couleur éclatante *(v. 1-6)*, la *mélancolie (v. 7-12)*, l'*ardeur persuasive (v. 13-18) ?*
– **Entretien.** *Ce poème a été universellement admiré : voyez-vous pourquoi ? quel est votre avis ?*
– **Commentaire composé.** *Poésie épicurienne ; simplicité et discrétion ; harmonie.*
• **Groupe thématique : Femme.** La femme et la fleur dans les extraits de RONSARD.

— 1 Montrer la grâce et l'élan de ce 1er vers. — 2 *Ouvert*. Accord selon l'ancienne règle. — 3 Commenter l'image (cf. v. 5). — 4 Soirée (cf. vêpres). — 5 Compliment délicat : expliquer. — 6 Noter le changement de ton. — 7 Préciser l'idée. — 8 Quel est l'effet de l'inversion ? — 9 Montrer l'émotion du poète, et l'élargissement de l'idée. — 10 Étudier le rythme des v. 11 et 12. — 11 Montrer le rôle de ce lien logique. — 12 Étudier la place du mot, et le ton. — 13 Image prolongée aux vers suivants. Expliquer le symbole. — 14 Cf. Horace : *Carpe diem* (Cueille le jour). Quel est l'effet de la répétition ? — 15 Quel est le rapport entre les 3 derniers vers ?

Je veux lire en trois jours...

Ce sonnet, paru dans la *Continuation des Amours* (1555), fut retranché des œuvres en 1578, sans doute à cause de la disposition irrégulière des rimes. Nous pouvons le rattacher au « *cycle* » de CASSANDRE, puisqu'elle en fut l'inspiratrice ; mais l'art de RONSARD a déjà sensiblement évolué : on remarquera l'emploi de l'*alexandrin* et la charmante *simplicité* du ton. Le trait final est d'une préciosité non plus languissante mais *amusée ;* et le reste du sonnet, où règne l'allégresse de l'humaniste et de l'épicurien, nous introduit dans l'*intimité* du poète.

Je veux lire en trois jours l'*Iliade* d'Homère,
Et pour ce, Corydon [1], ferme bien l'huis [2] sur moi ;
Si rien me vient troubler, je t'assure ma foi [3],
Tu sentiras combien pesante est ma colère.

Je ne veux seulement [4] que notre chambrière
Vienne faire mon lit, ton compagnon ni toi ;
Je veux trois jours entiers demeurer à recoi [5]
Pour folâtrer après une semaine entière.

Mais si quelqu'un venait de la part de Cassandre,
Ouvre-lui tôt la porte, et ne le fais attendre ;
Soudain entre en ma chambre et me viens accoutrer [6].

Je veux tant seulement à lui seul me montrer :
Au reste, si un dieu voulait pour moi descendre
Du ciel [7], ferme la porte et ne le laisse entrer !

Les Amours de Marie (1555-1556)

Diverses influences allaient, dès 1553, favoriser l'évolution de Ronsard *vers un lyrisme plus familier.* On a vu (p. 120) qu'à la suite de l'affaire Saint-Gelais, MICHEL DE L'HOPITAL avait conseillé au poète plus de simplicité. En 1553 la deuxième édition des *Amours de Cassandre* s'accompagnait d'un commentaire de l'érudit MURET qui expliquait en note les archaïsmes, les allusions mythologiques, les métaphores et les périphrases obscures. Voulant être plus directement accessible au public, RONSARD se corrigea dans le sens de la simplicité et de la clarté ; il fut encouragé dans cette voie par l'imitation d'ANACRÉON et par l'immense succès de l'odelette *Mignonne, allons voir si la rose* (1553). Mais l'évolution la plus heureuse lui fut inspirée par son propre cœur.

En avril 1555, RONSARD s'éprend d'une modeste paysanne de Bourgueil, « fleur angevine de quinze ans » : MARIE DUPIN. Abandonnant l'altière CASSANDRE et les complications pétrarquistes, il lui dédie des *poèmes simples et clairs*, sonnets et chansons, en langue familière.

Marie, qui voudrait votre nom retourner,
Il trouverait aimer : *aimez-moi donc, Marie.*

A ce style naturel répondaient des *sentiments plus sincères :* Ronsard a véritablement aimé Marie ; il jalousait ses rivaux et souffrit de se voir préférer le gentilhomme qu'elle épousa. Il lui a consacré la moitié des sonnets de la *Continuation des Amours* (1555) et toute la *Nouvelle Continuation des Amours* (1556). Cette « pastourelle » a eu le meilleur de la poésie amoureuse de Ronsard : ni emphase ni obscurité, de la délicatesse, de l'élégance et une charmante naïveté. Le « servage de Bourgueil » dura jusqu'en 1558, puis le poète volage se tourna vers d'autres amours : dans ses *Œuvres Complètes* de 1560, le

— 1 Nom de valet, tiré de Virgile (Buc. II). — 2 La porte. — 3 Je te le promets. — 4 Même pas. — 5 Tranquille. — 6 Habiller. — 7 Rejet expressif.

Second livre des Amours, consacré en principe à MARIE, contient déjà des sonnets dédiés à la mystérieuse SINOPE... Mais en 1574, chantant la douleur d'Henri III qui venait de perdre sa maîtresse Marie de Clèves, Ronsard s'émut au souvenir de Marie l'Angevine, morte depuis peu, et les sonnets *Sur la Mort de Marie* (1578), où s'unissent les deux inspirations, assurent à l'humble paysanne l'immortalité.

COMME ON VOIT SUR LA BRANCHE...

Dans les sonnets *Sur la Mort de Marie*, Ronsard se souvient des sonnets de PÉTRARQUE sur la mort de LAURE et n'évite pas toujours la préciosité. Mais ici il est vraiment lui-même, toute *grâce* et toute *simplicité*. Jamais il n'avait traité avec plus de richesse et d'harmonie la comparaison de la femme et de la rose : jeunesse radieuse et royale splendeur ; surprise brutale d'une mort inexorable. Le charme du poème tient à l'extrême *simplicité* du sentiment qui s'exprime, sans déclamation, dans l'*harmonie* de sons graves et voilés. Cette fleur de sa poésie était l'offrande la plus durable que RONSARD pût dédier à la beauté de MARIE.

Comme on voit sur la branche, au mois de mai, la rose [1],
En sa belle jeunesse [2], en sa première [3] fleur,
Rendre le ciel jaloux de sa vive couleur [4],
Quand l'aube, de ses pleurs [5], au point du jour l'arrose ;

La Grâce [6] dans sa feuille, et l'Amour se repose [7],
Embaumant les jardins et les arbres d'odeur [8] ;
Mais, battue [9] ou de pluie ou d'excessive ardeur [10],
Languissante, elle meurt, feuille à feuille déclose [11] ;

Ainsi, en ta première et jeune [12] nouveauté,
Quand la terre et le ciel honoraient ta beauté,
La Parque t'a tuée, et cendre tu reposes [13].

Pour obsèques [14] reçois mes larmes et mes pleurs,
Ce vase plein de lait, ce panier plein de fleurs [15],
Afin que, vif et mort, ton corps ne soit que roses [16].

AMOURS DE MARIE. II, 4

– *Étudiez la correspondance entre les deux termes de cette comparaison.*
– *Quelles impressions* RONSARD *suggère-t-il pour évoquer deux moments de la vie de la rose ? A quels moyens littéraires fait-il appel ?*
– *Quels sentiments éprouve-t-il d'après les tercets ? Comment les a-t-il exprimés ?*
– **Commentaire composé.** *La comparaison entre la femme et la fleur ; l'expression de la tristesse.*

— 1 Comment le mot est-il mis en valeur ? — 2 Est-ce le mot propre ? — 3 Nuance à préciser. — 4 Idée légèrement précieuse, à expliquer. — 5 Valeur poétique et sentimentale de ce terme ? — 6 Le poète semble oublier la comparaison pour ne plus penser qu'à la fleur. Quel est l'effet obtenu ? — 7 Accord avec le sujet le plus proche. — 8 Est-ce un pléonasme ? Quelle est l'impression dominante ? — 9 Étudier la propriété de ce terme. — 10 Chaleur. — 11 Préciser le ton et le rythme de ces deux derniers vers. — 12 Cf. vers 2. — 13 Montrer le contraste de ton entre les 2 hémistiches. — 14 Offrandes antiques « *pour accompagner le mort* ». — 15 Montrer la grâce de cette offrande païenne. Ne convient-elle pas particulièrement à Marie ? — 16 Quelle est l'idée dominante dans ce vers final ?

Rossignol mon mignon...

Bien que Ronsard l'ait retranchée des *Amours* en 1578, les contemporains ont aimé cette *douce chanson* qui fut bientôt mise en musique, comme beaucoup de sonnets de Ronsard. L'idée vient de Pétrarque, mais le détail du parallèle entre le poète et le rossignol est de RONSARD. On étudiera comment l'*harmonieuse élégie* aboutit à un trait plein d'*humour* que n'eût pas désavoué DU BELLAY.

Rossignol mon mignon, qui par cette saulaie
Vas seul de branche en branche à ton gré voletant,
Et chantes à l'envi de moi qui vais chantant
Celle qu'il faut toujours que dans la bouche j'aie,

Nous soupirons tous deux ; ta douce voix s'essaie
De sonner l'amitié d'une qui t'aime tant,
Et moi, triste, je vais la beauté regrettant
Qui m'a fait dans le cœur une si aigre plaie.

Toutefois, Rossignol, nous différons d'un point,
C'est que tu es aimé, et je ne le suis point,
Bien que tous deux ayons les musiques pareilles :

Car tu fléchis t'amie au doux bruit de tes sons,
Mais la mienne qui prend à dépit mes chansons,
Pour ne les écouter se bouche les oreilles.

Je vous envoie un bouquet...

Le thème *épicurien* est un lieu commun des anciens et de la Renaissance, mais il répond au *tempérament profond* de RONSARD. Dans les *Amours* revient sans cesse cet *appel au plaisir* qui s'exprime ici avec une élégante simplicité : la comparaison entre la femme et la fleur est à peine précieuse tant cet envoi de *fleurs* nous paraît naturel. Dans les tercets, une *émotion discrète et sincère* éveille, en quelques notes *mélancoliques*, un des sentiments les plus poignants de l'âme humaine.

Je vous envoie un bouquet que ma main
Vient de trier de ces fleurs épanies [1] ;
Qui [2] ne les eût à ce vêpre [3] cueillies,
Chutes à terre elles fussent [4] demain.

Cela vous soit un exemple certain [5]
Que vos beautés, bien qu'elles soient fleuries,
En peu de temps cherront [6] toutes flétries,
Et, comme fleurs [7], périront tout soudain.

Le temps s'en va, le temps s'en va, ma dame [8] ;
Las ! le temps, non, mais nous nous en allons [9],
Et tôt serons étendus sous la lame [10] ;

Et des amours desquelles nous parlons,
Quand serons morts, n'en sera plus nouvelle [11].
Pour c' [12] aimez-moi cependant qu'êtes belle.

PIÈCES RETRANCHÉES DES AMOURS

— 1 *Épanouies.* Montrer l'importance de ce détail. — 2 Si on ne les avait. — 3 Ce soir. — 4 Quel est l'effet de cette inversion ? — 5 Préciser le ton. — 6 Futur du verbe *choir.* — 7 Étudier la naissance de cette comparaison. — 8 A quoi tient la mélancolie de ce vers ? — 9 Montrer la progression de l'idée jusqu'à la fin du sonnet. — 10 La pierre du tombeau. — 11 Préciser l'idée. Opposer p. 145, v. 5-8. — 12 Ce.

L'an se rajeunissait...

Sonnet dédié à une mystérieuse inconnue (1560). RONSARD exprime l'*éblouissement* de leur première rencontre et le *souvenir ineffaçable* qui transfigure la réalité présente. On pourrait noter, çà et là, quelques traits de galanterie précieuse ; mais on sent surtout, dans la confidence, la *simplicité* et la *gravité* d'une émotion sincère.

L'an se rajeunissait en sa verte jouvence
Quand je m'épris de vous, ma Sinope [1] cruelle :
Seize ans était la fleur de votre âge nouvelle,
Et votre teint sentait encore son enfance [2].

Vous aviez d'une infante [3] encor la contenance,
La parole et les pas ; votre bouche était belle,
Votre front [4] et vos mains dignes d'une immortelle [5],
Et votre œil, qui me fait trépasser quand j'y pense [6].

Amour, qui ce jour-là si grandes beautés vit,
Dans un marbre [7], en mon cœur, d'un trait les écrivit ;
Et si pour le jour d'hui vos beautés [8] si parfaites

Ne sont comme autrefois, je n'en suis moins ravi [9],
Car je n'ai pas égard à cela [10] que vous êtes,
Mais au doux souvenir des beautés que je vi [11].

PIÈCES RETRANCHÉES DES AMOURS, XXX

Les Sonnets pour Hélène (1578)

Bien des *Amours Diverses* (c'est le titre d'un de ses recueils !) ont encore inspiré RONSARD ; mais en son âge mûr, entre 45 et 50 ans, il eut assez de constance pour célébrer pendant plusieurs années l'inspiratrice des *Sonnets pour Hélène* (environ 130 sonnets). Fille d'honneur de Catherine de Médicis, aussi remarquable par son esprit et sa vertu que par sa beauté, HÉLÈNE DE SURGÈRES avait perdu son fiancé dans la guerre civile (1570) et restait inconsolable. La reine invita Ronsard à l'immortaliser. Il la chanta d'abord « par ordre » et retrouva (c'était de nouveau la mode) l'inspiration pétrarquiste des *Amours de Cassandre*, avec moins d'artifice et de fougue. Peu à peu, en dépit de leur différence d'âge et de la réserve d'Hélène, RONSARD se prit à aimer sincèrement la jeune fille, exprimant son amour en doux propos, en tendres confidences à mi-voix. Cet *amour d'automne* a teinté de son émouvante mélancolie des sonnets et des stances qui comptent parmi ses œuvres les plus parfaites.

— 1 Mot grec : *Qui éblouit les yeux*. Cf. « Et pour ce que vos yeux aux miens ont fait douleur | Je vous ai d'un nom grec *Sinope* surnommée ». — 2 Étudier les images dans cette strophe où tout évoque la jeunesse. — 3 Fillette. — 4 Visage. — 5 Peut-on évoquer la jeune fille avec précision ? Quelle est l'intention du poète ? — 6 Montrer que ce trait est doublement précieux. — 7 « En caractères ineffaçables ». — 8 Couper après « *beautés* », et lire, « *Si parfaites ne sont comme* (= que) *autrefois* » (inversion). Quel est l'effet de cet enjambement ? — 9 D'extase (cf. *Ravi d'esprit*, p. 126, v. 10). — 10 Pourquoi Ronsard n'insiste-t-il pas ? (Opposer : *Quand vous serez bien vieille*). — 11 Orthographe étymologique, sans *s*.

Te regardant assise...

Après les mignardises des *Amours de Cassandre* et l'aimable familiarité des *Amours de Marie*, les *Sonnets pour Hélène*, œuvre de la maturité, sont comme un aboutissement. Celui qu'on va lire est né d'un incident banal de la vie quotidienne ; mais, tout en restant le charmant poète des fleurs et de la beauté féminine, RONSARD a mis dans ce sonnet quelques notes de cette « *mélancolie automnale* » dont parle M. GUSTAVE COHEN (*Sonnets pour Hélène*, I, XVI).

Te regardant assise auprès de ta cousine
Belle comme une Aurore et toi comme un Soleil,
Je pensai voir deux fleurs d'un même teint pareil,
Croissantes en beauté l'une à l'autre voisine.

La chaste, sainte, belle et unique Angevine [1],
Vite [2] comme un éclair sur moi jeta son œil :
Toi, comme paresseuse et pleine de sommeil,
D'un seul petit regard tu ne m'estimas digne.

Tu t'entretenais seule, au visage abaissé,
Pensive toute à toi, n'aimant rien que toi-même,
Dédaignant un chacun d'un sourcil ramassé,

Comme une qui ne veut qu'on la cherche ou qu'on l'aime.
J'eus peur de ton silence, et m'en allai tout blême,
Craignant que mon salut n'eût ton œil offensé [3].

Il ne faut s'ébahir, disaient ces bons vieillards...

Comme le nom de CASSANDRE (page 136), celui d'HÉLÈNE invitait RONSARD à réveiller toute la *légende homérique*. Le poète s'inspire très directement d'un passage de l'*Iliade* et de deux vers de l'élégiaque latin PROPERCE ; mais on notera combien son érudition s'est assagie et avec quelle *maîtrise* il domine ses sources. Au lieu de rapprochements trop ingénieux, il suffit à Ronsard d'évoquer — avec je ne sais quel mystère — ce chuchotement de vieillards pour traduire *indirectement* une passion qui se veut plus *discrète* (*Sonnets pour Hélène*, II, LXVII).

« Il ne faut s'ébahir, disaient ces bons vieillards [1]
Dessus le mur troyen, voyant passer Hélène,
Si pour telle beauté nous souffrons tant de peine :
Notre mal ne vaut pas un seul de ses regards [2].

Toutefois il vaut mieux, pour n'irriter point Mars,
La rendre à son époux, afin qu'il la remmène,
Que voir de tant de sang notre campagne pleine,
Notre havre [3] gagné, l'assaut à nos remparts [4] ».

Pères [5], il ne fallait, à qui la force tremble,
Par un mauvais conseil les jeunes retarder ;
Mais, et jeunes et vieux, vous deviez tous ensemble

Et le corps et les biens pour elle hasarder.
Ménélas fut bien sage et Pâris, ce me semble,
L'un de la demander, l'autre de la garder [6].

— 1 Peut-être Jeanne de Brissac, « *le dernier amour de Ronsard* » (P. de Nolhac). — 2 Montrer l'admirable contraste de rythme entre ce vers et le suivant. — 3 Analyser les sentiments du poète dans les deux tercets.

— 1 *Troyens*. Cf. Iliade, III, 156-160. — 2 Ce trait est de Ronsard. — 3 Port. — 4 Précisions pittoresques ajoutées par Ronsard. — 5 Expliquer le ton, et la profession de foi. — 6 Traduit de Properce (El., II, III, 37-38).

QUAND VOUS SEREZ BIEN VIEILLE...

Au thème de l'*immortalité* que donnent les poètes se mêle le thème épicurien du *Carpe diem* [1] d'HORACE, si souvent repris par Ronsard lui-même [2]. Il fallait la *discrétion* et la *délicatesse* d'un poète pour évoquer l'heure des souvenirs mélancoliques et des inutiles regrets, moment si pénible dans la vie d'une femme, surtout lorsqu'elle est jolie. L'artiste, devenu plus pressant, revient même avec quelque cruauté sur le tableau de cette « *vieille accroupie* ». Heureusement il est temps encore, si HÉLÈNE, toute frissonnante, sait écouter l'appel ardent et gracieux du galant RONSARD !

Quand vous serez bien vieille, au soir, à la chandelle [3],
Assise auprès du feu, dévidant [4] et filant,
Direz, chantant mes vers, en vous émerveillant [5] :
« Ronsard me célébrait du temps que j'étais belle [6] ! »

Lors, vous n'aurez servante [7] oyant telle nouvelle,
Déjà sous le labeur à demi sommeillant [8],
Qui au bruit de Ronsard ne s'aille réveillant,
Bénissant [9] votre nom de [10] louange immortelle.

Je serai sous la terre, et, fantôme sans os,
Par les ombres myrteux [11] je prendrai mon repos :
Vous serez au foyer une vieille accroupie,

Regrettant [12] mon amour et votre fier [13] dédain.
Vivez, si m'en croyez, n'attendez à demain :
Cueillez [14] dès aujourd'hui les roses de la vie.

SONNETS POUR HÈLÈNE, II, XLIII

– *Étudiez la relation entre le sujet du poème et sa composition.*
– *Dans le tableau du premier quatrain, quelle impression a voulu créer le poète ? Relevez les éléments (évocation et rythme) qui y contribuent.*
– *Que devient ce tableau dans le deuxième quatrain ? Étudiez le contraste, dans les idées et dans le rythme, entre les vers 5-6 et 7-8.*
– *D'après les tercets, montrez le contraste entre la destinée du poète et celle de son inspiratrice.*
• **Groupe thématique : Amour et fuite du temps.** Cf. pages 141, 142, 145. – XIXe SIÈCLE, page 88.

— 1 « *Cueille le jour* (présent) » (I, 11). — 2 Cf. p. 139 et p. 142. — 3 C'est, au XVIe s., l'éclairage des familles riches. Montrer l'harmonie entre l'âge, le moment et l'occupation du personnage. — 4 Mettre le fil en écheveau, à l'aide du *dévidoir*. — 5 Nuance d'admiration et d'étonnement (*lat. : mirabilia* = merveilles). — 6 Préciser le sentiment et le ton. — 7 Noter l'orgueil du poète. — 8 Cf. Tibulle (I, 111, 87) : *Gravibus pensis affixa puella Paulatim somno fessa :* « La jeune esclave, attachée à sa lourde tâche, peu à peu accablée par le sommeil... » Exemple parfait d'imitation originale. — 9 Ronsard a écrit en 1584 : « *Qui, au bruit de mon nom* ». A quel mot faut-il rapporter *Bénissant ?* — 10 Dont la louange est immortelle. — 11 A l'ombre (mot masculin) des myrtes, consacrés à Vénus et hantés, selon Virgile, (En. VI, 443) par les amoureux. Adj. de la Pléiade. — 12 Préciser les deux sens de ce verbe. — 13 Farouche. — 14 Quel est l'effet de ces impératifs au début des derniers vers ?

LES HYMNES

Tandis qu'il chante ses amours, Ronsard n'a pas renoncé à la *grande poésie* des odes pindariques. Mais il adopte cette fois une forme nouvelle, celle de l'Hymne, dans deux recueils contemporains de la *Continuation* et de la *Nouvelle continuation des Amours*, les HYNNES [1] de 1555 et le SECOND LIVRE DES HYNNES de 1556. Ronsard prend pour modèles les hymnes homériques, Callimaque et Théocrite. Le thème général est d'ordinaire l'éloge d'un être humain (*De Henri II ; De Charles, cardinal de Lorraine*) ou d'une entité (*De l'Éternité, De la Philosophie, De la Justice, De la Mort*). L'inspiration chrétienne se mêle aux mythes païens, en particulier dans l'*Hercule chrétien*, où le poète, d'une façon qui nous surprend aujourd'hui, voit dans Hercule comme une préfiguration du Christ.

Intérêt des Hymnes Beaucoup de passages, des pièces entières ont vieilli, par un abus des louanges hyperboliques, des allégories ou de l'érudition mythologique, de la rhétorique aussi parfois. Pourtant l'intérêt de cette poésie reste grand :

1° En choisissant comme mètre *l'alexandrin* (dans quelques cas le décasyllabe) à rime plate, Ronsard a trouvé le véritable rythme de l'inspiration sérieuse et ample ; il a consacré la valeur héroïque de l'alexandrin et forgé la *période poétique* française qui s'épanouira dans ses *Discours*.

2° Certains hymnes (*De Calaïs et de Zéthès, De Pollux et de Castor*) sont de beaux *fragments d'épopée*. Le récit en est animé, les scènes vivantes et colorées. Ronsard y est plus près de la véritable inspiration épique que dans la *Franciade*. Il annonce alors Chénier et les Parnassiens.

3° Ronsard inaugure le genre de la *méditation morale*, grave et éloquente, qui restera un aspect important du génie poétique français. *L'hymne de la Mort* est à cet égard le plus beau et le plus caractéristique.

HYMNE DE LA MORT

Dans cet hymne (1555), *nous sentons le tempérament du poète aux prises avec sa* philosophie *et avec sa* foi : *Ronsard a horreur de la mort ; tout son lyrisme le montre assez ; pourtant il s'efforce ici de la glorifier, de se prouver à lui-même que la mort est un bien, ou qu'il faut du moins avoir le courage de la regarder en face (cf. Montaigne). Le ton reste froid et rhétorique tant que Ronsard s'en tient aux lieux communs des philosophes antiques (Lucrèce en particulier), mais il s'élève à une grandeur et à une chaleur qui annoncent* Polyeucte *et les paraphrases de psaumes du XVII*e *siècle lorsqu'apparaît la* mystique chrétienne : *imitation de Jésus-Christ, espoir d'une vie éternelle dans le sein de Dieu.*

Voici les thèmes essentiels : *la mort nous délivre des peines de la vie ; elle est le sort commun et inévitable : d'ailleurs en elle-même elle n'est pas un mal* (p. 147) ; *l'âme seule importe : le* chrétien *ne doit voir dans la* mort *que* la porte de la vie éternelle (p. 148) ; *puis Ronsard revient sur l'instabilité et les misères de la condition humaine* (p. 149) ; *dans un mythe à la manière antique, il trace un portrait allégorique de la mort ; enfin, après avoir évoqué la félicité de l'âme du juste après le trépas, il termine sur une* invocation *grandiose* à la mort : *puisse-t-il mourir lui-même glorieusement, pour son Dieu ou pour sa patrie !* (p. 150).

— 1 Telle est l'orthographe adoptée par Ronsard.

« *Il nous faut tous mourir* »

Dans cette *méditation morale*, RONSARD *imite* LUCRÈCE (livre III) ; *l'idée chrétienne* apparaît pourtant mais de façon encore fugitive (v. 9-11). La note la plus originale est apportée par la *vision d'horreur* des v. 12-16 : n'est-ce pas ainsi que le poète lui-même évoque spontanément *la mort?*

Si les hommes pensaient à part eux quelquefois
Qu'il nous faut tous mourir, et que même les Rois
Ne peuvent éviter de la Mort la puissance [1],
Ils prendraient en leurs cœurs un peu de patience.
Sommes-nous plus divins qu'Achille ni qu'Ajax,
Qu'Alexandre ou César, qui ne se surent pas
Défendre du trépas [2], bien qu'ils eussent en guerre
Réduite [3] sous leurs mains presque toute la terre ?
Beaucoup, ne sachant point qu'ils sont enfants de Dieu,
Pleurent avant partir [4], et s'attristent, au lieu
De chanter hautement le péan [5] de victoire,
Et pensent que la Mort soit [6] quelque bête noire
Qui les viendra manger, et que dix mille vers
Rongeront de leurs corps les os tout découverts,
Et leur test [7] qui doit être, en un coin solitaire,
L'effroyable ornement d'un ombreux cimetaire [8].
Chétif [9], après la mort le corps ne sent plus rien ;
En vain tu es peureux : il ne sent mal ni bien.

(v. 89-106)

LE CHRÉTIEN DEVANT LA MORT

La philosophie païenne ne suffit pas à libérer ses adeptes de la crainte du trépas, que les fables relatives aux enfers rendent encore plus redoutable. Écartant les *mythes antiques*, le *chrétien* doit être soutenu devant la mort par la pensée de la *Passion* du Christ et de la *Rédemption.* On notera le voisinage de la mythologie et de l'inspiration chrétienne, et la beauté grave de la *poésie mystique*, qui annonce CORNEILLE.

Tu diras que toujours tu vois ces Platoniques [1],
Ces Philosophes pleins de propos magnifiques,
Dire bien [2] de la Mort ; mais quand ils sont jà vieux,
Et que le flot mortel leur nouë [3] dans les yeux,

— 1 Cf. Villon (Moyen Age : p. 215, v. 25-32) ; et Malherbe : *Et la garde qui veille aux barrières du Louvre | N'en défend point nos rois.* (Stances à Du Périer). — 2 Noter l'enjambement, souligné par un effet de rime intérieure (*pas... trépas*). — 3 Accord du part., voir App. II, D 2 b. — 4 Avant de quitter ce monde. *Avant partir* est une des devises gravées à la Possonnière. — 5 Hymne à Apollon, d'où chant d'allégresse. — 6 Subj. de doute après un verbe d'opinion (ils ont tort de le penser). Ne subsiste que lorsque le verbe principal est *négatif :* « je *ne* pense *pas* que la mort *soit...* » — 7 Crâne. — 8 *Cimetière.* Cette sombre évocation n'a-t-elle pas quelque chose de « romantique » ? — 9 Terme de commisération : *pauvre insensé.* Noter la vivacité de *l'apostrophe*, v. 17-18.

— 1 Philosophes platoniciens. — 2 Du bien. — 3 *Nage.* Cf. l'expression : son regard *se noie.*

Et que leur pied tremblant est déjà sur la tombe,
Que [4] la parole grave et sévère leur tombe,
Et commencent en vain à gémir et pleurer,
Et voudraient, s'ils pouvaient, leur trépas différer.
 Tu me diras encor que tu trembles de crainte
D'un batelier Charon, qui passe par contrainte
Les âmes outre l'eau d'un torrent effrayant [5],
Et que tu crains le Chien [6] à trois voix aboyant,
Et les eaux de Tantale, et le roc de Sisyphe [7],
Et des cruelles Sœurs [8] l'abominable griffe,
Et tout cela qu'ont feint les Poètes là-bas
Nous attendre aux Enfers après notre trépas.
 Quiconque dis [9] ceci, pour Dieu ! qu'il te souvienne
Que ton âme n'est pas païenne, mais chrétienne,
Et que notre grand Maître, en la Croix étendu
Et mourant, de la Mort l'aiguillon a perdu [10],
Et d'elle maintenant n'a fait qu'un beau passage
A retourner au Ciel [11], pour nous donner courage
De porter notre croix, fardeau léger et doux,
Et de mourir pour lui comme il est mort pour nous,
Sans craindre, comme enfants, la nacelle infernale,
Le rocher d'Ixion, et les eaux de Tantale,
Et Charon, et le chien Cerbère à trois abois,
Desquels le sang de Christ t'affranchit en la Croix,
Pourvu qu'en ton vivant tu lui veuilles complaire,
Faisant ses mandements [12] qui sont aisés à faire,
Car son joug est plaisant, gracieux et léger,
Qui le dos nous soulage en lieu de [13] le charger.

(v. 175-206)

– *Dégagez les idées contenues dans ce passage ; comment s'enchaînent-elles ?*
– *A quelles conclusions aboutit le poète ? Quelle est la portée de ses exhortations ?*
– *Comment se manifestent : a) la conviction de* RONSARD *? – b) la chaleur de sa foi ?*
– *Relevez et étudiez : a) les images évoquant la mort ; – b) les vers que vous préférez.*
– ***Débat.*** *Que pensez-vous du mélange des cultures païenne et chrétienne dans ces vers ?*
• **Groupe thématique : Mort.** Comparez l'*Hymne de la Mort*, de RONSARD, et le *Sermon sur la mort*, de BOSSUET (XVIIe SIÈCLE, p. 264-272) : argumentation ; poésie ; éloquence.

— 4 Construire : Tu diras que... Mais *que*, quand ils sont jà vieux... la parole... leur tombe... et (qu'ils) commencent... C'est-à-dire : les philosophes disent du bien de la mort, mais en ont peur lorsqu'elle approche. — 5 Charon, le nocher des enfers, transporte, dans sa *nacelle*, les âmes des morts de l'autre côté du Styx. — 6 Cerbère, le chien à trois têtes, gardien des enfers. — 7 Allusion aux supplices des grands criminels dans le Tartare (cf. Virgile, *Enéide*, VI). *Tantale*, au bord de l'eau, ne peut pas boire. *Sisyphe* roule sur une pente un rocher qui retombe dès qu'il a atteint le sommet. *Ixion* (v. 26) est attaché sur une roue tournant sans cesse (Ronsard confond ici son châtiment avec celui de Sisyphe). — 8 Les Furies. — 9 Qui que tu sois, toi qui dis ceci (latinisme). — 10 *O mort, où est ta victoire? ô mort, où est ton aiguillon?* (Saint Paul, 1re *aux Cor.*). — 11 *A* : pour. Cf. *Polyeucte*, v. 1151-4 : *Et l'heureux trépas que j'attends | Ne nous sert que* d'un doux passage | *Pour nous introduire au partage | Qui nous rend à jamais contents.* V. 720 (var.) : *Allons mourir pour lui comme il est mort pour nous.* — 12 Commandements. — 13 Au lieu de.

Misérable condition de l'homme

La vie n'est que *misère* et *instabilité ;* l'homme ne sait ce qu'il veut ; enfin la vieillesse arrive, et la *mort* est le *terme inévitable*, d'autant plus pénible qu'il aura été plus longtemps retardé (cf. La Fontaine). RONSARD puise indifféremment aux sources païennes et chrétiennes. Les idées sont peu originales : le texte vaut surtout par la beauté, la variété des *images* et des *évocations* (v. 221-258).

Jamais un seul plaisir, en vivant, nous n'avons.
Quand nous sommes enfants, débiles nous vivons
Marchant à quatre pieds, et quand le second âge [1]
Nous vient encotonner de barbe le visage,
Lors la mer des ennuis se déborde [2] sur nous,
Qui de notre raison démanche à tous les coups
Le gouvernail, vaincu de l'onde renversée,
En diverses façons troublant notre pensée.
L'un veut suivre la guerre et tenir ne s'y peut ;
L'autre la marchandise [3], et tout soudain il veut
Devenir marinier, puis après se veut faire
De quelque autre métier au marinier contraire.
Cestui-ci veut l'honneur, cestui-là le savoir,
Cestui aime les champs, cestui-là se fait voir
Le premier au palais, et sue à toute peine
Pour avoir la faveur du peuple, qui est vaine [4].
Mais ils ont beau courir, car Vieillesse les suit,
Laquelle en moins d'un jour, envieuse, détruit
La jeunesse, et contraint que leur vigueur s'en aille,
Se consommant [5] en l'air ainsi qu'un feu de paille,
Et n'apparaissent plus cela qu'ils ont été,
Non plus qu'une fleurette après le chaud été.
Adonc la Mort se sied dessus leur blanche tête,
Qui demande sa dette et la veut avoir prête ;
Ou bien si, quelques jours, pour leur faire plaisir,
Les souffre dans le lit languir tout à loisir [6],
Si est-ce que [7] soudain, après l'usure grande
D'yeux, de bras ou de pieds, sa dette redemande,
Et veut avec l'usure avoir le principal [8] :
Ainsi, pour vivre trop [9], leur vient mal dessus mal.
Pour ce [10], à bon droit disait le comique Ménandre,
Que toujours Jupiter en jeunesse veut prendre
Ceux qu'il aime le mieux, et ceux qu'il n'aime pas
Les laisse en cheveux blancs longtemps vivre çà-bas.
Aussi ce grand saint Paul jadis désirait être
Délié de son corps pour vivre avec son Maître,
Et jà lui tardait trop qu'il n'en sortait dehors [11]
Pour vivre avecque Christ le prémice [12] des morts.

— 1 La maturité. — 2 Déferle. — 3 Le métier de marchand. — 4 Les vers 9-16 sont inspirés d'Horace (*Satires* I, 1 et *Odes* I, 1). — 5 Se consumant. — 6 Valeur expressive de l'allitération. — 7 Néanmoins. — 8 Avec *l'intérêt* avoir le *capital*. — 9 *Pour* a le sens causal. — 10 L'*e* muet s'élide. — 11 Il était très impatient d'en sortir (de son corps). — 12 Saint Paul (1re *aux Cor.*) : *Le Christ est ressuscité des morts, il est* les prémices *de ceux qui se sont endormis* (promesse de la résurrection).

INVOCATION A LA MORT

Selon la tradition antique, RONSARD termine son *Hymne* par une invocation à la « divinité », ici la Mort, à laquelle il est dédié. L'idée chrétienne (v. 15-18) s'unit au mythe païen de la fécondité réparatrice (v. 12-14), les accents pathétiques à la réflexion philosophique (la forme et la matière). La *contemplation* grave et sereine *de la mort* dans sa puissance imposante et mystérieuse est d'une *grandeur saisissante* (v. 319-344).

Que ta puissance, ô Mort, est grande et admirable !
Rien au monde par toi ne se dit perdurable [1] ;
Mais tout ainsi que l'onde à val [2] des ruisseaux fuit
Le pressant coulement de l'autre qui la suit,
Ainsi le temps se coule [3], et le présent fait place
Au futur importun qui les talons lui trace [4].
Ce qui fut se refait ; tout coule comme une eau,
Et rien dessous le Ciel ne se voit de nouveau [5] ;
Mais la forme se change en une autre nouvelle [6],
Et ce changement-là, Vivre, au monde s'appelle,
Et Mourir, quand la forme en une autre s'en va.
Ainsi, avec Vénus [7], la Nature trouva
Moyen de ranimer, par longs et divers changes [8],
La matière restant [9], tout cela que tu manges ;
Mais notre âme immortelle est toujours en un [10] lieu,
Au change non sujette, assise auprès de Dieu,
Citoyenne à jamais de la ville éthérée
Qu'elle avait si longtemps en ce corps désirée.
  Je te salue, heureuse et profitable Mort [11],
Des extrêmes douleurs médecin et confort [12] !
Quand mon heure viendra, Déesse [13], je te prie,
Ne me laisse longtemps languir en maladie,
Tourmenté dans un lit ; mais, puisqu'il faut mourir,
Donne-moi que soudain je te puisse encourir [14],
Ou pour l'honneur de Dieu, ou pour servir mon Prince,
Navré d'une grand'plaie au bord de ma province [15] !

– *Dégagez de ce passage les idées de* RONSARD *sur la vie et la mort.*
– *Distinguez : a) la part de la rhétorique ; – b) la part de la sincérité (cf. p. 164-165).*
– *Étudiez la qualité poétique des images et des comparaisons.*
– ***Commentaire composé : vers 1-26.*** *Inspiration antique et mystique chrétienne.*
• **Comparaison :** *Mort et vie.* RONSARD et DIDEROT (XVIIIe SIÈCLE, p. 215-218) : accords et divergences.
• **Groupe thématique : Mort** *(Invocation).* Cf. XIXe SIÈCLE ; pages 91 (v. 13-28) ; 262 ; 452.

— 1 Éternel. — 2 *Au fil.* — 3 S'écoule. — 4 Qui marche sur ses talons. — 5 Souvenir de la philosophie d'Héraclite : tout est mouvant. — 6 Cf. p. 128, v. 50. — 7 La fécondité, principe de la vie universelle. — 8 Changements ; cf. v. 16. — 9 Proposition au participe : p. 186, v. 1. — 10 Un seul, un même (latin *unus*). — 11 Cf. Lamartine : « Je te salue, ô mort, libérateur céleste ». — 12 Soulagement, remède. — 13 Ronsard a dit plus haut de la mort : *C'est une grand'Déesse, et qui mérite bien* | *Mes vers, puisqu'elle fait aux hommes tant de bien.* — 14 Trouver. — 15 Blessé... aux frontières de ma patrie. *Grand* pour *grande :* cf. App. I, C 1.

RONSARD ET LA MUSE

Voici un tout autre aspect des *Hymnes :* après la poésie philosophique, le *lyrisme personnel.* Ce texte est tiré de *l'Hymne de l'Automne* (*Les quatre saisons de l'an,* 1563). Sous la forme d'un *mythe* aimable, RONSARD nous dit sa vocation et expose sa conception du destin et de la mission du poète. Le passage vaut à la fois par les *idées* et les *sentiments,* romantiques avant l'heure, et par un *art* séduisant et varié. Le tableau des v. 7-12 ne fait-il pas songer, dans sa grâce, au *Printemps* de BOTTICELLI ? — Cf. MAROT, p. 28.

Je n'avais pas quinze ans que les monts et les bois
Et les eaux me plaisaient plus que la Cour des Rois,
Et les noires forêts en feuillage voûtées,
Et du bec des oiseaux les roches picotées ;
Une vallée, un antre en horreur [1] obscurci,
Un désert effroyable était tout mon souci,
Afin de voir au soir les Nymphes et les Fées
Danser dessous la Lune en cotte par les prées [2],
Fantastique [3] d'esprit, et de voir les Sylvains
Etre boucs par les pieds, et hommes par les mains,
Et porter sur le front des cornes en la sorte
Qu'un petit agnelet de quatre mois les porte.
J'allais après la danse, et craintif je pressais
Mes pas dedans le trac [4] des Nymphes, et pensais
Que pour mettre mon pied en leur trace poudreuse
J'aurais incontinent l'âme plus généreuse,
Ainsi que l'Ascréan [5] qui gravement sonna
Quand l'une des neuf Sœurs du laurier lui donna.
Or je ne fus trompé de ma jeune entreprise :
Car la gentille Euterpe [6] ayant ma dextre prise,
Pour m'ôter le mortel [7], par neuf fois me lava
De l'eau d'une fontaine où peu de monde va [8],
Me charma [9] par neuf fois, puis, d'une bouche enflée
Ayant dessus mon chef son haleine soufflée,
Me hérissa le poil [10] de crainte et de fureur,
Et me remplit le cœur d'ingénieuse erreur [11],

— 1 Sentiment de malaise éprouvé dans une grotte, dans une forêt (cf. Mme de Sévigné : *l'horreur des bois*). Ronsard ne force-t-il pas un peu la note lorsqu'il parle ensuite de *désert effroyable?* — 2 *Prés.* — 3 Rêveur (*fantaisie* = imagination). — 4 La trace. — 5 Le poète grec Hésiode, d'Ascra en Béotie. *Sonna :* chanta. — 6 Muse de la poésie lyrique et de la musique. — 7 Pour me rendre immortel (Rappel du mythe de Thétis plongeant Achille dans l'eau du Styx). — 8 L'Hippocrène, fontaine des Muses, source de l'inspiration qui rend les poètes immortels. — 9 Sens fort : opération magique (le nombre *neuf* a aussi une valeur particulière en magie). — 10 Les cheveux. — 11 Inspiration géniale ; *erreur* = délire (cf. *fureur* au v. 25), enthousiasme du poète, du prophète, du devin (cf. v. 36). —

En me disant ainsi : « Puisque tu veux nous suivre,
Heureux après la mort nous te ferons revivre
Par longue renommée, et ton los [12] ennobli
Accablé du tombeau n'ira point en oubli.
Tu seras du vulgaire appelé frénétique,
Insensé, furieux, farouche, fantastique,
Maussade, malplaisant, car le peuple médit
De celui qui de mœurs aux siennes contredit [13].
Mais courage, Ronsard ! les plus doctes poètes,
Les sibylles, devins, augures et prophètes,
Hués, sifflés, moqués des peuples ont été,
Et toutefois, Ronsard, ils disaient vérité.
N'espère d'amasser de grands biens en ce monde :
Une forêt, un pré, une montagne, une onde
Sera ton héritage, et seras plus heureux
Que ceux qui vont cachant tant de trésors chez eux.
Tu n'auras point de peur qu'un Roi, de sa tempête,
Te vienne en moins d'un jour escarbouiller [14] la tête
Ou confisquer tes biens, mais, tout paisible et coi [15],
Tu vivras dans les bois pour la Muse et pour toi. »
Ainsi disait la nymphe, et de là je vins être
Disciple de Dorat, qui longtemps fut mon maître ;
M'apprit la poésie, et me montra comment
On doit feindre et cacher les fables proprement [16],
Et à bien déguiser la vérité des choses
D'un fabuleux manteau dont elles sont encloses.
J'appris en son école à immortaliser
Les hommes que je veux célébrer et priser [17],
Leur donnant de mes biens, ainsi que je te [18] donne
Pour présent immortel l'Hymne de cet Automne.

HYMNE DE L'AUTOMNE (V. 31-86)

– *Montrez que* RONSARD *mêle ici la fiction poétique aux souvenirs de jeunesse. Quel est l'effet produit ?*
– *Étudiez l'utilisation des personnages de la mythologie : a) pour leur sens symbolique ; – b) pour leur valeur esthétique et pittoresque.*
– *Comment se manifeste la fiction poétique de* RONSARD *?*
– *A quoi renonce le poète ? à quoi s'expose-t-il ? quelle est sa mission ? sa récompense ?*
– ***Débat.*** *Que pensez-vous de cette conception de la poésie ? Justifiez votre point de vue.*
– ***Commentaire composé : vers 31-56.*** *La condition du poète, ses aléas, ses joies, son pouvoir.*
– ***Essai.*** *L'artiste (ou l'inventeur) et la foule : quels sont leurs rapports ? quels devraient-ils être ?*

• **Groupe thématique : Inspiration.** Merveilleux et fantastique. Cf. page 110, pages 126-128, pages 151-152. – XIXe SIÈCLE : pages 161 ; 212-216 ; 217-219 ; 221-225 ; – XXe SIÈCLE ; pages 111, 349.
• **Groupe thématique : Condition du poète.** Cf. p. 23 et 28. – XIXe SIÈCLE ; p. 537 ; questionnaire p. 128.

12 Louange, gloire. — 13 Thème souvent repris par Vigny, Baudelaire : le poète incompris et maudit. — 14 Écraser ; le mot est très imagé, mais à cette date il n'est pas vulgaire. — 15 Tranquille ; cf. p. 161, v. 22. — 16 *Fables :* mythes, légendes poétiques. *Proprement :* avec élégance. Ronsard insiste sur le rôle de la *fiction* et de l'art, en poésie. — 17 Apprécier, vanter. — 18 Cet Hymne est dédié au secrétaire d'État Claude de L'Aubépine.

Nature et mythologie

« Portrait de Pierre de Ronsard ». (Peinture anonyme, XVIe siècle. Musée des Beaux-Arts, Blois, Ph. J.J. Moreau © Arch. Photeb).

J. Cousin, le fils, « Pan poursuivant la nymphe Syrinx ». (Dessin à la plume, XVIe siècle. Cabinet des Dessins, Musée du Louvre, Paris. Ph. H. Josse © Arch. Photeb.)

Le lecteur moderne est surpris de voir les fictions mythologiques étroitement mêlées aux évocations de la nature dans beaucoup de poèmes de Ronsard (cf. **p. 124, 126, 151**). Il était pourtant capable d'exprimer directement, dans toute leur sincérité et leur fraîcheur, ses émotions devant la nature : les poèmes où n'intervient pas la mythologie le révèlent amplement (cf. **p.128, 130, 131, 132**).

Si nous voulons l'apprécier, nous devons donc nous mettre en sympathie avec lui. Ce fervent humaniste s'est fait une âme antique et, loin d'être un artifice, la fiction mythologique est pour lui un moyen d'exprimer, à travers des évocations charmantes et souvent symboliques, son sentiment très personnel de la vie secrète et du mystère de la nature.

École de Fontainebleau, « Diane chasseresse ». (Peinture, vers 1550-1560. Musée du Louvre, Paris. Ph. H. Josse © Photeb.)

Correspondances : littérature et beaux-arts

Au moment où Ronsard et les poètes de la Pléiade traduisent leurs émotions à travers de gracieuses fictions mythologiques, les peintres de l'école de Fontainebleau, des sculpteurs comme Jean Goujon, représentent eux aussi des nymphes et des divinités antiques. La légende de Diane est inséparable de l'expression mythologique du sentiment de la nature (cf. encore : **XIXᵉ siècle**, Chateaubriand, **p. 59**). Le thème de la chasse, celui des flèches de Diane, d'Apollon (cf. **p. 126-128**) et surtout de l'Amour (cf. **p. 134**) reviennent souvent, au XVIᵉ siècle, dans les poèmes d'inspiration antique ou pétrarquiste (cf. **p. 98-99**, **137**, et, sur le mode humoristique, **p. 101**).

Le Caravage, « Bacchus adolescent ». (Peinture, vers 1593. Galerie des Offices, Florence. Ph. Scala © Arch. Photeb.)

Nature et inspiration épicurienne

Ronsard voue un culte particulier à Bacchus, dieu de la vigne et des bons vins (cf. **XVIIIe siècle, p. 371**). Il lui a consacré tout un *Hymne* (1555) et l'invoque volontiers dans les odes où il chante les plaisirs de la vie et la « vineuse fureur », proche de l'inspiration. C'est ainsi que l'ode « *J'ai l'esprit tout ennuyé...* » (cf. **p. 133**) contenait, dans sa première édition, après le vers 32, quelques vers où le poète se représente lui-même couronné de pampre comme le Bacchus de cette toile du Caravage :

Va-t'en à Hercueil après,
Mets la table le plus près
Que pourras de la fontaine ;
Mets-y la bouteille pleine,
Pour rafraîchir, dans le fond ;
Après, ourdis pour mon front
Une couronne aussi belle
Qu'a Bacchus, fils de Semèle,
Quand il danse ; après, sans fin,
Verse en mon verre du vin,
Pour étrangler la mémoire
De mes soucis après boire.

Ronsard poète des «Amours»

École de Fontainebleau, « Allégorie de l'Amour ».
(Peinture, vers 1590. Musée du Louvre, Paris. Ph. H. Josse © Arch. Photeb.)

Dans la veine des *Odes anacréontiques* de Ronsard (cf. **p. 134-135**), les peintres de l'École de Fontainebleau ont aimé composer des tableaux allégoriques où l'on voit comme ici de petits Amours aux ailes roses, avec flèches et carquois. Il existe, de même inspiration, de charmantes « *Funérailles de l'Amour* ». Le tableau ci-dessus est aussi une *Allégorie de l'eau.* On pourrait, à vrai dire, le considérer comme une évocation symbolique du printemps, saison de l'amour, au même titre que *le Printemps*, de Botticelli (cf. planches XVI et XXI).

S. Botticelli, « Le Printemps ». (Peinture, 1478, détail. Galerie des Offices, Florence. Ph. Scala © Arch. Photeb.)

L'amour et le printemps

Dans ce détail de l'allégorie du *Printemps*, Botticelli a rassemblé des éléments qui, par correspondance, peuvent nous rappeler ce qui fait le charme de la poésie amoureuse de Ronsard : l'amour archer, les fleurs et la nature printanière, les variations sur la femme et la fleur, la beauté des visages et des corps, l'élégance des drapés. On les retrouvera aisément dans les poèmes cités **pages 136 à 145**.

« Les Amoureux ». Tapisserie du « Fils prodigue ». (Vers 1520, détail Musées Royaux d'Art et d'Histoire, Bruxelles. Ph. ACL, Bruxelles © Arch. Photeb.)

Amour d'automne

Ce détail correspond assez bien à la conception d'un amour discret et raffiné, dans un cadre luxueux, qui se fait jour dans les *Sonnets pour Hélène* (cf. **p. 143 à 145**). On doit à la vérité de signaler, dans l'œuvre infiniment variée de Ronsard, la présence de poèmes où l'amour est traité sur un mode beaucoup plus gaillard.

« *Bal à la cour des Valois* ». (Peinture anonyme, XVIe siècle. Ph. © Musée des Beaux-Arts, Rennes.)

Raffinements mondains

Poète des princes, Ronsard s'associe aux divertissements de la cour dans des recueils intitulés *Bocage royal*, *Mascarades*, *Élégies*, etc. De temps à autre, dans les *Sonnets pour Hélène*, l'expression de l'amour se colore d'allusions à cette vie mondaine qui introduisent une touche de réel dans une poésie parfois trop abstraite et quintessenciée. On en jugera d'après le sonnet suivant (II, 49) :

Le soir qu'Amour vous fit en la salle descendre
Pour danser d'artifice un beau ballet d'Amour,
Vos yeux, bien qu'il fût nuit, ramenèrent le jour,
Tant ils surent d'éclairs par la place répandre.

La ballet fut divin, qui se soulait reprendre,
Se rompre, se refaire, et tour dessus retour
Se mêler, s'écarter, se tourner à l'entour,
Contre-imitant le cours du fleuve de Méandre.

Ores il était rond, ores long, or'étroit,
Or'en pointe, en triangle en la façon qu'on voit
L'escadron de la grue évitant la froidure.

Je faus, tu ne dansais, mais ton pied voletait
Sur le haut de la terre ; aussi ton corps s'était
Transformé pour ce soir en divine nature.

D. Velasquez, « Les Fileuses ». (Peinture, 1657. Musée du Prado, Madrid. Ph. Oronoz © Arch. Photeb).

L'amour et la mort

« *Dévidant et filant...* » : ce tableau de Velasquez est sans doute celui qui permet le mieux de se représenter aujourd'hui les opérations évoquées par Ronsard dans le célèbre sonnet : « *Quand vous serez bien vieille* » (cf **p. 145**) : au premier plan, la quenouille, le rouet, le dévidoir, le peloton.

Certains voient aussi dans cette toile une transposition du thème mythologique des Trois Parques, auxquelles Ronsard fait souvent allusion (cf **p. 141**). Très fréquemment, pour inviter ses inspiratrices à « cueillir les roses de la vie », il associe à l'idée de la jeunesse et de la beauté éphémère celle de la menace permanente de la mort « car l'Amour et la Mort n'est qu'une même chose » (cf. **p. 139, 142, 145**).

LES DISCOURS

Le poète dans la mêlée

Tenté un moment par les idées de la Réforme, Ronsard resta pourtant *fidèle à la foi catholique :* il prit même le protestantisme en horreur, car il y vit non plus le désir généreux de corriger de graves abus mais un ferment de discorde. Il prend position dès 1560 dans *l'Elégie à Guillaume des Autels sur le tumulte d'Amboise.* Il va hausser le ton et durcir ses attaques à mesure que les troubles s'étendent et que les adversaires deviennent plus irréconciliables. Ses principaux DISCOURS datent de 1562-1563.

La *foi catholique* du poète est sincère et profonde ; l'importance de l'inspiration mythologique dans son œuvre, son humanisme antique, son épicurisme proche parfois d'un naturalisme tout païen ne doivent pas nous faire illusion : ces traits sont communs à presque tous les hommes de la Renaissance, et les esprits de ce temps réalisaient avec aisance des conciliations qui nous semblent aujourd'hui difficiles. Il condamne le protestantisme comme une *fantaisie,* une chimère fondée sur l'orgueil. L'austérité calviniste l'irrite et lui paraît ostentatoire ou hypocrite : son idéal de vie est plus souriant (p. 161). Enfin et surtout Ronsard est guidé par son *loyalisme* et son *patriotisme :* les protestants, selon lui, se révoltent contre la tradition française, contre le pouvoir royal, sont responsables de la guerre civile et mettent la France en danger (p. 157). C'est aussi son patriotisme qui lui dicte les nobles et graves conseils de *l'Institution pour l'adolescence du roi Charles IX.*

Le poète assiste, désolé, aux *horreurs de la guerre civile ;* peu à peu l'indignation monte (*Discours des Misères de ce temps, Continuation du Discours, Remontrance au peuple de France*). Aux appels à la raison, à la réconciliation, succèdent les invectives et les anathèmes. Les protestants ne s'attendaient pas à pareille intervention du poète galant, de l'ordonnateur des fêtes de la cour : surpris et révoltés, ils lancent contre lui des pamphlets virulents, attaquant l'homme dans sa vie privée. Il réplique par la *Réponse aux injures et calomnies de je ne sais quels prédicantereaux et ministreaux de Genève,* plaidoyer plein de hauteur, de charme aussi parfois.

Grandeur des Discours

Mais Ronsard s'abaisse rarement à une polémique dégradante. Il sait conserver au débat sa *grandeur* et sa *gravité.* N'est-il pas beau de voir qu'un protestant farouche, d'Aubigné, ne reniera jamais son admiration pour le *prince des poètes?* De fait Ronsard rend hommage aux protestants sincères, déclare qu'il faut réformer les abus de l'Église et combattre l'hérésie par la parole autant que par les armes. Il nous émeut par des *accents pathétiques,* par la chaleur de sa conviction et de son patriotisme. Il a de la mission sérieuse du poète, conseiller et même mentor des rois, une conception grandiose (pp. 154-156). Ses *images* sont souvent inoubliables ; il excelle à frapper des *maximes* dignes de CORNEILLE. Enfin son éloquence se nuance parfois d'un *lyrisme* personnel plein de fraîcheur (p. 160).

Les devoirs d'un Roi

Nous donnons ici d'importants extraits de *l'Institution pour l'adolescence du Roi* (1562). CHARLES IX a douze ans : c'est donc un plan d'éducation qu'esquisse d'abord RONSARD, puis (v. 47) il passe à l'art de gouverner et aux devoirs d'un roi. Dès le premier vers nous sommes frappés par la noble *autorité* du ton : un respect grave sans aucune adulation. Et nous pouvons regretter avec Giraudoux que notre littérature du XVIIe siècle offre si rarement de pareils accents. Ronsard parle comme un *homme* à un enfant, fût-il royal ; il parle surtout en *patriote*, en *chrétien*, en *poète* illustre, inspiré des Muses et de Dieu, et qui se sent l'égal des princes. En dépit de nombreuses *maximes pleines de majesté*, l'ensemble a quelque chose de *direct* et d'*intime :* pas de grandiloquence, une simplicité noble mise en valeur par *l'élargissement final.*

Sire, ce n'est pas tout que d'être Roi de France,
Il faut que la vertu honore votre enfance :
Un Roi sans la vertu porte le sceptre en vain,
Qui ne lui sert sinon d'un fardeau dans la main.
  Pour ce [1] on dit que Thétis, la femme de Pélée,
Après avoir la peau de son enfant [2] brûlée
Pour le rendre immortel, le prit en son giron,
Et de nuit l'emporta dans l'antre de Chiron,
Chiron noble Centaure, afin de lui apprendre
Les plus rares vertus dès sa jeunesse tendre,
Et de science et d'art son Achille honorer.
  Un roi pour être grand ne doit rien ignorer :
Il ne doit seulement savoir l'art de la guerre,
De garder les cités ou les ruer [3] par terre,
De piquer les chevaux, ou contre son harnois
Recevoir mille coups de lances aux tournois ;
De savoir comme il faut dresser une embuscade,
Ou donner une cargue [4] ou une camisade [5],
Se ranger en bataille et sous les étendards
Mettre par artifice [6] en ordre les soldars [7].
  Les Rois les plus brutaux telles choses n'ignorent,
Et par le sang versé leurs couronnes honorent ;
Tout ainsi que lions qui s'estiment alors
De tous les animaux être vus les plus forts,
Quand ils ont dévoré un cerf au grand corsage [8]
Et ont rempli les champs de meurtre et de carnage.
  Mais les princes mieux nés n'estiment leur vertu
Procéder ni de sang, ni de glaive pointu,
Ni de harnois ferrés qui les peuples étonnent,
Mais par les beaux métiers que les Muses nous donnent [9]...

— 1 L'*e* muet s'élide. — 2 Achille : Thétis le plongea dans le Phlégéthon, fleuve de feu des enfers (ou dans le Styx, d'après une autre tradition). — 3 Abattre ; cf. p. 159, v. 29. — 4 Charge. — 5 Attaque de nuit (avec une *chemise* passée par dessus les armes). — 6 Avec art. — 7 Soldats ; *soudard* a pris un sens péjoratif. — 8 Buste, stature. — 9 Idée chère à Ronsard ; François Ier et Henri II avaient protégé poètes et artistes.

Il faut premièrement apprendre à craindre Dieu [10],
Dont vous êtes l'image [11], et porter au milieu
De votre cœur son nom et sa sainte parole,
Comme le seul secours dont l'homme se console.
En après [12], si voulez en terre prospérer,
Vous devez votre mère humblement honorer [13],
La craindre et la servir, qui seulement de mère
Ne vous sert pas ici, mais de garde [14] et de père.
Après, il faut tenir [15] la loi de vos aïeux,
Qui furent Rois en terre et sont là-haut aux Cieux,
Et garder que le peuple imprime en sa cervelle
Le curieux discours d'une secte nouvelle [16].
Après, il faut apprendre à bien imaginer,
Autrement la raison ne pourrait gouverner ;
Car tout le mal qui vient à l'homme prend naissance
Quand par sus [17] la raison le cuider [18] a puissance...
Commencez donc ainsi ; puis, sitôt que par l'âge
Vous serez homme fait de corps et de courage,
Il faudra de vous-même apprendre à commander,
A ouïr vos sujets, les voir et demander [19],
Les connaître par nom [20] et leur faire justice,
Honorer la vertu et corriger le vice. (...)
Votre palais royal connaîtrez en présence,
Et ne commettrez point [21] une petite offense.
Si un pilote faut [22] tant soit peu sur la mer,
Il fera dessous l'eau la navire abîmer [23],
Si un monarque faut tant soit peu, la province [24]
Se perd ; car volontiers le peuple suit le Prince.
Aussi pour être Roi [25] vous ne devez penser
Vouloir comme un tyran vos sujets offenser.
De même [26] notre corps votre corps est de boue ;
Des petits et des grands la Fortune se joue :
Tous les règnes mondains [27] se font et se défont,
Et au gré de Fortune ils viennent et s'en vont,
Et ne durent non plus qu'une flamme allumée,
Qui soudain est éprise [28], et soudain consumée.
Or, Sire, imitez Dieu, lequel vous a donné
Le sceptre, et vous a fait un grand Roi couronné.
Faites miséricorde à celui qui supplie,
Punissez l'orgueilleux qui s'arme en sa folie. (...)

— 10 Ronsard souhaite au roi d'être digne de ses aïeux. (Pour cela) *Il faut...* — 11 En tant que roi « de droit divin ». Cf. v. 103-106. — 12 Ensuite. — 13 Cf. Commandements de Dieu : *Tes père et mère honoreras | Afin de vivre longuement.* Votre mère : Catherine de Médicis. — 14 Tutrice. — 15 Maintenir ; cf. v. 111. — 16 La religion réformée. *Discours :* enseignement ; *curieux* est péjoratif. — 17 Sur (par dessus). — 18 Outrecuidance, présomption (infin. substantivé). — 19 Mander. — 20 Par *leur* nom. — 21 Pas même. — 22 Manque à son devoir, ou se trompe. — 23 *Navire* est encore fém. (comme *navis* en latin). *Abîmer :* sombrer. Rime : cf. App. I, B2. — 24 Le pays ; cf. p. 150, v. 26 ; noter l'enjambement. — 25 Ce n'est pas une raison, parce que vous êtes roi, de penser... — 26 *Comme.* Noter la beauté de cette maxime, et de tout le passage. — 27 Les royaumes de ce monde. — 28 Prend (s'enflamme).

Ne soyez point moqueur, ni trop haut à la main [29],
Vous souvenant toujours que vous êtes humain [30] ;
Ne pillez vos sujets par rançons ni par tailles ;
Ne prenez [31] sans raison ni guerres ni batailles ;
Gardez le vôtre propre [32] et vos biens amassés ;
Car pour vivre content vous en avez assez.
S'il vous plaît vous garder sans archer de la garde,
Il faut que d'un bon œil le peuple vous regarde,
Qu'il vous aime sans crainte ; ainsi les puissants Rois
Ont conservé le sceptre, et non par le harnois.
Comme le corps royal ayez l'âme royale [33],
Tirez le peuple à vous d'une main libérale,
Et pensez que le mal le plus pernicieux
C'est un Prince sordide et avaricieux. (...)
Soyez comme un bon Prince amoureux de la gloire
Et faites que de vous se remplisse une histoire,
Du temps victorieux [34], vous faisant immortel
Comme Charles le Grand [35] ou bien Charles Martel.
Ne souffrez que les grands blessent le populaire ;
Ne souffrez que le peuple au grand puisse déplaire. (...)
Ne vous montrez jamais pompeusement vêtu :
L'habillement des Rois est la seule vertu [36].
Que votre corps reluise en vertus glorieuses,
Et non pas vos habits de perles précieuses.
D'amis plus que d'argent montrez-vous désireux :
Les princes sans amis sont toujours malheureux.
Aimez les gens de bien, ayant toujours envie
De ressembler à ceux qui sont de bonne vie.
Punissez les malins [37] et les séditieux ;
Ne soyez point chagrin, dépit [38] ni furieux ;
Mais honnête et gaillard [39], portant sur le visage
De votre gentille [40] âme un gentil témoignage.
Or, Sire, pour autant que [41] nul n'a le pouvoir
De châtier les Rois qui font mal leur devoir,
Punissez-vous vous-même, afin que la justice
De Dieu, qui est plus grand, vos fautes ne punisse.
Je dis ce puissant Dieu dont l'empire est sans bout,
Qui de son trône assis en la terre voit tout
Et fait à un chacun ses justices égales,
Autant aux laboureurs qu'aux personnes royales ;
Lequel nous supplions vous tenir en sa loi,
Et vous aimer autant qu'il fit [42] David, son Roi,
Et rendre comme à lui votre sceptre tranquille :
Sans la faveur de Dieu la force est inutile [43].

— 29 *Intraitable :* c'est un terme d'équitation — 30 Un homme. — 31 N'entreprenez. — 32 Votre bien propre. — 33 Encore une belle maxime. — 34 *Victorieux* se rapporte à *vous ; faisant* à *histoire :* tour embarrassé. — 35 Charlemagne. — 36 La vertu suffit à parer les rois. — 37 Méchants. — 38 Irascible. — 39 Aimable et gai. — 40 Noble et affable. — 41 Étant donné que. — 42 *Aima ;* « qu'il *le* fit *pour...* », mais aux XVIe et XVIIe siècles on conserve avec *faire* la constr. du verbe qu'il remplace. — 43 Fin pleine d'ampleur et de majesté.

« *Misères de ce temps* »

Dans la *Continuation du discours des misères de ce temps* (1562), RONSARD, s'adressant à la reine mère Catherine de Médicis, régente du royaume, déplore l'état présent de la France. Il s'efforce ensuite, dans une réfutation mêlée d'invectives, de prouver aux protestants qu'ils ont tort : puis c'est une longue apostrophe où il adjure Théodore de Bèze de renoncer à semer, par sa prédication, la discorde dans sa patrie. Enfin (p. 158-160) il évoque la figure de *la France malheureuse* et traduit ses plaintes.

Voici le début du *Discours :* le poète ne peut contenir sa *douleur* et son *indignation.* Dans une comparaison frappante il peint le malheur de son pays, puis il attaque de ses sarcasmes les protestants qu'il tient pour responsables des troubles.

Madame, je serais ou du plomb ou du bois,
Si moi que la nature a fait naître François [1],
Aux races à venir je ne contais la peine
Et l'extrême malheur dont notre France est pleine.
  Je veux de siècle en siècle au monde publier
D'une plume de fer sur un papier d'acier,
Que ses propres enfants l'ont prise et dévêtue,
Et jusques à la mort vilainement battue [2].
  Elle semble [3] au marchand, accueilli de malheur,
Lequel au coin d'un bois rencontre le voleur,
Qui contre l'estomac [4] lui tend la main armée,
Tant il a l'âme au corps d'avarice affamée.
Il n'est pas seulement content de lui piller
La bourse et le cheval ; il le fait dépouiller,
Le bat et le tourmente, et d'une dague essaie
De lui chasser du corps l'âme par une plaie ;
Puis en le voyant mort se sourit [5] de ses coups,
Et le laisse manger aux mâtins et aux loups.
Si est-ce que [6] de Dieu la juste intelligence
Court après le meurtrier [7] et en prend la vengeance ;
Et dessus une roue, après mille travaux [8],
Sert aux hommes d'exemple et de proie aux corbeaux.
Mais ces nouveaux Chrétiens [9] qui la France ont pillée,
Volée, assassinée, à force [10] dépouillée,
Et de cent mille coups tout l'estomac battu [11],
Comme si brigandage était une vertu,
Vivent sans châtiment, et à les ouïr dire,
C'est Dieu qui les conduit, et ne s'en [12] font que rire [13].

CONTINUATION... (V. 1-28)

— 1 Français ; cf. App. I, B1. — 2 Cf. D'Aubigné p. 176. — 3 Ressemble. — 4 Poitrine. — 5 Se rit ; cf. Marot, p. 20, v. 43. — 6 Et encore ; toutefois. — 7 Deux syllabes. — 8 Tortures. — 9 Les protestants ; *nouveaux* (cf. *novus* en latin) a ici un sens péjoratif : étranges ; comme on n'en avait jamais vu. — 10 Par la force ; en usant de violence. — 11 Constr. libre : et *lui* ont battu... — 12 *En* ne reprend aucun mot précis = de leurs crimes. — 13 Étudier dans le détail cette longue comparaison (v. 9-28). Noter qu'elle est empruntée à la vie courante (les temps sont troublés) ; cf. p. 159, v. 33-54.

PLAINTES DE LA FRANCE

Le *patriotisme* de RONSARD s'exprime ici d'une façon éloquente, émouvante et poétique. La France apparaît au poète sous les traits d'une *pauvre femme meurtrie,* qui ne garde plus que des lambeaux de sa grandeur passée ; en une vaste *prosopopée* elle lui confie sa peine et ses souffrances. Une longue *comparaison* épique, rustique et biblique tout à la fois vient illustrer sa détresse. Ce patriotisme est aussi lucide que tendre : Ronsard a saisi dès cette date le grave danger de l'intervention étrangère dans les troubles civils. — Comparer D'AUBIGNÉ p. 176.

L'autre jour, en pensant [1] que cette pauvre terre
S'en allait, ô malheur ! la proie d'Angleterre [2],
Et que ses propres fils amenaient l'étranger
Qui boit les eaux du Rhin, afin de l'outrager,
M'apparut tristement l'idole [3] de la France,
Non telle qu'elle était lorsque la brave lance
De Henri [4] la gardait, mais faible, sans confort [5],
Comme une pauvre femme atteinte de la mort.
Son sceptre lui pendait, et sa robe semée
De fleurs de lis était en cent lieux entamée ;
Son poil [6] était hideux, son œil hâve et profond,
Et nulle majesté ne lui haussait le front.

En la voyant ainsi, je lui dis : « O princesse,
Qui presque de l'Europe as été la maîtresse,
Mère de tant de rois, conte-moi ton malheur,
Et dis-moi, je te pri [7], d'où te vient ta douleur ».

Elle adonc [8] en tirant sa parole contrainte,
Soupirant aigrement [9], me fit ainsi sa plainte :
« Une ville est assise ès [10] champs savoisiens,
Qui par fraude a chassé ses Seigneurs anciens,
Misérable séjour de toute apostasie [11],
D'opiniâtreté, d'orgueil et d'hérésie,

— 1 Noter la constr. ; en quoi a-t-elle vieilli ? — 2 En 1562 les huguenots cèdent Le Havre aux Anglais ; des princes allemands (v. 3-4) interviennent aussi à leurs côtés. *Proie :* 2 syll. — 3 Image (du grec *eïdôlon*, même sens). — 4 Henri II, mort en 1559. Noter l'*H* aspiré : nous disons encore *la Henriade*. — 5 Réconfort, soutien. — 6 Ses cheveux. *Hideux :* hérissé, en désordre. — 7 Ronsard élide parfois, à l'hémistiche, un *e* muet devant consonne (licence abolie par Malherbe). — 8 Alors. — 9 Amèrement. — 10 *En les*. Cette ville, désignée de façon solennelle et un peu énigmatique, c'est Genève, devenue le foyer du calvinisme. — 11 Un *apostat* renie sa religion pour en embrasser une autre. *Opiniâtreté* (langue religieuse) : attitude du fidèle qui, refusant de renoncer à une doctrine condamnée, est en passe de devenir hérétique. Cf. encore *secte* au v. 25.

Laquelle, en cependant que [12] les Rois augmentaient
Mes bornes [13], et bien loin pour l'honneur combattaient,
Appelant les bannis en sa secte damnable,
M'a fait comme tu vois chétive et misérable.
Or mes Rois, connaissant qu'une telle cité
Leur serait quelque jour une infélicité,
Délibéraient assez de la ruer [14] par terre ;
Mais contre elle jamais n'ont entrepris la guerre :
Ou soit [15] par négligence, ou soit par le destin,
Entière ils l'ont laissée et de là vient ma fin.

Comme ces laboureurs, dont les mains inutiles
Laissent pendre l'hiver un toufeau [16] de chenilles
Dans une feuille sèche au faîte d'un pommier :
Sitôt que le soleil, de son rayon premier,
A la feuille échauffée, et qu'elle est arrosée
Par deux ou par trois fois d'une tendre rosée,
Le venin, qui semblait par l'hiver consumé,
En chenilles soudain apparaît animé,
Qui tombent de la feuille, et rampent à grand'peine
D'un dos entre-cassé [17] au milieu de la plaine ;
L'une monte en un chêne et l'autre en un ormeau,
Et toujours en mangeant se traînent au coupeau [18] ;
Puis descendent à terre et tellement se paissent [19]
Qu'une seule verdure en la terre ne laissent [20].

Alors le laboureur, voyant son champ gâté,
Lamente pour néant [21] qu'il ne s'était hâté
D'étouffer de bonne heure une telle semence ;
Il voit que c'est sa faute et s'en donne l'offense.

Ainsi lorsque mes rois aux guerres s'efforçaient,
Toutes en un monceau ces chenilles croissaient !
Si [22] qu'en moins de trois mois telle tourbe [23] enragée
Sur moi s'est épandue, et m'a toute mangée.

Or mes peuples mutins, arrogants et menteurs,
M'ont cassé le bras droit chassant mes Sénateurs [24],
Car, de peur que la loi ne corrigeât leur vice,
De mes palais royaux ont banni la Justice ;

— 12 Tandis que. — 13 Mon territoire (cf. latin *fines :* frontières ou territoire). — 14 Abattre ; cf. p. 154, v. 14. — 15 On sent encore ici l'origine de l'expression *soit... soit... : ou que ce soit... ou que ce soit...* — 16 Poignée (touffe). — 17 Mot composé : enrichissement de la langue ; et aussi mot précis et suggestif. — 18 Sommet. — 19 Se repaissent. — 20 Ces chenilles, Ronsard a pu les observer dans les champs, mais elles rappellent aussi les sauterelles de l'*Apocalypse.* — 21 En vain. — 22 Si bien. — 23 Bande de séditieux. — 24 Membres des Parlements. *Chassant :* en chassant. —

Ils ont rompu ma robe en rompant mes cités,
Rendant mes citoyens contre moi dépités [25],
Ont pillé mes cheveux en pillant mes églises,
Mes églises, hélas ! que par force ils ont prises,
En poudre [26] foudroyant images et autels,
Vénérable séjour de nos saints immortels ».

Continuation... (v. 303-366).

– *Établissez un plan détaillé du passage ; indiquez les éléments successifs de la composition.*
– *D'après les procédés mis en œuvre dans cet extrait, à quel genre littéraire le rattacheriez-vous ?*
– *Esquissez le portrait de la France telle qu'elle apparaît à* Ronsard.
– *Comment se traduit ici la tendresse du poète pour sa patrie ?*
– *Étudiez la comparaison des v. 33-54.* Ronsard *est-il bon observateur de la campagne ?*
• **Comparaison.** Les malheurs de la France vus par Ronsard et d'Aubigné (cf. p. 176).
• **Groupe thématique : Littérature engagée.** Cf. pages 153-160 ; 174-188 ; 189-192.
• **Groupe thématique : Épopée.** Classez les procédés épiques utilisés pages 122, 158, 162.

UNE JOURNÉE DE RONSARD

Dans la *Réponse aux injures et calomnies de je ne sais quels prédicantereaux et ministreaux de Genève* (1563), Ronsard oppose à l'accusation d'athéisme une belle profession de foi. Il rappelle aussi, avec une légitime fierté, tout ce que lui doit la poésie de son temps : « *Vous êtes tous issus de la grandeur de moi* ». Ici c'est sa *vie privée* qu'il défend : on l'a peint comme un courtisan ne rêvant que plaisirs ; or il est *pieux, studieux ;* il aime à *rêver*, solitaire, au sein de la *nature,* loin des intrigues de cour. Certes il n'aime pas l'austérité calviniste, mais ses plaisirs sont sains, aimables et simples : son épicurisme n'a rien d'incompatible avec sa foi.

M'éveillant au matin, devant que [1] faire rien,
J'invoque l'Éternel, le père de tout bien,
Le priant humblement de me donner sa grâce,
Et que le jour naissant sans l'offenser [2] se passe ;
Qu'il chasse toute secte [3] et toute erreur de moi,
Qu'il me veuille garder en ma première foi,
Sans entreprendre rien qui blesse ma province [4],
Très humble observateur des lois et de mon Prince.
Après je sors du lit, et, quand je suis vêtu,
Je me range [5] à l'étude et apprends la vertu,
Composant et lisant, suivant ma destinée,
Qui s'est dès mon enfance aux Muses enclinée [6] ;

---

25 Courroucés. — 26 *Poussière.* Trouvant que le culte catholique tournait à l'idolâtrie, les huguenots brisaient les statues des saints dans les églises.

— 1 Avant de. — 2 Noter la constr. ; cf. v. 7. — 3 Hérésie. — 4 Mon pays ; cf. p. 150, v. 26. — 5 Je me mets. — 6 Vouée ; cf. « être *enclin* à... ». Pour cette vocation, cf. p. 151.

Quatre ou cinq heures seul je m'arrête enfermé ;
Puis, sentant mon esprit de trop lire assommé,
J'abandonne le livre, et m'en vais à l'église ;
Au retour, pour plaisir, une heure je devise [7],
De là je viens dîner, faisant sobre repas,
Je rends grâces à Dieu ; au reste je m'ébats.
Car, si l'après-dînée est plaisante et sereine,
Je m'en vais promener, tantôt parmi [8] la plaine,
Tantôt en un village, et tantôt en un bois,
Et tantôt par les lieux solitaires et cois [9] :
J'aime fort les jardins qui sentent le sauvage [10],
J'aime le flot de l'eau qui gazouille au rivage [11].
Là, devisant sur l'herbe avec un mien ami,
Je me suis par les fleurs bien souvent endormi
A l'ombrage d'un saule ; ou, lisant dans un livre,
J'ai cherché le moyen de me faire revivre,
Tout pur d'ambition et des soucis cuisants,
Misérables bourreaux d'un tas de médisants
Qui font, comme ravis [12], les prophètes en France,
Pipant [13] les grands seigneurs d'une belle apparence.
Mais quand le ciel est triste et tout noir d'épaisseur,
Et qu'il ne fait aux champs ni plaisant ni bien seur [14],
Je cherche compagnie, ou je joue à la prime [15],
Je voltige, ou je saute, ou je lutte, ou j'escrime,
Je dis le mot pour rire, et à la vérité,
Je ne loge chez moi trop de sévérité.
Puis, quand la nuit brunette a rangé les étoiles,
Encourtinant [16] le ciel et la terre de voiles,
Sans souci je me couche ; et là, levant les yeux
Et la bouche et le cœur vers la voûte des cieux,
Je fais mon oraison, priant la bonté haute
De vouloir pardonner doucement à ma faute.

Réponse aux injures... (v. 478-521).

– *Précisez les diverses occupations du poète, de son réveil à son coucher.*
– *Que nous apprend ce passage sur les sentiments et les goûts de* RONSARD *?*
– *Que pensez-vous de son idéal de vie ? Comparez-le à celui des Thélémites (cf. p. 69-70).*
– *Quels sont, dans ces confidences, les éléments qui vous semblent les plus poétiques ?*
– ***Exposé.** Le sentiment religieux de* RONSARD *d'après les pages 153-161 et page 165. Sur quels points sa pratique religieuse s'accorde-t-elle avec les idées de* RABELAIS*, pages 43-51 ?*

— 7 Je cause. — 8 A travers (au milieu de). Aux vers 22 et 26, *par* = parmi (latin *per*). — 9 Tranquilles, silencieux (*coi* < latin *quietus*) ; cf. « rester *coi* ». — 10 Adj. substantivé (enrichissement de la langue). Ce goût de la solitude dans une nature paisible et même un peu sauvage fait penser à Rousseau et aux romantiques. — 11 Noter l'harmonie imitative. — 12 Transportés, inspirés. — 13 Trompant. — 14 Sûr. — 15 Jeu de cartes. — 16 Drapant (*courtine :* rideau de lit).

LA FRANCIADE

Une épopée manquée Parmi les genres antiques que la Pléiade a voulu ressusciter, le plus illustre, le plus grandiose est assurément *l'épopée*. Aussi Ronsard annonce-t-il à Henri II, dès 1550, qu'il prépare un vaste poème épique, la FRANCIADE. Il y travaillera longtemps ; mais, si l'on trouve dans les *Hymnes* et même dans les *Discours* certains morceaux véritablement épiques, la *Franciade* se traduit par un échec complet. Ronsard lui-même a senti qu'il s'était engagé dans une impasse : en 1572 il se résigne à publier les *Quatre premiers livres de la Franciade*, alors que dans le projet primitif son épopée devait avoir vingt-quatre chants, comme *l'Iliade* et *l'Odyssée*. La suite ne devait jamais voir le jour.

Quelles sont les raisons de cet *échec?* Peut-être Ronsard, en dépit de la diversité de son talent, n'avait-il pas « la tête épique » ; en tout cas il n'était pas doué pour l'épique continu à la manière antique. D'autre part il s'est trompé sur le choix du mètre en préférant le *décasyllabe* à l'alexandrin, qui seul aurait eu l'ampleur et la dignité désirables ; lorsqu'on lit la *Franciade*, on est constamment gêné par le rythme *trop léger*, trop chantant. Enfin Ronsard, manquant ici d'inspiration, procède par recettes et morceaux de bravoure ; il n'a su ni se dégager suffisamment de ses modèles (il imite surtout Virgile, Apollonius de Rhodes, Théocrite et l'Arioste), ni choisir un sujet qui pût toucher vraiment notre sentiment national.

UNE NOUVELLE ÉNÉIDE *Voulant refaire* l'Énéide, *Ronsard part de l'idée qu'Astyanax, fils d'Hector et d'Andromaque, échappé miraculeusement à la mort lors de la prise de Troie, serait, sous le nom de* FRANCUS, *l'ancêtre des Francs et des Français. Il n'a d'ailleurs pas inventé cette légende, mais elle ne pouvait intéresser que quelques érudits et n'avait aucune racine dans les traditions populaires.*

Donc Francus, à la voix de Jupiter, quitte l'Épire et prend la mer. Assailli par une tempête, *il aborde en Crète. Là il triomphe d'un géant, Phovère, ce qui lui vaut la reconnaissance du roi Dicée. Les deux filles de Dicée, Clymène et Hyante, s'éprennent du héros, et Hyante, qui est magicienne, lui révèle quelle sera sa descendance. La* prédiction *d'Hyante embrasse la « première race » des rois de France, puis évoque Charles-Martel, le vainqueur de Poitiers* (ci-dessous) *et Pépin le Bref, père de Charlemagne. Ici s'arrête la* Franciade...

La bataille de Poitiers

La prédiction, l'évocation de l'histoire future d'un peuple font partie de la tradition épique. Au Livre VI de *l'Enéide*, Anchise montre à son fils Enée, miraculeusement descendu aux enfers, les âmes de ceux qui seront un jour ses descendants. Ici, c'est la magicienne Hyante qui révèle à Francus l'avenir de sa race : voici CHARLES-MARTEL et la bataille de POITIERS (732). On notera de nombreux procédés épiques : le *merveilleux* (v. 7-14) et le *grandissement* (v. 11-14), les longues *comparaisons* homériques (v. 20-26, 27-44), enfin *l'amplification* (v. 45-56).

Là l'invincible, indomptable Martel,
Ne s'étonnant de voir un nombre tel [1],
Mais d'autant plus ayant l'âme échauffée
Qu'il verra grand le gain de son trophée [2],

— 1 Nullement atterré par le nombre des Sarrasins. — 2 Victoire.

Chaud de louange et d'honneur hasardeux [3],
Ira planter son camp au devant d'eux,
Les menaçant ; la déesse Bellonne
Courra devant, et Mars qui aiguillonne
Le cœur des Rois, pour sauver de méchef [4]
Ce vaillant Duc, lui pendra sur le chef [5].
Ce jour, Martel aura tant de courage
Qu'apparaissant en hauteur davantage
Que de coutume, on dira qu'un grand dieu,
Vêtant son corps, aura choisi son lieu [6].
  Lui, tout horrible en armes flamboyantes,
Mêlant le fifre aux trompettes bruyantes,
Et de tambours rompant le ciel voisin,
Éveillera le peuple sarrasin
Qui l'air d'autour emplira de hurlées [7].
  Ainsi qu'on voit les torrents aux vallées
Du haut des monts descendre d'un grand bruit :
En écumant la ravine [8] se suit
A gros bouillons et, maîtrisant la plaine,
Gâte des bœufs et des bouviers la peine ;
Ainsi courra, de la fureur guidé,
Avec grand bruit ce peuple débordé.
  Mais tout ainsi qu'alors qu'une tempête
D'un grand rocher vient arracher la tête,
Puis, la poussant et lui pressant le pas,
La fait rouler du haut jusques à bas :
Tour dessus tour, bond dessus bond se roule
Ce gros morceau qui rompt, fracasse et foule
Les bois tronqués, et d'un bruit violent
Sans résistance à bas se va boulant ;
Mais, quand sa chute en tournant est roulée
Jusqu'au profond de la creuse vallée,
S'arrête coi [9] : bondissant il ne peut
Courir plus outre, et d'autant plus qu'il veut
Rompre le bord, et plus il se courrouce,
Plus le rempart le pousse et le repousse ;
Ainsi leur camp en bandes divisé,
Ayant trouvé le peuple baptisé,
Bien qu'acharné de meurtre et de tu'rie [10],
Sera contraint d'arrêter sa furie. (...)
  Mille ans après les tourangelles plaines
Seront encor de carcasses si pleines,
D'os, de harnois, de vides morions,
Que les bouviers en traçant leurs sillons
N'oirront [11] sonner sous la terre férue [12]
Que de grands os heurtés de la charrue.

3 Avide de gloire et audacieux par honneur. — 4 Malheur. — 5 Volera au-dessus de sa tête. — 6 Aura pris sa place. — 7 Hurlements. Étudier les sonorités des v. 15-19. — 8 *Le torrent.* Quel est l'effet de l'enjambement ? — 9 S'arrête court (*coi :* tranquille) ; effet de rythme. — 10 Licence poétique. — 11 Futur du verbe *ouïr.* — 12 Frappée (*férir*). Noter l'ampleur des v. 48-50, inspirés de Virgile, *Géorgiques,* I, fin. —

Tel au combat sera ce grand Martel,
Qui, plein de gloire et d'honneur immortel,
Perdra du tout par mille beaux trophées
Des Sarrasins les races étouffées,
Et des Français le nom victorieux
Par sa prouesse enverra jusqu'aux cieux.

Livre IV.

LES DERNIERS VERS

JE N'AI PLUS QUE LES OS...

Pendant sa dernière maladie, RONSARD écrivit quelques poèmes publiés par ses amis en 1586, sous le titre de *Derniers vers de Pierre de Ronsard.* Est-il rien de plus émouvant que ce *chant du cygne?* Ronsard analyse ses souffrances avec un réalisme digne de VILLON, une simplicité douloureuse qui l'apparente aux lyriques du XIXe siècle.

Je n'ai plus que les os, un squelette je semble,
Décharné, dénervé, démusclé, dépoulpé [1],
Que le trait [2] de la mort sans pardon a frappé ;
Je n'ose voir mes bras que de peur je ne tremble [3].

Apollon et son fils [4], deux grands maîtres ensemble,
Ne me sauraient guérir, leur métier m'a trompé ;
Adieu, plaisant soleil [5] ! Mon œil est étoupé [6],
Mon corps s'en va descendre où tout se désassemble [7].

Quel ami, me voyant en ce point dépouillé [8],
Ne remporte au logis un œil triste et mouillé,
Me consolant au lit et me baisant la face,

En essuyant mes yeux par la mort endormis ?
Adieu, chers compagnons ! Adieu, mes chers amis !
Je m'en vais le premier vous préparer la place [9].

– *Étudiez la progression des idées et des sentiments jusqu'à l'adieu final.*
– *Relevez les éléments réalistes ; montrez en quoi ils contribuent à l'émotion.*
– *Quel rôle jouent, dans les tercets, les manifestations de l'amitié ?*
– ***Commentaire composé.*** Méditation sur la mort ; résignation.
• **Groupe thématique : Mort et souffrance.** Cf. p. 146-150 ; – p. 164-165 ; – p. 218-226.

— 1 « *Sans pulpe* ». Comment sont composés tous ces participes ? — 2 Préciser l'image. — 3 En quoi ce dernier trait complète-t-il le tableau ? — 4 Esculape, dieu de la médecine. — 5 Adieux à la vie, à la manière grecque. — 6 Bouché comme avec de l'étoupe. — 7 Préciser le ton. — 8 Expliquer le terme (cf. v. 2). — 9 Idée antique.

Ah ! longues nuits d'hiver...

L'insomnie, tourment cruel des moribonds, a dicté à Ronsard quelques cris d'une poignante beauté. Le sonnet qui va suivre est à retenir pour son réalisme et pour l'appel, très romantique, à la mort.

Ah ! longues nuits d'hiver, de ma vie [1] bourrelles [2],
Donnez-moi patience et me laissez dormir !
Votre nom seulement et suer et frémir
Me fait par tout le corps, tant vous m'êtes cruelles.

Le sommeil tant soit peu n'évente de ses ailes [3]
Mes yeux toujours ouverts, et ne puis affermir
Paupière sur paupière, et ne fais que gémir,
Souffrant, comme Ixion [4], des peines éternelles.

Vieille ombre de la terre, ainçois [5] ombre d'enfer,
Tu m'as ouvert les yeux d'une chaîne de fer,
Me consumant au lit, navré [6] de mille pointes ;

Pour chasser mes douleurs, amène-moi la mort ;
Ha, Mort ! le port commun, des hommes le confort [7],
Viens enterrer mes maux [8], je t'en prie à mains jointes [9].

Il faut laisser maisons...

Le ton de ce *dernier sonnet* est plus apaisé. Le poète accepte avec *calme* la loi de la nature et trouve une *sublime consolation* dans l'assurance de sa gloire terrestre et la certitude *chrétienne* de l'immortalité de l'âme.

Il faut laisser maisons, et vergers, et jardins,
Vaisselles, et vaisseaux [1] que l'artisan burine,
Et chanter son obsèque [2] en la façon du cygne [3],
Qui chante son trépas sur les bords Méandrins [4].

C'est fait ! J'ai dévidé le cours de mes destins ;
J'ai vécu ; j'ai rendu mon nom assez insigne ;
Ma plume vole au ciel pour être quelque signe [5],
Loin des appas mondains [6] qui trompent les plus fins.

Heureux qui ne fut onc [7] ! plus heureux qui retourne
En rien [8], comme il était ! plus heureux qui séjourne,
D'homme fait nouvel ange, auprès de Jésus-Christ,

Laissant pourrir çà-bas [9] sa dépouille de boue,
Dont le sort, la fortune et le destin se joue,
Franc [10] des liens du corps pour n'être qu'un esprit.

— 1 Deux syllabes. — 2 Fém. de *bourreau*. — 3 Noter l'élégance de l'image et la valeur du rejet. — 4 Condamné, pour avoir offensé Junon, à tourner éternellement sur une roue. — 5 Mais plutôt. — 6 Blessé. — 7 Réconfort. — 8 Etudier l'expression. — 9 Cf. Sonnet 2 : « *Mais elle fait la sourde, et ne veut pas venir* ».

— 1 Vases. — 2 Chant funèbre. — 3 On prononçait *cyne*. Sur le chant du cygne, cf. p. 112, n. 14. — 4 Du Méandre, fleuve d'Asie Mineure célèbre par ses cygnes. — 5 Astre (*lat.* signum). — 6 *Du monde*. Préciser la nuance. — 7 Jamais. — 8 Valeur du rejet ? — 9 Ici-bas. — 10 Libre.

AUTOUR DE RONSARD

A l'exception de Du Bellay, tous les poètes lyriques qui ont entouré ou suivi Ronsard sont rejetés dans l'ombre par l'éclat de son génie. Son *influence* fut considérable : elle a marqué profondément la poésie française de toute la seconde moitié du siècle, s'exerçant sur *deux générations*, celle de la Pléiade et celle des poètes nés entre 1545 et 1560 environ.

Le groupe de la Pléiade

Ami de Maurice Scève, PONTUS DE TYARD (1521-1605) avait composé ses *Erreurs amoureuses* (parues en 1549) avant le manifeste de Du Bellay, mais il adhère bientôt à la nouvelle école poétique, marquant ainsi la *transition* entre le lyrisme du *groupe lyonnais* (cf. p. 31) et celui de la *Pléiade.*

RÉMY BELLEAU (1528-1577) est un poète charmant, très sensible à la beauté des paysages champêtres qu'il a su rendre avec beaucoup de grâce dans ses *Bergeries.* Voici le début d'*Avril,* l'une de ses pièces les plus justement célèbres par la *fraîcheur* de la description et l'*aisance* du rythme :

Avril, l'honneur et des bois
Et des mois ;
Avril, la douce espérance
Des fruits qui, sous le coton
Du bouton,
Nourrissent leur jeune enfance.

JEAN-ANTOINE DE BAÏF conçut des ambitions plus vastes que le " gentil " Belleau. Après avoir pétrarquisé dans ses *Amours,* il imita les *Géorgiques* de Virgile *(Météores),* puis s'inspira d'Hésiode. Il tenta aussi d'introduire dans notre langue une nouvelle versification, fondée, comme la métrique gréco-latine, sur l'alternance des longues et des brèves ; mais ces " *vers mesurés* " ne purent s'acclimater chez nous.

JODELLE est surtout célèbre comme auteur dramatique (p. 167 et 172) ; pourtant son œuvre lyrique n'est pas négligeable *(Amours, Sonnets, Tombeaux, Odes).*

La seconde génération

Dans les dernières années de sa vie, Ronsard connut l'amertume de se voir préférer deux de ses disciples, Du Bartas et Desportes. Nous trouvons aujourd'hui que, loin d'égaler leur maître, ils ont, malgré leur talent, outré certains défauts contre lesquels il avait su réagir : la *grandiloquence* (Du Bartas) et la *mièvrerie* (Desportes).

DU BARTAS (1544-1590) voulut, en s'inspirant de la Bible (il était protestant), peindre la Création *(La Semaine),* puis l'Histoire du monde *(La Seconde Semaine).* Il y a de l'*ampleur* et du *souffle* dans sa poésie, mais aussi de l'*enflure* et du *verbalisme,* et certaines de ses hardiesses de vocabulaire *(floflotter,* Mercure *échelle-ciel)* font aujourd'hui sourire (cf. p. 93, I, *Mots composés*).

DESPORTES (1546-1606) joua le rôle de *poète officiel* sous Henri III. Cet abbé de cour s'inspire de la *poésie italienne* et n'évite pas toujours le *maniérisme* et la *préciosité :* Malherbe le critiquera durement. Pourtant il annonce aussi le classicisme en montrant beaucoup plus de *mesure* et de *goût* que Du Bartas.

BERTAUT (1552-1611), évêque de Séez, fut bien en cour auprès d'Henri IV ; on lui doit des *Élégies* et des *Épîtres,* mais c'est surtout dans ses *Cantiques* que s'affirment la *sensibilité* et la *gravité* de son talent. Il a trouvé grâce devant les lettrés du XVIIe siècle : il prépare en effet la voie à Malherbe et à Corneille.

Nous citerons enfin le Cardinal DU PERRON (1556-1618), qui présenta Malherbe à Henri IV, et JEAN DE SPONDE (1557-1595), dont la poésie *italianisante* et déjà dans le goût *baroque* vibre d'accents *ardents* et *très personnels.*

LE THÉATRE

Ses origines savantes Au XVIe siècle, le théâtre suit avec un certain retard le mouvement général des lettres ; les genres du Moyen Age restent longtemps en honneur : les Confrères de la Passion jouent des *Mystères* jusqu'en 1548 ; la Basoche et les Enfants Sans-Souci continueront, bien après 1550, à exploiter leur répertoire de *farces*, de *soties* et de *moralités*. Pourtant les érudits préparent de bonne heure le mouvement qui mettra la scène française, après le lyrisme, à l'école de l'antiquité. Érasme traduit en latin des tragédies d'Euripide ; on joue dans les collèges, comme Montaigne en témoigne, des *tragédies latines* de l'Écossais BUCHANAN ou du Français MURET ; enfin humanistes et poètes de la Pléiade traduisent en français des œuvres grecques et latines : LAZARE DE BAIF *l'Électre* de Sophocle dès 1537, puis *l'Hécube* d'Euripide ; CHARLES ESTIENNE *l'Andrienne* de Térence ; RONSARD le *Plutus* d'Aristophane ; ANTOINE DE BAIF tire son *Brave* du *Miles gloriosus* (Soldat fanfaron) de Plaute.

Aperçu d'ensemble En 1552, JODELLE crée à la fois la *tragédie* française avec *Cléopâtre* et la *comédie* nouvelle avec *Eugène*. Pourtant il faut attendre GARNIER pour trouver un véritable talent tragique, et le XVIe siècle n'offre aucune pièce comique digne de rivaliser soit avec la Farce de Pathelin soit avec les premières comédies de Corneille. D'ailleurs le théâtre à la mode antique ou italienne ne touche pas encore le grand public : les pièces ne connaissent qu'un tout petit nombre de représentations, devant un auditoire lettré des plus restreints.

I. LES DÉBUTS DE LA TRAGÉDIE

La " Cléopâtre " de Jodelle JODELLE (1532-1573) avait vingt ans lorsqu'il fit jouer devant la cour sa *Cléopâtre captive*, notre première tragédie. L'événement fut célébré avec enthousiasme par Ronsard et les autres poètes de la Pléiade. Aujourd'hui la pièce nous paraît longue et lente, et nous y trouvons fort peu d'action dramatique : Cléopâtre décide de se tuer plutôt que d'orner le triomphe d'Octave. Les chants du chœur, les plaintes de Cléopâtre en font une *pièce essentiellement lyrique :* il en sera de même de toutes les tragédies du XVIe siècle. Cependant cette œuvre annonce le théâtre classique par sa composition en *cinq actes* (les entr'actes étant occupés par des chœurs comme dans *Athalie*), et par l'apparition des trois unités [1]. La rupture est complète avec la tradition médiévale.

— 1 Qu'en un lieu, qu'en un jour un seul | fait accompli | Tienne jusqu'à la fin le théâtre rempli (Boileau, *Art poétique*, III, 45-46).

La Poétique de Scaliger

Ce genre savant poursuit un idéal très déterminé, selon des principes strictement définis, longtemps avant d'avoir donné un chef-d'œuvre. ARISTOTE avait codifié, d'après le théâtre d'Eschyle, de Sophocle et d'Euripide, les *lois* essentielles *du genre tragique*. A son tour un érudit d'origine italienne, mais établi en France, Jules-César SCALIGER, tire d'Aristote, dans sa *Poétique* publiée en latin en 1561, les fameuses règles de la tragédie autour desquelles s'institueront tant de discussions au XVIIe siècle : *unités* de *temps* (quelques heures) et *d'action*, personnages illustres, dénouement malheureux, action débutant en pleine crise, principe général de vraisemblance, style sérieux, emploi du vers. Ce cadre rigoureux de la tragédie classique sera encore précisé dans *l'Art de la Tragédie* de JEAN DE LA TAILLE (unité de *lieu*), puis dans *l'Art poétique* de VAUQUELIN DE LA FRESNAYE.

ROBERT GARNIER (1544-1590)

Un magistrat poète

Homme de loi comme le seront plus tard Rotrou et Corneille, originaire de l'Ouest comme eux, ROBERT GARNIER fut avocat au Parlement de Paris, puis conseiller au présidial du Mans et lieutenant criminel du Maine. Sa formation peut expliquer son goût pour l'éloquence et pour le débat tragique ; mais il a aussi, avec des dons lyriques précieux, le sens des nécessités de la scène.

GARNIER s'inspire d'abord de SÉNÈQUE, pour ses quatre premières tragédies : *Porcia*, *Hippolyte*, *Cornélie*, *Marc-Antoine*, puis, avec plus de bonheur, du *théâtre grec* pour *La Troade* et *Antigone*. Mais ses deux dernières pièces retiennent surtout notre attention. Il crée avec *Bradamante* le genre de la *tragi-comédie*, appelé à une vogue considérable au début du XVIIe siècle : l'action est tragique, mais il s'y mêle une intrigue d'amour qui paraît alors trop romanesque pour convenir à la tragédie proprement dite ; d'autre part la pièce se passe au Moyen Age : il faudra attendre VOLTAIRE avec *Zaïre* et *Tancrède* pour retrouver cette époque sur la Scène Française. Enfin avec LES JUIVES, son chef-d'œuvre (1583), Garnier emprunte l'action non pas au théâtre antique, mais à l'histoire du peuple hébreu, et la pièce annonce les *tragédies bibliques* de RACINE, *Esther* et *Athalie*.

L'élément lyrique

La tragédie de Garnier reste d'abord *lyrique :* les *Juives*, comparées aux tragédies du XVIIe siècle, semblent n'être qu'une *longue lamentation*. D'ailleurs ce lyrisme, s'il est parfois un peu monotone, ne manque ni de charme ni de spontanéité. L'auteur fait effort pour varier le rythme et le mouvement des chœurs, et il sait évoquer une atmosphère (p. 171). Même dans les parties dialoguées, un cri du cœur, un élan émouvant traduisent par endroits un *beau talent poétique*.

Du débat oratoire à l'action tragique

Ce lyrisme est soutenu, à la manière de Sénèque, par l'*éloquence* de maximes bien frappées. Comme Corneille, Garnier aime enserrer dans un alexandrin une belle *sentence morale*, sous une forme définitive qui se grave dans la mémoire. Il aime aussi organiser entre ses personnages des *débats oratoires* sur quelque grand sujet (p. 170) : les répliques se croisent et s'entre-choquent comme des épées, au prix d'un peu de rhétorique parfois. C'est une tendance très française, qui apparaissait déjà dans la *Passion* de JEAN MICHEL (cf. Moyen Age pp. 163-164) et qui trouvera chez CORNEILLE son expression la plus achevée.

Ces débats, qui soutiennent l'intérêt, remplacent à la rigueur les péripéties dramatiques ; la donnée des pièces de Garnier commence d'ailleurs à s'étoffer ; il sait faire peser sur ses héros le fardeau de la *fatalité* ; il manie, non sans habileté, *l'ironie tragique* qui égare un moment tel personnage en le leurrant d'un vain espoir : ainsi se noue peu à peu la véritable *action tragique*. Si la psychologie de ses héros reste élémentaire, Garnier discerne l'essence même du genre dramatique.

LES JUIVES

SÉDÉCIE, *roi de Jérusalem, s'est révolté contre Nabuchodonosor, roi d'Assyrie, qu'il avait reconnu pour suzerain.* NABUCHODONOSOR *a pris Jérusalem et mis la ville à sac* (*VI*[e] *siècle av. J.-C.*). *Quel sort va-t-il réserver au vaincu, à sa famille et au peuple captif? tel est le sujet de la tragédie. A* l'acte I, *le* PROPHÈTE (*Jérémie dans la Bible*) *implore la clémence divine. Puis le chœur des* JUIVES, *déplorant le penchant au mal de la nature humaine, rappelle le péché originel et le Déluge.* Acte II : NABUCHODONOSOR *annonce son intention de faire périr Sédécie ; un de ses officiers,* NABUZARDAN, *lui déconseille une rigueur excessive. Le chœur dit les fautes et les malheurs passés du peuple d'Israël.* AMITAL, *mère de Sédécie, se lamente avec les Juives, puis va supplier la* REINE *d'Assyrie d'intervenir auprès de son mari. Le chœur dit adieu à Jérusalem, sa patrie.* Acte III : *la Reine s'efforce de fléchir Nabuchodonosor ; celui-ci laissera la vie sauve à Sédécie, mais pour lui infliger de cruels tourments. Il répond à Amital, qui l'implore à son tour, par des paroles ambiguës propres à faire renaître l'espoir dans le cœur de la malheureuse. Mais les Juives sont trop désolées pour s'associer à sa joie.* Acte IV : SÉDÉCIE *ne craint pas la mort : il offre volontiers sa vie, pourvu que le vainqueur épargne son peuple* (*p.* 170). *Mais, Nabuchodonosor restant intraitable, il laisse éclater sa haine et son mépris. Le chœur évoque tristement les douces joies de la liberté* (*p.* 171), *puis, tandis qu'on enlève aux femmes les enfants de Sédécie, il chante la puissance de Dieu opposée aux vicissitudes de la destinée humaine.* Acte V : *le Prophète vient raconter* l'atroce dénouement : *Sédécie a dû assister à l'exécution de ses enfants et du grand-prêtre, après quoi on lui a crevé les yeux. Il paraît au milieu des lamentations, confesse ses torts et dit sa confiance en Dieu. Le Prophète le réconforte en annonçant des* jours meilleurs *pour Jérusalem, et surtout la* venue du Messie.

Dignité dans la défaite

Voici en présence le vaincu et le vainqueur. Quoiqu'il soit à la merci de Nabuchodonosor, Sédécie se montre plein de *dignité* et même de *grandeur*. Ainsi les rôles sont pour ainsi dire renversés : confessant hautement sa foi, reconnaissant ses torts, plaidant non pour lui-même mais pour son peuple innocent, le *vaincu* donne au *vainqueur*, qui reste sourd à son appel, une leçon de *grandeur d'âme*. Ce texte est caractéristique de la *manière* de Garnier : une *tirade* fortement charpentée suivie d'un *dialogue serré et oratoire.*

SÉDÉCIE

Le Dieu que nous servons est le seul Dieu du monde [1],
Qui de rien a bâti le ciel, la terre et l'onde.
C'est lui seul qui commande à la guerre, aux assauts.
Il n'y a Dieu que lui, tous les autres sont faux.
Il déteste le vice et le punit sévère [2],
Quand il connaît surtout que l'on y persévère.

— 1 V. 1-4 : Cf. la *profession de foi* de Polyeucte (v. 1657-8) : *Je n'adore qu'un Dieu, maître de l'univers,* | *Sous qui tremblent le ciel, la terre et les enfers ;* et celle d'Eliacin (*Athalie*, v. 686) : *Lui seul est Dieu, Madame, et le vôtre n'est rien.* — 2 Adj. employé comme adverbe.

Il ne conseille aucun [3] de commettre un méfait,
Au contraire c'est lui qui la vengeance en fait.
Ses Prophètes il a, que parfois il envoie
Pour redresser son peuple alors qu'il se dévoie ;
Par eux de nos malheurs il nous fait avertir
Afin qu'en l'évoquant les puissions divertir [4].
Mais hélas ! bien souvent notre âme est endurcie,
Ne faisant compte [5] d'eux ni de leur prophétie :
Et c'est quand il [6] nous laisse et nous donne en butin
Au peuple assyrien, arabe ou philistin [7].
Autrement soyez sûr que toute force humaine,
Quand il nous est propice, encontre nous est vaine,
Et qu'encor vos soudars [8], bien qu'ils soient indomptés,
Ne nous eussent jamais, comme ils ont, surmontés,
Sans qu'il a [9] retiré de nous sa bienveillance
Pour nous faire tomber dessous [10] votre puissance [11].
Or vous ai-je [12] offensé, je confesse ce point.
Je vous ai offensé : mais qui n'offense point [13] ?
Ma vie est en vos mains, vengez-vous dessur elle ;
Passez-moi votre estoc jusques à la pommelle [14],
Et ce peuple sauvez, qui n'a fait autre mal
Sinon de se défendre et de m'être loyal [15].

NABUCHODONOSOR

Tu as donc, malheureux, par ton ingratitude,
Mis le glaive en la gorge à cette multitude.
Quel supplice est sortable [16] à ta méchanceté ?
S. Un supplice trop grief [17] ressent [18] sa cruauté.
N. Peut-on être cruel envers un tel parjure ?
S. Comme en une autre chose y faut garder mesure.
N. Tu en as bien gardé en me faussant la foi [19] !
S. Faisant comme j'ai fait, vous faudriez [20] comme moi.
N. Ton crime est excessif.
S. Et gardez qu'excessive
La vengeance ne soit sur une âme chétive [21].
N. Penses-tu qu'on te traite autrement qu'en rigueur ?
S. Cela dépend de vous qui êtes le vainqueur.
N. Voire [22] il dépend de moi qui suis ton adversaire.
S. Le devoir vous défend de m'être trop sévère.

— 3 A aucun homme. — 4 Détourner. — 5 Ne *tenant* compte *ni...* — 6 C'est alors qu'il. — 7 Dégager les idées des v. 5-16. Comment sont évoqués les rapports du peuple juif avec son Dieu ? — 8 Soldats. — 9 Commenter cette construction. — 10 *Dessous* et *dessur* (v. 25) : cf. App. I, F1. — 11 Quelle nouvelle idée apparaît ici ? Ce vaincu est-il veule ? — 12 Eh bien ! je vous ai. — 13 Noter l'argumentation *en forme*. — 14 Votre *épée* jusqu'au *pommeau ;* pour *passez*, cf. « passer au fil de l'épée ». — 15 Montrer la *noblesse* de cette attitude. Indiquer le plan d'ensemble de la tirade. — 16 Est « assorti à », convient (pour punir). — 17 Grave, cruel (1 syllabe). — 18 Sent. — 19 En manquant, contre moi, à ta parole ; *en* reprend *mesure*. — 20 Vous vous rendriez coupable (2 syllabes). — 21 Captive (sens étymol.), donc sans défense. — 22 *Ou plutôt*. Étudier l'oppos. entre *vainqueur* et *adversaire*.

N. Sévère ? et quel tourment n'as-tu point mérité ?
S. Vous pesez mon mérite et non ma qualité... [23]
N'aurez-vous donc égard à ma condition ?
N. Je ne veux de personne avoir acception [24].
S. Ne regardez au crime, ainçois [25] à votre gloire ;
Soyez fier en bataille et doux en la victoire ;
Votre honneur est de vaincre et savoir pardonner.
N. Mon honneur est de vaincre et de reguerdonner [26].

Adieu, plaisirs perdus !

Ce *chœur* est le plus *original* des JUIVES. La lamentation biblique subit une transposition dont la *naïveté* n'est pas sans *charme :* en dépit des notations orientales de la strophe III, la parure et les plaisirs évoqués appartiennent beaucoup plus à la *France du XVIe siècle* qu'à la Judée de l'Ancien Testament. Après la *nostalgie* du passé (str. I-IX), le chœur chante le présent douloureux (str. X-XII) et la servitude qui l'attend (str. XIII-XIV). Le *rythme* du quatrain en vers de 7 syllabes confère au passage une *mélancolie langoureuse.*

Pauvres filles de Sion [1],
Vos liesses [2] sont passées ;
La commune affliction
Les a toutes effacées.
Ne luiront plus vos habits
De soie avec l'or tissue [3] ;
La perle avec le rubis
N'y sera plus aperçue.
Vos seins, des cèdres pleurants
En mainte goutte tombée [4]
Ne seront plus odorants,
Ni des parfums de Sabée [5] ;
Et vos visages, déteints
De leur naturel albâtre,
N'auront souci que leurs teints
Soient peinturés de cinabre [6].
L'or crêpé de vos cheveux,
Qui sur vos tempes se joue,
De mille folâtres nœuds
N'ombragera votre joue.
Nous n'entendrons plus les sons
De la soupireuse lyre,
Qui s'accordait aux chansons
Que l'amour vous faisait dire,
Quand les cuisantes ardeurs
Du jour étant retirées,
On dansait sous les tiédeurs
Des brunissantes soirées [7],
Et que ceux-là dont l'amour
Tenait les âmes malades,
Faisaient aux dames la cour
De mille douces aubades,
Contant les affections
De leurs amitiés fidèles
Et les dures passions [8]
Qu'ils souffraient pour l'amour d'elles.
Las ! que tout est bien changé !
Nous n'avons plus que tristesse ;
Tout plaisir s'est étrangé
De nous [9], et toute liesse.

— 23 Sédécie est *roi.* — 24 Expliquer le sens. — 25 *Mais;* type de vers *cornélien.* — 26 *Récompenser,* c'est-à-dire ici *châtier.* Montrer que les *répliques s'opposent terme à terme.*

— 1 Jérusalem. — 2 *Liesse :* allégresse ; noter l'emploi au *pluriel* et relever dans le texte des ex. comparables. — 3 Tissée. — 4 La résine du cèdre, employée comme parfum. — 5 *D'Arabie :* l'encens. — 6 Substance rouge, utilisée comme fard. — 7 Définir l'atmosphère. — 8 Épreuves. — 9 Nous est devenu étranger.

Notre orgueilleuse Cité,
Qui les cités de la terre
Passait en félicité,
N'est plus qu'un monceau de pierres.
Dessous ses murs démolis,
Comme en communs cimetières,
Demeurent ensevelis
La plus grand'part de nos frères.

Et nous, malheureux butin,
Allons soupirer captives,
Bien loin dessous le matin [10],
Sur l'Euphrate aux creuses rives,
Où confites en [11] tourment [12],
Toute liberté ravie,
En pleurs et gémissement
Nous finirons notre vie.

Montchrestien Le XVIe siècle compte encore dans ses dernières années, un auteur tragique de talent, ANTOINE DE MONTCHRESTIEN. Sa vie (1575 ?-1621) fut mouvementée, et il périt au cours d'un soulèvement des protestants contre Louis XIII. Il avait composé, avant 30 ans, six tragédies, dont la plus intéressante, *La Reine d'Écosse* (1601), évoque la mort de MARIE STUART. Son œuvre, comme celle de Garnier, est *éloquente* et *lyrique* plutôt que véritablement dramatique ; de beaux vers, mais *fort peu d'action :* on est loin encore du théâtre classique.

II. LA COMÉDIE

Le novateur en ce domaine est encore JODELLE, avec une comédie en cinq actes et en vers, *Eugène*, représentée en 1552 en même temps que *Cléopâtre*. La pièce contient des scènes de *farce*, et, si l'ordonnance extérieure est empruntée à l'antiquité, le comique reste dans la *tradition des fabliaux*.

Larivey (1560-1611 ?) L'auteur comique le plus notable du XVIe siècle écrit *en prose* et s'inspire du théâtre italien. Chanoine de Saint-Étienne de Troyes, né dans cette ville d'un père florentin, PIERRE LARIVEY n'est guère original : il se contente d'adapter en français des comédies italiennes. Pourtant il retrouve, par l'intermédiaire de ses modèles, un peu de la verve de Plaute, de la finesse de Térence, et son style est personnel, agréable et vivant. Sa comédie la plus connue, les *Esprits*, semble bien avoir fourni à MOLIÈRE certains traits de l'*École des maris* et surtout de *l'Avare*.

A ce théâtre, écrit pour être lu plutôt que pour être joué, *il manque* un élément essentiel, *le contact avec le grand public* qui fournissait au contraire un auditoire enthousiaste aux « farceurs » et aux bateleurs sur leurs tréteaux : à la fin du siècle et au début du XVIIe, c'est en effet la vogue de Gros-Guillaume, Turlupin et Gautier-Garguille, et de Tabarin au Pont-Neuf.

---

10 *Vers l'Orient*. L'expression n'est-elle pas gracieuse ? — 11 « *Imprégnées de* », en proie au. — 12 *Tourment, gémissement :* emploierions-nous aujourd'hui le sing. ?

L'inspiration biblique

P. Scarburgh, « Agrippa d'Aubigné en maréchal de camp ». (Peinture, 1622. Ph. © Kunstmuseum, Bâle — Arch. Photeb.)

D'Aubigné et la littérature engagée. Humaniste, délicat poète du *Printemps*, d'Aubigné fut aussi un combattant acharné, un « héros de l'épopée huguenote » (cf . **p. 174-175**). Son engagement religieux et politique lui a dicté la vaste épopée des *Tragiques.* Quand Ronsard voulait s'élever jusqu'à l'épique, il faisait appel à la mythologie gréco-latine et s'inspirait trop servilement des recettes de l'épopée homérique ou virgilienne. D'Aubigné, lui, a cherché dans le merveilleux chrétien des équivalents du merveilleux antique (cf. analyse, **p. 182-183**). Et surtout, c'est dans la **Bible** qu'il puise l'inspiration des scènes puissantes et des visions apocalyptiques qui font de son œuvre la plus remarquable création épique entre les chansons de geste et les « petites épopées » de la *Légende des Siècles* (cf. **p. 176-188**).

P. Van der Borcht, « Destruction de Sodome ». (Gravure, 1581, détail. Bibl. Nat., Paris. Ph. Jeanbor © Arch. Photeb.)

Le symbolisme épique

Ouvrant une voie où s'engageront plus tard Vigny et Victor Hugo (cf. **XIXe siècle, p. 125, 133, 171, 186**), d'Aubigné emprunte à la Bible des épisodes auxquels il donne une signification symbolique. C'est ainsi qu'il adjure les Justes de quitter une cour pervertie, de même que Loth avait abandonné Sodome, ville perdue de débauches, avant qu'elle ne fût accablée sous une pluie de soufre et de feu (cf. **p. 181**). L'auteur de cette gravure met l'accent sur le terrible spectacle de la ville en flammes.

D'Aubigné s'attache avant tout à la leçon morale qu'il inflige à ses contemporains avec une éloquence de visionnaire.

J. Cotelle, « Caïn et Abel ». (Gravure, XVIIe siècle. Bibl. Nat., Paris. Ph. Jeanbor © Arch. Photeb).

L'amplification épique

Du meurtre d'Abel, l'auteur de cette gravure n'a retenu qu'une brève indication : « Caïn se jeta sur Abel, son frère, et il le tua.» Dans le livre VI des *Tragiques*, intitulé « Vengeances », d'Aubigné lui aussi resserre en quelques vers l'épisode du meurtre. En revanche, il s'attache à dépeindre les effets de la malédiction divine sur Caïn, « errant et fugitif sur la terre », et épargné sur l'ordre de Dieu, afin qu'il ne soit pas mis de terme à son remords. Ce thème donne naissance à une large amplification : d'Aubigné harcèle le lecteur par une accumulation d'images saisissantes ; il partage les angoisses du criminel, haletant, littéralement poursuivi par le remords (cf. **p. 183**).

La Résurrection des morts. Détails du « Jugement dernier », XIIIe siècle. (Tympan du portail occidental, Cathédrale Saint-Étienne, Bourges. Ph. © J. Boulas.)

« Tous sortent de la mort comme l'on sort d'un songe »

La **résurrection des morts** fait partie du thème artistique du Jugement dernier. Elle occupe d'ordinaire le bas d'un ensemble de plans superposés traduisant un mouvement ascendant vers le Juge suprême. Ce thème est traité ici dans un bas-relief de la cathédrale de Bourges (XIIIe siècle). Il est remarquable par la diversité des personnages et de leurs attitudes, bien que tous présentent un visage radieux tourné vers l'éclat éblouissant de la lumière divine. La comparaison avec l'évocation des *Tragiques* (cf. **p. 185**) permettra de mesurer la puissance de l'imagination d'Agrippa d'Aubigné.

LA LITTÉRATURE ENGAGÉE

Après la conjuration d'Amboise et l'échec du colloque de Poissy, le massacre de Vassy (1562) marque le début des *guerres de religion*. La France ne retrouve une paix intérieure durable qu'en 1593, avec l'abjuration d'Henri IV, suivie de son entrée à Paris, puis, en 1598, de la promulgation de l'*Édit de Nantes*. Ces luttes fratricides eurent une profonde répercussion sur notre littérature.

Les genres

On voit fleurir alors des genres inédits, ou renouvelés par l'actualité : *dissertations* ou *discours* politiques comme la *République* de JEAN BODIN, le *Discours pour le maintien de la loi salique* de GUILLAUME DU VAIR ; *pamphlets* (D'AUBIGNÉ) ; *satires* en prose ou en vers (SATIRE MÉNIPPÉE) ; *chroniques* ou *mémoires* (MONLUC, D'AUBIGNÉ). C'est toute une littérature vivante, vibrante, pleine de verve ou de gravité ; mais, sauf chez les plus grands, la passion partisane tend à éliminer le souci d'art qui caractérisait la génération précédente.

D'autre part les *poètes protestants*, même disciples déclarés de Ronsard comme d'Aubigné et Du Bartas, en viennent à préférer à l'imitation de l'antiquité *l'inspiration biblique*. Avec la Bible, tout un courant nouveau, ardent, passionné, épique, très différent de ce qui sera l'idéal classique, traverse et anime notre littérature.

Les partis

Déjà nous avons vu RONSARD, douloureusement frappé par les troubles civils, prêter sa plume à la défense de la cause catholique et de l'autorité royale (p. 153). Mais l'inspiration patriotique et religieuse ne lui fait pas oublier les autres formes de son talent : le poète des *Discours* est aussi celui des *Églogues et Mascarades*, de la *Franciade* et des *Sonnets pour Hélène*. Ronsard reste poète avant tout et ne se laisse pas absorber complètement par l'actualité politique, si brûlante soit-elle.

Au contraire certaines vies, certaines œuvres sont marquées tout entières par les guerres de religion. Il faut choisir, prendre parti dans la lutte : les écrivains sont aussi des *capitaines*, *catholiques* comme MONLUC, *protestants* comme D'AUBIGNÉ. Cependant des *esprits modérés* s'efforcent de ramener la paix par la conciliation : protestants ou catholiques, humanistes (Jean Bodin, Guillaume du Vair) ou soldats (La Noue), ces « *Politiques* » se rejoignent dans une conception lucide des véritables intérêts de la France. Leur parti se développe surtout lorsqu'Henri de Navarre, prince protestant, devient l'héritier de la couronne, et ils triomphent avec Henri IV. Un groupe de *bourgeois de Paris* a immortalisé dans une œuvre collective, la SATIRE MÉNIPPÉE, ce réveil du bon sens français groupant le pays, contre les convoitises de l'étranger, contre les abus et les ridicules de la Ligue, autour de son roi légitime.

Enfin un homme a su, durant cette période, préserver sa personne et sa pensée de toute contagion du fanatisme, de toute partialité : MONTAIGNE a réalisé ce prodige, de s'acquitter, au milieu des troubles, de ses devoirs civiques, d'exercer même une haute fonction, sans jamais aliéner son indépendance et sa liberté d'esprit. Il a dénoncé le rôle que jouaient dans les guerres de religion les passions purement humaines (p. 236) et *prêché la tolérance* à une époque où il était singulièrement difficile de pratiquer cette vertu.

AGRIPPA D'AUBIGNÉ

Sa vie (1552-1630)

Né en l'hôtel Saint-Maury près de Pons, en Saintonge, d'un père gentilhomme et calviniste, AGRIPPA D'AUBIGNÉ apprit dès son plus jeune âge le *latin*, le *grec* et *l'hébreu*. A sept ans il traduisait le *Criton* de Platon. Il poursuit ses études à Paris, puis à Genève, où il se perfectionne en *théologie* auprès de Théodore de Bèze. Dès seize ans il écrit des vers. A son enfance studieuse n'ont pas été épargnées les *horreurs* de la guerre civile : à Amboise en 1560, son père lui fait jurer de venger un jour les protestants exécutés après l'échec de la conjuration. En 1568 il s'enfuit de la maison de son tuteur pour combattre dans l'armée huguenote.

TALCY

Dès lors il ne cessera guère de combattre pour sa foi, l'épée ou la plume à la main, jusqu'à son dernier jour. Sa jeunesse est pourtant « mondaine » et sa poésie d'abord profane : au cours d'une trêve, il s'éprend au château de TALCY de DIANE SALVIATI, nièce de la CASSANDRE de RONSARD ; son amour lui inspire un recueil lyrique, le *Printemps* (qui ne sera publié qu'au XIXe siècle) ; mais Diane est catholique, et les deux jeunes gens ne pourront s'unir. Il se trouve par hasard absent de Paris au moment de la Saint-Barthélemy, mais il est peu après victime d'une *agression*. A Talcy où Diane le soigne, il a, nous dit-il, une *vision* dont, quelques années plus tard, devaient naître les *Tragiques*, son œuvre essentielle.

CASTELJALOUX

En 1573 il devient écuyer d'HENRI DE NAVARRE qu'il rejoint à Paris. Son séjour à la cour, où il oublie un moment la cause protestante, lui inspirera dans les *Tragiques* des accents satiriques et de hautes réflexions morales. Mais en 1576 il s'échappe avec son prince et reprend la lutte. En 1577 il est *blessé grièvement* au combat de CASTELJALOUX et voit la mort de près ; songeant alors à l'appel qu'il avait senti à Talcy, il dicte une première ébauche des *Tragiques*. Le livre ne paraîtra que quarante ans plus tard, en 1616.

MILITANT JUSQU'AU BOUT

D'Aubigné continue à lutter aux côtés d'Henri de Navarre jusqu'à l'entrée à Paris (1594) qui met fin aux guerres de religion. Indigné de l'*abjuration* d'Henri IV et de *l'Édit de Nantes* qui ne fait que tolérer la religion réformée, il se retire à Maillezais, en Vendée, dont il est gouverneur, mais reste fidèle à son roi. *Éternel militant*, il reprend les armes sous Louis XIII, et doit finalement se réfugier à GENÈVE, où il meurt en 1630. Par une cruelle ironie du sort, la petite-fille du « héros de l'épopée huguenote », Françoise d'Aubigné, devenue marquise de Maintenon, devait contribuer pour une large part à la révocation de l'Edit de Nantes (1685).

L'homme

A la fois *soldat*, *poète* et *mystique*, Agrippa d'Aubigné incarne admirablement les qualités et les défauts de son temps. « Études, passions, vertus, croyances, préjugés, tournure d'esprit d'alors, il réunit tout à un éminent degré, et il nous apparaît aujourd'hui comme l'une des plus expressives figures de cette race d'autrefois » (Sainte-Beuve). Du XVIe siècle, il a en particulier la *démesure*, le gigantisme que nous retrouverons dans les *Tragiques* et contre lesquels réagiront MONTAIGNE, puis nos classiques.

C'est un *violent* : ses haines sont farouches, furieuses ; la chaleur de sa foi aboutit au *fanatisme.* Il ne faut attendre de lui ni impartialité, ni tolérance. Engagé passionnément dans ces luttes atroces dès son enfance, comment eût-il gardé un jugement froid et un cœur serein ? Mais quelle vie chez lui ! quelle *vie généreuse et ardente !* Toujours sur la brèche, il prodigue son sang, son éloquence, son talent à la cause de ses frères et de son Dieu. Sous sa violence perce une *sensibilité humaine* profonde et vraie, l'amour des humbles (p. 177-8), des faibles, de la France (p. 176), la soif de la Justice, l'horreur des vices et des cruautés qui déshonorent l'espèce humaine. *Féroce* la plume à la main, il sut être *magnanime* sur le champ de bataille. Mystique casqué et botté, bon vivant parfois gaulois et calviniste austère, il unit en lui des traits qui nous paraissent inconciliables. Tout nourri du *naturalisme* païen de la Renaissance, il brûle en même temps d'une *foi fervente* qui anima sa vie comme elle domine son œuvre.

Son œuvre Histoire, lyrisme, satire, épopée, cette œuvre est considérable et variée. Nous citerons, en prose, des pamphlets comme *Les aventures du baron de Fœneste* et *La confession très catholique du sieur de Sancy*, des *Méditations sur les Psaumes*, des *Mémoires*, enfin l'*Histoire universelle ;* en vers *Le Printemps, L'Hiver, La Création,* et surtout LES TRAGIQUES.

L'ÉPOPÉE DE LA FOI. Ce long poème en VII livres présente un double aspect: c'est un terrible *cri de haine* et de malédiction contre les catholiques, et un *hymne* à la gloire des protestants persécutés et de leur Dieu. La rancœur du poète se traduit par la *verve satirique* (surtout au Livre des *Princes*), par *l'injure* et *l'anathème.* Mais, plus qu'une satire ou un pamphlet, LES TRAGIQUES sont une véritable *épopée*, digne parfois de rivaliser avec la *Divine Comédie* de DANTE ou le *Paradis Perdu* de MILTON.

Parti de la terre, le poète s'élève jusqu'au ciel. Le *merveilleux chrétien* intervient sans cesse : DIEU est partout présent et agissant, un Dieu vivant, personnel, passionné. Les justes sont tentés par Satan, mais Dieu veille sur eux et leur réserve la palme des martyrs. D'autre part la NATURE participe à un *animisme* universel : la terre s'apitoie sur le sort des paysans (p. 178) ; les éléments se révoltent contre les hommes qui les ont souillés par leur cruauté. La FRANCE prend vie, c'est une mère que ses enfants déchirent (p. 176). Ainsi, comme le dira HUGO, « tout vit, tout est plein d'âmes ». Avec un don étonnant de *visionnaire*, le poète, tout nourri de la *Bible*, nous rend présentes des scènes que l'imagination a peine à concevoir, la résurrection des morts, le Jugement dernier, l'enfer, le ciel (pp. 185-188). Dans le combat séculaire qui oppose les justes aux méchants, les faibles à la violence, le monde entier se penche, avec son créateur, sur les *victimes* et les *martyrs.*

Grâce à *l'inspiration biblique*, D'Aubigné a su conférer aux événements contemporains la valeur de *mythes éternels.* C'est tout le genre humain qu'il appelle à comparaître au tribunal de Dieu ; ainsi, par delà la polémique, la partialité et la haine, son œuvre atteint à la grandeur d'une *épopée morale et mystique.* Les accumulations d'invectives nous lassent, mais nous retenons des accents sublimes dont les échos dureront tant qu'il y aura des victimes et des tyrans et que l'espoir de la justice restera ancré au cœur de l'homme.

L'art Parue sous Louis XIII au moment du triomphe de Malherbe, l'œuvre n'eut *aucun succès :* sa violence partisane et ses hardiesses littéraires paraissaient d'un autre âge. Elle ne fut pas goûtée avant SAINTE-BEUVE et le romantisme. Rien de moins classique en effet que cette poésie : des longueurs, des répétions, des outrances, un réalisme osé, une rhétorique lassante ; le lecteur est rassasié d'horreur. Mais aussi des traits *fulgurants*, des *fresques* puissantes, des *visions apocalytiques ;* une poésie sans exemple, qui embrasse l'homme, la nature et Dieu, les mystères de ce monde et de l'au-delà ; une *puissance verbale* rare et un don du *rythme* déjà romantique dans ses audaces : Hugo doit beaucoup à D'Aubigné.

Bref un *art original* au service d'un *tempérament puissant* et d'une *foi brûlante.* Les défauts mêmes ne sont pas en général, comme nous pourrions le croire, des négligences, mais des recherches d'effet aujourd'hui vieillies : face au goût classique, D'Aubigné est le représentant le plus typique dans notre littérature du *goût baroque.* C'est pourquoi son style nous est moins directement accessible que celui des *Discours* de RONSARD.

LES TRAGIQUES *Le mouvement d'ensemble est net et* grandiose. *Devant le* scandale *de la guerre civile, le poète pousse un long cri de pitié, de révolte et d'horreur* (Misères). *Quels sont les* responsables ? *Selon lui, les rois et leurs vices, les courtisans et leurs mensonges* (Princes), *les juges et leurs iniquités* (Chambre dorée). *Puis c'est le long défilé des* martyrs *protestants* (Feux) ; *les combats et les massacres des guerres de religion se déroulent sous nos yeux* (Fers). *Mais le courroux de Dieu menace les* coupables : *depuis* CAIN *que d'illustres exemples ! Déjà les bourreaux des huguenots sont frappés* (Vengeances) ; *ces malheurs mérités sont le signe et l'annonce du* châtiment suprême, *et voici la fin du monde, la résurrection de la chair, le Jugement dernier qui apporte aux damnés des tortures sans fin, aux justes la félicité parfaite dans le sein de Dieu* (Jugement).

« FRANCE, MÈRE AFFLIGÉE... »

Dès le début du Livre I, *Misères,* D'AUBIGNÉ annonce hautement son *dessein :* combattre contre la Rome catholique, pour l'Église réformée. Il supplie Dieu de l'inspirer, puis invoque la Muse, une Muse « échevelée, affreuse », qui va déplorer le sort de la France.

Évoquant alors la rivalité biblique d'ESAU et de JACOB, il incarne le parti catholique et le parti protestant sous les traits de deux enfants jumeaux qui s'entre-déchirent sur le sein de leur mère la France. Le tableau est saisissant de *vie charnelle*, de *réalisme* et de *violence*.

Je veux peindre la France une mère affligée,
Qui est, entre ses bras, de deux enfants chargée.
Le plus fort, orgueilleux, empoigne les deux bouts
Des tétins nourriciers [1] ; puis, à force de coups
D'ongles, de poings, de pieds, il brise le partage [2]
Dont nature donnait à son besson [3] l'usage ;
Ce voleur acharné, cet Esau malheureux [4],
Fait dégât du doux lait qui doit nourrir les deux [5],
Si que [6], pour arracher à son frère la vie,
Il méprise la sienne et n'en a plus d'envie.
Mais son Jacob, pressé d'avoir jeûné meshui [7],
Ayant dompté longtemps en son cœur son ennui [8],
A la fin se défend, et sa juste colère
Rend à l'autre un combat dont le champ [9] est la mère.
Ni les soupirs ardents, les pitoyables cris,
Ni les pleurs réchauffés [10] ne calment leurs esprits ;
Mais leur rage les guide et leur poison les trouble [11],
Si bien que leur courroux par leurs coups se redouble [12].

— 1 Noter la hardiesse de l'enjambement ; cf. v. 4-5. — 2 Part, lot (cf. « avoir en partage »). — 3 Jumeau. — 4 Maudit. *Esau :* 2 syll. Sans doute Jacob supplanta par la ruse son frère Esaü, mais il était l'élu de Dieu. C'est pourquoi Esaü incarne ici, avec la force brutale, le parti catholique, et Jacob le parti protestant cher au cœur du poète. — 5 Noter l'allitération un peu trop appuyée. — 6 Si bien que. — 7 Aujourd'hui. *Pressé :* accablé. — 8 Douleur cruelle. — 9 Cf. « champ de bataille ». — 10 Ravivés, qui redoublent (cf. « pleurer à *chaudes* larmes »). — 11 Les égare. *Poison* au figuré. — 12 Noter la reprise du son *ou*.

Leur conflit se rallume et fait [13] si furieux
Que d'un gauche malheur [14] ils se crèvent les yeux.
Cette femme éplorée, en sa douleur plus forte [15],
Succombe à la douleur, mi-vivante, mi-morte ;
Elle voit les mutins, tout déchirés, sanglants,
Qui, ainsi que du cœur, des mains se vont cherchant [16].
Quand, pressant à son sein d'une amour [17] maternelle
Celui qui a le droit et la juste querelle [18],
Elle veut le sauver, l'autre, qui n'est pas las,
Viole, en poursuivant, l'asile de ses bras.
Adonc [19] se perd le lait, le suc de sa poitrine ;
Puis, aux derniers abois [22] de sa proche ruine,
Elle dit : « Vous avez, félons, ensanglanté
Le sein qui vous nourrit et qui vous a porté ;
Or, vivez de venin, sanglante géniture [21],
Je n'ai plus que du sang pour votre nourriture ! »

I, Misères (v. 97-130)

– *Résumez les différents moments de ce passage ; montrez le mouvement qui l'anime.*
– *A quel genre littéraire rattacheriez-vous cette évocation de la France et des deux partis en lutte ? Quels sont les aspects qui caractérisent ici ce genre ?*
– *Précisez la signification symbolique de cette scène biblique.*
– *Quels sentiments vous paraissent animer le poète ? Est-il aveuglé par le fanatisme ? Justifiez votre réponse.*
– *Que pensez-vous de la malédiction jetée sur les deux enfants ?*
• **Groupe thématique : Engagement.** La littérature engagée d'après les pages 176-192.

Les paysans et la terre

Les éternelles victimes de la guerre civile, ce sont les *paysans*, qui n'ont pourtant rien fait pour mériter ces souffrances. Aussi voilà que *la terre s'anime* pour les plaindre et les consoler et pour maudire leurs bourreaux. La *peinture champêtre* des vers 5-14 peut paraître un peu naïvement idyllique, mais elle est pleine de charme, et surtout il faut bien voir l'intention du poète : opposer la *nature*, où tout n'est qu'ordre et beauté, à la *contre-nature* (tyrannie, cruauté) qui répand partout l'horreur et *l'ordure*. D'AUBIGNÉ, gentilhomme campagnard pendant les trêves, connaît et aime les paysans ; des campagnards calvinistes ont dû aussi servir sous ses ordres ; enfin il pratique *l'amour des humbles* selon l'Évangile.

Ce ne sont pas les grands, mais les simples paysans [1],
Que la terre connaît pour enfants complaisants [2].
La terre n'aime pas le sang ni les ordures :
Il ne sort des tyrans et de leurs mains impures

— 13 *Se* fait, devient. — 14 Par un crime funeste. — 15 *La* plus forte, superlatif ; au comble de la douleur. La reprise du mot *douleur* au v. suiv. nous paraît aujourd'hui une négligence. — 16 Cf. App. II, D 2 a. — 17 *Amour* est souvent fém. au XVIe et encore au XVIIe s. — 18 Cause (cf. Stances du *Cid*). — 19 Alors. — 20 Terme de vénerie : « cerf aux abois ». — 21 Progéniture.

— 1 : 2 syll. — 2 Qui lui plaisent, bien-aimés.

Qu'ordures ni que sang ; les aimés laboureurs
Ouvragent son beau sein de si belles couleurs,
Font courir les ruisseaux dedans les vertes prées [3],
Par les sauvages fleurs en émail diaprées ;
Ou par ordre et compas [4] les jardins azurés
Montrent au ciel riant leurs carreaux [5] mesurés ;
Les parterres tondus et les droites allées
Des droiturières [6] mains au cordeau sont réglées ;
Ils sont peintres, brodeurs, et puis leurs grands tapis
Noircissent de raisins et jaunissent d'épis.
Les ombreuses forêts leur demeurent plus franches [7],
Eventent leurs sueurs et les couvrent de branches.
La terre semble donc, pleurante [8] de souci,
Consoler les petits [9] en leur disant ainsi :
« Enfants de ma douleur, du haut ciel l'ire émue,
Pour [10] me vouloir tuer, premièrement vous tue ;
Vous languissez, et lors le plus doux de mon bien
Va soûlant de plaisirs ceux qui ne valent rien.
Or, attendant le temps que le ciel se retire [11],
Ou que le Dieu du ciel détourne ailleurs son ire
Pour vous faire goûter de ses douceurs après,
Cachez-vous sous ma robe en mes noires forêts,
Et, au fond du malheur, que chacun de vous entre,
Par deux fois mes enfants, dans l'obscur [12] de mon ventre.
Les fainéants ingrats font brûler vos labeurs [13],
Vos seins sentent la faim et vos fronts les sueurs :
Je mets de la douceur aux amères racines,
Car elles vous seront viande [14] et médecines,
Et je retirerai mes bénédictions
De ceux qui vont suçant le sang des nations :
Tout pour eux soit [15] amer ; qu'ils sortent, exécrables,
Du lit sans reposer, allouvis [16] de leurs tables. »

I, Misères (v. 275-310).

Dans la suite du LIVRE I, D'AUBIGNÉ *peint longuement* les horreurs de la guerre, *en particulier une scène d'anthropophagie. Après un rappel mélancolique des temps heureux d'autrefois, il s'en prend à Catherine de Médicis (Jézabel), au cardinal de Lorraine, au pape, puis, dans une* prière *pleine d'ardeur et de poésie, supplie Dieu d'épargner ses enfants et de châtier leurs persécuteurs.*

LIVRE II, PRINCES : Avec une violence déchaînée *et une* verve satirique *digne de* JUVÉNAL, D'AUBIGNÉ *tonne contre les* flatteurs *qui égarent les rois par leurs mensonges, contre les* courtisans *prêts à couvrir de noms honorables les pires infamies, contre Catherine de Médicis et ses fils, Charles IX et Henri III,* tyrans inhumains, *enfin contre les hontes et les débauches de la cour. Puis, pour varier le ton, il conte une* anecdote plaisante.

— 3 Confer Ronsard, p. 151, v. 8. — 4 Dépend de *mesurés*. D'une façon régulière, géométrique : cf. v. 11-12. — 5 Carrés. — 6 A la fois au sens propre : *qui tracent droit*, et au figuré : pleines de droiture. — 7 Libres, ouvertes : les paysans s'y réfugient pendant les troubles. — 8 Noter l'accord : App. II, D 2 a. 9 *Les humbles :* sentiments démocratiques et évangéliques du poète. — 10 Sens causal. — 11 S'apaise. — 12 Adj. substantivé : D'Aubigné est disciple de Ronsard. — 13 Les récoltes, fruit de votre labeur. — 14 Nourriture. — 15 Subj. de souhait, sans *que*. — 16 Avec une « faim de loup ».

Le jeune homme à la cour

On peut voir le point de départ de ce récit dans des souvenirs personnels ; mais D'AUBIGNÉ transpose librement : il n'était pas si naïf en arrivant à la cour, et le règne d'Henri III et de ses mignons n'avait pas encore commencé. L'intérêt du passage réside dans *l'humour* de l'auteur : la *satire vive et piquante* succède ici à l'indignation ; dans la *vie du récit* et *l'art du dialogue* (on songe par endroits à LA FONTAINE) ; enfin dans le procédé que les ironistes du XVIIIe siècle reprendront si souvent : *réaction* fraîche *d'un esprit naïf mais judicieux* devant des *abus* dont l'habitude voile le caractère grotesque et scandaleux (Cf. MONTESQUIEU : *Lettres persanes ;* VOLTAIRE : *L'Ingénu*).

Un père deux fois père [1] employa sa substance [2]
Pour enrichir son fils des trésors de science ;
En couronnant ses jours de ce dernier dessein,
Joyeux il épuisa ses coffres et son sein [3],
Son avoir et son sang : sa peine fut suivie
D'heur à parachever le présent de la vie [4].
Il voit son fils savant, adroit, industrieux,
Mêlé dans les secrets de nature et des cieux,
Raisonnant sur les lois, les mœurs et la police [5] ;
L'esprit savait tout art, le corps tout exercice.
Ce vieil Français, conduit par une antique loi,
Consacra cette peine et son fils à son Roi ;
L'équipe ; il vient en cour ; là cette âme nouvelle,
Des vices monstrueux ignorante et pucelle [6],
Voit force hommes bien faits, bien morgants [7], bien vêtus ;
Il pense être arrivé à la foire aux vertus [8],
Prend les occasions qui semblaient les plus belles
Pour étaler premier [9] ses intellectuelles [10],
Se laisse convier, se conduisant ainsi [11]
Pour n'être ni entrant, ni retenu aussi [12].
Toujours respectueux, sans se faire de fête [13],
Il contente celui qui l'attaque [14] et l'arrête.
Il ne trouve auditeurs qu'ignorants envieux,
Diffamant le savoir de noms ingénieux :
S'il trousse l'épigramme ou la stance bien faite,
Le voilà découvert, c'est fait, c'est un poète ;
S'il dit un mot salé, il est bouffon, badin ;
S'il danse un peu trop bien, saltarin [15], baladin ;
S'il a trop bon fleuret, escrimeur il s'appelle ;
S'il prend l'air d'un cheval [16], c'est un saltin-bardelle [17] ;
Si avec art il chante, il est musicien ;
Philosophe, s'il presse en bon logicien ;

— 1 A expliquer d'après la suite (cf. n. 4). — 2 Ses biens. — 3 Il y mit tout son argent et *tout son cœur*. — 4 Réussit heureusement à compléter (par cette éducation) le don de la vie (qu'il avait fait à son fils). — 5 La politique. V. 7-10 : idéal d'éducation de la Renaissance (cf. Rabelais et Montaigne). — 6 Pure. — 7 Pleins de morgue. — 8 L'expression est jolie. — 9 En premier lieu. — 10 *Facultés* intellectuelles. — 11 *Ainsi pour :* de façon à. — 12 Ni indiscret, ni trop réservé non plus. — 13 S'insinuer dans les affaires d'autrui (sans y être invité). — 14 L'aborde. — 15 Sauteur (orig. italienne). — 16 S'il *essaie* un cheval. — 17 « Saute-en-selle », écuyer acrobate. Mot d'orig. italienne, comme *saltimbanque*. —

S'il frappe, là-dessus, et en met un par terre,
C'est un fendant [18] qu'il faut saler après la guerre ;
Mais si on sait qu'un jour, à part, en quelque lieu,
Il mette genou bas, c'est un prieur de Dieu [19].
Cet esprit offensé dedans soi se retire [20],
Et, comme, en quelque coin se cachant, il soupire,
Voici un gros amas [21] qui emplit jusqu'au tiers
Le Louvre de soldats, de braves [22] chevaliers,
De noblesse parée : au milieu de la nue [23]
Marche un duc [24], dont la face au jeune homme inconnue
Le renvoie au conseil d'un page traversant [25],
Pour demander le nom de ce prince passant ;
Le nom ne le contente ; il pense, il s'émerveille :
Tel mot n'était jamais entré en son oreille.
Puis cet étonnement soudain fut redoublé
Alors qu'il vit le Louvre aussitôt dépeuplé
Par le sortir d'un autre, au beau milieu de l'onde
De seigneurs l'adorant comme un roi de ce monde [26].
Notre nouveau venu s'accoste d' [27]un vieillard,
Et pour en prendre langue il le tire à l'écart ;
Là il apprit le nom dont l'histoire de France
Ne lui avait donné ni vent [28], ni connaissance.
Ce courtisan grison, s'émerveillant de quoi [29]
Quelqu'un méconnaissait [30] les mignons de son Roi,
Raconte leurs grandeurs, comme [31] la France entière,
Escabeau de leurs pieds [32], leur était tributaire.
A l'enfant, qui disait : « Sont-ils grands terriens [33],
Que leur nom est sans nom par [34] les historiens ? »
Il répond : « Rien du tout, ils sont mignons du Prince.
— Ont-ils sur l'Espagnol conquis quelque province ?
Ont-ils par leurs conseils relevé [35] un malheur,
Délivré leur pays par extrême valeur ?
Ont-ils sauvé le Roi, commandé quelque armée,
Et par elle gagné quelque heureuse journée [36] ? »
A tout fut répondu : « Mon jeune homme, je croi [37]
Que vous êtes bien neuf [38] : ce sont mignons du Roi [39]. »

II, Princes (v. 1107-1174)

Fortune *vient alors tenter le jeune homme, mais la* Vertu *paraît, la met en fuite et, par ses exhortations, raffermit cette âme pure* (*procédé de l'*allégorie : *cf. le* Roman de la Rose). D'AUBIGNÉ *reprend alors la parole et termine le Livre II sur un large mouvement* d'éloquence.

18 « Pourfendeur », matamore ; à qui on « fera son affaire ». — 19 V. 25-36 : noter le ton et le choix des termes. D'Aubigné contrefait les courtisans à la mode et leur jargon à l'italienne. — 20 Le jeune homme, choqué, rentre en lui-même. — 21 Foule. — 22 Élégants. — 23 Nuée, foule ; cf. *onde*, v. 49. — 24 Sans doute Epernon et v. 49 Joyeuse, favoris d'Henri III. — 25 L'amène à consulter un page qui passe. — 26 V. 47-50, cf. v. 39-42 ; répétition et contraste. — 27 Aborde. — 28 Terme de vénerie : cf. « avoir vent de ». — 29 S'étonnant « de ce que ». — 30 Ne connaissait pas. — 31 Comment. — 32 Expliquer cette expression biblique. — 33 Propriétaires fonciers. — 34 Parmi, chez. — 35 Réparé. — 36 Victoire. — 37 Orth. étymologique. — 38 Novice. — 39 Noter l'humour, v. 55-fin ; le refrain ; le ton entendu et admiratif du courtisan ; ses airs scandalisés devant les questions du jeune homme.

« FUYEZ, LOTHS, DE SODOME ET GOMORRHE BRULANTES ! »

L'intransigeance morale du poète n'admet *aucun compromis :* garder le silence devant le mal, c'est s'en rendre complice. Il adjure donc les justes de quitter la cour, imitant l'exemple de LOTH que l'on voit, dans la *Bible*, abandonner avec les siens SODOME, la ville maudite, avant qu'elle ne soit frappée, ainsi que GOMORRHE, par le feu du ciel. Dans les derniers vers, la *poésie de la nature* vient prêter son charme à cette page sévère.

Que je vous plains, esprits qui, au vice contraires,
Endurez de ces cours les séjours nécessaires !
Heureux si, non infects [1] en ces infections,
Rois de vous, vous régnez sur vos affections [2].
Mais quoique vous pensez [3] gagner plus de louange
De sortir impollus hors d'une noire fange,
Sans tache hors du sang, hors du feu sans brûler,
Que d'un lieu non souillé sortir sans vous souiller,
Pourtant il vous serait plus beau en toutes sortes
D'être les gardiens des magnifiques portes
De ce temple éternel de la maison de Dieu,
Qu'entre les ennemis tenir le premier lieu [4] ;
Plutôt porter la croix, les coups et les injures [5],
Que des ords cabinets les clefs à vos ceintures [6] ;
Car Dieu pleut sur les bons et sur les vicieux [7],
Dieu frappe les méchants et les bons parmi eux.
  Fuyez, Loths, de Sodome et Gomorrhe brûlantes !
N'ensevelissez point vos âmes innocentes
Avec ces réprouvés ; car combien que [8] vos yeux
Ne froncent le sourcil encontre [9] les hauts cieux,
Combien qu'avec les Rois vous ne hochiez la tête
Contre le ciel ému, armé de la tempête,
Pource que [10] des tyrans le support vous tirez,
Pource qu'ils sont de vous comme dieux adorés,
Lorsqu'ils veulent au pauvre et au juste méfaire
Vous êtes compagnons du méfait pour [11] vous taire.

— 1 Restés purs ; cf. v. 6 *impollus.* — 2 *Sentiments* ; Cf. Corneille : *Je suis maître de moi comme de l'univers* ou *Et sur mes passions ma raison souveraine...* — 3 Indic. après *Quoique :* c'est la constr. normale au XVIe et au début du XVIIe siècle. — 4 Que de tenir le premier rang parmi les ennemis de Dieu. — 5 Rappel de la Passion du Christ. *Porter :* à la fois *supporter* (ici) et le sens ordinaire (v. suiv.). — 6 En tant que chambellans. *Ords :* sales, horribles (repaire des tyrans). — 7 Expr. biblique. — 8 Bien que. — 9 *Contre.* Marque d'orgueil et de défi. — 10 *Parce que.* Comprendre : des tyrans vous tirez votre support. — 11 Sens causal. *Compagnons :* complices. —

Lorsque le fils de Dieu, vengeur de son mépris [12],
Viendra pour vendanger [13] de ces Rois les esprits,
De sa verge de fer brisant, épouvantable,
Ces petits dieux enflés [14] en la terre habitable,
Vous y serez compris. Comme lorsque l'éclat
D'un foudre [15] exterminant vient renverser à plat
Les chênes résistants et les cèdres superbes [16],
Vous verrez là-dessous les plus petites herbes,
La fleur qui craint le vent, le naissant arbrisseau,
En son nid l'écureuil, en son aire l'oiseau,
Sous ce dais qui changeait les grêles en rosée,
La bauge du sanglier [17], du cerf la reposée [18],
La ruche de l'abeille et la loge au [19] berger,
Avoir eu part à l'ombre, avoir part au danger [20].

II, Princes (v. 1487-fin).

– *Dégagez les étapes de l'argumentation en suivant pas à pas le mouvement du texte.*
– *Quelle est l'idée centrale de cette apostrophe ? A qui est-elle adressée ? Quel est son objet ?*
– *Cherchez dans la biographie de d'*AUBIGNÉ *ce qui peut justifier cette adjuration.*
– *Étudiez ce que d'*AUBIGNÉ *doit à la Bible (thème moral ; élargissement historique et symbolique, expressions frappantes).*
– *Que veut montrer le poète par la comparaison finale ? De quoi est faite cette poésie de la nature ? Donnez votre appréciation : y êtes-vous sensible ?*
– **Débat.** *Que pensez-vous de cette attitude morale face à une société corrompue ?*

Le LIVRE III nous transporte au ciel, devant le trône de Dieu. Emu des plaintes de la JUSTICE *et de la* PAIX, DIEU *vient contempler lui-même les horreurs de la CHAMBRE DOREE (la grand'chambre du Parlement de Paris, au Palais de Justice), où des* juges monstrueux, *véritables ogres, se repaissent des dépouilles de leurs victimes. Son regard s'arrête ensuite sur un* autodafé *de l'Inquisition espagnole. Puis le cortège symbolique de* THÉMIS *(déesse de la Justice) se déroule longuement à nos yeux ; enfin* D'AUBIGNÉ *lance un nouvel appel à Dieu pour qu'il hâte sa vengeance.*

Au LIVRE IV, DIEU *assiste au* martyre des protestants, *torturés et brûlés vifs (LES FEUX). Les femmes et les enfants eux-mêmes, soutenus par leur foi, endurent sans se plaindre les pires tourments. Ce long martyrologe ne va pas sans monotonie, et il cesse parfois de nous émouvoir, lorsque le poète force le stoïcisme des victimes ; mais que de beaux vers aussi, en particulier ceux-ci, parmi les plus justement célèbres des* Tragiques, *qui célèbrent les martyrs comme des fleurs mystiques :*

Une rose d'automne est plus qu'une autre exquise :
Vous avez éjoui l'automne de l'Église.

---

12 Punissant ceux qui l'ont méprisé. — 13 Expression biblique (de même, au v. 29, *verge de fer*). — 14 D'orgueil. — 15 Nous disons encore « *le* foudre de Jupiter ». — 16 *Altiers.* Les cèdres rappellent l'atmosphère biblique au milieu de ce paysage familier. — 17 Deux syllabes (cf. p. 127, note 27). — 18 Terme de vénerie, comme *bauge*. Montrer, dans toute cette fin, la rigoureuse *propriété* des termes. — 19 La cabane *du* berger. — 20 Préciser le sens, commenter la construction.

LIVRE V : DIEU est remonté au ciel ; SATAN paraît devant lui : il se propose de tenter les fidèles ; DIEU *relève le défi, sûr qu'ils ne succomberont pas. Cependant* D'AUBIGNÉ, *développant en une large* fiction poétique *sa* vision *de Talcy* (cf. p. 174) *nous montre dans le ciel les* tableaux *où les anges ont peint les massacres, en particulier la Saint-Barthélemy, et les combats des protestants (LES FERS). Le chant se termine par un vaste* mythe *: l'*OCÉAN, *indigné de voir les fleuves dégorger dans son sein tant de sang et de cadavres, veut les faire refluer vers leur source ; mais voici que des anges du ciel viennent recueillir précieusement le sang des martyrs : l'*OCÉAN *à son tour conserve pieusement leurs restes.*

LIVRE VI, VENGEANCES : Le poète commence par confesser *humblement* ses fautes ; *puis il évoque les* Vengeances *divines qui, depuis l'origine des temps, sont venues frapper les criminels.*

CAÏN

D'AUBIGNÉ suit le texte de la *Genèse* (IV) mais il l'amplifie et le transfigure par la création d'un véritable *mythe* : le *remords* dénature toute chose aux yeux du criminel ; CAIN vit dans la terreur au milieu d'un monde hostile qui est déjà comme un *enfer* terrestre. On comparera HUGO : *La Conscience.*

Ainsi Abel offroit en pure conscience
Sacrifices à Dieu ; Caïn offroit aussi :
L'un offroit un cœur doux, l'autre un cœur endurci ;
L'un fut au gré de Dieu, l'autre non agreable.
Caïn grinça les dents, palit, espouvantable ;
Il massacra son frere, et de cet agneau doux
Il fit un sacrifice à son amer courroux.
Le sang fuit de son front, et honteux se retire [1],
Sentant son frere sang [2] *que l'aveugle* [3] *main tire ;*
Mais, quand le coup fut fait, sa premiere pasleur
Au prix de la seconde estoit vive couleur :
Ses cheveux vers le ciel herissés en furie,
Le grincement de dents en sa bouche flestrie,
L'œil sourcillant de peur descouvroit son ennuy [4] *:*
Il avoit peur de tout, tout avoit peur de luy [5] *:*
Car le ciel s'affeubloit [6] *du manteau d'une nue*
Si tost que le transi au ciel tournoit la veuë ;
S'il fuyoit au desert, les rochers et les bois,
Effrayés, abbayoyent au son de ses abois [7].
Sa mort ne peut [8] *avoir de mort pour recompense,*
L'enfer n'eut point de morts à punir cette offense,

— 1 La pâleur du meurtrier prend une valeur morale : son propre sang le condamne. — 2 Tour hardi : *frère* = fraternel. — 3 Égarée par le crime. *Tire :* verse. — 4 Tourment. — 5 Vers frappant : en quoi ? — 6 Se couvrait. — — 7 Il hurle comme une bête, et l'écho lui répond. — 8 Passé simple. Sens difficile ; ou bien ; il n'était pas de mort assez cruelle en expiation (récompense) de la mort *qu'il a donnée ;* ou plutôt : aucun trépas ne put, en expiant son crime, lui apporter vraiment la mort (c'est-à-dire le repos).

Mais autant que de jours il sentit de trespas :
Vif, il ne vescut point ; mort, il ne mourut pas.
Il fuit d'effroi transi, troublé, tremblant et blesme,
Il fuit de tout le monde, il s'enfuit [9] *de soy-mesme :*
Les lieux plus asseurés [10] *luy estoyent des hazards* [11],
Les fueilles, les rameaux et les fleurs des poignards,
Les plumes de son lict des esguilles picquantes,
Ses habits plus aisez des tenailles serrantes,
Son eau jus de ciguë, et son pain des poisons ;
Ses mains le menaçoyent de fines [12] *trahisons :*
Tout image de mort, et le pis de sa rage,
C'est qu'il cerche la mort et n'en voit que l'image [13].
De quelqu'autre Caïn il craignoit la fureur :
Il fut sans compagnon et non pas sans frayeur :
Il possedoit le monde, et non une asseurance ;
Il estoit seul partout, hors mis sa conscience [14] :
Et fut marqué au front afin qu'en s'enfuyant
Aucun n'osast tuer ses maux en le tuant.

VI, Vengeances (v. 178-216).

– *Distinguez les diverses étapes du texte ; indiquez son mouvement.*
– *Étudiez comment le thème du remords est traité dans le mythe de Caïn ; aspect physique de Caïn ; Caïn et les choses ; Caïn et les hommes.*
– *Montrez que l'imagination du poète est, à la fois, épique, morale et réaliste.*
– *Les épisodes des* Vengeances *préfigurent le châtiment éternel des coupables : montrez-le à propos de Caïn, en comparant ce texte avec celui de* L'Enfer *(p. 187).*
– *Relevez : a) des allitérations ; – b) des répétitions ; c) des alliances de mots et des contrastes.*
• **Groupe thématique : Baroque.** Cherchez dans un dictionnaire encyclopédique récent une définition du *baroque en littérature.* Puis, en lisant les extraits des *Tragiques*, relevez et classez les éléments que vous rattacheriez aux tendances du baroque.

– ***Étude linguistique*** *(cf. Appendice, p. 245) : a) Notez les principales particularités orthographiques du texte original (un ex. dans chaque cas). Remarquez les hésitations de l'orthographe* (i et y) *; – b) Expliquez le sens de :* agreable *(v. 4); le* transi *(v. 17);* à *(v. 21);* vif *(v. 23); l'emploi de* soy *(v. 25); la construction :* Tout image de mort *(v. 32);* Aucun *(v. 39). – c) Remarques de* syntaxe *: v.* 1-2 offroit sacrifices *; v.* 2 offroit aussi *; v.* 38 en s'enfuyant.

Puis c'est le Déluge, le feu du ciel incendiant Sodome et Gomorrhe, le châtiment de Jézabel, de Nabuchodonosor, d'Hérode. Ceux qui ont persécuté les protestants sont frappés à leur tour.

LIVRE VII, JUGEMENT : Enfin voici venu le moment suprême que tout le poème nous faisait attendre, la fin du monde *et le* Jugement dernier. *Mais le poète se recueille et prépare encore son lecteur, par une longue méditation philosophique, aux* visions surnaturelles.

— 9 On remarquera dans ces 2 vers l'insistance obsédante : *fuit, fuit, s'enfuit*. Quel est l'intérêt de la 3e expression ? — 10 Superlatif (cf. v. 29). *Asseurés :* sûrs (cf. v. 36 *asseurance :* sécurité). — 11 Dangers. — 12 Perfides. — 13 A expliquer (cf. *L'Enfer*, p. 187-188, v. 29-fin). — 14 Cf. Hugo, « La Conscience » : *L'œil était dans la tombe et regardait Caïn.*

LA RÉSURRECTION DE LA CHAIR

Voici l'un des plus beaux passages, l'un des plus saisissants de notre littérature. La méditation fait place à la *vision.* Le point de départ est fourni par *l'Apocalypse*, mais D'AUBIGNÉ est puissamment *original.* Son imagination nous peint la résurrection *en action*, au milieu d'un *animisme* qui emplit d'une *vie grouillante* la nature entière (VII, 661-684).

Mais quoi ! c'est trop chanté, il faut tourner les yeux,
Éblouis de rayons, dans le chemin des cieux.
C'est fait : Dieu vient régner [1], de toute prophétie
Se voit la période [2] à ce point accomplie.
La terre ouvre son sein ; du ventre des tombeaux
Naissent des enterrés les visages nouveaux :
Du pré, du bois, du champ, presque de toutes places
Sortent les corps nouveaux et les nouvelles [3] faces.
Ici, les fondements des châteaux rehaussés [4]
Par les ressuscitants [5] promptement sont percés ;
Ici, un arbre sent [6] des bras de sa racine
Grouiller un chef [7] vivant, sortir une poitrine ;
Là, l'eau trouble bouillonne, et puis, s'éparpillant,
Sent en soi des cheveux et un chef s'éveillant.
Comme un nageur venant du profond de son plonge [8],
Tous sortent de la mort comme l'on sort d'un songe.
Les corps par les tyrans autrefois déchirés
Se sont en un moment en leurs corps asserrés [9],
Bien qu'un bras ait vogué par la mer écumeuse
De l'Afrique brûlée en Thulé froiduleuse [10].
Les cendres des brûlés volent de toutes parts ;
Les brins [11], plus tôt unis qu'ils ne furent épars,
Viennent à leur poteau [12], en cette heureuse place,
Riant au ciel riant, d'une agréable audace [13].

– *En quoi consistait, selon vous, la grandeur et la difficulté de ce sujet ?*
– *Quelles impressions éveille en vous cette scène prodigieuse ? Comment sont-elles suggérées ?* Cf. planche XXVIII.
– *Par quelles comparaisons le poète nous rend-il* sensible *la résurrection ?*
– *En quel sens peut-on dire que pour les martyrs, les victimes, c'est la revanche qui commence ?*
– *Quels vous semblent être les sentiments du poète au moment où il décrit cette scène ?*
– *Étudiez : a) le réalisme de l'expression ; – b) les effets de contraste ; – c) le mouvement (en particulier l'ordre des mots aux v. 5-12) ; – d) la poésie du passage : quels sont les plus beaux vers ?*
• **Groupe thématique : Résurrection.** XVIIe s. p. 271. – XVIIIe s. p. 357. – XXe s. p. 579, 627.

— 1 Le Christ remet le monde à son Père. Noter l'ampleur majestueuse du rythme. — 2 Le cycle : le moment (*point*) est venu où toute prophétie se réalise. — 3 Noter l'insistance sur la *nouveauté* de toute chose. — 4 Élevés. — 5 Quel est l'effet produit par ce part. *présent?* — 6 Quelle est l'importance de ces mots : *sent* (cf. v. 14), *bras?* — 7 Tête. — 8 Sa plongée. Noter aussi *du profond :* adj. substantivé. — 9 Rassemblés pour former des corps intacts. Au v. 17 *corps déchirés :* lambeaux des corps. — 10 Adj. formé sur *froidure*, par dissimilation. *Thulé :* île à demi légendaire, au N. de l'Écosse. — 11 Particules de cendre. — 12 Le poteau de leur supplice. — 13 *D' :* avec ; préciser le sens, et la valeur du mot *riant* répété.

Le Jugement dernier

Les éléments révoltés sont venus témoigner contre les criminels qui les avaient souillés (cf. analyse du *Livre V*). Maintenant DIEU va prononcer la *sentence* ; les *élus* sont à sa droite, les *damnés* à sa gauche : c'est la scène représentée si souvent au tympan de nos cathédrales. D'Aubigné suit de très près *l'Évangile de Saint Matthieu* (*XXV*). Livre VII, 862-894.

Les criminels adonc par ce procès confus [1],
La gueule de l'enfer s'ouvre en impatience
Et n'attend que de Dieu la dernière sentence,
Qui, à ce point, tournant son œil bénin et doux,
Son œil tel que le montre à l'épouse l'époux [2],
Se tourne à la main droite, où les heureuses vues [3]
Sont au trône de Dieu sans mouvement tendues,
Extatiques de joie et franches de souci.
Leur Roi donc les appelle et les fait rois ainsi :
« Vous qui m'avez vêtu au temps de la froidure,
Vous qui avez pour moi souffert peine et injure [4],
Qui à ma sèche soif et à mon âpre faim
Donnâtes de bon cœur votre eau et votre pain,
Venez, race du ciel, venez, élus du Père ;
Vos péchés sont éteints, le Juge est votre frère,
Venez donc, bienheureux, triompher pour jamais
Au royaume éternel de victoire et de paix. »
A ce mot, tout se change en beautés éternelles,
Ce changement de tout est si doux aux fidèles !
Que de parfaits plaisirs ! O Dieu, qu'ils trouvent beau [5]
Cette terre nouvelle et ce grand ciel nouveau !
Mais d'autre part, sitôt que l'Éternel fait bruire
A sa gauche ces mots, les foudres de son ire,
Quand ce Juge, et non Père, au front de tant de Rois [6],
Irrévocable, pousse et tonne cette voix [7] :
« Vous qui avez laissé mes membres aux froidures,
Qui leur avez versé injures sur injures,
Qui à ma sèche soif et à mon âpre faim
Donnâtes fiel pour eau [8] et pierre au lieu de pain [9],
Allez, maudits, allez grincer [10] vos dents rebelles
Au gouffre ténébreux des peines éternelles [11] ! »
Lors, ce front qui ailleurs [12] portait contentement
Porte à ceux-ci la mort et l'épouvantement.

— 1 Propos. au participe (une fois confus). — 2 Expr. biblique. — 3 Les regards des bienheureux. *Au :* vers le. — 4 Injustices et outrages. — 5 Au sing., car c'est l'*ensemble* qui les frappe. Pour *nouveau* cf. p. 185 v. 8. — 6 Il y a beaucoup de *rois* parmi les damnés : cf. le livre des *Princes*. — 7 Ces mots. — 8 Cf. saint Matthieu (XXVII, Jésus au Calvaire) : « Ils lui donnèrent à boire du vin mêlé de *fiel* ». — 9 Le contraste est souligné par l'absence d'article et par l'allitération. — 10 Emploi transitif. — 11 Noter l'opposition terme à terme entre les v. 10-17 et 26-31. — 12 Aux élus.

L'ENFER

Aux yeux des *damnés*, la création s'abîme alors dans un cataclysme indicible. Cependant *l'enfer* les engloutit, le monde de l'horreur sans fin, le monde absurde et pourtant cohérent où la raison s'égare, où *la mort, désormais impossible,* serait une *délivrance.* (981-1022).

O enfants de ce siècle [1], ô abusés moqueurs,
Imployables esprits, incorrigibles cœurs,
Vos esprits trouveront en la fosse profonde [2]
Vrai ce qu'ils ont pensé une fable en ce monde.
Ils languiront en vain de regret sans merci.
Votre âme à sa mesure [3] enflera de souci.
Qui vous consolera ? L'ami qui se désole
Vous grincera les dents au lieu de la parole [4].
Les Saints vous aimaient-ils ? un abîme est entre eux [5] ;
Leur chair ne s'émeut plus, vous êtes odieux.
Mais n'espérez-vous point fin à votre souffrance ?
Point n'éclaire [6] aux enfers l'aube de l'espérance.
Dieu aurait-il sans fin éloigné sa merci [7] ?
Qui a péché sans fin souffre sans fin aussi ;
La clémence de Dieu fait au ciel son office,
Il déploie aux enfers son ire et sa justice.
Mais le feu ensoufré, si grand, si violent,
Ne détruira-t-il pas les corps en les brûlant ?
Non, Dieu les gardera entiers à sa vengeance,
Conservant à [8] cela et l'étoffe et l'essence [9],
Et le feu qui sera si puissant d'opérer [10]
N'aura de faculté d'éteindre et d'altérer [11],
Et servira par loi à l'éternelle peine.
L'air corrupteur n'a plus sa corrompante haleine,
Et ne fait aux enfers office d'élément ;
Celui qui le mouvait, qui est le firmament,
Ayant quitté son branle et motives cadences [12],
Sera sans mouvement, et de là sans muances [13].
Transis, désespérés, il n'y a plus de mort
Qui soit pour votre mer des orages le port [14].
Que si vos yeux de feu jettent l'ardente vue
A l'espoir du poignard, le poignard plus ne tue.
Que la mort, direz-vous, était un doux plaisir !
La mort morte ne peut vous tuer, vous saisir.

— 1 Par oppos. aux *enfants de Dieu.* — 2 *En enfer.* — 3 A la mesure de ses fautes. — 4 *Au lieu de vous parler.* — 5 Entre eux *et vous.* — 6 Ne luit. — 7 Miséricorde. — 8 Pour. — 9 La matière et la substance. — 10 *Pour agir,* pour faire souffrir. — 11 Aucun pouvoir de consumer et d'endommager. Le feu torture les damnés sans entamer leur chair. — 12 Son mouvement et les révolutions qui l'entraînent. — 13 Changements. — 14 *Le port des orages.*

Voulez-vous du poison ? en vain cet artifice.
Vous vous précipitez ? en vain le précipice.
Courez au feu brûler : le feu vous gèlera ;
Noyez-vous : l'eau est feu, l'eau vous embrasera ;
La peste n'aura plus de vous miséricorde ;
Étranglez-vous : en vain vous tordez une corde ;
Criez après l'enfer : de l'enfer il ne sort
Que l'éternelle soif de l'impossible mort.

D'AUBIGNÉ *évoque* ensuite *le* bonheur des élus, puis *s'abandonne à la* contemplation mystique :

Tout meurt, l'âme s'enfuit et, reprenant son lieu,
Extatique, se pâme au giron de son Dieu.

- *Quel est le thème général du passage ? Comment s'enchaînent les développements successifs ?*
- *Pourquoi le monde des supplices sans fin et sans espoir paraît-il impensable ? Comment l'auteur parvient-il à nous le faire imaginer ?*
- *Précisez les sentiments du poète au début, lorsqu'il imagine les tourments des damnés ; ces sentiments n'évoluent-ils pas vers la fin ? Précisez et expliquez cette évolution.*
- ***Exposé.** L'expression du surnaturel et du fantastique dans les extraits des pages 185, 186, 187.*
- **Groupe thématique : Enfer.** MOYEN AGE, page 218. – XIXe SIÈCLE, page 194. – XXe SIÈCLE, pages 151, 321, 353, 520, 709.

MONLUC (1502-1577)

Au Service du Roi

Soldat à seize ans, sous Bayard, héros des guerres d'Italie, commandant de l'infanterie à l'*assaut de Thionville* (1558), BLAISE DE MONLUC était couvert de gloire et de blessures lorsqu'en 1574 Henri III récompensa ses services du bâton de maréchal de France. L'épisode le plus célèbre de sa carrière est sa *résistance dans Sienne* assiégée par les Impériaux (1554-1555). Sérieusement malade, il doit paraître un jour d'hiver devant la population démoralisée ; alors ce Gascon imagine une farce sublime : après une toilette soignée, il se frotte les joues de vin, boit le reste du flacon et présente ainsi aux gens de Sienne un visage rubicond, coupant court de la façon la plus plaisante au bruit de sa mort prochaine.

Il sert également, à la tête d'armées catholiques, dans les trois premières guerres de religion, puis devient *gouverneur de Guyenne*. Il sévit contre les protestants avec une rigueur impitoyable, non par fanatisme religieux, mais parce qu'il les tient pour des rebelles, des ennemis du roi, qu'il faut abattre par tous les moyens. Il raconte sans remords les exécutions qu'il a ordonnées, se défendant simplement d'avoir été cruel par goût et de s'être enrichi indûment. Une longue expérience des combats et des horreurs de la guerre, le sens de la stricte discipline, l'habitude de payer de sa personne ont marqué l'âme de *ce rude capitaine* d'une certaine insensibilité.

La Bible du soldat

Monluc a laissé des COMMENTAIRES, en VII livres comme les *Commentaires sur la guerre des Gaules* de CÉSAR, qu'il avait pris pour modèle. Cette œuvre, dictée en 1570-1571, complétée jusqu'à la fin de sa vie et publiée en 1592, contient le récit fidèle de toutes ses campagnes. Ce sont les Mémoires d'un soldat qui se plaît à revivre ses souvenirs et excelle à décrire un siège, un assaut, une bataille rangée. Monluc veut aussi justifier sa conduite en Guyenne ; enfin il souhaite faire profiter de son expérience militaire ses contemporains et la postérité : Henri IV voyait dans les *Commentaires* « la Bible du soldat », et ils restent un document précieux pour les historiens. Le style de Monluc traduit un tempérament plutôt qu'un art accompli : précis, vivant, plein de verve, c'est *le style même de l'action.*

LA SATIRE MÉNIPPÉE

Circonstances historiques

Profitant des guerres de religion, la maison de Lorraine cherche à s'emparer du pouvoir, sous le couvert de la SAINTE-LIGUE, union générale des catholiques constituée en 1576. HENRI DE GUISE soulève Paris contre HENRI III (journée des Barricades, mai 1588), mais le roi le fait assassiner et s'entend avec « le Béarnais », HENRI DE NAVARRE, héritier de la couronne. Les ligueurs sont défaits à Senlis en 1589 (p. 190), mais HENRI III est assassiné à son tour par Jacques Clément. HENRI IV, prince protestant, doit aller à la conquête de son trône. Il est soutenu par ses correligionnaires et par les *Politiques*, parti modéré qui veut avant tout mettre fin à la guerre civile (cf. p. 173).

Paris est alors livré aux « Seize », représentant les seize quartiers de la capitale et ligueurs acharnés, qui font régner la terreur, sous la protection d'une *garnison espagnole*. Le duc de MAYENNE, frère d'Henri de Guise, est nommé lieutenant général du royaume. Cependant HENRI IV, vainqueur à Arques et à Ivry, vient assiéger Paris. Dans la capitale, le mécontentement est grand : des *catholiques modérés* (les ligueurs sont « catholiques zélés »), appuyés par le Parlement, se groupent autour d'un ancien prévôt des marchands, D'AUBRAY. Mayenne doit convoquer les *États généraux* (1593). Cette assemblée, chargée de nommer un roi (p. 192), s'y refuse. Bientôt HENRI IV, pour achever l'apaisement, abjure le protestantisme, et Paris lui ouvre ses portes.

Les auteurs

En 1594 paraît la SATIRE MÉNIPPÉE, relation bouffonne de ces États de 1593. C'est l'œuvre collective d'un groupe de bourgeois de Paris, heureux de saluer, dans la défaite de la Ligue, la victoire de la raison : les chanoines GILLOT et PIERRE LEROY, le poète humaniste PASSERAT, un érudit, FLORENT CHRESTIEN, enfin des hommes de loi, GILLES DURANT, RAPIN et PIERRE PITHOU. Les petits vers qui agrémentent l'œuvre sont dus à Passerat et Rapin ; la *Harangue de M. d'Aubray*, morceau essentiel, à Pierre Pithou. Le titre rappelle le philosophe cynique MÉNIPPE (IIIe siècle av. J.-C.) et annonce ainsi un *franc-parler brutal et burlesque*.

Bon sens, verve, éloquence

Il s'agit de *ridiculiser l'adversaire* en lui prêtant un langage *cynique* ou *niais*. Ainsi les champions de la Ligue tiennent, l'un après l'autre, des discours qui les accablent. Ce procédé sera cher aux ironistes du XVIIIe siècle, à Voltaire en particulier. Les énormités ainsi débitées provoquent un vaste *éclat de rire*, revanche du bon sens. Mais il faut varier le ton, et la *Harangue de M. d'Aubray* expose *sérieusement* et même *éloquemment* toutes les raisons qui militent en faveur d'Henri IV et de la paix (p. 192). L'auteur connaît sa *rhétorique ;* il est nourri de Cicéron et manie avec aisance la période, l'apostrophe, l'exclamation et l'interrogation oratoire (p. 191). Sa langue est pleine de *sève*, elle a cette vigueur directe et imagée si caractéristique du XVIe siècle. L'œuvre est sympathique par son *patriotisme clairvoyant ;* entraînante, malgré des longueurs, par ses qualités bien françaises : une *ironie* pleine de bonne humeur, une *verve* parfois digne de Rabelais (p. 191, § 1) et une *éloquence* chaleureuse au service de la mesure et de la raison.

LE CATHOLICON D'ESPAGNE

Le titre primitif, la Vertu du Catholicon d'Espagne, *ne couvre en fait que la première partie de l'œuvre. Celle-ci s'ouvre sur la* parade de deux charlatans, *l'un lorrain, l'autre espagnol, qui vantent les vertus mirifiques de leur* Catholicon ; *cette panacée merveilleuse, c'est la défense de la foi catholique qui sert de prétexte aux agitateurs et aux ambitieux.*

Nous assistons ensuite à une procession burlesque *de la Ligue. Dans la salle des États, nous voyons les* Tapisseries *qui sont censées l'orner, puis nous entendons les* Harangues. *Les six premières sont bouffonnes ; ce sont celles du lieutenant général Mayenne, du Légat pontifical, du cardinal de Pelvé, de l'archevêque de Lyon, du Recteur Roze et de M. de Rieux, député de la noblesse. Au contraire la raison parle par la bouche de* M. D'AUBRAY, *représentant du Tiers État (pp.* 191-192). *La* Satire *se termine par la description des* Tableaux *allégoriques* de l'escalier de la salle des États, *réplique des tapisseries du début, et par un* Épilogue, *contenant en particulier des couplets ironiques.*

Des tapisseries parlantes

Les cinquième et sixième *Tapisseries* de la salle des États évoquent plaisamment les batailles de Senlis et d'Arques (cf. p. 189). *L'ironie* est un peu *appuyée*, mais *amusante*, *variée* et vraiment *gaie*. Les quatrains sont l'œuvre de PASSERAT, mais, parmi les auteurs de la *Satire*, nous ne savons à qui attribuer la partie en prose.

En la cinquième se voyait la bataille de Senlis, où Monsieur d'Aumale [1] fut fait connétable : et lui étaient baillés les éperons ailés et zélés [2] par Monsieur de Longueville, prince politique [3], et par La Noue Bras-de-fer [4], et Givry son suffragant [5]. Autour d'icelle [6] étaient écrits ces vers, par quatrain :

A chacun Nature donne
Des pieds pour le secourir :
Les pieds sauvent la personne ;
Il n'est que de bien courir.

Ce vaillant prince d'Aumale,
Pour avoir fort bien couru,
Quoiqu'il ait perdu sa malle,
N'a pas la mort encouru [7].

Ceux qui étaient à sa suite
Ne s'y endormirent point,
Sauvant, par heureuse fuite,
Le moule de leur pourpoint [8].

Quand ouverte est la barrière,
De peur de blâme encourir,
Ne demeurez point derrière :
Il n'est que de bien courir.

Courir vaut un diadème,
Les coureurs sont gens de bien :
Tremont et Balagny même,
Et Congy [9], le savent bien.

Bien courir n'est pas un vice :
On court pour gagner le prix.
C'est un honnête exercice :
Bon coureur n'est jamais pris.

Qui bien court est homme habile
Et a Dieu pour son confort [10].
Mais Chamois et Menneville [11]
Ne coururent assez fort.

Souvent celui qui demeure
Est cause de son méchef [12] :
Celui qui fuit de bonne heure
Peut combattre derechef.

Il vaut mieux des pieds combattre,
En fendant l'air et le vent,
Que se faire occire ou battre,
Pour n'avoir pris le devant.

Qui a de l'honneur envie
Ne doit pourtant en mourir :
Où il y va de la vie,
Il n'est que de bien courir.

— 1 Prince de la maison de Lorraine, battu à Senlis. *Fait connétable* est évidemment ironique. — 2 Calembour plein de malice : allusion à sa fuite (*ailés*) et à sa qualité de ligueur « *zélé* ». — 3 Pour le parti des Politiques, cf. p. 173. — 4 Capitaine protestant (cf. p. 173) ; amputé d'un bras, il avait effectivement un *bras de fer*. — 5 Lieutenant, suppléant : emploi plaisant d'un terme de la langue ecclésiastique. — 6 Celle-ci. — 7 Trouvé. — 8 Leur corps, leur « peau ». — 9 Trois fuyards de Senlis. — 10 Soutien. — 11 Tués à Senlis. — 12 Malheur.

En la sixième était dépeint le miracle d'Arques, où cinq ou six cents déconfortés [13], prêts de [14] passer la mer à nage, faisaient la nique, et mettaient en route [15] par les charmes [16] du Béarnais douze ou quinze mille rodomonts, fendeurs de naseaux, et mangeurs de charrettes ferrées [17]. Et, ce qui en était le plus beau, étaient les dames de Paris aux fenêtres, et autres qui avaient retenu place, dix jours devant [18], sur les boutiques et ouvroirs [19] de la rue Saint-Antoine, pour voir amener le Béarnais prisonnier, en triomphe, lié et bagué [20]. Et comment il leur bailla belle, parce qu'il vint, en autre habit, par les faubourgs Saint-Jacques et Saint-Germain [21].

« O Paris, qui n'es plus Paris »

Cette apostrophe à PARIS, responsable de ses propres malheurs, est le passage le plus célèbre de la *Harangue de M. d'Aubray* (due à PIERRE PITHOU), et même de toute la *Satire Ménippée*. On notera le mouvement du texte et son allure constamment *oratoire*. Cette rhétorique peut paraître indiscrète : du moins n'est-elle pas creuse, car *le sentiment est sincère*.

O Paris, qui n'es plus Paris, mais une spelonque [1] de bêtes farouches, une citadelle d'Espagnols, Wallons et Napolitains, un asile et sûre retraite de voleurs, meurtriers et assassinateurs [2], ne veux-tu jamais te ressentir [3] de ta dignité, et te souvenir qui tu as été, au prix de [4] ce que tu es ? Ne veux-tu jamais te guérir de cette frénésie qui, pour [5] un légitime et gracieux [6] Roi, t'a engendré cinquante Roitelets et cinquante tyrans [7] ? Te voilà aux fers ! Te voilà en l'Inquisition d'Espagne, plus intolérable mille fois et plus dure à supporter aux esprits nés libres et francs, comme sont les Français, que les plus cruelles morts dont les Espagnols se sauraient aviser ! Tu n'as pu supporter une légère augmentation de tailles et d'offices et quelques nouveaux édits qui ne t'importaient nullement [8], et tu endures qu'on pille tes maisons, qu'on te rançonne jusques au sang, qu'on emprisonne les Sénateurs [9], qu'on chasse et bannisse tes bons citoyens et conseillers, qu'on pende, qu'on massacre tes principaux magistrats ! Tu le vois, et tu l'endures ! Tu ne l'endures pas seulement, mais tu l'approuves, et le loues, et n'oserais et ne saurais faire autrement ! Tu n'as pu supporter ton Roi, si débonnaire, si facile, si familier, qui s'était rendu comme concitoyen et bourgeois de ta Ville, qu'il a enrichie, qu'il a embellie de somptueux bâtiments [10], accrue de forts et superbes remparts, ornée de privilèges et exemptions honorables ! Que dis-je, pu supporter ? c'est bien pis : tu l'as chassé de sa Ville, de sa maison, de son lit ! Quoi chassé ? tu l'as poursuivi ! Quoi poursuivi ? tu l'as assassiné, canonisé l'assassinateur [11], et fait des feux de joie de sa mort! Et tu vois maintenant combien cette mort t'a profité, car elle est cause qu'un autre [12] est monté en sa place, bien plus vigilant, bien plus laborieux, bien plus guerrier, et qui saura bien te serrer de plus près, comme tu as, à ton dam [13], déjà expérimenté [14].

— 13 Pauvres désespérés (humour). — 14 Nous dirions *près de* ou *prêts à*. — 15 En déroute ! — 16 Sortilèges. — 17 Quelle verve ! Les 3 expressions, de plus en plus pittoresques, signifient : *foudres de guerre, fanfarons.* — 18 D'avance. — 19 Ateliers. — 20 Ligoté. — 21 Occupés quelque temps, après Arques, par Henri de Navarre.

— 1 Caverne (latin *spelunca*). — 2 Assassins, ou plutôt « tueurs ». — 3 Retrouver le sentiment. — 4 En comparaison de. — 5 Au lieu de. — 6 Aimable et indulgent. Il s'agit d'Henri III. — 7 Les « Seize » dont le nombre s'était accru. — 8 Prétextes de la révolte contre Henri III. — 9 Membres du Parlement ; d'autre part le Président Brisson fut pendu avec deux conseillers. — 10 Continuation des travaux du Louvre, de l'Hôtel-de-Ville et de plusieurs églises. — 11 Jacques Clément, vénéré comme un saint par les ligueurs fanatiques. — 12 Henri IV. — 13 *Dommage :* à tes dépens. — 14 Relever les procédés oratoires.

Un Roi fait par la nature

Pierre Pithou en arrive maintenant à *l'essentiel :* la France souhaite retrouver un roi, et ce roi ne peut être qu'Henri IV ; le patriotisme, la raison, la nature le désignent. On est frappé de voir intervenir ici dans le domaine politique, sous une forme vraiment belle et vigoureuse, ce *naturalisme* qui anime tout le siècle.

Nous aurons un Roi qui donnera ordre à tout, et retiendra tous ces tyranneaux en crainte et en devoir ; qui châtiera les violents, punira les réfractaires, exterminera les voleurs et pillards, retranchera les ailes aux ambitieux, fera rendre gorge à ces éponges et larrons des deniers publics, fera contenir un chacun aux limites de sa charge, et conservera tout le monde en repos et tranquillité.

Enfin, nous voulons un Roi pour avoir la paix ; mais nous ne voulons pas faire comme les grenouilles, qui, s'ennuyant de leur Roi paisible, élurent la cigogne qui les dévora toutes [1]. Nous demandons un Roi et chef naturel, non artificiel ; un Roi déjà fait, et non à faire ; et n'en voulons point prendre le conseil des Espagnols, nos ennemis invétérés, qui veulent être nos tuteurs par force, et nous apprendre à croire en Dieu et en la foi chrétienne, en laquelle ils ne sont baptisés, et ne la connaissent que depuis trois jours. Nous ne voulons pour conseillers et médecins ceux de Lorraine, qui de longtemps béent après [2] notre mort. Le Roi que nous demandons est déjà fait par la nature, né au vrai parterre des fleurs de lis de France, jeton [3] droit et verdoyant du tige [4] de Saint Louis. Ceux qui parlent d'en faire un autre se trompent, et ne sauraient en venir à bout. On peut faire des sceptres et des couronnes, mais non pas des Rois pour les porter ; on peut faire une maison, mais non pas un arbre ou un rameau vert : il faut que la nature le produise, par espace de temps, du suc et de la moelle de la terre, qui entretient le tige en sa sève et vigueur. On peut faire une jambe de bois, un bras de fer [5] et un nez d'argent, mais non pas une tête. Aussi pouvons-nous faire des Maréchaux à la douzaine, des Pairs, des Amiraux, et des Secrétaires et Conseillers d'État, mais de Roi point : il faut que celui [6] seul naisse de lui-même, pour avoir vie et valeur. Le borgne Boucher [7], pédant des plus méchants et scélérés [8], vous confessera que son œil, émaillé d'or d'Espagne [9], ne voit rien. Aussi un Roi électif et artificiel ne nous saurait jamais voir, et serait non seulement aveugle en nos affaires, mais sourd, insensible et immobile en nos plaintes. (...)

En un mot, nous voulons que Monsieur le Lieutenant [10] sache que nous reconnaissons pour notre vrai Roi légitime, naturel, et souverain seigneur, Henri de Bourbon, ci-devant Roi de Navarre. C'est lui seul, par mille bonnes raisons, que nous reconnaissons être capable de soutenir l'État de France et la grandeur de la réputation des Français ; lui seul qui peut nous relever de notre chute, qui peut remettre la Couronne en sa première splendeur et nous donner la paix [11].

— 1 Allusion à la vieille fable qui sera reprise par La Fontaine (III, iv). — 2 *Attendent impatiemment ;* très imagé. — 3 Rejeton, jeune pousse. — 4 Le mot est parfois masc. au XVIe s. Noter la beauté, la sève de la métaphore, qui sera reprise un peu plus bas. — 5 Cf. p. 190 n. 4. — 6 Celui-là. — 7 Curé de Paris, ligueur acharné. Il avait un œil de verre. — 8 Scélérats. — 9 Quelle est la portée satirique de cette plaisanterie ? — 10 Mayenne, lieutenant général du royaume. — 11 Noter l'insistance.

MONTAIGNE

Sa vie (1533-1592) MICHEL EYQUEM naquit au château de MONTAIGNE, en Périgord, le 28 février 1533. D'une famille de riches négociants bordelais, son père, Pierre Eyquem, avait été anobli en 1519. A son retour des guerres d'Italie, il était devenu « premier jurat et prévôt » de Bordeaux, dont il sera maire en 1554.

LA FORMATION. Adepte enthousiaste des idées de la Renaissance, Pierre Eyquem fait apprendre le *latin* à son fils selon une *méthode* entièrement *nouvelle* (p. 207), puis il l'envoie au *Collège de Guyenne*, à Bordeaux. Le jeune homme, à qui la formation du collège a peu réussi, semble avoir étudié ensuite la philosophie à Bordeaux, puis le droit à Toulouse.

MONTAIGNE MAGISTRAT (1554-1570). En 1554, il devient conseiller à la Cour des Aides de Périgueux, puis, cette Cour étant supprimée, il passe en 1557 au *Parlement de Bordeaux*. En 1559 il se rend à Paris, et y retourne en 1561 : il est probable qu'il nourrit alors des ambitions politiques bientôt déçues. Il se marie en 1565, et résigne sa charge en 1570. De ses fonctions de magistrat, Montaigne n'aurait pas gardé un très bon souvenir, si elles ne lui avaient valu de faire la connaissance de LA BOÉTIE, son collègue au Parlement.

L'AMITIÉ. Ils se rencontrent en 1558. LA BOÉTIE, de trois ans son aîné, forme Montaigne au *stoïcisme* par sa pensée et par l'exemple de sa fermeté sublime devant la mort, et surtout il lui révèle le prix de *l'amitié* (p. 200). Le cœur de Montaigne ne se donnait pas facilement : jamais plus il n'éprouvera une affection comparable à celle qu'il portait à cet ami trop tôt disparu.

LA RETRAITE A MONTAIGNE (1571-1580). Après un nouveau séjour à Paris, Montaigne *se retire sur ses terres*, pour se consacrer désormais à *l'étude* et à la *réflexion*. Dès 1572, il commence à rédiger les *Essais*, cependant qu'il lit SÉNÈQUE, et PLUTARQUE dans la traduction d'Amyot. Mais, chevalier de Saint-Michel et gentilhomme ordinaire de la chambre du roi (titre honorifique) depuis 1571, plus tard gentilhomme de la chambre d'Henri de Navarre, Montaigne, même à l'écart des affaires, est beaucoup plus qu'un simple particulier. Aussi sera-t-il bientôt tiré de sa retraite : au cours de la quatrième guerre de religion, il rejoint l'armée royale du duc de Montpensier, qui le charge d'une *mission* auprès du Parlement de Bordeaux (1574). Revenu à Montaigne, il reprend ses lectures et la rédaction des *Essais*, dont la *première édition* paraît à Bordeaux en 1580.

SUR LES ROUTES D'EUROPE (1580-1581). Depuis 1578, Montaigne souffre cruellement de la maladie de la pierre. En 1580, il décide d'*essayer les eaux* les plus réputées de France, d'Allemagne et d'Italie : peut-être trouvera-t-il la guérison. Il compte bien profiter aussi de son voyage pour *se distraire* et *s'instruire* (p. 202). Au départ, il passe par Paris où il présente les *Essais* à HENRI III. Il s'arrête en particulier à Plombières, à Baden, pousse jusqu'à Munich, passe en Italie par le Tyrol, séjourne à Rome et à Lucques. Là il apprend qu'il vient d'être élu *maire de Bordeaux* (septembre 1581).

LA VIE PUBLIQUE (1581-1585). S'il ne rentre pas guéri, Montaigne rapporte d'Italie un *Journal de voyage*, et surtout il s'est *enrichi d'observations et d'expériences* nouvelles. Il n'aura pas trop de toute sa connaissance des hommes pour mener à bien sa tâche de maire de Bordeaux : les deux premières années sont calmes, mais *de nombreuses difficultés* surgissent après sa *réélection* en 1583. Montaigne se montre habile diplomate, reçoit HENRI DE NAVARRE en 1584 et le rapproche du maréchal de Matignon, gouverneur de Guyenne, dévoué à Henri III. Avec Matignon il prévient une entreprise de la Ligue sur Bordeaux (1585). Au cours de l'été, au moment où ses fonctions vont expirer, la *peste* éclate dans la ville : il s'en trouvait absent et jugea inutile d'y rentrer, comme le voulait la tradition, pour présider à l'élection de son successeur. Avec les siens il doit *fuir ses terres* gagnées à leur tour par l'épidémie.

LE « DERNIER DÉCOURS » DE LA VIE (1586-1592). Retrouvant enfin le calme, Montaigne prépare une nouvelle édition des *Essais*, grossie d'un *troisième livre*, qui paraîtra en 1588. Il reçoit de nouveau Henri de Navarre après la bataille de Coutras (1587). Il est attaqué sur la route et dévalisé en se rendant à Paris, puis embastillé pendant quelques heures, au cours des troubles qui suivent la journée des Barricades (1588). La même année, il a fait la connaissance de Melle DE GOURNAY qui admire profondément son œuvre et sera sa « fille d'alliance ». Les *Essais* demeurent sa préoccupation majeure : il y travaillait toujours lorsque survint la mort, qu'il avait appris à ne pas craindre (1592).

L'homme

On voit combien la vie de Montaigne fut *mouvementée :* il faut se garder d'imaginer Montaigne comme un penseur qui ne sort guère de sa bibliothèque. Pour lui la leçon des *hommes* et des *événements* compte autant que celle des *livres*. La richesse et la variété de sa vie, l'ampleur de son expérience, l'importance du rôle qu'il a joué, donnent une valeur particulière à ses observations psychologiques et à ses réflexions morales. Ce qui frappe surtout, c'est la prééminence accordée à la *vie intérieure :* Montaigne nous donne un peu l'impression d'avoir été homme d'action à ses moments perdus. L'essentiel pour lui, c'est ce qu'il appelait « l'arrière-boutique », c'est-à-dire, par delà les vaines apparences et les agitations « tumultuaires », *le moi profond*.

Les *Essais* nous peignent un être dans toute sa *complexité :* aussi sommes-nous frappés par divers *contrastes*. Montaigne, dont la vie fut si active, était plutôt *indolent* de nature. A une certaine *lourdeur physique*, il joignait une *finesse d'esprit* peu commune. Il alliait à un *bon sens* paysan une *pensée* extrêmement *hardie*. Son *sens critique* si aiguisé ne l'a pas empêché d'accepter assez légèrement des anecdotes peu vraisemblables, du moment qu'elles étaient de nature à ébranler les idées reçues. Il a supporté courageusement la *douleur* dont il avait pourtant une horreur physique intense : lorsqu'il proteste contre la *torture*, c'est d'abord parce qu'il n'en peut supporter le spectacle. Ces contradictions que tout homme porte en lui, l'originalité de Montaigne est justement d'en avoir pris conscience. Sa sagesse consiste avant tout à « *disposer et ranger* cette *presse domestique* » qu'il sent en lui (p. 238) et à tirer le meilleur parti de son tempérament. Sa personnalité, riche et diverse, est difficile à définir d'un mot. Quoiqu'il ne soit ni passionné, ni mystique, Montaigne apparaît comme un beau type d'*homme complet*.

Ce n'est vraiment pas un passionné, et pourtant il a eu deux passions : la *vérité* et la *liberté*. Quelques lignes des *Essais* seront plus probantes à cet égard que tout commentaire : « Je festoie et caresse la vérité en quelque main que je la trouve, et m'y rends allègrement, et lui tends mes armes vaincues, de loin que je la vois approcher. » (III, VIII). Et plus loin : « Je suis si affadi après (si ardemment épris de) la liberté que, qui me défendrait l'accès de quelque coin des Indes, j'en vivrais aucunement (quelque peu) plus mal à mon aise. » (III, XIII). Vérité et liberté : c'est tout un idéal de *dignité humaine*.

Les Essais

Ce *titre* appelle une explication ; Montaigne lui-même nous la donne : son livre est l'*essai* des facultés naturelles qui sont en lui (I, XXVI). « Toute cette fricassée que je barbouille ici, nous dit-il encore, n'est qu'un registre des *essais* (expériences) de ma vie » (III, XIII). Montaigne ne prétend pas nous imposer une leçon, il nous convie à vivre avec lui ses tentatives, ses observations, ses réflexions. Les *Essais* sont le *Journal* d'un homme *à la recherche de la sagesse.* Le titre nous rappelle aussi que Montaigne n'a jamais voulu s'immobiliser dans une certitude définitive : jusqu'à son dernier jour il a complété, nuancé son œuvre, tandis que celle-ci contribuait à modeler sa vie.

UN LIVRE SANS PRÉCÉDENT. Comment qualifier les *Essais ?* Le dessein de leur auteur (ci-dessous et p. 196) en fait un livre *sans précédent* dans notre littérature, et peut-être dans le monde ; la personnalité de Montaigne en fait aussi un livre *sans équivalent* quoiqu'on l'ait souvent pris pour modèle. Ce qui reste surtout unique, c'est cette façon de parler de soi *sans la moindre gêne,* sans sévérité excessive comme sans forfanterie. La sincérité de Montaigne est faite d'une *modestie* subtile, qui ne va pas sans *quelque orgueil.*

LE TEXTE DES ESSAIS. L'expérience, la vie même de Montaigne s'inscrivent dans les *Essais* à mesure qu'il les compose. Il commence par noter des réflexions inspirées par ses lectures ; puis, peu à peu, les idées personnelles prennent la première place, et l'opinion des anciens n'intervient plus qu'à titre d'exemple ou de confirmation. A mesure que sa pensée évolue, l'auteur complète les chapitres déjà rédigés, d'une façon qui parfois en modifie sensiblement la portée. En présence d'un texte des *Essais,* il est donc essentiel d'en connaître la *date de publication,* autant que possible la *date de composition,* et de distinguer la première rédaction des *additions* ou modifications successives.

En 1580 paraît la première édition des *Essais,* en *deux* Livres (Livre I : 57 chapitres ; Livre II : 37 chapitres).

En 1588, une nouvelle édition (la cinquième) comporte un IIIe Livre (13 chapitres, parmi les plus importants de l'œuvre) et de très nombreuses *additions* aux deux premiers.

En 1595, Melle de Gournay publie une *édition posthume,* d'après les additions et corrections de Montaigne postérieures à 1588. Cette édition fit longtemps autorité.

Aujourd'hui toute édition des *Essais* se fonde sur *l'exemplaire de la Bibliothèque municipale de Bordeaux,* abondamment annoté par Montaigne (nous signalons les principales additions manuscrites par la note *add. ex. Bordeaux*). Le texte ainsi établi diffère sensiblement de celui de 1595. MM. Strowski, Gebelin et Villey ont publié l'exemplaire de Bordeaux (*Édition Municipale,* 1906-1920) en l'accompagnant de notes et d'un lexique.

LE DESSEIN DE MONTAIGNE

« Je suis moi-même la matière de mon livre. » Montaigne va donc nous parler longuement de lui dans les *Essais,* de son tempérament, de ses sentiments, de ses idées, des événements de sa vie. Et pourtant son livre ne ressemble nullement aux *Confessions* de Rousseau, aux épanchements des romantiques : Montaigne s'analyse avec une *parfaite lucidité,* sans indulgence comme sans sévérité excessive. Il ne se donne pas pour un être exceptionnel, solitaire et fatal ; autant qu'un homme peut le faire, il se considère objectivement, comme il observerait tel de ses semblables. Pas de confidences lyriques ou sentimentales, les notations d'un *analyste* pénétrant et d'un *moraliste* qui désire *se connaître.* Son but n'est pas l'exaltation du *moi,* mais la *conquête de la sagesse.* Nous le suivons dans ses recherches, ses hésitations, ses progrès, qui sont aussi les nôtres. S'il se peint lui-même, c'est qu'il se connaît mieux qu'aucun autre être, mais il croit que son cas individuel a la valeur d'un *exemple,* car « chaque homme porte la forme entière de l'humaine condition » (III, II).

Ainsi, à la sévère critique de Pascal : « Le sot projet que [Montaigne] a de se peindre », Voltaire pourra répondre : « Le charmant projet que Montaigne a eu de se peindre naïvement, comme il a fait. Car il a peint la nature humaine. »

Montaigne n'est venu que *peu à peu* à cette conception de son œuvre. Au début de sa retraite, il n'avait pas l'intention délibérée de nous exposer ses « conditions et humeurs ». Mais, son esprit « faisant le cheval échappé », Montaigne prit le parti de « mettre en rôle » ses rêveries, afin de *voir plus clair en lui-même.* D'ailleurs les premiers *Essais* rédigés contiennent peu de détails intimes et nous donnent de l'auteur une esquisse éparse plutôt qu'un portrait. Mais à mesure qu'il avance en âge et que son livre grossit, il prend conscience de sa véritable vocation, et sa vie, sa personne, ses expériences deviennent vraiment le centre de son œuvre.

Au Lecteur

Dans cet avant-propos, MONTAIGNE expose son dessein avec autant de *hardiesse* que de *modestie.* Mais cette modestie ne doit pas nous faire illusion : il ne s'agit pas seulement du portrait véridique d'un individu ; les *Essais* nous renseignent aussi sur nous-mêmes et sur la *nature humaine,* car « chaque homme porte la forme entière de l'humaine condition ».

C'est ici un livre de bonne foi, lecteur. Il t'avertit dès l'entrée que je ne m'y suis proposé aucune fin, que [1] domestique et privée. Je n'y ai eu nulle considération de ton service, ni de ma gloire : mes forces ne sont pas capables d'un tel dessein. Je l'ai voué à la commodité particulière de mes parents et amis : à ce que [2], m'ayant perdu (ce qu'ils ont à faire bientôt), ils y puissent retrouver aucuns [3] traits de mes conditions et humeurs [4], et que par ce moyen ils nourrissent plus entière et plus vive la connaissance qu'ils ont eue de moi. Si c'eût été pour rechercher la faveur du monde, je me fusse mieux paré et me présenterais en une marche étudiée. Je veux qu'on m'y voie en ma façon simple, naturelle et ordinaire, sans contention et artifice : car c'est moi que je peins. Mes défauts s'y liront au vif, et ma forme naïve [5], autant que la révérence publique me l'a permis. Que si j'eusse été entre [6] ces nations qu'on dit vivre encore sous la douce liberté des premières lois de nature, je t'assure que je m'y fusse très volontiers peint tout entier, et tout nu. Ainsi, lecteur, je suis moi-même la matière de mon livre : ce n'est pas raison que tu emploies ton loisir en un sujet si frivole et si vain [7]. Adieu donc. De Montaigne, ce premier de mars mille cinq cent quatre-vingt.

MONTAIGNE PEINT PAR LUI-MÊME

Voici MONTAIGNE en sa « forme naïve » : son *physique,* cette lourdeur qui contraste avec sa finesse d'esprit, son *tempérament* indolent et avide de liberté, et un premier aspect de sa *sagesse :* le sens de la *mesure.* Ce n'est pas un auteur que nous trouvons, c'est un *homme :* entre lui et nous, une *intimité* commence à s'établir.

Je suis d'une taille un peu au-dessous de la moyenne. Ce défaut n'a pas seulement de la laideur, mais encore de l'incommodité, à ceux mêmement [1] qui ont des commandements et des charges, car l'autorité que donne une belle présence et majesté corporelle en est à dire [2]. (...)

J'ai au demeurant la taille forte et ramassée ; le visage non pas gras, mais plein ; la complexion entre le jovial et le mélancolique, moyennement sanguine et chaude,

Unde rigent setis mihi crura et pectora villis [3] :

la santé forte et allègre, jusque bien avant en mon âge rarement troublée

— 1 Sinon. — 2 Afin que. — 3 Certains. — 4 Tendances et goûts. — 5 Manière d'être spontanée. — 6 Parmi. — 7 Que penser de cette formule ?

— 1 Surtout. — 2 Y manque. — 3 « D'où les poils dont se hérissent mes jambes et ma poitrine » (Martial, II, XXXVI, 5).

par les maladies. J'étais tel ; car je ne me considère pas à cette heure que je suis engagé dans les avenues de la vieillesse, ayant piéça [4] franchi les quarante ans :

Minutatim vires et robur adultum
Frangit, et in partem pejorem liquitur aetas [5].

Ce que je serai dorénavant, ce ne sera plus qu'un demi-être, ce ne sera plus moi ; je m'échappe tous les jours et me dérobe à moi :

Singula de nobis anni praedantur euntes [6].

D'adresse et de disposition [7], je n'en ai point eu ; et si [8] suis fils d'un père très dispos, et d'une allégresse [9] qui lui dura jusques à son extrême vieillesse. Il ne trouva guère homme de sa condition qui s'égalât à lui en tout exercice de corps : comme je n'en ai trouvé guère aucun qui ne me surmontât, sauf au courir (en quoi j'étais des médiocres [10]). De la musique, ni pour la voix, que j'y ai très inepte [11], ni pour les instruments, on ne m'y a jamais su [12] rien apprendre. A la danse, à la paume, à la lutte, je n'y ai pu acquérir qu'une bien fort légère et vulgaire suffisance [13] ; à nager, à escrimer, à voltiger [14] et à sauter, nulle du tout. Les mains, je les ai si gourdes que je ne sais pas écrire seulement pour moi : de façon que, ce que j'ai barbouillé, j'aime mieux le refaire que de me donner la peine de le démêler. Et ne lis guère mieux : je me sens peser aux écoutants ; autrement bon clerc [15]. Je ne sais pas clore à droit [16] une lettre, ni ne sus jamais tailler plume, ni trancher à table, qui vaille [17], ni équiper un cheval de son harnais, ni porter à point [18] un oiseau et le lâcher, ni parler aux chiens, aux oiseaux, aux chevaux.

Mes conditions corporelles sont, en somme, très bien accordantes à celles de l'âme. Il n'y a rien d'allègre : il y a seulement une vigueur pleine et ferme. Je dure [19] bien à la peine ; mais j'y dure si je m'y porte moi-même, et autant que mon désir m'y conduit [20],

Molliter austerum studio fallente laborem [21].

Autrement, si je n'y suis alléché par quelque plaisir, et si j'ai autre guide que ma pure et libre volonté, je n'y vaux rien. Car j'en suis là que, sauf la santé et la vie, il n'est chose pour quoi je veuille ronger mes ongles et que je veuille acheter au prix du tourment d'esprit et de la contrainte,

Tanti mihi non sit opaci
Omnis arena Tagi, quodque in mare volvitur aurum [22] :

extrêmement oisif, extrêmement libre, et par nature et par art. Je prêterais aussi volontiers mon sang que mon soin [23].

— 4 Depuis longtemps (il y a une *pièce* de temps). Add. 1588 : quel âge a alors Montaigne ? — 5 « Peu à peu l'âge brise les forces et la vigueur de l'âge mûr, et se résout en décrépitude » (Lucrèce, II, 1131). — 6 « Les ans, dans leur marche, nous dérobent toutes choses, une à une » (Horace, *Ep.*, II, II, 55). — 7 Agilité. — 8 Pourtant. — 9 Entrain physique (cf. l. 35 *allègre :* vif). — 10 Moyens. — 11 Inapte. — 12 Pu. — 13 Capacité (cf. l. 59). — 14 Cf. *voltige :* acrobaties équestres. — 15 *Homme cultivé.* Quel est le ton de la remarque ? — 16 Comme il faut. — 17 De façon valable, correcte. — 18 Comme il convient. — 19 Résiste (cf. *endurance*). — 20 Quelle nouvelle idée apparaît ici ? — 21 « L'ardeur trompant doucement la peine sévère » (Horace, *Sat.* II, II, 12). — 22 « Je ne serais pas assez payé de tout le sable du Tage ombragé, de tout l'or qu'il roule dans la mer » (D'après Juvénal, III, 54-55). — 23 Depuis *extrêmement*, add. ex. Bordeaux. Pour tout ce passage, cf. p. 237.

J'ai une âme toute sienne, accoutumée à se conduire à sa mode. N'ayant eu jusques à cette heure ni commandant ni maître forcé, j'ai marché aussi avant et le pas qu'il m'a plu : cela m'a amolli et rendu inutile au service d'autrui, et ne m'a fait bon qu'à moi. Et pour moi, il n'a été besoin de forcer ce naturel pesant, paresseux et fainéant ; car, m'étant trouvé en tel degré de fortune, dès ma naissance, que j'ai eu occasion de m'y arrêter [24], et en tel degré de sens que j'ai senti en avoir occasion, je n'ai rien cherché et n'ai aussi rien pris :

Non agimur tumidis velis Aquilone secundo ;
Non tamen adversis aetatem ducimus Austris :
Viribus, ingenio, specie, virtute, loco, re,
Extremi primorum, extremis usque priores [25].

Je n'ai eu besoin que de la suffisance de me contenter, qui est pourtant un règlement d'âme, à le bien prendre, également difficile en toute sorte de condition, et que par usage nous voyons se trouver plus facilement encore en la nécessité qu'en l'abondance ; d'autant à l'aventure [26] que, selon le cours de nos autres passions, la faim des richesses est plus aiguisée par leur usage que par leur disette, et la vertu de la modération plus rare que celle de la patience [27]. Et n'ai eu besoin que de jouir doucement des biens que Dieu par sa libéralité m'avait mis entre mains. Je n'ai goûté aucune sorte de travail ennuyeux. Je n'ai eu guère en maniement que mes affaires ; ou [28], si j'en ai eu, ç'a été en condition de les manier à mon heure et à ma façon, commis par gens qui s'en fiaient à moi et qui ne me pressaient pas et me connaissaient. Car encore tirent les experts quelque service d'un cheval rétif et poussif.

Mon enfance même a été conduite d'une façon molle et libre, et exempte de sujétion rigoureuse [29]. Tout cela m'a formé une complexion délicate et incapable de sollicitude [30].

II, XVII, De la présomption.

– *En classant ses indications, comment voyez-vous* MONTAIGNE *: a) au physique ; – b) au moral ?*
– MONTAIGNE *vous semble-t-il avoir embelli son portrait ? Sur quelles observations repose votre point de vue ?*
– *En quoi consiste la sagesse de* MONTAIGNE *d'après les l. 47-71 ?*
– *Précisez quelques traits notables de l'esprit de la Renaissance d'après les goûts de l'auteur.*
– *Quel est, selon vous, l'intérêt des citations latines qui émaillent le texte ?*
• **Comparaison.** Autoportraits de MONTAIGNE et de ROUSSEAU (XVIIIe SIÈCLE, pages 330-332) : a) Intentions et sincérité ; – b) Ressemblances et différences ; – c) « Technique » du portrait.
– **Essai.** *Une autobiographie peut-elle être objective ? cf.* Au lecteur, *page 196.* – XVIIIe SIÈCLE, *page 320.*

— 24 De me contenter de cette fortune. — 25 « Je ne suis pas poussé, voiles gonflées, par un Aquilon favorable ; ma vie ne se heurte pas non plus à un Auster contraire : en forces, esprit, éclat, vertu, naissance, avoir, je suis au dernier rang des grands, comme supérieur aux petits » (Horace, *Ep.*, II, II, 201). — 26 Sans doute. — 27 Cette réflexion générale (depuis *qui est pourtant...*) est une add. ex. Bordeaux. — 28 Add. ex. Bordeaux (jusqu'à *poussif*). Cf. p. 205. — 29 Cf. p. 207. — 30 Tension dans l'effort.

Messages de Montaigne

« *Portrait de Michel de Montaigne* » (Peinture anonyme, XVIe siècle. Musée Condé, Chantilly. Ph. H. Josse © Arch. Photeb.)

Aussi lucide que le sera Pascal, son disciple (cf. **XVIIe siècle, p. 148**), Montaigne nous enseigne à ne pas prendre l'apparence pour la réalité. Il sait bien que « nos vacations sont farcesques » (cf. **p. 240**) et qu'en société tout homme joue le rôle « d'un personnage emprunté » : « Le maire et Montaigne, dit-il, ont toujours été deux, d'une séparation bien claire ». Pourtant, il ne méconnaît pas la nécessité de « jouer dûment notre rôle » : il est sensible à l'honneur d'être élu maire de Bordeaux, et nous le voyons ici vêtu avec recherche comme il sied à un tel magistrat.

« Combat naval entre colonisateurs. » (« Histoire du Brésil » de Th. de Bry, gravure, 1592, détail, Ph. © Bibl. Nat., Paris — Arch. Photeb.)

Carte du Brésil extraite d'un « Atlas portugais ». (Manuscrit, 1516, détail. Bibl. Nat., Paris. Ph. J. L. Charmet © Arch. Photeb).

Relativité de la coutume

Le scepticisme de Montaigne repose sur l'observation fréquente de la relativité des coutumes humaines (cf. **p. 229**). A propos des *cannibales* interrogés à Rouen (cf. **p. 231**), il note que ces « sauvages » fort sensés trouvent injustes et scandaleuses les coutumes françaises : il y a là de quoi nous inciter à la modération lorsque nous jugeons les coutumes des autres peuples.

« Notre monde vient d'en trouver un autre.» Il n'est pas certain que ce « monde enfant » trouve avantage à recevoir, sous la contrainte, « nos opinions et nos arts ». Mieux vaudrait une colonisation qui appellerait ces peuples à « l'admiration et imitation de la vertu », avec pour objet de dresser entre eux et nous « une fraternelle société et intelligence » (III, 6).

« La Saint-Barthélemy : massacre des protestants par les catholiques ». (Gravure anonyme, XVIe siècle. Société d'histoire du Protestantisme français, Paris. Ph. L. Joubert © Arch. Photeb.)

« Le sac de Lyon par le baron des Adrets et les protestants ». (Peinture anonyme, XVIe siècle. Musée historique, Lyon. Ph. G. Kriloff © Arch. Photeb.)

Méfaits de l'intolérance

Ronsard déplore le malheur de la France déchirée par les guerres de religion, mais il prend vigoureusement parti pour les catholiques (cf. **p. 153-160**). De son côté, d'Aubigné s'indigne du massacre des huguenots et adjure la puissance divine de soutenir la vengeance des protestants (cf. **p. 174-188**). Montaigne, lui, adopte sur les guerres de religion une position équilibrée (cf. **p. 236**). Il observe que des deux côtés on obéit à des mobiles étrangers aux convictions religieuses et on tend à la subversion de l'État; il plaide la cause de la modération et de la tolérance (cf. **p. 235 et 236**).

« *La Géhenne.* » (Gravure, XVIe siècle. Ph. © Bibl. Nat, Paris. Photeb).

Contre la torture

Ancien magistrat, se souvenant d'avoir assisté à des séances de torture, Montaigne — presque seul en son siècle — s'élève contre la « question » en matière judiciaire : « C'est une dangereuse invention que celle des géhennes (*tortures*), et semble plutôt que ce soit un essai de patience que de vérité. Et celui qui les peut souffrir cache la vérité, et celui qui ne les peut souffrir. Car pourquoi la douleur me fera-t-elle plutôt confesser ce qui en est, qu'elle ne me forcera de dire ce qui n'est pas ? Et, au rebours, si celui qui n'a pas fait ce de quoi on l'accuse est assez patient pour supporter ces tourments, pourquoi ne le sera celui qui l'a fait...? » (II, 5). C'est, avec deux siècles d'avance, l'amorce des protestations tantôt ironiques, tantôt sarcastiques, de Voltaire (cf. **XVIIIe siècle, p. 172-174**). La *question* ne sera abolie officiellement qu'en 1780.

« La Mort et la Chambrière. » (« La Danse Macabre », miniature, XVe siècle. Ph. © Bibl. Nat., Paris — Arch. Photeb.)

H. Holbein Le Jeune, « Le Roi». (Gravure, XVIe siècle. Ph. © Bibl. Nat., Paris — Photeb.)

Avertissement : c'est la Mort qui sert le repas royal.

« Philosopher, c'est apprendre à mourir »

S'il est une question qui alimente la réflexion de Montaigne, c'est bien celle de la douleur et de la mort. Il a beau se raidir en stoïcien, il sait bien qu'il est vain de nier la souffrance : le plus que nous puissions faire, c'est de lui donner le moins de prise possible sur notre esprit (cf. **p. 218, 220**). Quant à la mort, puisqu'elle est inévitable, accoutumons-nous à cette pensée plutôt que d'être pris au dépourvu (cf. **p. 222-226**), mais ne nous laissons pas obséder par cette hantise. L'auteur des *Essais* aime la vie et la cultive en la sachant « perdable de sa condition ». « Aussi ne sied-il proprement bien de ne se déplaire à mourir qu'à ceux qui se plaisent à vivre » (cf. **p. 242**). Le « savoir mourir » fait partie de son « art de vivre » : c'est une des leçons les plus précieuses de la sagesse de Montaigne.

Château de Montaigne. Tour de la « Librairie ». (Saint-Michel-de-Montaigne. Ph. © R. Lanaud.)

« C'est là mon siège »

Cette tour est l'unique vestige des bâtiments qui furent jadis habités par Montaigne. La « librairie » est à hauteur de la fenêtre la plus élevée au troisième niveau (cf. **p. 199**). Du lieu le « plus inutile » de sa maison, Montaigne a fait le lieu le plus utile pour la postérité.

LA LIBRAIRIE DE MONTAIGNE

« Ma librairie », dit ailleurs MONTAIGNE, « est des belles entre les librairies de village » (II, XVII). La bibliothèque de ce *grand liseur* est son domaine de prédilection : il nous la décrit avec amour. C'est là qu'il *s'isole* dans le « commerce » (fréquentation) *des livres, ses amis.*

Chez moi, je me détourne un peu plus souvent [1] à ma librairie, d'où, tout d'une main [2], je commande à mon ménage [3]. Je suis sur l'entrée, et vois sous moi mon jardin, ma basse-cour, ma cour, et dans la plupart des membres [4] de ma maison. Là je feuillette à cette heure un livre, à cette heure un autre, sans ordre et sans dessein, à pièces décousues. Tantôt je rêve ; tantôt j'enregistre et dicte, en me promenant, mes songes que voici.

Elle est au troisième étage d'une tour. Le premier, c'est ma chapelle ; le second, une chambre et sa suite, où je me couche souvent, pour être seul. Au-dessus, elle a une grande garde-robe. C'était, au temps passé, le lieu plus [5] inutile de ma maison. Je passe là et la plupart des jours de ma vie, et la plupart des heures du jour; je n'y suis jamais la nuit. A sa suite est un cabinet assez poli [6], capable à recevoir du feu pour l'hiver, très plaisamment percé [7] ; et, si je ne craignais non plus le soin [8] que la dépense (le soin qui me chasse de toute besogne), je pourrais facilement coudre, à chaque côté, une galerie de cent pas de long et douze de large, à plain pied, ayant trouvé tous les murs montés, pour autre usage, à la hauteur qu'il me faut. Tout lieu retiré requiert un promenoir. Mes pensées dorment si je les assis [9]. Mon esprit ne va, si les jambes ne l'agitent : ceux qui étudient sans livre en sont tous là. La figure [10] en est ronde et n'a de plat que ce qu'il faut à ma table et à mon siège ; et vient m'offrant, en se courbant, d'une vue, tous mes livres, rangés à cinq degrés tout à l'environ [11]. Elle a trois vues de riche et libre prospect [12], et seize pas de vide en diamètre. En hiver, j'y suis moins continuellement : car ma maison est juchée sur un tertre, comme dit son nom [13], et n'a point de pièce plus éventée que cette-ci [14], qui me plaît d'être un peu pénible [15] et à l'écart, tant pour le fruit de l'exercice que pour reculer de moi la presse [16]. C'est là mon siège. J'essaye à m'en rendre la domination pure, et à soustraire ce seul coin à la communauté et conjugale, et filiale, et civile [17] ; partout ailleurs je n'ai qu'une autorité verbale ;

— 1 Montaigne vient de parler de ses lectures en voyage. — 2 A la fois. — 3 Ensemble du train de maison. — 4 Corps de bâtiment. — 5 Le plus. — 6 Bien aménagé. *Capable à :* propre à. — 7 Préciser le sens. — 8 Souci. — 9 *Assieds.* En quoi l'expression est-elle savoureuse ? — 10 Forme (de la *librairie*). Montrer comment la digression qui précède se greffe sur la description. — 11 Tout autour. — 12 Perspective. — 13 Montaigne = montagne. — 14 Celle-ci. — 15 La bibliothèque est au « 3e étage » (c'est-à-dire au 2e au-dessus du rez-de-chaussée). — 16 La tumulte de la foule. — 17 Sens à préciser. C'est toujours la soif d'*indépendance* de Montaigne (cf. p. 237). —

en essence, confuse [18]. Misérable à mon gré, qui n'a chez soi où être à soi, où se faire particulièrement la cour [19], où se cacher ! L'ambition paye bien [20] ses gens, de les tenir toujours en montre, comme la statue d'un marché : *magna servitus est magna fortuna* [21] ; ils n'ont pas seulement leur retrait [22] pour retraite. Je n'ai rien jugé de si rude en l'austérité de vie que nos religieux affectent [23], que ce que je vois, en quelqu'une de leurs compagnies, avoir pour règle une perpétuelle société [24] de lieu et assistance nombreuse entre eux, en quelque action que ce soit. Et trouve aucunement [25] plus supportable d'être toujours seul, que ne le pouvoir jamais être [26].

III, III, De trois commerces.

– *Étudiez comment* MONTAIGNE *passe d'une idée à l'autre sans perdre le fil conducteur.*
– *D'après ses indications, tracez un plan de la « librairie » de* MONTAIGNE.
– *Pourquoi, selon vous,* MONTAIGNE *aime-t-il tant sa « librairie » ?*
– *Tracez le portrait moral de* MONTAIGNE *d'après ce texte ; est-il uniquement un intellectuel ?*
– *Étudiez le jeu des images et des comparaisons ; quelles sont, à votre avis, les plus savoureuses ?*
– **Entretien.** *Comment* MONTAIGNE *peut-il « étudier sans livre » dans sa bibliothèque ?*

QU'UN AMI VÉRITABLE EST UNE DOUCE CHOSE !

LA BOÉTIE a révélé à Montaigne le stoïcisme (cf. p. 193) : il lui a révélé aussi l'*amitié*. Nous sommes tentés parfois de croire Montaigne *égoïste* ou *froid :* ce texte nous montre quels trésors de *délicatesse* et d'*affection* renfermait son cœur. Presque toujours charmés, nous sommes rarement *émus* à la lecture des *Essais ;* c'est pourtant bien le cas ici, et cette page en tire tout son prix.

Ce que nous appelons ordinairement amis et amitiés, ce ne sont qu'accointances et familiarités nouées par quelque occasion ou commodité, par le moyen de laquelle nos âmes s'entretiennent [1]. En l'amitié de quoi je parle, elles se mêlent et confondent l'une en l'autre, d'un mélange si universel qu'elles effacent et ne retrouvent plus la couture qui les a jointes. Si on me presse de dire pourquoi je l'aimais, je sens que cela ne se peut exprimer qu'en répondant : « Parce que c'était lui, parce que c'était moi [2] ».

Il y a, au delà de tout mon discours et de ce que j'en puis dire particulièrement, ne sais quelle force inexplicable et fatale [3], médiatrice de cette union. Nous nous cherchions avant que de nous être vus, et par des rapports que nous oyions l'un de l'autre, qui faisaient en notre affection plus d'effort que ne porte la raison des rapports [4] ; je crois, par quelque

18 En réalité, mal assurée. — 19 Préciser le sens. — 20 Ironique. — 21 « C'est un grand esclavage qu'une grande fortune » (Maxime de Sénèque). — 22 Garde-robe. Noter le jeu de mots. — 23 Embrassent. — 24 Communauté. — 25 Sensiblement. — 26 Tout ce paragraphe est une add. ex. Bordeaux.

— 1 Sont liées l'une à l'autre. — 2 Add. ex. Bordeaux, depuis *qu'en répondant*... Montrer la valeur de cette addition. — 3 Voulue par le destin (cf. l. 13-14). — 4 Qui faisaient sur nos *sentiments* plus *d'effet* qu'il n'est *normal* pour des *rapports* (propos tenus sur quelqu'un).

ordonnance du ciel. Nous nous embrassions par nos noms [5] ; et à notre première rencontre, qui fut par hasard en une grande fête et compagnie de ville, nous nous trouvâmes si pris, si connus, si obligés [6] entre nous, que rien dès lors ne nous fut si proche que l'un à l'autre. (...)

Qu'on ne me mette pas en ce rang ces autres amitiés communes : j'en ai autant de connaissance qu'un autre, et des plus parfaites en leur genre, mais je ne conseille pas qu'on confonde leurs règles : on s'y tromperait. Il faut marcher en ces autres amitiés la bride à la main, avec prudence et précaution ; la liaison n'est pas nouée en manière qu'on n'ait aucunement à s'en défier. (...)

En ce noble commerce, les offices [7] et les bienfaits, nourriciers des autres amitiés, ne méritent pas seulement d'être mis en compte : cette confusion si pleine de nos volontés en est cause. Car tout ainsi que l'amitié que je me porte ne reçoit point augmentation pour le [8] secours que je me donne au besoin, quoique dient [9] les Stoïciens, et comme je ne me sais aucun gré du service que je me fais : aussi l'union de tels amis étant véritablement parfaite, elle leur fait perdre le sentiment de tels devoirs, et haïr et chasser d'entre eux ces mots de [10] division et de différence : « bienfait, obligation, reconnaissance, prière, remerciement », et leurs pareils. Tout étant, par effet [11], commun entre eux, volontés, pensements, jugements, biens, enfants, honneur et vie, et leur convenance n'étant qu'une âme en deux corps, selon la très propre définition d'Aristote, ils ne se peuvent ni prêter ni donner rien.[12](...)Si, en l'amitié de quoi je parle, l'un pouvait donner à l'autre, ce serait celui qui recevrait le bienfait qui obligerait son compagnon. Car cherchant l'un et l'autre, plus que toute autre chose, de s'entre-bienfaire, celui qui en prête la matière et l'occasion est celui-là qui fait le libéral [13], donnant ce contentement à son ami, d'effectuer en son endroit ce qu'il désire le plus. (...)

L'ancien Ménandre disait celui-là heureux, qui avait pu rencontrer seulement l'ombre d'un ami. Il avait certes raison de le dire, même [14] s'il en avait tâté. Car, à la vérité, si je compare tout le reste de ma vie, quoiqu'avec la grâce de Dieu je l'aie passée douce, aisée et, sauf la perte d'un tel ami, exempte d'affliction pesante, pleine de tranquillité d'esprit [15], ayant pris en paiement [16] mes commodités naturelles et originelles sans en rechercher d'autres ; si je la compare, dis-je, toute, aux quatre années qu'il m'a été donné de jouir de la douce compagnie et société de ce

— 5 A entendre prononcer chacun le nom de l'autre, nous nous sentions déjà unis. — 6 Liés (sens étymol.). — 7 Services rendus. — 8 Du fait du. — 9 Disent. — 10 Qui marquent la... — 11 Effectivement. — 12 Noter le caractère *philosophique* et l'argumentation *rigoureuse* du passage. — 13 Se montre généreux. On voit combien l'idée est noble et délicate. — 14 Surtout (latin *maxime*). — 15 Montrer que ces considérations, où l'on reconnaît l'optimisme de Montaigne, *renforcent* ce qu'il va dire. — 16 *M'étant estimé satisfait de.* Expliquer l'image.

personnage, ce n'est que fumée, ce n'est qu'une nuit obscure et ennuyeuse. Depuis le jour que je le perdis,

Quem semper acerbum,
Semper honoratum (sic, Di, voluistis) habebo [17],

je ne fais que traîner languissant ; et les plaisirs mêmes qui s'offrent à moi, au lieu de me consoler, me redoublent le regret de sa perte. Nous étions à moitié de tout ; il me semble que je lui dérobe sa part.

Nec fas esse ulla me voluptate hic frui
Decrevi, tantisper dum ille abest meus particeps [18].

J'étais déjà si fait et accoutumé à être deuxième [19] partout qu'il me semble n'être plus qu'à demi.

I, XXVIII, De l'amitié

– *D'après cette page, montrez avec précision toute la différence qui sépare une véritable amitié d'une simple camaraderie.*
– *Relevez les traits que* MONTAIGNE *prête à l'amitié et qu'on réserve d'ordinaire à l'amour.*
– *Peut-on, selon* MONTAIGNE, *avoir dans sa vie plus d'un véritable ami ?*
– *Quelles conclusions* MONTAIGNE *tire-t-il de l'idée que deux amis ne font qu'un ?*
– *Relevez les plus belles expressions que l'amitié inspire à* MONTAIGNE.
• **Comparaison.** L'amitié selon MONTAIGNE et selon La FONTAINE (*Les Deux Amis*, VII, 11).
• **Groupe thématique : Amitié.** MOYEN AGE, pages 20, 187. – XVIIe SIÈCLE, pages 151, 243, 354, 405. – XVIIIe SIÈCLE, pages 142, 192. – XXe SIÈCLE, pages 489, 509, 539, 648, 734, 814.

L'art de voyager

MONTAIGNE voyage pour sa santé ; il voyage surtout pour son *plaisir* et son *instruction.* Bon cavalier, il ne craint pas la fatigue ; mais il ne s'impose aucune contrainte vaine, réglan le détail de son itinéraire d'après l'inspiration du moment. Avant tout, il veut *pénétrer les coutumes et les mœurs* des pays qu'il traverse ; son *expérience* en sera largement enrichie ; et il se moque avec esprit de ses compatriotes qui veulent toujours retrouver la France à l'étranger.

Le voyager me semble un exercice profitable. L'âme y a une continuelle exercitation à remarquer des choses inconnues et nouvelles ; et je ne sache point meilleure école, comme j'ai dit souvent, à former la vie, que de lui proposer [1] incessamment la diversité de tant d'autres vies, fantaisies et usances [2], et lui faire goûter une si perpétuelle variété de formes de notre nature [3]. Le corps n'y est ni oisif ni travaillé [4], et cette modérée agitation le

---

— 17 « Jour qui pour moi sera toujours amer, toujours sacré (Dieux, vous l'avez voulu ainsi !) » : Virgile, *Enéide*, V, 49. — 18 « J'ai décidé que je ne saurais plus goûter aucun plaisir, maintenant que j'ai perdu celui qui partageait tout avec moi » (Térence, *Héautontimorouménos*, I, I, 97). — 19 *Avec lui.* On songe à Horace appelant Virgile « la moitié de mon âme ».

— 1 Présenter. — 2 Opinions et usages. — 3 Aussi Montaigne conseille-t-il de faire voyager les jeunes gens. — 4 Fatigué. —

met en haleine. Je me tiens à cheval sans démonter [5], tout coliqueux [6] que je suis, et sans m'y ennuyer, huit et dix heures,

Vires ultra sortemque senectae [7].

Nulle saison m'est [8] ennemie, que le chaud âpre d'un soleil poignant [9] ; car les ombrelles, de quoi depuis les anciens Romains l'Italie se sert, chargent plus les bras qu'ils ne déchargent [10] la tête... J'aime les pluies et les crottes comme les canes. La mutation d'air et de climat ne me touche point ; tout ciel m'est un. Je ne suis battu que des altérations internes que je produis en moi, et celles-là m'arrivent moins en voyageant.

Je suis malaisé à ébranler ; mais, étant avoyé [11], je vais tant qu'on veut. J'estrive [12] autant aux petites entreprises qu'aux grandes, et à m'équiper pour faire une journée et visiter un voisin que pour un juste [13] voyage. J'ai appris à faire mes journées à l'espagnole, d'une traite, grandes et raisonnables journées ; et aux extrêmes chaleurs, les passe de nuit, du soleil couchant jusques au levant. L'autre façon de repaître [14] en chemin en tumulte et hâte pour la dînée [15], notamment aux jours courts, est incommode. Mes chevaux en valent mieux. Jamais cheval ne m'a failli qui a su faire avec moi la première journée. Je les abreuve partout, et regarde seulement qu'ils aient assez de chemin de reste pour battre leur eau [16]. La paresse à me lever donne loisir à ceux qui me suivent de dîner à leur aise avant partir. Pour moi je ne mange jamais trop tard : l'appétit me vient en mangeant, et point autrement ; je n'ai point de faim qu'à table. (...)

(MONTAIGNE *aborde ensuite la question du* logement *en voyage*).

En cette commodité de logis que je cherche, je n'y mêle pas la pompe et l'amplitude [17] : je la hais plutôt ; mais certaine propriété simple, qui se rencontre plus souvent aux lieux où il y a moins d'art, et que nature honore de quelque grâce toute sienne [18]. *Non ampliter sed munditer convivium. Plus salis quam sumptus* [19].

Et puis, c'est à faire à ceux que les affaires entraînent en plein hiver par les Grisons, d'être surpris en chemin en cette extrémité. Moi, qui le plus souvent voyage pour mon plaisir, ne me guide pas si mal. S'il fait laid à droite, je prends à gauche ; si je me trouve mal propre à monter à cheval, je m'arrête [20]. Et faisant ainsi, je ne vois à la vérité rien qui ne soit aussi plaisant et commode que ma maison. Il est vrai que je trouve la superfluité toujours superflue, et remarque de l'empêchement [21] en la délicatesse [22] même et en l'abondance. Ai-je laissé quelque chose à voir derrière moi ? J'y retourne : c'est toujours mon chemin. Je

---

5 Mettre pied à terre. — 6 Il souffre de la gravelle (sa *colique*) ; cf. p. 220. — 7 « Au-delà des forces et de la condition de la vieillesse » (Virgile, *Enéide*, VI, 114). — 8 *Ne* m'est... Comme *nullus* en latin, *nul* suffit alors comme négation. — 9 Accablant (*piquant*). — 10 Soulagent. *Ombrelles*, au masc. — 11 Une fois en route. — 12 Je répugne. — 13 Véritable. — 14 Manger. — 15 Le dîner (repas de midi). — 16 C'est-à-dire la *digérer*. — 17 La grandeur. — 18 Que pensez-vous de cette formule ? — 19 « Une table non pas abondamment, mais proprement servie. Plus de goût que de luxe ». — 20 En quoi reconnaît-on ici le caractère de Montaigne ? — 21 De la gêne. — 22 Dans le raffinement.

ne trace aucune ligne certaine, ni droite ni courbe. Ne trouvé-je point, où je vais, ce qu'on m'avait dit ? Comme il advient souvent que les jugements d'autrui ne s'accordent pas aux miens, et les ai trouvés plus [23] souvent faux, je ne plains pas ma peine ; j'ai appris que ce qu'on disait n'y est point.

J'ai la complexion du corps libre [24], et le goût commun [25] autant qu'homme du monde. La diversité des façons d'une nation à autre ne me touche que par le plaisir de la variété. Chaque usage a sa raison. Soient des assiettes d'étain, de bois, de terre ; bouilli ou rôti ; beurre ou huile de noix ou d'olive ; chaud ou froid, tout m'est un ; et si un, que vieillissant, j'accuse [26] cette généreuse faculté et aurais besoin que la délicatesse et le choix arrêtât l'indiscrétion [27] de mon appétit et parfois soulageât mon estomac. Quand j'ai été ailleurs qu'en France, et que, pour me faire courtoisie, on m'a demandé si je voulais être servi à la française, je m'en suis moqué et me suis toujours jeté aux tables les plus épaisses [28] d'étrangers. J'ai honte de voir nos hommes [29] enivrés de cette sotte humeur de s'effaroucher des formes contraires aux leurs : il leur semble être hors de leur élément quand ils sont hors de leur village. Où qu'ils aillent, ils se tiennent à leurs façons et abominent les étrangères. Retrouvent-ils un compatriote en Hongrie, ils festoient cette aventure : les voilà à se rallier et à se recoudre ensemble, à condamner tant de mœurs barbares qu'ils voient. Pourquoi non barbares, puisqu'elles ne sont françaises ? Encore sont-ce les plus habiles [30] qui les ont reconnues, pour en médire. La plupart ne prennent l'aller que pour le venir [31]. Ils voyagent couverts et resserrés [32] d'une prudence taciturne et incommunicable, se défendant de la contagion d'un air inconnu [33].

Ce que je dis de ceux-là me ramentoit [34], en chose semblable, ce que j'ai parfois aperçu en aucuns [35] de nos jeunes courtisans. Ils ne tiennent qu'aux hommes de leur sorte, nous regardant comme gens de l'autre monde, avec dédain ou pitié. Otez-leur les entretiens des mystères de la cour, ils sont hors de leur gibier, aussi neufs pour nous et malhabiles comme nous sommes à eux. On dit bien vrai qu'un honnête homme c'est un homme mêlé [36].

Au rebours, je pérégrine très saoul [37] de nos façons, non pour chercher des Gascons en Sicile (j'en ai assez laissé au logis) ; je cherche des Grecs plutôt, et des Persans : j'accointe [38] ceux-là, je les considère ; c'est là où je me prête et où je m'emploie. Et qui plus est, il me semble que je n'ai rencontré guère de manières qui ne vaillent les nôtres. Je couche de peu [39], car à peine ai-je perdu mes girouettes de vue [40].

III, IX, De la vanité.

— 23 Le plus. — 24 Qui s'adapte facilement à tout. — 25 Large. — 26 J'ai à me plaindre de. — 27 Absence de choix. — 28 Préciser le sens. — 29 Nos compatriotes. — 30 Fins. — 31 *Ne s'en vont que pour revenir*. Commenter. — 32 A l'abri. — 33 Noter *l'ironie* dans tout ce passage. — 34 Rappelle (*ramentevoir*). Ce paragraphe est un exemple typique de ces *digressions* chères à Montaigne. — 35 Chez certains. — 36 Expliquer le mot. — 37 « Saturé ». *Je pérégrine :* je voyage à l'étranger. — 38 J'entre en relations avec (cf. *accointances*, p. 200, l. 2). — 39 Je m'avance peu (*coucher de :* miser). — 40 Montaigne se garde bien de *se vanter*, quoiqu'il ait fait un long voyage. Quelle *leçon* nous donne-t-il ici ?

Montaigne maire de Bordeaux

« Le Maire et Montaigne ont toujours été deux, d'une séparation bien claire. » (p. 240, l. 13-14). A son retour d'Italie (automne 1581), avant de prendre possession de la haute charge qu'on lui confie, MONTAIGNE prévient ses concitoyens, en toute sincérité et modestie : il se consacrera consciencieusement à sa tâche, mais *sans s'y dévouer corps et âme* comme son père. Ces lignes, qui reproduisent la substance de son discours, prennent aussi pour nous la valeur d'une *mise au point :* lorsqu'il s'est abstenu de rentrer à Bordeaux pendant la peste (été 1585), il n'a fait que rester fidèle à la ligne de conduite qu'il définit ici.

Messieurs [1] de Bordeaux m'élurent maire de leur ville, étant éloigné de France, et encore plus éloigné [2] d'un tel pensement. Je m'en excusai [3] ; mais on m'apprit que j'avais tort, le commandement du roi aussi s'y interposant [4]. C'est une charge qui doit sembler d'autant plus belle qu'elle n'a ni loyer [5] ni gain autre que l'honneur de son exécution. Elle dure deux ans ; mais elle peut être continuée par seconde élection, ce qui advient très rarement ; elle le fut à moi et ne l'avait été que deux fois auparavant : quelques années y avait, à M. de Lanssac ; et fraîchement à M. de Biron, maréchal de France, en la place duquel je succédai ; et laissai la mienne à M. de Matignon, aussi maréchal de France.[6] (...)

A mon arrivée, je me déchiffrai [7] fidèlement et consciencieusement tout tel que je me sens être : sans mémoire, sans vigilance, sans expérience et sans vigueur ; sans haine aussi, sans ambition, sans avarice et sans violence, à ce [8] qu'ils fussent informés et instruits de ce qu'ils avaient à attendre de mon service ; et, parce que la connaissance de feu mon père les avait seule incités à cela [9], et l'honneur de sa mémoire, je leur ajoutai bien clairement que je serais très marri que chose quelconque fît autant d'impression en ma volonté comme avaient fait autrefois en la sienne leurs affaires, et leur ville, pendant qu'il l'avait en gouvernement, en ce lieu même auquel ils m'avaient appelé. Il me souvenait de l'avoir vu vieil, en mon enfance, l'âme cruellement agitée de cette tracasserie publique, oubliant le doux air de sa maison, où la faiblesse des ans l'avait attaché longtemps avant, et son ménage [10] et sa santé ; et méprisant certes sa vie, qu'il y cuida [11] perdre, engagé pour eux à des longs et pénibles voyages. Il était tel ; et lui partait cette humeur d'une grande bonté de nature ; il ne fut jamais âme plus charitable et populaire [12]. Ce train, que je loue en autrui, je n'aime point à le suivre ; et ne suis pas sans excuse. Il avait ouï dire qu'il se fallait oublier pour le prochain, que le particulier ne venait en aucune considération au prix du général.

III, x, De ménager sa volonté.

— 1 Les *jurats* (magistrats municipaux). — 2 Noter le jeu sur ce mot. — 3 Je me récusai. — 4 *Intervenant ;* le roi est Henri III. — 5 Rémunération. — 6 On voit de quelle considération Montaigne jouissait à Bordeaux. — 7 A expliquer. — 8 Afin. — 9 Montaigne le pense-t-il vraiment ? — 10 Les soins domestiques. — 11 Faillit (crut). — 12 *Altruiste.* Noter avec quelle vénération Montaigne parle de son père, quoiqu'il ne lui ressemble pas.

« DE L'INSTITUTION DES ENFANTS »

Dans le chapitre XXVI du Livre I, Montaigne expose ses idées sur *l'éducation*. Les questions pédagogiques ont passionné le XVIe siècle (cf. RABELAIS, pp. 42-51) : c'est un aspect caractéristique de l'esprit de la Renaissance. Montaigne lui-même avait appris le latin selon la méthode directe, importée d'Italie (p. 207). Ses souvenirs d'enfance et de jeunesse lui fournissent donc une expérience précieuse, lorsque sa réflexion s'applique à ces problèmes.

Il condamne l'éducation *collective* des collèges (p. 208 ; p. 209, l. 27-31) : c'est le seul point sur lequel il se sépare profondément de la pédagogie moderne. Le précepteur, qui sera lui-même plutôt un sage qu'un savant, doit avant tout *former le jugement* de son élève : il ne s'agit pas tant de lui enseigner beaucoup de choses que de lui apprendre à réfléchir et de développer son intelligence et sa personnalité (p. 208). Il pratiquera toujours la *douceur :* Montaigne a horreur des châtiments corporels et de la contrainte sous toutes ses formes. Il ne faut pas faire de la *vertu* un épouvantail, mais la peindre au contraire sous les couleurs *les plus riantes* (p. 212). Montaigne fait-il une place suffisante à *l'effort* et au *sens du devoir ?* On peut penser qu'il est bien optimiste, ou que du moins sa pédagogie est surtout conçue pour des êtres très heureusement doués. Il prévoit l'objection, mais répond par une plaisanterie : l'enfant est-il rebelle à cette éducation ? « que de bonne heure son gouverneur l'étrangle, s'il est sans témoins (!), ou qu'on le mette pâtissier dans quelque bonne ville, fût-il fils d'un duc. » A vrai dire, ce sont surtout des *principes* qu'il pose, et ces principes sont *excellents*.

D'ailleurs la formation *physique* sera une *école d'énergie*. Il faut exercer le corps, et même l'endurcir (p. 211) ; ainsi l'enfant deviendra un homme complet, capable d'affronter la vie. Enfin, idée très moderne, les *voyages* achèveront son éducation.

L'éducation de Montaigne

Exposant ses idées sur l'*institution* (instruction) *des enfants*, MONTAIGNE en vient tout naturellement à évoquer *sa propre éducation*, et le soin admirable, allant jusqu'au scrupule, avec lequel son père l'avait réglée. Formé d'abord chez lui selon des *méthodes entièrement nouvelles* et particulièrement adaptées à son tempérament, le jeune Michel est ensuite mis au *collège :* loin de s'y perfectionner, il y perd presque tout le bénéfice de sa première formation.

C'est un bel et grand agencement [1] sans doute que le grec et latin, mais on l'achète trop cher. Je dirai ici une façon d'en avoir meilleur marché que de coutume, qui a été essayée en moi-même : s'en servira qui voudra. Feu mon père, ayant fait toutes les recherches qu'homme peut faire, parmi les gens savants et d'entendement, d'une forme d'institution exquise [2], fut avisé de cet inconvénient qui était en usage ; et lui disait-on que cette longueur que nous mettions à apprendre les langues, qui ne leur coûtaient rien [3], est la seule cause pour quoi nous ne pouvions arriver à la grandeur d'âme et de connaissance des anciens Grecs et Romains. Je ne crois pas que c'en soit la seule cause. Tant y a [4] que l'expédient que mon père y trouva, ce fut que, en nourrice et avant

— 1 Ornement. — 2 Choisie. — 3 *Leur* se trouve avant *Grecs et Romains* par suite d'un remaniement de la phrase. — 4 Toujours est-il que (cf. l. 65).

le premier dénouement de ma langue, il me donna en charge à un Allemand, qui depuis est mort fameux médecin en France, du tout [5] ignorant de notre langue, et très bien versé en la latine. Cettui-ci, qu'il avait fait venir exprès, et qui était bien chèrement gagé [6], m'avait continuellement entre les bras. Il en eut [7] aussi avec lui deux autres moindres en savoir, pour me suivre et soulager le premier : ceux-ci ne m'entretenaient d'autre langue que latine [8]. Quant au reste de sa maison, c'était une règle inviolable que ni lui-même, ni ma mère, ni valet, ni chambrière ne parlaient en ma compagnie qu'autant de mots de latin que chacun avait appris pour jargonner avec moi [9]. C'est merveille du fruit [10] que chacun y fit : mon père et ma mère y apprirent assez de latin pour l'entendre, et en acquirent à suffisance pour s'en servir à la nécessité [11], comme firent aussi les autres domestiques qui étaient plus [12] attachés à mon service. Somme, nous nous latinisâmes tant qu'il en regorgea jusques à nos villages tout autour, où il y a encore, et ont pris pied par l'usage, plusieurs appellations latines d'artisans et d'outils. Quant à moi, j'avais plus de six ans avant que j'entendisse non plus de français ou de périgourdin, que d'arabesque [13] ; et, sans art [14], sans livre, sans grammaire ou précepte, sans fouet et sans larmes, j'avais appris du latin, tout aussi pur que mon maître d'école le savait : car je ne le pouvais avoir mêlé ni altéré. Si, par essai [15], on me voulait donner un thème, à la mode des collèges, on le donne aux autres en français, mais à moi il me le fallait donner en mauvais latin, pour le tourner en bon. (...)

Quant au grec, duquel je n'ai quasi du tout point d'intelligence, mon père desseigna [16] me le faire apprendre par art, mais d'une voie nouvelle, par forme d'ébats et d'exercice : nous pelotions [17] nos déclinaisons, à la manière de ceux qui, par certains jeux de tablier [18], apprennent l'arithmétique et la géométrie. Car entre autres choses, il avait été conseillé de me faire goûter la science et le devoir par une volonté non forcée, et de mon propre désir, et d'élever mon âme en toute douceur et liberté, sans rigueur et contrainte [19] : je dis jusques à telle superstition [20], que, parce qu'aucuns tiennent que cela trouble la cervelle tendre des enfants de les éveiller le matin en sursaut et de les arracher au sommeil (auquel ils sont plongés beaucoup plus que nous ne sommes) tout à coup et par violence, il me faisait éveiller par le son de quelque instrument [21] ; et ne fus jamais sans homme qui m'en servît.

Cet exemple suffira pour en juger le reste, et pour recommander aussi et la prudence et l'affection d'un si bon père, auquel il ne se faut prendre, s'il n'a recueilli aucuns fruits répondant à une si exquise culture. Deux choses en furent cause : en premier, le champ stérile et incommode ; car, quoique j'eusse la santé ferme et entière et, quand et quand [22], un naturel doux et traitable, j'étais parmi cela si pesant, mol et endormi, qu'on ne me pouvait arracher de l'oisiveté, non pas [23] pour me faire jouer. Ce que je voyais, je le voyais bien ; et, sous cette complexion lourde, nourrissais des imaginations hardies et des opinions au-dessus de mon âge. L'esprit, je l'avais lent, et qui n'allait qu'autant qu'on le menait ;

— 5 Complètement. — 6 Confer le mot *gages*. — 7 Il *y* en eut. — 8 Qu'*en* latin. — 9 C'est la « méthode directe ». L'évocation est vivante, amusante et sympathique. — 10 Que les progrès. — 11 Au besoin. — 12 Superlatif. Expliquer : *les autres domestiques*. — 13 D'arabe. — 14 Méthode. — 15 A titre d'exercice. — 16 Résolut de (*dessein*). — 17 Au lieu d'un exercice aride, c'est un *jeu*, où l'on se renvoie les formes grecques comme une balle (*pelote*). — 18 Planchette ou damier ; cf. Rabelais, p. 46, l. 48. — 19 En quoi reconnaît-on ici l'idéal de la Renaissance ? Cf. Rabelais, p. 69. — 20 Scrupule extrême. — 21 Voilà qui était bien fait pour renforcer les tendances épicuriennes de Montaigne ! — 22 En même temps. — 23 *Pas même*. Indolence naturelle de Montaigne.

l'appréhension [24], tardive ; l'invention, lâche ; et après tout, un incroyable défaut de mémoire. De tout cela il n'est pas merveille s'il ne sut rien tirer qui vaille. Secondement, comme ceux que presse un furieux désir de guérison se laissent aller à toute sorte de conseil [25], le bon homme [26], ayant extrême peur de faillir en chose qu'il avait tant à cœur, se laissa enfin emporter à l'opinion commune, qui suit toujours ceux qui vont devant, comme les grues, et se rangea à la coutume, n'ayant plus autour de lui ceux qui lui avaient donné ces premières institutions [27], qu'il avait apportées d'Italie [28], et m'envoya, environ mes six ans, au collège de Guyenne [29], très florissant pour lors, et le meilleur de France. Et là, il n'est possible de rien ajouter au soin qu'il eut et à me choisir des précepteurs de chambre [30] suffisants [31], et à toutes les autres circonstances de ma nourriture [32], en laquelle il réserva plusieurs façons particulières contre l'usage des collèges. Mais tant y a que c'était toujours collège. Mon latin s'abâtardit incontinent, duquel, depuis, par désaccoutumance j'ai perdu tout usage [33]. Et ne me servit cette mienne nouvelle institution, que de me faire enjamber d'arrivée aux premières classes : car, à treize ans que je sortis du collège, j'avais achevé mon cours (qu'ils appellent), et à la vérité sans aucun fruit que je pusse à présent mettre en compte.

I, XXVI, De l'institution des enfants.

INSTRUIRE, C'EST FORMER LE JUGEMENT

L'Essai XXVI du livre I est dédié à Diane de Foix, comtesse de Gurson, qui allait être mère. C'est dire que MONTAIGNE pense avant tout à la formation de jeunes nobles. Pourtant la plupart de ses idées sont *universellement valables*. Après la soif de connaissances qui caractérise RABELAIS, une décantation se produit : « savoir par cœur n'est pas savoir », dit Montaigne dans ce même chapitre. Au lieu d'encombrer la mémoire de l'élève, il faut former son esprit, *lui apprendre à penser*.

A un enfant de maison [1] qui recherche les lettres, non pour le gain (car une fin si abjecte est indigne de la grâce et faveur des Muses, et puis elle regarde et dépend d'autrui), ni tant pour les commodités externes que pour les siennes propres, et pour s'en enrichir et parer au dedans, ayant plutôt envie d'en tirer un habile homme qu'un homme savant, je voudrais aussi qu'on fût soigneux de lui choisir un conducteur qui eût plutôt la tête bien faite que bien pleine, et qu'on y [2] requît tous les deux, mais plus les mœurs [3] et l'entendement que la science ; et qu'il se conduisît en sa charge d'une nouvelle manière.

On ne cesse de criailler à nos oreilles, comme qui verserait dans un entonnoir [4] ; et notre charge, ce n'est que redire ce qu'on nous a dit. Je voudrais qu'il corrigeât cette partie, et que, de belle arrivée [5], selon

— 24 Compréhension. — 25 Projet. — 26 *Affectueux* ici, et non ironique ou condescendant. — 27 Principes pédagogiques. — 28 Il y avait combattu sous François Ier. — 29 A Bordeaux. — 30 Répétiteurs. — 31 Capables. — 32 Éducation. — 33 Que veut dire Montaigne ?

— 1 De grande maison, *noble*. — 2 Chez le précepteur. — 3 La valeur morale. — 4 Montrer la saveur de la comparaison. — 5 Dès l'abord.

Inscriptions latines et grecques sur les poutres de la librairie de Montaigne. (Château de Montaigne, Saint-Michel-de-Montaigne. Ph. © R. Lanaud.)

G. Mathieu, « Le Pédagogue ridicule. » (Gravure, XVIe siècle. Ph. © Bibl. Nat., Paris. Photeb.)

Une éducation humaniste

Comme Rabelais, Montaigne critique l'éducation de son temps, les pédagogues ridicules et malhabiles, l'enseignement collectif (cf. **p. 206-210**). Parce qu'il voudrait pour l'élève un « conducteur » (*précepteur*) qui eût « plutôt la tête bien faite que bien pleine », on en conclut abusivement qu'il fait bon marché du savoir. Il suffit de constater l'ampleur de sa culture latine et grecque, sans compter l'étendue de ses connaissances dans tous les domaines, pour se persuader du contraire. A y regarder de près, on découvre que Montaigne s'élève seulement contre un savoir qui ne serait que mémoire. Il s'agit pour lui de former un « honnête homme », un individu au jugement sain, armé d'un esprit critique qui lui permettra de réagir personnellement en toutes circonstances. C'est cette formation qui le rendra apte à « faire bien l'homme et dûment » (cf. **p. 244**).

le mesme. Quelquefois luy ~~monstrant~~ chemin, quelquefois luy laissant ~~prendre le deuant~~. Ie ne veux pas qu'il inuente, & parle seul, ie veux qu'il escoute son disciple parler à son tour, qu'il ne luy demande pas seulemẽt compte des mots de sa leçon, mais du sens & de la substãce, & qu'il iuge du profit qu'il aura fait, non par le tesmoignage de sa memoire, mais de ~~son iugement~~. Que ce qu'il viendra d'apprendre il le luy face mettre en cent visages, & accommoder à autant de diuers subiets, pour voir s'il l'a encore bien pris & bien faict sien. C'est tesmoignage de crudité & indigestion que de regorger la viande comme on l'a auallée : l'estomac n'a pas faict son operatiõ, s'il n'a faict changer la façon & la forme, à ce qu'on luy auoit donné à cuire. ~~On ne cherche reputation que de sciẽce. Quãd ils disent c'est vn homme sçauant, il leur semble tout dire~~: ~~leur~~ ame ne branle qu'à credit, liée & contrainte ~~auttruice~~ des fantasies d'autruy, ~~basse~~ & ~~croupie~~ soubs l'authorité de leur leçon. On ~~les~~ à tant assubiectis aux cordes, ~~qu'ils n'ont~~ plus de

LIVRE PREMIER. 56

franches allures : ~~leur~~ vigueur & liberté est esteinte. Ie vy priuéement à Pise vn honneste homme, mais si Aristotelicien, que le plus general de ses dogmes est, que la touche & reigle de toutes imaginations solides, & de toute verité, c'est la cõformité à la doctrine d'Aristote, que hors de là, ce ne sont que chimeres & inanité: qu'il a tout veu & tout dict. Cette ~~sienne~~ proposition, pour auoir esté vn peu trop largement & iniu~~rieusement~~ interpretée, le mit autrefois & tint long temps en grand accessoire à Rome. Qu'il luy face tout passer par l'estamine, & ne loge rien en sa teste par authorité, & à credit. Les principes d'Aristote, ne luy soyent principes, non plus que ceux des Stoiciens ou Epicuriens: qu'on luy propose cette diuersité de iugemens: il choisira s'il peut; sinon il en demeurera en doubte, Il n'y a que les fols certeins et resolus.

« Les Essais », exemplaire de Bordeaux. (Edition de 1588. Bibl. municipale, Bordeaux. Ph. Lacarin © Arch. Photeb.)

Être soi-même

Montaigne nous enseigne à rester nous-mêmes, avec modestie (cf. **p. 240**). L'exercice de l'esprit critique permet à une « tête bien faite » de se fier à son jugement : c'est ce qui ressort du texte sur la formation du jugement (cf. **p. 208-210**) et aussi de cette reproduction du texte de l'exemplaire de Bordeaux correspondant à celui de notre page 209. Nous y voyons Montaigne affiner, par des corrections et des additions marginales, l'expression de sa pensée. La dernière ligne, de la main de l'auteur, est particulièrement éclairante (cf. **p.210**, l. 49) : elle a été écrite ; puis biffée, peut-être parce qu'elle lui paraissait trop hardie en ces temps de certitude intolérante ; puis rétablie par un grattage, comme si, avec un courage tranquille, Montaigne avait décidé d'exprimer toute sa pensée : « Il n'y a que les fols certains et résolus ».

la portée de l'âme qu'il a en main, il commençât à la mettre sur la montre [6], lui faisant goûter les choses, les choisir et discerner d'elle-même ; quelquefois lui ouvrant le chemin, quelquefois le lui laissant ouvrir. Je ne veux pas qu'il invente et parle seul, je veux qu'il écoute son disciple parler à son tour. Socrate et, depuis, Arcésilas [7] faisaient premièrement parler leurs disciples, et puis ils parlaient à eux. *Obest plerumque iis, qui discere volunt, auctoritas eorum qui docent* [8].

Il est bon qu'il le fasse trotter devant lui pour juger de son train, et juger jusques à quel point il se doit ravaler [9] pour s'accommoder à sa force. A faute de cette proportion, nous gâtons tout ; et de la savoir choisir et s'y conduire bien mesurément, c'est l'une des plus ardues besognes que je sache ; et est l'effet d'une haute âme et bien forte, savoir condescendre à ses allures puériles et les guider. Je marche plus sûr et plus ferme à mont qu'à val [10].

Ceux qui, comme porte [11] notre usage, entreprennent, d'une même leçon et pareille mesure de conduite, régenter plusieurs esprits de si diverses mesures et formes, ce n'est pas merveille si, en tout un peuple d'enfants, ils en rencontrent à peine deux ou trois qui rapportent quelque juste fruit de leur discipline [12].

Qu'il ne lui demande pas seulement compte des mots de sa leçon, mais du sens et de la substance ; et qu'il juge du profit qu'il aura fait, non par le témoignage de sa mémoire, mais de sa vie [13]. Que ce qu'il viendra d'apprendre, il le lui fasse mettre en cent visages et accommoder à autant de divers sujets, pour voir s'il l'a encore [14] bien pris et bien fait sien, prenant l'instruction de son progrès des pédagogismes de Platon [15]. C'est témoignage de crudité [16] et indigestion que de regorger la viande [17] comme on l'a avalée ; l'estomac n'a pas fait son opération, s'il n'a fait changer la façon et la forme à ce qu'on lui avait donné à cuire.

Notre âme ne branle qu'à crédit [18], liée et contrainte à l'appétit des fantaisies d'autrui, serve et captivée sous l'autorité de leur leçon ; on nous a tant assujettis aux cordes [19] que nous n'avons plus de franches allures ; notre vigueur et liberté est éteinte : *Nunquam tutelae suae fiunt* [20]. (...)

Qu'il lui fasse tout passer par l'étamine [21], et ne loge rien en sa tête par simple autorité et à crédit ; les principes d'Aristote ne lui soient principes, non plus que ceux des Stoïciens ou Épicuriens. Qu'on lui propose cette diversité de jugements : il choisira, s'il peut, sinon

— 6 Il lui fît faire un « galop d'essai » ; annonce la métaphore des l. 43-44. — 7 Philosophe grec (IIIe siècle av. J.-C.). Add. ex. Bordeaux, de *Socrate* à *discipline* (l. 31). Noter le glissement progressif de la pensée. — 8 « Le plus souvent, qui veut s'instruire est gêné par l'autorité de ceux qui enseignent » (Cicéron, *De la nature des dieux*, I, v). — 9 Rabaisser (pour se mettre à la portée de l'enfant). — 10 Expliquer cette expression. — 11 Le comporte. — 12 Montaigne s'était fort mal trouvé du collège (p. 208). L'éducation *collective* n'a-t-elle pas pourtant des avantages ? — 13 Cf. dans ce même chapitre : « Le vrai miroir de nos discours est le cours de nos vies ». — 14 Déjà. — 15 Jugeant de ses progrès d'après la *pédagogie* de Platon. — 16 Cf. *cuire*, l. 40. — 17 Rendre la nourriture. — 18 Ne s'ébranle que sur l'autorité d'autrui. — 19 Expliquer cette nouvelle métaphore empruntée à l'équitation. — 20 « Jamais ils ne deviennent leurs propres maîtres » (Sénèque *Lettres*, XXXIII). — 21 Au crible.

il en demeurera en doute. Il n'y a que les fols certains et résolus.

Che, non men che saper, dubbiar m'aggrada [22].

Car s'il embrasse les opinions de Xénophon et de Platon par son propre discours [23], ce ne seront plus les leurs, ce seront les siennes. Qui suit un autre, il ne suit rien, il ne trouve rien, voire il ne cherche rien. *Non sumus sub rege ; sibi quisque se vindicet* [24]. Qu'il sache qu'il sait, au moins. Il faut qu'il emboive [25] leurs humeurs, non qu'il apprenne leurs préceptes ; et qu'il oublie hardiment, s'il veut, d'où il les tient, mais qu'il se les sache approprier. La vérité et la raison sont communes à un chacun, et ne sont non plus à qui les a dites premièrement qu'à qui les dit après : ce n'est non plus selon Platon que selon moi, puisque lui et moi l'entendons et voyons de même [26]. Les abeilles pillotent de çà de là les fleurs, mais elles en font après le miel, qui est tout leur ; ce n'est plus thym ni marjolaine [27] ; ainsi les pièces empruntées d'autrui, il les transformera et confondra pour en faire un ouvrage tout sien, à savoir son jugement. Son institution, son travail et étude ne vise qu'à le former.

Qu'il cèle tout ce de quoi il a été secouru, et ne produise que ce qu'il en a fait. Les pilleurs, les emprunteurs mettent en parade leurs bâtiments, leurs achats, non pas ce qu'ils tirent d'autrui ; vous ne voyez pas les épices [28] d'un homme de parlement : vous voyez les alliances qu'il a gagnées et honneurs à ses enfants. Nul ne met en compte publique [29] sa recette [30] ; chacun y met son acquêt. Le gain de notre étude, c'est en être devenu meilleur et plus sage. C'est, disait Epicharmus [31], l'entendement qui voit et qui oit, c'est l'entendement qui approfite tout [32], qui dispose tout, qui agit, qui domine et qui règne ; toutes autres choses sont aveugles, sourdes et sans âme. Certes, nous le rendons servile et couard, pour [33] ne lui laisser la liberté de rien faire de soi [34].

I, XXVI.

– *Dégagez les idées essentielles du passage ; étudiez leur enchaînement.*
– *Par quels moyens le « conducteur » s'efforce-t-il : a) de « former » le jugement de son élève ? ; – b) de développer sa personnalité.*
– *En quoi les idées de* MONTAIGNE *rejoignent-elles « l'innutrition » (cf. p. 95) des poètes de la Pléiade ?*
– *Sur quels points la pédagogie actuelle s'inspire-t-elle de ces idées ? En quoi s'en écarte-t-elle ?*
– **Contraction** *(ensemble du texte). L'esprit critique, sa définition, son rôle dans la vie humaine.*
• **Groupe thématique : Pédagogie.** RABELAIS, pages 42-51. – MONTAIGNE, pages 206-212. – XVIIIe SIÈCLE, pages 295-307.
– ***Essai.*** *On dit parfois que Montaigne méprise le savoir : qu'en pensez-vous ? –* « Tête bien faite », « tête bien pleine », *les deux formules s'opposent-elles ? sont-elles conciliables ?*

---

22 « Car, non moins que savoir, douter me plaît » (Dante, *Enfer*, XI). Noter le scepticisme de Montaigne. — 23 Raisonnement. — 24 « Nous ne sommes pas sous un roi ; que chacun soit son propre maître » (Sénèque, *Lettres*, XXXIII). — 25 S'imprègne de. — 26 On retrouvera des formules de ce genre chez Pascal et La Bruyère. — 27 Noter la grâce de la comparaison. — 28 Cadeaux offerts par les plaideurs. — 29 Forme du *masc.* chez Montaigne. — 30 Ce qu'il a *reçu* d'autrui. *Son acquêt :* ce qu'il a *acquis.* — 31 Poète grec (Ve siècle av. J.-C.). — 32 Met tout à profit. — 33 Sens causal. — 34 Tout seul, spontanément.

Une formation virile

Il ne suffit pas de former le jugement, il faut aussi *endurcir le corps.* Il est bien plus aisé de se montrer stoïque lorsqu'on est physiquement entraîné à supporter la douleur. De cette formation virile, presque militaire, les *temps troublés* dans lesquels vit Montaigne font une triste *nécessité :* on voit chaque jour des gens de bien soumis à des tortures qui devraient être réservées aux criminels.

Aussi bien est-ce une opinion reçue d'un chacun que ce n'est pas raison de nourrir [1] un enfant au giron de ses parents : cet amour naturel les attendrit [2] trop et relâche, voire les plus sages ; ils ne sont capables ni de châtier ses fautes, ni de le voir nourri grossièrement, comme il faut, et hasardeusement [3] ; ils ne le sauraient souffrir revenir suant et poudreux de son exercice, boire chaud, boire froid, ni le voir sur un cheval rebours [4], ni contre un rude tireur, le fleuret au poing, ni la première arquebuse [5]. Car il n'y a remède ; qui en veut faire un homme de bien, sans doute [6] il ne le faut épargner en cette jeunesse, et faut souvent choquer les règles de la médecine :

Vitamque sub dio, et trepidis agat
In rebus [7].

Ce n'est pas assez de lui raidir l'âme ; il lui faut aussi raidir les muscles ; elle est trop pressée [8], si elle n'est secondée, et a trop à faire de seule fournir à deux offices [9]. Je sais combien ahane [10] la mienne en compagnie d'un corps si tendre, si sensible, qui se laisse si fort aller sur elle ; et aperçois souvent en ma leçon [11] qu'en leurs écrits mes maîtres font valoir pour magnanimité et force de courage des exemples qui tiennent volontiers plus de l'épaississure de la peau et dureté des os. J'ai vu des hommes, des femmes et des enfants ainsi nés, qu'une bastonnade leur est moins qu'à moi une chiquenaude ; qui ne remuent ni langue ni sourcil aux coups qu'on leur donne. Quand les athlètes contrefont les philosophes en patience, c'est plutôt vigueur de nerfs que de cœur. Or, l'accoutumance à porter le travail [12] est accoutumance à porter la douleur : *labor callum obducit dolori* [13]. Il le faut rompre à la peine et âpreté des exercices, pour le dresser à la peine et âpreté de la desloueure [14], de la colique, du cautère et de la geôle aussi et de la torture. Car de ces dernières-ici encore peut-il être en prise [15], qui regardent les bons, selon le temps, comme les méchants. Nous en sommes à l'épreuve [16] ; quiconque combat les lois menace les gens de bien d'escourgées [17] et de la corde.

I, XXVI.

— 1 Élever. — 2 Rend les parents trop tendres, trop faibles. — 3 N'importe comment. — 4 Rétif. — 5 Ou l'arquebuse au poing pour la première fois. — 6 Sans aucun doute. — 7 « Qu'il passe sa vie en plein air, et parmi les périls » (Horace, *Odes*, III, II, 5-6). — 8 L'âme est débordée. — 9 Le sien propre et celui du corps. — 10 *Peine.* On voit en quoi le stoïcisme est une *nécessité* pour Montaigne. — 11 *Dans mes lectures.* Montaigne fait intervenir son cas personnel, ses lectures et ce qu'il a observé autour de lui. — 12 Supporter la peine. — 13 « La peine oppose un cal à (endurcit contre) la douleur » (Cicéron, *Tusculanes*, II, 15). — 14 Dislocation (des membres) : mot d'origine gasconne. — 15 *Être en prise de :* être exposé à. — 16 Nous en faisons l'expérience (par les guerres de religion). — 17 De coups de fouet.

La vertu aimable

Ce texte forme avec le précédent un contraste frappant, mais, loin de le contredire, il le complète. Pour MONTAIGNE, le *stoïcisme* n'est qu'une *nécessité*, un *moyen* de vivre heureux sans se dégrader. Mais la *sagesse parfaite* n'est pas austère ni tendue, elle est au contraire *avenante* et *gracieuse*. Et dans une sorte de *mythe*, la *vertu* se révèle à nos yeux, *parée de mille séductions*.

L'âme qui loge la philosophie doit par sa santé rendre sain encore le corps. Elle doit faire luire jusques au dehors son repos et son aise ; doit former à son moule le port extérieur, et l'armer par conséquent d'une gracieuse fierté, d'un maintien actif et allègre, et d'une contenance contente et débonnaire. La plus expresse marque de la sagesse, c'est une éjouissance constante : son état est comme des choses au-dessus de la Lune : toujours serein. C'est « Barroco » et « Baralipton [1] » qui rendent leurs suppôts [2] ainsi crottés et enfumés, ce n'est pas elle : ils ne la connaissent que par ouïr dire. Comment ? elle fait état [3] de sereiner les tempêtes de l'âme, et d'apprendre la faim [4] et les fièvres à rire, non par quelques Épicycles [5] imaginaires, mais par raisons naturelles et palpables. Elle a pour son but la vertu, qui n'est pas, comme dit l'école [6], plantée à la tête d'un mont coupé [7], raboteux et inaccessible. Ceux qui l'ont approchée la tiennent [8] au rebours, logée dans une belle plaine [9] fertile et fleurissante, d'où elle voit bien sous soi toutes choses ; mais si [10] peut-on y arriver, qui en sait l'adresse [11], par des routes ombrageuses, gazonnées et doux fleurantes, plaisamment et d'une pente facile et polie, comme est celle des voûtes célestes [12]. Pour n'avoir hanté cette vertu suprême, belle, triomphante, amoureuse, délicieuse pareillement et courageuse, ennemie professe [13] et irréconciliable d'aigreur, de déplaisir, de crainte et de contrainte, ayant pour guide nature, fortune et volupté pour compagnes, ils sont allés, selon leur faiblesse, feindre cette sotte image, triste, querelleuse, dépite [14], menaceuse, mineuse [15], et la placer sur un rocher, à l'écart, emmi [16] des ronces, fantôme à étonner [17] les gens [18].

I, XXVI.

— 1 Mots barbares désignant, en logique formelle, des types de syllogismes. — 2 Adeptes — 3 Profession. — 4 *A* la faim (c'est-à-dire *aux gens affamés*...). — 5 Terme d'astrologie (emprunté à l'astronomie ancienne) signifiant ici : procédés mystérieux, réservés aux initiés. — 6 La scolastique, philosophie du Moyen Age. — 7 Abrupt. — 8 La considèrent comme. — 9 *Plateau*, comme le montre la suite. — 10 Pourtant. — 11 Si l'on sait s'y prendre. — 12 L'harmonie du monde montre que la vertu elle aussi doit être *harmonieuse*. — 13 Déclarée. — 14 Chagrine. — 15 Maussade. — 16 Parmi. — 17 Terroriser. — 18 Ce texte est un excellent exemple de la lente élaboration de l'*art* et de la *sagesse* chez Montaigne : la seconde partie (depuis *Elle a pour son but*...) est en effet une add. postérieure à 1588.

L'ART DE MONTAIGNE

Il existe un lien manifeste entre les idées pédagogiques de Montaigne et sa conception de *l'art littéraire :* dans l'un et l'autre cas, il se défie de la rhétorique et du faux brillant ; l'instruction doit favoriser l'épanouissement de la personnalité : celle-ci à son tour se traduira dans le *style*. Enfin telle page, d'intention pédagogique (p. 210), définit à merveille le profit qu'il tire lui-même de ses lectures.

A maints égards, Montaigne annonce *la doctrine classique*. Le style doit servir la pensée et non la régenter (p. 213). Le but à atteindre est très élevé : il faut donc être exigeant envers soi-même. Les *anciens* montrent le chemin, mais on ne saurait prétendre les égaler (p. 214). Montaigne juge les *Essais* sans aménité, et son style avec une sévérité parfois excessive (p. 215, l. 18-33).

Mais, tandis que BOILEAU confondra raison et nature, MONTAIGNE *donne le pas à la nature sur la raison*. En écrivant, il est fidèle à son tempérament. Le naturel consiste pour lui en un laisser-aller apparent : pas de composition rigoureuse ; une anecdote en amène une autre, une digression vient se greffer sur un raisonnement. Nul n'est moins compassé, moins pédant. Et il a très bien senti lui-même le prix de son originalité : il sait que cette allure *primesautière* des *Essais* leur confère le *charme* et la *poésie* de la *vie*, c'est-à-dire une jeunesse toujours nouvelle (p. 216).

Montaigne n'est pas un puriste : comme son maître Socrate, il ne craint pas de parler le langage des artisans ; quand le français lui paraît pauvre, il appelle le *gascon* à la rescousse (p. 213). Mais il savoure *l'expression exacte et frappante* comme il devait goûter le bon vin. Les *mots* ont pour lui une *couleur*, et vraiment un *goût*, qu'il a su nous faire apprécier à notre tour. Sa pensée est constamment relevée par des *comparaisons familières*, des *images poétiques*, des *métaphores vigoureuses*. Il n'est peut-être pas d'écrivain chez qui il soit aussi difficile de distinguer l'art conscient du don naturel.

Nous groupons ici quelques passages caractéristiques, mais, évidemment, chaque page de Montaigne aide à goûter son art et à en pénétrer peu à peu le secret.

Le style au service de la pensée

« La rime est une esclave et ne doit qu'obéir » dira BOILEAU (*A.P.* I. 30) : c'est ce que MONTAIGNE pense du *style*. Il a surtout horreur de l'éloquence et de l'affectation. L'expression doit être *naturelle* et *spontanée*, *vive* et *savoureuse*. Pour avoir une idée tout à fait juste de l'idéal de Montaigne, on complètera ce passage par les deux textes suivants.

Je tords bien plus volontiers une bonne sentence pour la coudre sur moi, que je ne tords mon fil pour l'aller quérir [1]. Au rebours c'est aux paroles à servir et à suivre, et que le gascon y arrive, si le français n'y peut aller [2]. Je veux que les choses surmontent [3], et qu'elles remplissent de façon l'imagination de celui qui écoute, qu'il n'ait aucune souvenance des mots. Le parler que j'aime, c'est un parler simple et naïf, tel sur le papier qu'à la bouche ; un parler succulent et nerveux, court et serré, non tant délicat et peigné comme véhément et brusque :

Hæc demum sapiet dictio, quæ feriet [4],

— 1 Allusion aux *citations*, que Montaigne arrange parfois un peu pour les insérer dans les *Essais*. — 2 Passé en proverbe. — 3 Que le *fond* l'emporte (sur la *forme*). — 4 « Le style qui aura de la saveur, c'est celui qui frappera ».

plutôt difficile qu'ennuyeux, éloigné d'affectation et d'artifice, déréglé, décousu et hardi : chaque lopin y fasse son corps ; non pédantesque, non fratesque [5], non plaideresque [6], mais plutôt soldatesque, comme Suétone appelle celui de Julius Cæsar... [7]

L'éloquence fait injure aux choses, qui nous détourne à soi. Comme aux accoutrements [8], c'est pusillanimité [9] de se vouloir marquer par quelque façon particulière et inusitée : de même au langage, la recherche des phrases nouvelles et des mots peu connus vient d'une ambition scolastique et puérile. Puissé-je ne me servir que de ceux qui servent aux Halles à Paris [10] !...

La force et les nerfs ne s'empruntent point ; les atours et le manteau s'empruntent. La plupart de ceux qui me hantent parlent de même [11] les *Essais*, mais je ne sais s'ils pensent de même [12].

I, XXVI.

Montaigne et l'art d'écrire

Ce texte révèle chez MONTAIGNE un *précurseur du classicisme :* admiration et imitation des *anciens*, *idéal d'art* très *élevé* et très *conscient*, extrême *rigueur* envers soi-même, autant de traits qui caractériseront nos grands écrivains du XVIIe siècle. « Soyez-vous à vous-même un sévère critique » (BOILEAU : *A.P.* I, 184) : n'est-ce pas ce que fait ici Montaigne ?

Mes ouvrages, il s'en faut tant qu'ils me rient [1], qu'autant de fois je les retâte, autant de fois je m'en dépite :

Cum relego, scripsisse pudet, quia plurima cerno,
Me quoque qui feci judice, digna lini [2].

J'ai toujours une idée en l'âme et certaine image trouble, qui me présente comme en songe une meilleure forme que celle que j'ai mise en besogne [3], mais je ne la puis saisir et exploiter. Et cette idée même n'est que du moyen étage. Ce que j'argumente par là [4], que les productions de ces riches et grandes âmes du temps passé sont bien loin au delà de l'extrême étendue de mon imagination et souhait [5]. Leurs écrits ne me satisfont pas seulement et me remplissent ; mais ils m'étonnent [6] et transissent [7] d'admiration. Je juge leur beauté ; je la vois, sinon jusques au bout, au moins si avant qu'il m'est impossible d'y aspirer. Quoi que

---

(Epitaphe de Lucain). — 5 De prédicateur (du latin *frater :* « frère »). — 6 D'avocat. — 7 Cf. « Il y a au-dessus de nous, vers les montagnes, un gascon que je trouve singulièrement beau, sec, bref, signifiant, et à la vérité un langage mâle et militaire plus qu'autre que j'entende ; autant nerveux, puissant et pertinent comme le français est gracieux, délicat et abondant » (II, XVII). — 8 Pour l'habillement. — 9 Marque d'un petit esprit. — 10 Malherbe à son tour donnera comme modèle la langue des « crocheteurs (portefaix) du Port-au-foin ». — 11 Comme. — 12 Commenter cette phrase.

— 1 Plaisent. — 2 « Quand je les relis, j'ai honte de les avoir écrits, car j'y discerne maintes choses qui, de l'avis même de leur auteur, méritent d'être effacées » (Ovide, *Pontiques*, I, V, 15). — 3 En œuvre. — 4 D'où je conclus. — 5 Les classiques du XVIIe siècle ne parleront pas autrement. — 6 Sens très fort. — 7 Il en reste *tout saisi.*

j'entreprenne, je dois un sacrifice aux Grâces, comme dit Plutarque de quelqu'un, pour pratiquer [8] leur faveur,

> *si quid enim placet,*
> *Si quid dulce hominum sensibus influit,*
> *Debentur lepidis omnia Gratiis* [9].

Elles m'abandonnent partout. Tout est grossier chez moi ; il y a faute de gentillesse [10] et de beauté. Je ne sais faire valoir les choses pour le plus que ce qu'elles valent, ma façon n'aide rien à la matière. Voilà pourquoi il me la [11] faut forte, qui ait beaucoup de prise et qui luise d'elle-même. Quand j'en saisis des populaires et plus gaies, c'est pour me suivre à moi [12] qui n'aime point une sagesse cérémonieuse et triste [13], comme fait le monde, et pour m'égayer, non pour égayer mon style, qui les veut plutôt graves et sévères (au moins si je dois nommer style un parler informe et sans règle, un jargon populaire et un procédé sans définition, sans partition [14], sans conclusion...)

Au demeurant, mon langage n'a rien de facile et poli : il est âpre et dédaigneux [15], ayant ses dispositions libres et déréglées ; et me plaît ainsi, sinon par mon jugement, par mon inclination. Mais je sens bien que parfois je m'y laisse trop aller, et qu'à force de vouloir éviter l'art et l'affectation, j'y retombe d'une autre part :

> *brevis esse laboro,*
> *Obscurus fio* [16].

Platon dit que le long ou le court ne sont propriétés qui ôtent ni donnent prix au langage.

Quand j'entreprendrais de suivre cet autre style équable [17], uni et ordonné, je n'y saurais advenir ; et encore que les coupures [18] et cadences de Salluste reviennent [19] plus à mon humeur, si est-ce que [20] je trouve César et plus grand et moins aisé à représenter [21] ; et si mon inclination me porte plus à l'imitation du parler de Sénèque [22], je ne laisse pas d'estimer davantage celui de Plutarque. Comme à faire, à dire aussi je suis tout simplement ma forme naturelle : d'où c'est à l'aventure que je puis plus [23] à parler qu'à écrire. Le mouvement et action animent les paroles, notamment à ceux qui se remuent brusquement, comme je fais, et qui s'échauffent. Le port, le visage, la voix, la robe, l'assiette [24], peuvent donner quelque prix aux choses qui, d'elles-mêmes, n'en ont guère, comme le babil.

II, XVII, De la présomption.

— 8 Tenter de me concilier, de gagner. — 9 « Car ce qui charme, ce qui pénètre délicieusement les sens des humains, c'est toujours aux aimables Grâces qu'ils le doivent ». — 10 Distinction. — 11 La matière. — 12 Pour être fidèle à moi-même. — 13 Cf. p. 212. — 14 Division (les 3 termes sont de la langue de la rhétorique). Montaigne n'est-il pas trop dur pour lui-même ? — 15 D'un abord difficile. — 16 « Je m'efforce d'être bref, je deviens obscur. » (Horace, *Art poétique*, 25). — 17 Égal. — 18 Rythmes. — 19 Conviennent. — 20 Toutefois. — 21 *Imiter*. Sur César, cf. p. 214. — 22 Il l'imite en effet et le cite très souvent. — 23 D'où vient peut-être que je suis plus habile. — 24 L'attitude.

LIBERTÉ ET FANTAISIE POÉTIQUES

Aucune rigueur dans l'ordonnance d'ensemble des *Essais*, ni dans la composition de chaque chapitre : MONTAIGNE n'aime pas plus la rhétorique que l'éloquence ; de digression en digression, il se laisse aller au gré de sa pensée et de son humeur. Nous sentons *l'idée naître* et se développer librement, nous pénétrons le mystère et l'intimité d'un *esprit en action*. Nous y gagnons aussi ce *rythme* si particulier des *Essais*, « à sauts et à gambades », qui a *l'imprévu et la poésie de la vie.*

Cette farcissure [1] est un peu hors de mon thème ; je m'égare, mais plutôt par licence que par mégarde : mes fantaisies se suivent [2], mais parfois c'est de loin ; et se regardent, mais d'une vue oblique. J'ai passé [3] les yeux sur tel dialogue de Platon [4], mi-parti d'une fantastique bigarrure, le devant à l'amour, tout le bas à la rhétorique : ils [5] ne craignent point ces muances [6], et ont une merveilleuse grâce à se laisser ainsi rouler au vent, ou à le sembler. Les noms de mes chapitres n'en embrassent pas toujours la matière [7] ; souvent ils la dénotent seulement par quelque marque, comme ces autres titres, l'*Andrie*, l'*Eunuque* [8], ou ces autres noms, *Sylla*, *Cicero*, *Torquatus* [9]. J'aime l'allure poétique, à sauts et à gambades : c'est une art [10], comme dit Platon, légère, volage, démoniacle [11]. Il est des ouvrages en Plutarque, où il oublie son thème, où le propos de son argument [12] ne se trouve que par incident [13], tout étouffé en matière étrangère : voyez ses allures au *Démon de Socrate*. O Dieu ! Que ces gaillardes escapades, que cette variation a de beauté ; et plus lors que plus elle retire [14] au nonchalant et fortuite [15]. C'est l'indiligent lecteur qui perd mon sujet, non pas moi : il s'en trouvera toujours en un coin quelque mot qui ne laisse pas d'être bastant [16], quoiqu'il soit serré [17]. Je vais au change indiscrètement et tumultuairement [18]. Mon style et mon esprit vont vagabondant de même : il faut avoir un peu de folie, qui [19] ne veut avoir plus de sottise, disent et les préceptes de nos maîtres, et encore plus leurs exemples.

— 1 *Digression* ; expliquer cette image savoureuse. — 2 C'est-à-dire *sont liées entre elles*. — 3 Jeté. — 4 *Le Phèdre*. — 5 Les anciens. — 6 Changements. — 7 Ainsi ce texte est tiré du chap. *De la vanité*. — 8 Comédies de Térence. — 9 Ces surnoms héréditaires : *le Rouge*, *Pois chiche*, *l'Homme au collier*, ne nous renseignent guère sur les hommes illustres qui les ont portés. — 10 Genre conforme à l'étymologie. — 11 Ailée, divine. — 12 Sujet. — 13 Incidemment. — 14 D'autant plus qu'elle tend davantage. — 15 Forme du masc. (cf. *publique*, p. 210, l. 69). — 16 Suffisant. — 17 Concis (*resserré*). — 18 Je passe d'un sujet à un autre sans choix et en désordre (terme de vénerie). — 19 Si l'on.

Mille poètes traînent et languissent à la prosaïque ; mais la meilleure prose ancienne (et je la sème céans indifféremment pour vers [20]) reluit partout de la vigueur et hardiesse poétique, et représente l'air de sa fureur [21]. Il lui faut certes quitter [22] la maîtrise et prééminence en la parlerie [23]. Le poète, dit Platon, assis sur le trépied des Muses, verse de furie tout ce qui lui vient en la bouche, comme la gargouille d'une fontaine, sans le ruminer et peser, et lui échappe des choses de diverse couleur, de contraire substance et d'un cours rompu. Lui-même est tout poétique, et la vieille théologie, poésie, disent les savants, et la première philosophie. C'est l'original langage des dieux [24].

J'entends que la matière se distingue soi-même. Elle montre assez où elle se change, où elle conclut, où elle commence, où elle se reprend, sans l'entrelacer de paroles de liaison et de couture introduites pour le service des oreilles faibles ou nonchalantes, et sans me gloser moi-même. Qui est celui qui n'aime mieux n'être pas lu que de l'être en dormant ou en fuyant ? *Nihil est tam utile, quod in transitu prosit* [25]. Si prendre des livres était les apprendre, et si les voir était les regarder, et les parcourir, les saisir [26], j'aurais tort de me faire du tout [27] si ignorant que je dis.

Puisque je ne puis arrêter l'attention du lecteur par le poids, *manco male* [28] s'il advient que je l'arrête par mon embrouillure. — Voire [29], mais il se repentira par après de s'y être amusé [30]. — C'est mon [31], mais il s'y sera toujours amusé. Et puis il est des humeurs comme cela, à qui l'intelligence porte dédain [32], qui m'en estimeront mieux de ce qu'ils [32] ne sauront ce que je dis : ils concluront la profondeur de mon sens par l'obscurité, laquelle, à parler en bon escient, je hais bien fort, et l'éviterais si je me savais éviter.

III, IX, De la vanité.

– *Dégagez et classez les idées essentielles du passage.*
– *Comment* MONTAIGNE *conçoit-il la poésie ? En quoi, selon lui, les* Essais *sont-ils poétiques ?*
– *Montrez que la structure et le style du passage illustrent les idées exprimées.*
– *Précisez ce que* MONTAIGNE *attend de son lecteur. N'y a-t-il pas quelque humour dans ses remarques ?*
• **Comparaison.** La composition et le style : MONTAIGNE et BUFFON (XVIIIe SIÈCLE, page 257).
– ***Exposé.*** *Les idées de* MONTAIGNE *sur le style et la doctrine classique : en quoi s'accordent-elles avec cette doctrine ? En quoi en diffèrent-elles ? Cf.* XVIIe SIÈCLE, *pages 340, 347, 397.*
• **Groupe thématique : Images et comparaisons.** Relevez dans les extraits des *Essais* les images et les comparaisons les plus remarquables ; étudiez l'utilisation de ces figures de style.

— 20 *Céans :* ici (dans les *Essais*). Allusion aux citations. — 21 Présente les apparences de son inspiration (cf. l. 28, *de furie :* de verve). — 22 Il faut reconnaître à cette prose ancienne. — 23 L'art de parler. — 24 « La poésie que j'aime d'une particulière inclination... » dit ailleurs Montaigne. — 25 « Il n'est rien de si utile qui puisse servir en passant. » (Sénèque, *Lettres*, II). — 26 Noter la précision des termes, et l'effet qu'en tire Montaigne. — 27 Tout à fait. — 28 Ce n'est pas si mal, c'est toujours cela. — 29 Sans doute. — 30 Attardé. — 31 C'est vrai. — 32 Pour qui le fait de comprendre provoque le dédain. — 33 Commenter l'accord.

MONTAIGNE ET LA PHILOSOPHIE

La pensée de Montaigne était trop *nuancée* pour s'accommoder d'un système philosophique rigide ou pour en bâtir un de sa façon. Son tempérament épris *d'indépendance* ne pouvait accepter la domination hautaine d'un dogmatisme. C'est pourtant vers les solutions de la philosophie antique qu'il se tourne tout d'abord. En partie par réaction contre cet excès de fluidité, cette indiscipline intellectuelle qu'il sent en lui, il est tenté par la rigueur du *stoïcisme* (en 1572-1573) ; puis il connaît une phase *sceptique* (vers 1576), avant d'arriver à être vraiment lui-même, tout à la fois stoïcien, épicurien, sceptique, dilettante, avant d'être, tout simplement, *un sage*.

Le stoïcisme Les influences les plus diverses se sont liguées pour orienter MONTAIGNE vers le stoïcisme : l'exemple et la mort de son ami LA BOETIE (p. 193), la lecture de SÉNÈQUE et de PLUTARQUE (le Plutarque des *Vies parallèles*, traduites par AMYOT en 1559), la nécessité de se défendre contre la *douleur*, lorsqu'il commença à souffrir de la *gravelle*, enfin *l'incertitude des temps* (guerres de religion) qui présentait sans cesse aux yeux des Français d'alors l'image et la menace de la *mort*. En effet Montaigne demande au stoïcisme un secours contre la hantise de la douleur et de la mort. Les stoïciens ne disent-ils pas que la douleur n'est pas un mal, et que « philosopher c'est apprendre à mourir » ? Cette morale de *l'énergie* et de la *grandeur d'âme*, qui inspirera CORNEILLE, apporte à MONTAIGNE une *règle de vie et de pensée*.

Il s'entraîne à mépriser les *accidents* qui tiennent au hasard, ou à notre nature. Quand ses coliques le prennent, il ne peut rester stoïcien jusqu'au bout, mais il s'efforce de tenir bon contre la souffrance (p. 221). A l'occasion d'une chute de cheval, il pratique « l'exercitation » de la mort (p. 225). C'est la crainte de la mort qui est cruelle, plus encore que la mort même : habituons-nous donc à la regarder en face (p. 223). Ainsi, comme on l'a dit, c'est un peu *par épicurisme* que Montaigne devient *stoïcien :* il cherche surtout un moyen de mieux souffrir, c'est-à-dire de *moins souffrir*.

Peut-on mépriser la douleur ?

La morale stoïcienne veut en particulier *endurcir* l'homme contre la *douleur*. MONTAIGNE éprouve d'autant plus le besoin de se prémunir contre elle qu'il est sensible, sinon douillet. Il ne prétend pas devenir un surhomme, il reconnaît que la douleur est un mal terrible et cherche simplement à *la supporter le mieux possible*, calmement et dignement.

Montaigne s'attache à montrer dans ce chapitre « *que le goût des biens et des maux dépend en bonne partie de l'opinion que nous en avons.* »

Bien, me dira-t-on, votre règle serve à [1] la mort, mais que direz-vous de l'indigence ? Que direz-vous encore de la douleur, qu'Aristippus [2], Hieronymus [3] et la plupart des sages ont estimé le dernier mal ? et ceux qui le niaient de parole le confessaient par effet [4]. Posidonius [5] étant extrêmement

— 1 (Admettons que) votre règle serve pour. — 2 Philosophe de Cyrène (IVe siècle avant J.-C.). — 3 Philosophe rhodien. — 4 Par leur attitude. — 5 Stoïcien, maître de Cicéron.

tourmenté d'une maladie aiguë et douloureuse, Pompéius [6] le fut voir, et s'excusa d'avoir pris heure si importune pour l'ouïr deviser de la philosophie : « Jà [7] à Dieu ne plaise, lui dit Posidonius, que la douleur gagne tant sur moi qu'elle m'empêche d'en discourir et d'en parler ! » et se jeta sur ce même propos [8] du mépris de la douleur. Mais cependant elle jouait son rôle et le pressait incessamment. A quoi il s'écriait : « Tu as beau faire, douleur, si [9] ne dirai-je pas que tu sois mal ! » Ce conte qu'ils [10] font tant valoir, que porte-t-il pour le mépris de la douleur ? Il ne débat que du mot, et cependant, si ces pointures [11] ne l'émeuvent, pourquoi en rompt-il son propos ? Pourquoi pense-t-il faire beaucoup de ne l'appeler pas mal ?

Ici tout ne consiste pas en l'imagination. Nous opinons [12] du reste, c'est ici la certaine science qui joue son rôle. Nos sens mêmes en sont juges,

Qui nisi sunt veri, ratio quoque falsa sit omnis [13].

Ferons-nous croire à notre peau que les coups d'étrivière la chatouillent ? Et à notre goût que l'aloès soit du vin de Graves ? Le pourceau de Pyrrho est ici de notre écot [14]. Il est bien sans effroi à la mort, mais, si on le bat, il crie et se tourmente. Forcerons-nous la générale habitude de nature, qui se voit en tout ce qui est vivant sous le ciel, de trembler sous la douleur ? Les arbres mêmes semblent gémir aux offenses qu'on leur fait [15]. La mort ne se sent que par le discours [16], d'autant que c'est le mouvement d'un instant :

Aut fuit aut veniet, nihil est præsentis in illa,
Morsque minus pœnæ quam mora mortis habet [17].

Mille bêtes, mille hommes sont plus tôt morts que menacés. Et à la vérité ce que nous disons craindre principalement en la mort, c'est la douleur, son avant-coureuse coutumière.

Toutefois [18], s'il en faut croire un saint père : *Malam mortem non facit, nisi quod sequitur mortem* [19]. Et je dirais encore plus vraisemblablement que ni ce qui va devant, ni ce que vient après n'est des appartenances de la mort. Nous nous excusons faussement. Et je trouve par expérience que c'est plutôt l'impatience de [20] l'imagination de la mort qui nous rend impatients de la douleur, et que nous la sentons doublement griève [21] de ce qu'elle nous menace de mourir. Mais la raison accusant notre lâcheté de craindre chose si soudaine, si inévitable, si insensible, nous prenons cet autre prétexte plus excusable.

Tous les maux qui n'ont autre danger que du mal, nous les disons sans danger ; celui des dents ou de la goutte, pour grief qu'il soit, d'autant qu'il [22] n'est pas homicide, qui le met en compte de maladie ? Or bien présupposons-le [23], qu'en la mort nous regardons principalement la douleur ; comme aussi la pauvreté n'a rien à craindre que cela, qu'elle nous jette entre ses bras [24], par la soif, la faim, le froid, le chaud, les veilles qu'elle nous fait souffrir.

— 6 Le grand Pompée. — 7 Certes. — 8 Ce sujet même. — 9 Pourtant. — 10 Les stoïciens. — 11 Piqûres, souffrances. — 12 Nous n'avons que des opinions incertaines. — 13 « Or, s'ils sont trompeurs, la raison serait fausse aussi tout entière » (Lucrèce, IV, 485). On voit que, pour Montaigne, toute connaissance est fondée sur les sens. — 14 Dans une tempête, le sceptique Pyrrhon donnait en exemple à ses compagnons un pourceau qui ne s'inquiétait nullement. *De notre écot :* semblable à nous (litt. : notre commensal). — 15 Cf. Ronsard, p. 126, v. 3-4. — 16 La réflexion. — 17 « Elle a été, ou elle viendra, il n'est rien de présent en elle » (La Boëtie, *Satire latine*). « Et la mort est moins pénible que l'attente de la mort » (Ovide, *Héroïdes*, X, 82). — 18 Add. ex. Bordeaux, jusqu'à *douleur*, l. 41. Noter comment Montaigne corrige et complète sa pensée. — 19 « Ce qui fait de la mort un mal, c'est seulement ce qui la suit » (Saint Augustin, *Cité de Dieu*, I, XI). — 20 L'incapacité de supporter. — 21 Pénible. — 22 Parce qu'il. — 23 Admettons. — 24 De la douleur.

Ainsi n'ayons affaire qu'à la douleur. Je leur donne que ce soit le pire accident de notre être, et volontiers, car je suis l'homme du monde qui lui veux autant [25] de mal, et qui la fuis autant, pour jusques à présent n'avoir pas eu, Dieu merci, grand commerce avec elle [26]. Mais il est en nous, sinon de l'anéantir, au moins de l'amoindrir par la patience, et quand bien [27] le corps s'en émouvrait, de maintenir ce néanmoins l'âme et la raison en bonne trempe [28].

Et s'il ne l'était [29], qui aurait mis en crédit parmi nous la vertu, la vaillance, la force, la magnanimité et la résolution ? Où joueraient-elles leur rôle, s'il n'y a plus de douleur à défier ? *Avida est periculi virtus* [30]. S'il ne faut coucher sur la dure, soutenir armé de toutes pièces la chaleur du midi, se paître d'un cheval et d'un âne, se voir détailler en pièces, et arracher une balle d'entre les os, se souffrir recoudre, cautériser et sonder [31], par où s'acquerra l'avantage que nous voulons avoir sur le vulgaire [32] ? C'est bien loin de fuir le mal et la douleur, ce que disent les sages, que, des actions également bonnes, celle-là est plus souhaitable à faire, où il y a plus de peine. (...)

Ce qui nous fait souffrir avec tant d'impatience la douleur, c'est de n'être pas accoutumés de prendre notre principal contentement en l'âme, de ne nous attendre [33] point assez à elle, qui est seule et souveraine maîtresse de notre condition et conduite. Le corps n'a, sauf le plus et le moins, qu'un train et qu'un pli. Elle est variable en toute sorte de formes, et range [34] à soi et à son état, quel qu'il soit, les sentiments [35] du corps et tous autres accidents. Pourtant la faut-il [36] étudier et enquérir, et éveiller en elle ses ressorts tout puissants. Il n'y a raison, ni prescription, ni force qui puisse contre son inclination et son choix. De tant de milliers de biais qu'elle a en sa disposition, donnons-lui en un [37] propre à notre repos et conservation, nous voilà non couverts seulement de toute offense [38], mais gratifiés même et flattés, si bon lui semble, des offenses et des maux [39].

I, XIV.

L'expérience de la douleur

MONTAIGNE avait eu raison de se préparer : voici que *la douleur l'assaille ;* en 1577-78, il ressent les premières atteintes d'un mal très douloureux, la *gravelle* (ou colique), dont il souffrira toute sa vie. Devant la douleur, *il fait bonne contenance*, tandis que *son stoïcisme devient encore plus modeste, plus humain :* qu'importent les cris ou les contorsions, pourvu que l'esprit ne se laisse pas anéantir par la souffrance.

Je suis aux prises avec la pire de toutes les maladies, la plus soudaine, la plus douloureuse, la plus mortelle et la plus irrémédiable. J'en ai déjà essayé [1] cinq ou six bien longs accès et pénibles : toutefois, ou je me flatte, ou encore y a-t-il en cet état de quoi se soutenir [2], à qui a l'âme déchargée

— 25 Autant que n'importe qui, c'est à dire : *le plus*. — 26 Montaigne ne souffre pas encore de la gravelle (cf. extrait suiv.). *Pour :* encore que... — 27 Quand bien même. — 28 Cf. extrait suiv. — 29 S'il n'était en nous (Cf. l. 47). *Qui :* qu'est-ce qui. — 30 « La valeur est avide de péril » (Sénèque, *De la Providence*, IV). — 31 Souffrances du soldat. — 32 La morale stoïcienne a quelque chose de *hautain*. — 33 Nous en remettre. — 34 Ramène — 35 Sensations. — 36 C'est pourquoi il la faut. — 37 Ce « biais », c'est le stoïcisme. — 38 Atteinte. — 39 En définitive, pour quelle raison Montaigne pratiquera-t-il le stoïcisme ?

— 1 Subi. — 2 Tenir bon. *A qui* : si l'on...

de la crainte de la mort, et déchargée des menaces, conclusions et conséquences de quoi la médecine nous entête [3]. Mais l'effet [4] même de la douleur n'a pas cette aigreur [5] si âpre et si poignante qu'un homme rassis [6] en doive entrer en rage et en désespoir. J'ai au moins ce profit de la colique que, ce que je n'avais encore pu sur moi pour me concilier du tout [7] et m'accointer à [8] la mort, elle le parfera ; car d'autant plus elle me pressera et m'importunera, d'autant moins me sera la mort à craindre. J'avais déjà gagné cela, de ne tenir à la vie que par la vie seulement [9] ; elle dénouera encore cette intelligence [10] ; et Dieu veuille qu'enfin, si son âpreté vient à surmonter mes forces, elle ne me rejette à l'autre extrémité, non moins vicieuse, d'aimer et désirer à mourir ! (...)

Au demeurant, j'ai toujours trouvé ce précepte cérémonieux, qui ordonne si rigoureusement et exactement de tenir bonne contenance et un maintien dédaigneux et posé à la tolérance des maux [11]. Pourquoi la philosophie, qui ne regarde que le vif [12] et les effets, se va-t-elle amusant à ces apparences externes ? Qu'elle laisse ce soin aux farceurs [13] et maîtres de rhétorique, qui font tant d'état de nos gestes. Qu'elle condonne [14] hardiment au mal cette lâcheté voyelle [15], si elle n'est ni cordiale, ni stomacale [16] ; et prête [17] ces plaintes volontaires au genre des soupirs, sanglots, palpitations, pâlissements, que Nature a mis hors de notre puissance [18]. Pourvu que le courage [19] soit sans effroi, les paroles sans désespoir, qu'elle se contente ! Qu'importe que nous tordions nos bras, pourvu que nous ne tordions nos pensées ? Elle nous dresse pour nous, non pour autrui ; pour être, non pour sembler [20]. Qu'elle s'arrête à gouverner notre entendement, qu'elle a pris à instruire [21]. Qu'aux efforts de la colique, elle maintienne l'âme capable de se reconnaître, de suivre son train accoutumé ; combattant la douleur et la soutenant, non se prosternant honteusement à ses pieds ; émue [22] et échauffée du combat, non abattue et renversée ; capable de commerce [23], capable d'entretien [24] jusques à certaine mesure. En accidents si extrêmes, c'est cruauté de requérir de nous une démarche si composée [25]. Si nous avons beau jeu [26], c'est peu que nous ayons mauvaise mine [27]. Si le corps se soulage en se plaignant, qu'il le fasse ; si l'agitation lui plaît, qu'il se tourneboule et tracasse [28] à sa fantaisie. (...)

Je me tâte au plus épais du mal et ai toujours trouvé que j'étais capable de dire, de penser, de répondre aussi sainement qu'en une autre heure, mais non aussi constamment, la douleur me troublant et détournant. Quand on me tient le plus atterré et que les assistants m'épargnent, j'essaie souvent mes forces et entame moi-même des propos les plus éloignés de mon état. Je puis tout par un soudain effort, mais ôtez-en la durée.

II, XXXVII.

— 3 Dont la médecine nous rebat les oreilles. — 4 La réalité ; cf. l. 18. — 5 Acuité. — 6 Maître de soi. — 7 Complètement. — 8 Me familiariser avec. — 9 Par l'instinct de conservation seulement. — 10 Lien, rapport (cf. *intelligences* avec l'ennemi). — 11 En supportant la douleur. — 12 Cf. le *vif* du sujet. — 13 Comédiens. — 14 Accorde, pardonne. — 15 De la voix seulement (cris de douleur). — 16 Si la lâcheté ne vient ni du cœur, ni des entrailles. — 17 Attribue. — 18 Que nous ne sommes pas maîtres de retenir. — 19 Cœur. — 20 Quelle est l'importance de ces formules ? — 21 Qu'elle se contente de... qu'elle a pris à charge de former. — 22 Agitée. — 23 Conversation. — 24 D'intérêt (pour autre chose). — 25 Un comportement si savamment réglé. — 26 Si nous restons fermes (intérieurement). — 27 Peu importe que nous ne *tenions* pas *bonne contenance*. — 28 *S'agite*. Noter la saveur des deux termes.

« Le but de notre carrière, c'est la mort »

Les hommes ont de la *mort* une *crainte* terrible, superstitieuse même. C'est pourtant *le terme inévitable*. Et que l'on ne prétende pas qu'on a bien le temps d'y penser : elle frappe les jeunes gens comme les vieillards. MONTAIGNE a su renouveler ce lieu commun par un *ton* original et par des *exemples* précis et variés qui lui confèrent une *intensité nouvelle*. (I, xx).

Le but de notre carrière, c'est la mort : c'est l'objet nécessaire de notre visée. Si elle nous effraie, comme [1] est-il possible d'aller un pas avant sans fièvre ? Le remède du vulgaire, c'est de n'y penser pas. Mais de quelle brutale stupidité lui peut venir un si grossier aveuglement ? Il lui faut faire brider l'âne par la queue [2], *Qui capite ipse suo instituit vestigia retro* [3]. Ce n'est pas de merveille s'il est si souvent pris au piège. On fait peur à nos gens seulement de nommer la mort, et la plupart s'en signent [4], comme du nom du diable. Et parce qu'il s'en fait mention aux testaments, ne vous attendez pas qu'ils y mettent la main, que [5] le médecin ne leur ait donné l'extrême sentence : et Dieu sait alors, entre la douleur et la frayeur, de quel bon jugement ils vous le pâtissent [6] !

Parce que cette syllabe frappait trop rudement leurs oreilles, et que cette voix [7] leur semblait malencontreuse, les Romains avaient appris de l'amollir ou de l'étendre en périphrases. Au lieu de dire : « il est mort » ; « il a cessé de vivre, disent-ils, il a vécu » ; pourvu que ce soit vie, soit-elle passée, ils se consolent. Nous en avons emprunté notre *feu maître Jean*.

A l'aventure est-ce que, comme on dit, le terme vaut l'argent [8]. Je naquis entre onze heures et midi le dernier jour de février mil cinq cent trente-trois, comme nous comptons à cette heure, commençant l'an en janvier [9]. Il n'y a justement que quinze jours que j'ai franchi trente-neuf ans [10] : il m'en faut, pour le moins, encore autant : cependant s'empêcher du pensement de [11] chose si éloignée, ce serait folie. — Mais quoi ? les jeunes et les vieux laissent la vie de même condition ; nul n'en sort autrement que si tout présentement il y entrait ; joint qu'il n'est homme si décrépite [12], tant qu'il voit Mathusalem devant [13], qui ne pense avoir encore vingt ans dans le corps. Davantage [14], pauvre fol que tu es, qui t'a établi les termes de ta vie ? Tu te fondes sur les comptes des médecins : regarde plutôt l'effet [15] et l'expérience. Par le commun train des choses, tu vis piéça [16] par faveur extraordinaire. Tu as passé les termes accoutumés de vivre : et, qu'il soit ainsi [17], compte de tes connaissants [18] combien il en est mort avant ton âge, plus qu'il n'en y a qui l'aient atteint : et de ceux même qui ont anobli leur vie par renommée, fais-en registre, et j'entrerai en gageure d'en trouver plus qui sont morts avant qu'après trente-cinq ans. Il est plein de raison et de piété de prendre exemple de l'humanité même de Jésus-Christ : or il finit sa vie à trente et trois ans. Le plus grand homme simplement homme, Alexandre, mourut aussi à ce terme.

— 1 Comment. — 2 Ainsi il ne verrait pas où il va ! L'image est plaisante. — 3 « Lui qui, délibérément, s'est mis à marcher à reculons » (Lucrèce, IV, 472). — 4 Font le signe de croix en entendant ce mot. — 5 Avant que. — 6 Confectionnent (comme un *pâté*) ; quel est le *ton?* — 7 Ce mot. Comment sont choisis les exemples illustrant cette crainte superstitieuse de la mort ? — 8 Un délai permet de réunir la somme (proverbe). Donc, s'il reste de longues années à vivre, peut-être n'a-t-on pas à se soucier de la mort. — 9 Avant 1567, l'année commençait à Pâques. Montaigne était donc né en 1532 selon l'ancien calendrier. — 10 Ces lignes datent donc de la mi-mars 1572. — 11 S'embarrasser entre temps de la pensée d'une. — 12 Décrépit (forme unique pour les 2 genres). — 13 Tant qu'il n'a pas atteint l'âge de Mathusalem (969 ans). — 14 *En outre*. Montaigne introduit un dialogue fictif (c'est la *diatribe* antique). — 15 La réalité. — 16 *Depuis longtemps*. — 17 (Pour te convaincre) qu'il en est ainsi. — 18 *Connaissances*.

« QUE PHILOSOPHER C'EST APPRENDRE A MOURIR »

Ce texte complète le précédent ; à la *hantise* de la mort, plus redoutable que la mort même, il n'est qu'un seul remède : regarder la mort en face, s'habituer à y penser calmement. Cette conclusion est tout à fait chrétienne, mais MONTAIGNE y arrive par une voie purement *humaine*, celle du *stoïcisme* antique. Encore ce stoïcisme est-il tout *pratique :* il ne s'agit pas d'un idéal héroïque, mais d'une *méthode* pour souffrir le moins possible.

MONTAIGNE *cherche le meilleur moyen de* « se défaire du pensement de la mort ».

Qu'importe-t-il, me direz-vous, comment que ce soit, pourvu qu'on ne s'en donne point de peine ? — Je suis de cet avis ; et en quelque manière qu'on se puisse mettre à l'abri des coups, fût-ce sous la peau d'un veau, je ne suis pas homme qui y reculasse [1]. Car il me suffit de passer [2] à mon aise ; et le meilleur jeu que je me puisse donner, je le prends, si peu glorieux au reste et exemplaire que vous voudrez,

Prætulerim delirus inersque videri,
Dum mea delectent mala me, vel denique fallant,
Quam sapere et ringi [3].

Mais c'est folie d'y penser arriver par là. Ils vont, ils viennent, ils trottent, ils dansent : de mort, nulles nouvelles. Tout cela est beau [4] ; mais aussi quand elle arrive, ou à eux, ou à leurs femmes, enfants et amis, les surprenant en dessoude [5] et à découvert [6], quels tourments, quels cris, quelle rage et quel désespoir les accable [7] ! Vîtes-vous jamais rien si rabaissé, si changé, si confus ? Il faut y pourvoir de meilleure heure ; et cette nonchalance bestiale, quand elle pourrait loger en la tête d'un homme d'entendement, ce que je trouve entièrement impossible, nous vend trop cher ses denrées [8]. Si c'était ennemi qui se pût éviter, je conseillerais d'emprunter les armes de la couardise ; mais puisqu'il ne se peut, puisqu'il vous attrape fuyant et poltron aussi bien qu'honnête homme [9],

Nempe et fugacem persequitur virum,
Nec parcit imbellis juventae
Poplitibus, timidoque tergo [10]

et que nulle [11] trempe de cuirasse vous couvre,

Ille licet ferro cautus se condat et aere,
Mors tamen inclusum protrahet inde caput [12]

apprenons à le soutenir de pied ferme et à le combattre. Et pour commencer à lui ôter son plus grand avantage contre nous, prenons

— 1 Montaigne ne joue pas au héros ! Cf. l. 18-19. — 2 Passer ma vie. — 3 « J'aimerais mieux passer pour fou et sot, pourvu que mes défauts me charment, ou du moins m'échappent, que d'être sage et d'enrager » (D'après Horace, *Epîtres*, II, II, 126-8). — 4 Préciser le sens et le ton. — 5 A l'improviste (latin *de subito*). 6 Sans défense. — 7 Pour l'accord, App. II, D 1. — 8 Ce qu'elle nous procure. — 9 Homme de cœur. — 10 « De fait il poursuit même le fuyard, et n'épargne ni les jarrets ni le dos tremblant d'une jeunesse lâche » (D'après Horace, *Odes*, III, II, 14-16). — 11 Cf. p. 203, n. 8. — 12 « Il a beau, prudent, se cacher sous le fer et l'airain, la mort en fera pourtant sortir sa tête abritée. » (Properce, IV, XVIII, 25-26).

voie toute contraire à la commune : ôtons-lui l'étrangeté, pratiquons-le, accoutumons-le [13], n'ayons rien si souvent en la tête que la mort. A tous instants représentons-la à notre imagination, et en tous visages. Au broncher [14] d'un cheval, à la chute d'une tuile, à la moindre piqûre d'épingle, remâchons soudain : « Eh bien ! quand ce serait la mort même ? » [15] et là-dessus, raidissons-nous et efforçons-nous [16]. Parmi les fêtes et la joie, ayons toujours ce refrain de la souvenance de notre condition, et ne nous laissons pas si fort emporter au plaisir, que parfois il ne nous repasse en la mémoire en combien de sortes cette nôtre allégresse est en butte à la mort, et de combien de prises elle la menace. Ainsi faisaient les Égyptiens, qui, au milieu de leurs festins et parmi leur meilleure chère, faisaient apporter l'anatomie sèche [17] d'un corps d'homme mort, pour servir d'avertissement aux conviés.

Omnem crede diem tibi diluxisse supremum :
Grata superveniet, quæ non sperabitur hora [18].

Il est incertain où la mort nous attende [19] : attendons-la partout. La préméditation [20] de la mort est préméditation de la liberté : qui a appris à mourir, il a désappris à servir [21] ; le savoir mourir nous affranchit de toute sujétion et contrainte : il n'y a rien de mal en la vie pour celui qui a bien compris que la privation de la vie n'est pas mal [22]. Paulus Æmilius répondit à celui que ce misérable roi de Macédoine [23], son prisonnier, lui envoyait pour le prier de ne le mener pas en son triomphe : « Qu'il en fasse la requête à soi-même ».

A la vérité, en toutes choses, si nature ne prête un peu, il est malaisé que l'art et l'industrie [24] aillent guère avant. Je suis de moi-même non mélancolique, mais songe-creux. Il n'est rien de quoi je me sois dès toujours plus entretenu [25] que des imaginations de la mort : voire en la saison la plus licencieuse de mon âge [26],

Jucundum cum ætas florida ver ageret [27],

parmi les dames et les jeux, tel me pensait empêché [28] à digérer à part moi quelque jalousie ou l'incertitude de quelque espérance, cependant que je m'entretenais de je ne sais qui, surpris les jours précédents d'une fièvre chaude, et de sa fin, au partir [29] d'une fête pareille, et la tête pleine d'oisiveté, d'amour et de bon temps, comme moi, et qu'autant m'en pendait à l'oreille.

I, XX.

— 13 Accoutumons-nous à lui. — 14 Infinitif substantivé. — 15 Cf. texte suivant. — 16 Montrons-nous fermes. — 17 La momie. — 18 « Tiens pour ton dernier jour chaque jour qui a lui pour toi : l'heure sur laquelle tu n'auras pas compté te viendra comme un heureux sursis. » (Horace, *Epît.* I, IV, 13-14). — 19 Subj. d'éventualité. — 20 Méditation anticipée. — 21 *Être esclave.* Les stoïciens (par ex. Sénèque, dont Montaigne s'inspire beaucoup ici) préféraient le suicide au déshonneur et à la servitude. — 22 Un mal. — 23 Persée. — 24 Le zèle. — 25 Occupé. — 26 Même en la période de ma vie la plus adonnée aux plaisirs. — 27 « Quand mon âge en sa fleur connaissait un aimable printemps. » (Catulle, LXVIII, 16). — 28 Absorbé. — 29 Au sortir.

– *Indiquez la suite des idées dans le raisonnement. Quelle idée nouvelle apporte le dernier § ?*
– *Distinguez : a) ce qui relève de l'expérience de* MONTAIGNE, *– b) Ce qu'il doit à ses lectures.*
– *En quoi ce texte nous donne-t-il une leçon : a) de sagesse ; – b) de dignité humaine ?*
– *Quelle est la principale image du texte ? Relevez les expressions les plus frappantes.*
– ***Exposés :** a)* MONTAIGNE *devant la douleur (pages 218-221) ; – b)* MONTAIGNE *devant la mort (pages 222-226).*
• **Groupe thématique : Mort.** Cf. pages 146-150 ; 165. – XVIIe SIÈCLE, pages 215-249 ; 265-272 ; 381. – XIXe SIÈCLE, pages 69 ; 91 ; 130 ; 133 ; pages 181 ; 452 ; – XXe SIÈCLE, pages 115, 123, 177, 260, 270, 354-359, 441, 464, 522, 548, 552, 553, 565, 566, 680, 727, 734, 738, 796, 847.

MONTAIGNE « S'APPRIVOISE » A LA MORT

Victime d'un grave accident, MONTAIGNE *voit la mort de près :* pour un homme qui souhaitait justement « s'en avoisiner », c'est une précieuse expérience. Expérience encourageante d'ailleurs, car, dans son extrême faiblesse, Montaigne a eu l'impression *qu'il n'était pas si pénible de mourir*. Nous sommes surtout frappés par l'étonnante *lucidité* avec laquelle il analyse ces impressions peu banales, où l'état physique influe singulièrement sur l'activité mentale.

A mon retour, un de mes gens, grand et fort, monté sur un puissant roussin qui avait une bouche désespérée [1], frais au demeurant et vigoureux, pour faire le hardi et devancer ses compagnons, vint à le pousser à toute bride droit dans ma route et fondre comme un colosse sur le petit homme et petit cheval [2] et le foudroyer de sa raideur et de sa pesanteur, nous envoyant l'un et l'autre les pieds contremont [3], si que [4] voilà le cheval abattu et couché tout étourdi ; moi, dix ou douze pas au delà, étendu à la renverse, le visage tout meurtri et tout écorché, mon épée, que j'avais à la main, à plus de dix pas au delà, ma ceinture en pièces, n'ayant ni mouvement ni sentiment non plus qu'une souche [5]. C'est le seul évanouissement que j'aie senti jusques à cette heure.

Ceux qui étaient avec moi, après avoir essayé par tous les moyens qu'ils purent de me faire revenir, me tenant pour mort, me prirent entre leurs bras et m'emportaient avec beaucoup de difficulté en ma maison, qui était loin de là environ une demi-lieue française. Sur le chemin, et après avoir été plus de deux grosses heures tenu pour trépassé, je commençai à me mouvoir et respirer, car il était tombé si grande abondance de sang dans mon estomac que, pour l'en décharger, nature eut besoin de ressusciter ses forces. On me dressa sur mes pieds, où je rendis un plein seau de bouillons de sang pur et plusieurs fois, par le chemin, il m'en fallut faire de même. Par là je commençai à reprendre un peu de vie, mais ce fut par les menus [6] et par un si long trait de temps que mes premiers sentiments étaient beaucoup plus approchants de la mort que de la vie. (...)

— 1 Insensible au mors. — 2 Noter l'humour. — 3 En l'air. — 4 Si bien que. — 5 Quelle impression Montaigne veut-il nous donner ? — 6 Petit à petit.

Cette recordation [7] que j'en ai fort empreinte en mon âme, me représentant son visage et son idée si près du naturel, me concilie aucunement [8] à elle. Quand je commençai à y voir, ce fut d'une vue si trouble, si faible et si morte, que je ne discernais encore rien que la lumière. (...) Quant aux fonctions de l'âme, elles naissaient avec même progrès que celles du corps. Je me vis tout sanglant, car mon pourpoint était taché partout du sang que j'avais rendu. La première pensée qui me vint, ce fut que j'avais une arquebusade en la tête : de vrai, en même temps, il s'en tirait plusieurs autour de nous [9]. Il me semblait que ma vie ne me tenait plus qu'au bout des lèvres : je fermais les yeux pour aider, ce me semblait, à la pousser hors, et prenais plaisir à m'alanguir et à me laisser aller [10]. C'était une imagination qui ne faisait que nager superficiellement en mon âme, aussi tendre et aussi faible que tout le reste, mais à la vérité non seulement exempte de déplaisir, ains [11] mêlée à cette douceur que sentent ceux qui se laissent glisser au sommeil. (...)

Mon assiette [12] était à la vérité très douce et paisible ; je n'avais d'affliction ni pour autrui ni pour moi : c'était une langueur et une extrême faiblesse, sans aucune douleur. Je vis ma maison sans la reconnaître [13]. Quand on m'eut couché, je sentis une infinie douceur à ce repos, car j'avais été vilainement tirassé [14] par ces pauvres gens, qui avaient pris la peine de me porter sur leurs bras par un long et très mauvais chemin, et s'y étaient lassés deux ou trois fois les uns après les autres. On me présenta force remèdes, de quoi je n'en reçus [15] aucun, tenant pour certain que j'étais blessé à mort par la tête. C'eût été sans mentir une mort bien heureuse, car la faiblesse de mon discours [16] me gardait d'en rien juger, et celle du corps d'en rien sentir. Je me laissais couler si doucement et d'une façon si douce et si aisée que je ne sens guère autre action moins pesante que celle-là était. (...)

Ce conte d'un événement si léger est assez vain, n'était l'instruction que j'en ai tirée pour moi : car, à la vérité, pour s'apprivoiser à la mort, je trouve qu'il n'y a que de s'en avoisiner. Or, comme dit Pline, chacun est à soi-même une très bonne discipline [17] pourvu qu'il ait la suffisance [18] de s'épier de près. Ce n'est pas ici ma doctrine, c'est mon étude [19] ; et ce n'est pas la leçon d'autrui, c'est la mienne [20].

II, vi, De l'exercitation.

– *Composition. Montrez dans le détail comment s'articulent les péripéties de l'accident, les impressions et les réflexions de* MONTAIGNE.
– *Distinguez : a) ce que* MONTAIGNE *a vu et senti lui-même ; – b) ce qu'il a appris après coup.*
– *Définissez l'état dépeint par* MONTAIGNE *aux § 3 et 4 ; montrez l'intérêt de cette analyse.*
– *Commentez la conclusion, en la rattachant à ce que vous savez des idées de* MONTAIGNE.
• **Comparaison.** MONTAIGNE et ROUSSEAU devant l'accident (cf. XVIIIe SIÈCLE, page 335).
– ***Entretien.*** *A la fin de sa vie,* MONTAIGNE *écrit à propos de la mort : « Il m'est avis que c'est bien le bout, non pourtant le but de la vie ». En quoi la perspective des pages 222-226 est-elle modifiée ?*

— 7 Ce souvenir, du mot latin *recordatio*. — 8 Quelque peu. — 9 Rappel des temps troublés. — 10 A quoi cela tenait-il ? L'auteur ne nous donne-t-il pas l'explication plus loin ? — 11 Mais. — 12 Mon état. — 13 Qu'en concluez-vous ? — 14 Tiraillé. — 15 Dont je n'acceptai. — 16 Esprit. — 17 Enseignement. — 18 Capacité. — 19 Préciser le sens de *doctrine* et *étude*. — 20 Cf. l'idéal pédagogique de Montaigne

Le scepticisme Dans le stoïcisme, Montaigne trouve une *morale pratique ;* mais la doctrine même, qui le séduit un moment parce qu'elle permet à l'homme de rester libre (p. 224, l. 46), lui paraît bientôt orgueilleuse et mal adaptée à la *faiblesse humaine*. Cette faiblesse, justement, le frappe de plus en plus, et en particulier l'inanité de la raison dogmatique. Un nouveau système va donc le tenter (vers 1576), celui qui se moque de tous les systèmes, le *scepticisme*.

Dans son *Apologie de Raymond Sebond* (II, XII), Montaigne entreprend de défendre la *Théologie naturelle* de cet auteur qui voulait démontrer par la *raison* la vérité de la foi chrétienne. A ceux qui trouvent insuffisante l'argumentation du théologien, il réplique en montrant « l'inanité, la vanité et dénéantise de l'homme » et de sa raison. Mais, par là même, cette « apologie » tourne à la critique de l'ouvrage de Sebond et de son fondement rationnel. Ainsi, dépassant très vite son dessein déclaré, Montaigne procède dans ce chapitre (le plus long des *Essais*) à un *exposé* de la *doctrine sceptique*. Sa démarche consiste à *humilier l'homme et sa raison orgueilleuse*. PASCAL lui empruntera beaucoup lorsqu'il reprendra, dans une intention bien différente, la même inexorable démonstration. Trompé par ses sens (p. 228), par les coutumes qu'il prend pour des lois naturelles (p. 229), « incapable de vérité » (Pascal), *l'homme ne peut rien connaître*, ni lui-même, ni le monde. Pour l'existence et la nature de l'âme et de Dieu, Montaigne s'en remet à la *révélation* (p. 233), mais, entre l'homme et Dieu, il a creusé un tel abîme que sa pensée paraît très voisine de *l'agnosticisme* (croyance à l'impossibilité pour l'homme de s'élever à ces notions métaphysiques).

Aux philosophies dogmatiques dont les affirmations péremptoires se contredisent, Montaigne oppose *le doute*, avec sa fameuse formule : « *Que sais-je ?* », une interrogation, car dire : « Je ne sais pas », ce serait encore affirmer. Faire du scepticisme une doctrine définitive, ce serait se condamner au silence : aussi Montaigne ne s'en tiendra-t-il pas là. Mais le *scepticisme* représente un moment important de son évolution et un aspect définitif de sa sagesse. Le doute correspond à son extrême *lucidité*, à un certain goût pour le *paradoxe*, à sa *curiosité* inlassable, qui lui fait accepter avec intérêt toutes les anecdotes, tous les traits de mœurs prouvant que les hommes ne pensent pas tous de la même façon, et que les « sauvages » sont parfois plus sages que nous (p. 231). C'est aussi un moyen de préserver son *indépendance*, de défendre la *tolérance* (p. 232) dans une époque de fanatisme. Bien loin d'être un mol oreiller où il s'endormirait, *le doute* est pour lui un *stimulant*, qui maintient son jugement toujours en éveil, lui permet d'élargir sa compréhension des hommes et assure à sa pensée une entière *liberté*.

LE VERTIGE

Nous ne pouvons nous fonder ni sur la coutume, ni sur notre raison (p. 229). Nous fierons-nous à nos *sensations ?* Elles ne sont pas moins *trompeuses :* témoin le *vertige* qui nous remplit d'angoisse alors qu'il n'y a aucun danger réel. Toute la philosophie est impuissante devant de telles infirmités de notre nature. PASCAL, dans sa critique de *l'imagination*, reprendra, parfois mot pour mot, ces considérations frappantes.

Qu'on loge un philosophe dans une cage de menus filets de fer clairsemés, qui soit suspendue au haut des tours Notre-Dame de Paris [1] : il verra par raison évidente qu'il est impossible qu'il en tombe ; et si [2] ne se saurait garder (s'il n'a accoutumé le métier des recouvreurs) que la vue de cette hauteur extrême ne l'épouvante et ne le transisse. Car

— 1 Voilà qui est irrévérencieux ! — 2 Pourtant (cf. l. 13).

nous avons assez affaire de nous assurer [3] aux galeries qui sont en nos clochers, si elles sont façonnées à jour, encore qu'elles soient de pierre. Il y en a qui n'en peuvent pas seulement porter [4] la pensée. Qu'on jette une poutre entre ces deux tours, d'une grosseur telle qu'il nous la faut à nous promener dessus, il n'y a sagesse philosophique de si grande fermeté qui puisse nous donner courage d'y marcher comme nous ferions, si elle était à terre [5]. J'ai souvent essayé [6] cela, en nos montagnes de deçà [7] (et si suis de ceux qui ne s'effraient que médiocrement de telles choses), que je ne pouvais souffrir la vue de cette profondeur infinie sans horreur [8] et tremblement de jarrets et de cuisses, encore qu'il s'en fallût bien ma longueur que je ne fusse du tout [9] au bord, et n'eusse su choir si je ne me fusse porté à escient [10] au danger. J'y remarquai aussi, quelque hauteur qu'il y eût, pourvu qu'en cette pente il s'y présentât un arbre ou bosse de rocher pour soutenir un peu la vue et la diviser, que cela nous allège [11] et donne assurance, comme si c'était chose de quoi, à la chute, nous pussions recevoir secours ; mais que les précipices coupés [12] et unis, nous ne les pouvons pas seulement regarder sans tournoiement de tête : *ut despici sine vertigine simul oculorum animique non possit* [13] ; qui [14] est une évidente imposture de la vue. Ce beau philosophe [15] se creva les yeux pour décharger l'âme de la débauche [16] qu'elle en recevait, et pouvoir philosopher plus en liberté.

Mais, à ce compte, il se devait [17] aussi faire étouper les oreilles, que Théophraste dit être le plus dangereux instrument que nous ayons pour recevoir des impressions violentes à nous troubler et changer, et se devait priver enfin de tous les autres sens, c'est-à-dire de son être et de sa vie. Car ils ont tous cette puissance de commander notre discours et notre âme. *Fit etiam saepe specie quadam, saepe vocum gravitate et cantibus, ut pellantur animi vehementius ; saepe etiam cura et timore* [18]. Les médecins tiennent qu'il y a certaines complexions qui s'agitent par aucuns [19] sons et instruments jusques à la fureur. J'en ai vu qui ne pouvaient ouïr ronger un os sous leur table sans perdre patience ; et n'est guère homme qui ne se trouble à ce bruit aigre et poignant que font les limes en raclant le fer ; comme, à ouïr mâcher près de nous, ou ouïr parler quelqu'un qui ait le passage du gosier ou du nez empêché, plusieurs s'en émeuvent jusques à la colère et la haine. [20](...)

— 3 Nous avons assez de peine à faire bonne contenance. — 4 Supporter. — 5 Cf. Pascal (*Pensées*, Br. 82) : « Le plus grand philosophe du monde, sur une planche plus large qu'il ne faut, s'il y a au-dessous un précipice, quoique sa raison le convainque de sa sûreté, son imagination prévaudra. Plusieurs n'en sauraient soutenir la pensée sans pâlir et suer. » — 6 Éprouvé. — 7 Sur leur versant français. — 8 Frisson. — 9 Tout à fait. — 10 Sciemment, exprès. — 11 Soulage. — 12 Abrupts. — 13 « De sorte qu'on ne peut regarder en bas sans vertige des yeux et de l'esprit à la fois ». (Tite-Live, XLIV, 6). — 14 Ce qui. — 15 Démocrite, dit-on. — 16 *Débarrasser... du désordre*. Cela vous paraît-il vraisemblable ? — 17 Il aurait dû. — 18 « Il arrive souvent aussi que notre âme soit violemment ébranlée par quelque vue, ou par une gravité et une mélodie de la voix ; souvent encore c'est par le souci et la frayeur. » (Cicéron, De la Divination, I, 37). — 19 Certains. — 20 Tout ce passage ne dénote-t-il pas une observation très sûre ? Cf. Pascal (86) : « Ma fantaisie me fait haïr un coasseur et un qui souffle en mangeant ».

Cette même piperie [21], que les sens apportent à notre entendement, ils la reçoivent à leur tour. Notre âme parfois s'en revanche de même : ils mentent et se trompent à l'envi [22].

II, xii, Apologie.

– *Que veut prouver* MONTAIGNE *? Quel rapport établit-il, selon vous, entre le vertige et le scepticisme ?*
– *Comment* MONTAIGNE *procède-t-il dans sa démonstration ? Se borne-t-il à raisonner ?*
– *Étudiez comment est rendue et analysée l'impression de vertige.*
Comment MONTAIGNE *traite-t-il les philosophes ? En quoi se distingue-t-il d'eux ?*
• **Comparaison.** MONTAIGNE et ROUSSEAU devant le vertige (cf. XVIIIᵉ SIÈCLE, p. 325, l. 30-50).
• **Comparaison.** MONTAIGNE et PASCAL (Cf. XVIIᵉ SIÈCLE, p. 149) : a) Sur quels points PASCAL suit-il fidèlement MONTAIGNE ? – Sur quels points s'inspire-t-il de ses réflexions ? – b) A quoi tendent les observations de l'un et de l'autre ? – c) Quelles sont les qualités respectives de leurs deux rédactions ?

Fragilité de la coutume

Nous abordons un autre aspect du *scepticisme* de MONTAIGNE. La sagesse courante respecte les *coutumes établies*. Mais sur quoi reposent ces coutumes ? Sur le *hasard*, répond Montaigne, et Pascal reprendra son argumentation. Le scepticisme va très loin ici, jusqu'à nier l'existence d'une *loi naturelle* perceptible à l'homme. Si probants que soient ses exemples, nous ne le suivons pas sans inquiétude, et de fait, tout en sapant les préjugés et la superbe d'une raison ambitieuse, il en viendra lui-même à insister sur un *instinct naturel*, fondement de la sagesse humaine.

Si c'est de nous que nous tirons le règlement de nos mœurs, à quelle confusion nous rejetons-nous ! Car ce que notre raison nous y conseille de plus vraisemblable, c'est généralement à chacun d'obéir aux lois de son pays, comme est l'avis de Socrate, inspiré, dit-il, d'un conseil divin [1]. Et par là que veut-elle dire, sinon que notre devoir n'a d'autre règle que fortuite ? La vérité doit avoir un visage pareil et universel. La droiture et la justice, si l'homme en connaissait qui eût corps et véritable essence, il ne l'attacherait pas à la condition des coutumes de cette contrée ou de celle-là ; ce ne serait pas de la fantaisie des Perses ou des Indes que la vertu prendrait sa forme.

Il n'est rien sujet à plus continuelle agitation que les lois. Depuis que je suis né, j'ai vu trois et quatre fois rechanger celles des Anglais, nos voisins, non seulement en sujet politique, qui est celui qu'on veut dispenser de constance, mais au plus important sujet qui puisse être, à savoir de la religion [2]. De quoi j'ai honte et dépit, d'autant plus que c'est une nation à laquelle ceux de mon quartier [3] ont eu autrefois une si privée accointance, qu'il reste encore en ma maison aucunes [4] traces de notre ancien cousinage. Et chez nous ici, j'ai vu telle chose, qui nous était capitale [5], devenir légitime, et nous, qui en tenons

---

— 21 Tromperie. Cf. Marot p. 22 n. 22. — 22 Cf. Pascal (82) : « Cette même piperie qu'ils apportent à la raison, ils la reçoivent d'elle à leur tour : elle s'en revanche. Les passions de l'âme troublent les sens, et leur font des impressions fausses. Ils mentent et se trompent à l'envi. »

— 1 Son « démon ». — 2 Henri VIII avait instauré l'anglicanisme ; Marie Tudor persécuta les protestants ; l'anglicanisme triompha avec Elisabeth. — 3 Ma région (la Guyenne). — 4 Quelques. — 5 Méritant la peine *capitale*.

d'autres[5], sommes à même, selon l'incertitude de la fortune guerrière, d'être un jour criminels de lèse majesté humaine et divine[6], notre justice tombant à la merci de l'injustice et en l'espace de peu d'années de possession, prenant une essence contraire.

Comment pouvait ce dieu ancien[7] plus clairement accuser en l'humaine connaissance l'ignorance de l'être divin, et apprendre aux hommes que la religion n'était qu'une pièce de leur invention, propre à lier leur société, qu'en déclarant, comme il fit, à ceux qui en recherchaient l'instruction de son trépied[8], que le vrai culte à chacun était celui qu'il trouvait observé par l'usage du lieu où il était ? O Dieu ! quelle obligation n'avons-nous pas à la bénignité de notre souverain créateur pour avoir déniaisé notre créance de ces vagabondes et arbitraires dévotions et l'avoir logée sur l'éternelle base de sa sainte parole[9] !

Que nous dira donc en cette nécessité la philosophie ? Que nous suivions les lois de notre pays ? c'est-à-dire cette mer flottante des opinions d'un peuple ou d'un prince qui me peindront la justice d'autant de couleurs et la réformeront en autant de visages qu'il y aura en eux de changements de passion ? Je ne puis avoir le jugement si flexible. Quelle bonté est-ce, que je voyais hier en crédit et demain plus, et que le trajet d'une rivière fait crime ?

Quelle vérité que ces montagnes bornent, qui est mensonge au monde qui se tient au delà[10] ?

Mais ils sont plaisants quand, pour donner quelque certitude aux lois, ils disent qu'il y en a aucunes[11] fermes, perpétuelles et immuables, qu'ils nomment naturelles, qui sont empreintes en l'humain genre par la condition de leur propre essence[12]. Et, de celles-là, qui en fait le nombre de trois, qui de quatre, qui plus, qui moins : signe que c'est une marque aussi douteuse que le reste. Or ils sont si défortunés[13] (car comment puis-je nommer autrement cela que défortune, que d'un nombre de lois si infini il ne s'en rencontre pas au moins une que la fortune et témérité[14] du sort ait permis être universellement reçue par le consentement de toutes les nations ?), ils sont, dis-je, si misérables que de ces trois ou quatre lois choisies il n'y en a une seule qui ne soit contredite et désavouée, non par une nation, mais par plusieurs. Or c'est la seule enseigne[15] vraisemblable, par laquelle ils puissent argumenter[16] aucunes lois naturelles, que l'université de l'approbation. Car ce que nature nous aurait véritablement ordonné nous l'ensuivrions sans doute d'un commun consentement. Et non seulement toute nation, mais tout homme particulier, ressentirait la force et la violence que lui ferait celui qui le voudrait pousser au contraire de cette loi[17]. (...)

Le meurtre des enfants, meurtre des pères, trafic de voleries, il n'est rien en somme si extrême qui ne se trouve reçu par l'usage de quelque nation.

Il est croyable qu'il y a des lois naturelles, comme il se voit ès[18] autres créatures ; mais en nous elles sont perdues, cette belle raison humaine s'ingérant partout de maîtriser[19] et commander, brouillant et confondant le visage des choses selon sa vanité et inconstance[20].

II, xii, Apologie.

— 5 Qui en tenons d'autres pour légitimes. — 6 Allusion aux vicissitudes des guerres de religion. — 7 Apollon. — 8 Le trépied de la Pythie, à Delphes. — 9 Add. ex. Bordeaux, depuis *Et chez nous* (I. 13). Nouvelle réflexion greffée sur la rédaction primitive. — 10 Cf. Pascal : « Plaisante justice qu'une rivière borne ! Vérité au deçà des Pyrénées, erreur au delà. » (*Pensées*, Br. 294). — 11 Certaines. — 12 Montaigne lui-même n'en viendra-t-il pas à une idée analogue ? — 13 Infortunés. — 14 Hasard. — 15 Le seul signe. — 16 Prouver. — 17 C'est le principe des « Droits de l'homme ». — 18 *Chez les*. C'est l'instinct. — 19 Dominer. — 20 Quelle nouvelle idée apparaît ici ?

LES CANNIBALES

Quoiqu'ils pratiquent l'anthropophagie *, ces indigènes du Brésil paraissent à MONTAIGNE fort sociables et fort sensés. Il a vu trois d'entre eux à Rouen en octobre 1562 et s'est amplement renseigné, auprès d'un voyageur, sur leurs mœurs et leurs habitudes. Excellent exemple à l'appui de *la relativité des coutumes*. Montaigne amorce ici l'éloge de l'*état de nature* et du *bon sauvage*, qui sera si souvent repris au XVIIIe siècle. Ses cannibales annoncent aussi le Huron de VOLTAIRE (dans *L'ingénu*), et la *critique sociale* trouve ici des accents d'une *hardiesse* étonnante.

Je trouve qu'il n'y a rien de barbare et de sauvage en cette nation, à ce qu'on m'en a rapporté, sinon que chacun appelle barbarie ce qui n'est pas de son usage [1] *; comme de vray il semble que nous n'avons autre mire* [2] *de la vérité et de la raison que l'exemple et idée des opinions et usances* [3] *du païs où nous sommes. Là est toujours la parfaicte religion, la parfaicte police* [4]*, perfect et accomply usage de toutes choses. Ils sont sauvages, de mesmes que nous appellons sauvages les fruicts que nature, de soy et de son progrez ordinaire, a produicts : là où, à la vérité, ce sont ceux que nous avons alterez par nostre artifice et detournez de l'ordre commun, que nous devrions appeller plutost sauvages. En ceux là sont vives et vigoureuses les vrayes et plus utiles et naturelles vertus et proprietez, lesquelles nous avons abastardies en ceux cy, et les avons seulement accommodées au plaisir de nostre goust corrompu*. (...)

Trois d'entre eux, ignorans combien coutera un jour à leur repos et à leur bon heur la connoissance des corruptions de deçà [5]*, et que de ce commerce naistra leur ruyne* [6]*, comme je presuppose qu'elle soit* [7] *desjà avancée, bien miserables de s'estre laissez piper au desir de la nouvelleté, et avoir quitté la douceur de leur ciel pour venir voir le nostre, furent à Roüan* [8]*, du temps que le feu Roy Charles neufiesme y estoit. Le Roy parla à eux long temps ; on leur fit voir nostre façon, nostre pompe, la forme d'une belle ville. Apres cela quelqu'un en* [9] *demanda leur advis, et voulut savoir d'eux ce qu'ils y avoient trouvé de plus admirable* [10] *: ils respondirent trois choses, d'où j'ay perdu la troisiesme, et en suis bien marry* [11] *; mais j'en ay encore deux en memoire. Ils dirent qu'ils trouvoient en premier lieu fort estrange que tant de grands hommes, portans barbe, forts et armez, qui estoient autour du Roy (il est vray-semblable que ils parloient des Suisses de sa garde), se soubs-missent à obeyr à un enfant* [12]*, et qu'on ne choisissoit* [13] *plus tost*

---

* Non pas pour se nourrir, mais pour « *représenter une extrême vengeance* ». — 1 Relativité des jugements ; cf. texte précédent. — 2 Point de repère, critère. — 3 Usages. — 4 Régime politique. — 5 De nos pays. — 6 Que pensez-vous de ces réflexions ? — 7 Subj. de supposition. — 8 Rouen. — 9 Leur avis *à ce sujet*. — 10 A la fois *remarquable* et *étonnant :* Montaigne va jouer sur le mot. — 11 Spontanéité de Montaigne. — 12 Charles IX avait alors 12 ans. — 13 Noter le changement de *mode*.

quelqu'un d'entr'eux pour commander ; secondement (ils ont une façon de leur langage telle, qu'ils nomment les hommes moitié [14] *les uns des autres) qu'ils avoyent aperçeu qu'il y avoit parmy nous des hommes pleins et gorgez de toutes sortes de commoditez, et que leurs moitiez estoient mendians à leurs portes, décharnez de faim et de pauvreté ; et trouvoient estrange comme* [15] *ces moitiez icy necessiteuses pouvoient souffrir une telle injustice, qu'ils ne prinsent les autres à la gorge, ou missent* [16] *le feu à leurs maisons.*

I, XXXI, Des cannibales.

– *Comparez les deux parties de ce passage ; montrez qu'elles se complètent en s'opposant.*
– *Quelle est, selon vous, l'intention dominante de* MONTAIGNE *parlant des cannibales ?*
– *Étudiez dans le § 1 : a) la lutte contre les préjugés ; – b) l'ironie ; – c) le naturalisme.*
– *Dans le § 2 : a) Résumez la critique politique et la critique sociale exprimées par la bouche des cannibales ; – b) Qu'y a-t-il de hardi dans ces critiques au* XVIe SIÈCLE *?*
– **Contraction.** Fragilité de la coutume *(p. 229-230).* **Essai :** *Lois naturelles et lois conventionnelles.*
• **Groupe thématique : Relativité.** *Cf. pages 229-233.* – XVIIe SIÈCLE, pages 152-154. – XVIIIe SIÈCLE, page 213.

La religion de Montaigne

Ces extraits de l'*Apologie de Raymond Sebond* contiennent l'essentiel des *idées religieuses* de MONTAIGNE. Notre raison est incapable de connaître Dieu et de prouver l'immortalité de l'âme. De cet *agnosticisme,* Montaigne conclut à la *tolérance :* toutes les religions ont du bon. Condamnant toute *apologétique rationnelle* (cf. Scepticisme, p. 227), il admet au contraire la *révélation* et la *grâce, seul moyen pour l'homme de surmonter l'infirmité de sa nature.*

Qu'est-il plus vain que de vouloir deviner Dieu par nos analogies et conjectures, le régler et le monde [1] à notre capacité et à nos lois, et nous servir aux dépens de la divinité de ce petit échantillon de suffisance [2] qu'il lui a plu départir à notre naturelle condition ? Et, parce que nous ne pouvons étendre notre vue jusques en son glorieux siège, l'avoir ramené çà-bas à notre corruption et à nos misères [3] ?

De toutes les opinions humaines et anciennes touchant la religion, celle-là me semble avoir eu plus [4] de vraisemblance et plus d'excuse, qui reconnaissait Dieu comme une puissance incompréhensible, origine et conservation de toutes choses, toute bonté, toute perfection, recevant et prenant en bonne part l'honneur et la révérence que les humains lui rendaient, sous quelque visage, sous quelque nom et en quelque manière que ce fût [5] :

Jupiter omnipotens rerum regumque deumque
Progenitor genitrixque [6].

Ce zèle universellement a été vu du ciel de bon œil [7]. Toutes polices [8] ont tiré fruit de leur dévotion : les hommes, les actions impies ont eu partout les événements sortables [9]. Les histoires païennes reconnaissaient de la dignité, ordre,

---

— 14 De ce mot *moitié,* Montaigne dégage l'idée de *fraternité.* — 15 Comment. — 16 Sans prendre... ou mettre.

— 1 Et le monde avec lui. — 2 Capacité (cf. l. 34). — 3 Il faut se garder de prêter à Dieu les passions et les faiblesses humaines. — 4 Superlatif. — 5 Montrer comment s'introduit l'idéal de tolérance. — 6 « Jupiter tout-puissant, à la fois père et mère des choses, des rois et des dieux. » (Cité par saint Augustin). — 7 C'est Dieu qui nous donne l'exemple de la tolérance. — 8 *Régimes politiques.* Toute religion a d'heureux effets moraux. — 9 Les résultats appropriés, le châtiment mérité. —

justice et des prodiges et oracles employés à leur profit et instruction en leurs religions fabuleuses, Dieu, par sa miséricorde, daignant à l'aventure fomenter [10] par ces bénéfices temporels les tendres principes d'une telle quelle brute connaissance que la raison naturelle nous a donnée de lui au travers des fausses images de nos songes [11].

Non seulement fausses, mais impies aussi et injurieuses sont celles que l'homme a forgées de son invention.

Et, de toutes les religions que saint Paul trouva en crédit à Athènes, celle qu'ils avaient dédiée à une divinité cachée et inconnue lui sembla la plus excusable.

Les plus aheurtés [12] à cette si juste et claire persuasion de l'immortalité de nos esprits, c'est merveille comme ils se sont trouvés courts et impuissants à l'établir par leurs humaines forces : *Somnia sunt non docentis, sed optantis* [13], disait un ancien. L'homme peut reconnaître, par ce témoignage, qu'il doit à la fortune et au rencontre [14] la vérité qu'il découvre lui seul, puisque, lors même qu'elle lui est tombée en main, il n'a pas de quoi la saisir et la maintenir, et que sa raison n'a pas la force de s'en prévaloir. Toutes choses produites par notre propre discours [15] et suffisance, autant vraies que fausses, sont sujettes à incertitude et débat. (...)

C'était vraiment bien raison que nous fussions tenus [16] à Dieu seul, et au bénéfice de sa grâce, de la vérité d'une si noble créance [17], puisque de sa seule libéralité nous recevons le fruit [18] de l'immortalité, lequel consiste en la jouissance de la béatitude éternelle.

Confessons ingénument que Dieu seul nous l'a dit, et la foi : car leçon n'est-ce pas de nature et de notre raison [19]. Et qui retentera [20] son être et ses forces, et dedans et dehors, sans ce privilège divin, qui verra l'homme sans le flatter, il n'y verra ni efficace [21], ni faculté qui sente autre chose que la mort et la terre. Plus nous donnons, et devons, et rendons à Dieu, nous en faisons d'autant plus chrétiennement. (...)

Et voici la conclusion de l'Apologie :

« O la vile chose. (...), et abjecte, que l'homme, s'il ne s'élève au-dessus de l'humanité [22] ! » Voilà un bon mot et un utile désir, mais pareillement absurde, car de faire la poignée plus grande que le poing, la brassée plus grande que le bras, et d'espérer enjamber plus que de l'étendue de nos jambes, cela est impossible et monstrueux ; ni [23] que l'homme monte au-dessus de soi et de l'humanité [24] : car il ne peut voir que de ses yeux, ni saisir que de ses prises. Il s'élèvera, si Dieu lui prête extraordinairement [25] la main ; il s'élèvera abandonnant et renonçant à ses propres moyens et se laissant hausser et soulever par les moyens purement célestes [26]. C'est à notre foi chrétienne, non à sa [27] vertu stoïque, de prétendre à cette divine et miraculeuse métamorphose [28].

II, XII,

10 Réchauffer. — 11 En dehors de la révélation, l'homme ne peut connaître Dieu que par un *instinct naturel* assez vague. — 12 Attachés. — 13 « Ce sont rêves traduisant non pas une doctrine, mais un souhait. » (Cicéron, *Académiques*, II, XXXVII). — 14 Au sort et au hasard ; noter le genre de *rencontre*. — 15 *Entendement*. Que veut montrer ici Montaigne ? — 16 Redevables. — 17 Croyance (à l'immortalité de l'âme). — 18 Bénéfice. — 19 Car ce n'est pas la nature et notre raison qui nous l'enseignent. — 20 Mettra à l'épreuve. — 21 Terme théologique : pouvoir, efficacité. — 22 Formule empruntée à Sénèque. — 23 Reprend l'idée négative contenue dans : cela est *impossible*. — 24 Cf. l'extrait p. 244. — 25 D'une façon surnaturelle. — 26 La grâce. — 27 De l'homme. — 28 *C'est... métamorphose* : add. ex. Bordeaux ; Montaigne insiste sur l'insuffisance du stoïcisme.

LA SAGESSE DE MONTAIGNE

Formé par la vie, par une réflexion constante, par l'expérience du stoïcisme et du scepticisme, Montaigne aboutit peu à peu au plein épanouissement de cette *sagesse* à laquelle la nature l'appelait, et qui aura une *profonde influence sur la pensée moderne.*

Ce qu'elle n'est pas

Il ne faut pas commettre de contresens sur les *Essais*, ni leur demander ce qu'ils ne sauraient nous donner. De toute évidence, Montaigne ne nous apprendra *ni l'enthousiasme, ni l'esprit de sacrifice.* A isoler certaines pages, nous pourrions croire que l'auteur nous prêche un conservatisme étroit (p. 235), qu'il confond l'action avec une vaine agitation (p. 238), qu'il est enclin à l'égoïsme (p. 237, l. 1-19) et fermé à certaines idées généreuses. Il manque aux *Essais* la flamme de la jeunesse : c'est l'œuvre d'un *homme mûr*, à qui *l'expérience* de la vie et des hommes a fait perdre plus d'une illusion. Plutôt qu'une morale, nous y trouverons un *art de vivre.*

Ce qu'elle est

Pour mesurer la valeur de cet *art de vivre*, songeons d'abord à la *vie de* MONTAIGNE : « J'ai mis tous mes efforts à former ma vie, voilà mon métier et mon ouvrage ». Ce n'est pas la vie d'un héros ou d'un saint, mais l'exemple rare d'une existence d'homme parfaitement *équilibrée* et singulièrement *remplie.* Le sage s'est-il retiré dans sa tour d'ivoire ? Accuserons-nous d'égoïsme un homme qui a accepté plus d'une mission importante et s'est acquitté à la satisfaction générale, dans une période troublée, de fonctions délicates ? Ce personnage considérable se livre à nous en toute simplicité : quelle leçon pour les importants ! « Toute ma petite prudence en ces guerres civiles où nous sommes, écrit-il, s'emploie à ce qu'elles n'interrompent ma liberté d'aller et venir. » Ne soyons pas dupes de sa modestie : cette « petite prudence » était une *sagesse peu commune*, exempte de toute mesquinerie. La voie de la *modération* est souvent difficile (p. 244) et périlleuse ; et la *liberté* à laquelle il tient surtout, sans négliger pour autant aucun devoir, c'est celle de *penser.*

Montaigne est déjà un « *honnête homme* » selon l'idéal du XVIIe siècle, aimable, cultivé, ouvert à tout, mais qui « ne se pique de rien ». C'est pourquoi il a séduit, à toutes les époques, tant d'esprits divers, charmés de son « commerce » : « Ah ! l'aimable homme ! qu'il est de bonne compagnie ! » dira Mme de Sévigné ; et Mme de La Fayette : « Il y a plaisir d'avoir un voisin comme lui ».

Montaigne nous apprend à *aimer la vie* et à la *goûter* pleinement. Il n'est pas de sagesse humaine supérieure à la sienne. Le *bonheur* consiste pour lui dans la réalisation complète et harmonieuse de notre nature, sans amertume et sans fièvre. « Il n'est rien si beau et si légitime que de faire bien l'homme et dûment » (p. 244). Quelle *simple grandeur* dans une pareille formule ! Pas de rêves insensés, pas de bassesse. Sagesse antique, sagesse toute simple (de plus en plus, à mesure qu'il avance en âge, Montaigne prend modèle sur *les humbles*), sagesse humaniste, bien digne de couronner le XVIe siècle. La chaleur et la générosité n'en sont pas absentes : qu'on lise les pages consacrées à *l'amitié* (p. 200). N'est-il pas remarquable d'ailleurs qu'un esprit si lucide professe en définitive un tel *optimisme*, un tel *amour de la vie* et de la *nature* (p. 242) ? Nous sentons bien qu'il s'agit là d'une *foi*, où les qualités du *cœur* complètent celles de *l'intelligence.*

MONTAIGNE CONSERVATEUR ?

MONTAIGNE ne se fait aucune illusion sur la valeur de la *coutume* et des *lois en vigueur*, et pourtant il *n'est pas révolutionnaire.* Dans son scepticisme, son horreur aussi du fanatisme et de la violence, il considère *l'ordre établi* comme un *moindre mal.* Mais c'est à condition de garder entière sa *liberté de pensée :* conservateur dans le domaine de l'action, il est de ceux dont la hardiesse d'esprit dénonce tous les préjugés, tous les abus invétérés.

Ces considérations ne détournent pourtant pas un homme d'entendement de suivre le style commun ; ains [1], au rebours, il me semble que toutes façons écartées et particulières partent plutôt de folie et d'affectation ambitieuse que de vraie raison [2], et que le sage doit au dedans retirer son âme de la presse [3], et la tenir en liberté et puissance de juger librement des choses, mais, quant au dehors, qu'il doit suivre entièrement les façons et formes reçues. La société publique n'a que faire de nos pensées [4] ; mais le demeurant, comme nos actions, notre travail, nos fortunes et notre vie propre, il la [5] faut prêter et abandonner à son service et aux opinions communes, comme ce bon et grand Socrate refusa de sauver sa vie par la désobéissance du [6] magistrat, voire d'un magistrat très injuste et très inique. Car c'est la règle des règles, et générale loi des lois, que chacun observe celles du lieu où il est [7]. (...)

En voici d'une autre cuvée [8]. Il y a grand doute, s'il se peut trouver si évident profit au changement d'une loi reçue, telle qu'elle soit [9], qu'il y a de mal à la remuer : d'autant qu'une police [10], c'est comme un bâtiment de diverses pièces jointes ensemble, d'une telle liaison qu'il est impossible d'en ébranler une, que tout le corps ne s'en sente. Le législateur des Thuriens [11] ordonna que quiconque voudrait, ou abolir une des vieilles lois, ou en établir une nouvelle, se présenterait au peuple la corde au cou : afin que si la nouvelleté [12] n'était approuvée d'un chacun, il fût incontinent étranglé. Et celui de Lacédémone [13] employa sa vie pour tirer de ses citoyens [14] une promesse assurée de n'enfreindre aucune de ses ordonnances. L'éphore qui coupa si rudement les deux cordes que Phrinys avait ajoutées à la musique [15], ne s'esmaie pas si elle en vaut mieux, ou si les accords en sont mieux remplis : il lui suffit pour les condamner que ce soit une altération de la vieille façon [16]. C'est ce que signifiait cette épée rouillée de la justice de Marseille.

Je suis dégoûté de la nouvelleté, quelque visage qu'elle porte, et ai raison [17], car j'en ai vu des effets très dommageables. Celle qui nous presse depuis tant d'ans [18], elle n'a pas tout exploité [19], mais on peut

— 1 Mais. — 2 Cf. p. 244. — 3 Du tumulte. Idée chère à Sénèque. — 4 Commenter cette opinion. — 5 Noter l'accord. — 6 En désobéissant au. (*Voire* : même). — 7 Ici une citation grecque, qui signifie : « Il est beau de se conformer aux lois du pays ». — 8 Montaigne est Bordelais ! — 9 Quelle qu'elle soit. — 10 Constitution. — 11 Zaleucus. — 12 Nouveauté (révolutionnaire). — 13 Lycurgue. — 14 Concitoyens. — 15 C'est-à-dire à la cithare (9 cordes au lieu de 7). — 16 Que pensez-vous de ce trait ? — 17 J'ai de bonnes raisons pour cela. — 18 La Réforme. — 19 *Réalisé jusqu'au bout :* la suite l'explique.

dire avec apparence, que par accident elle a tout produit et engendré : voire et les maux et ruines, qui se font depuis sans elle, et contre elle : c'est à elle à s'en prendre au nez [20],

Heu patior telis vulnera facta meis [21].

Ceux qui donnent le branle [22] à un État sont volontiers [23] les premiers absorbés en sa ruine. Le fruit du trouble ne demeure guère à celui qui l'a ému [24], il bat et brouille l'eau pour d'autres pêcheurs [25]. La liaison et contexture de cette monarchie et ce grand bâtiment [26] ayant été démis [27] et dissous, notamment sur ses vieux ans, par elle, donne tant qu'on veut d'ouverture et d'entrée à pareilles injures. La majesté royale, dit un ancien, s'avale [28] plus difficilement du sommet au milieu qu'elle ne se précipite du milieu à fond [29].

Mais si les inventeurs [30] sont plus dommageables, les imitateurs [31] sont plus vicieux, de se jeter en des exemples, desquels ils ont senti et puni l'horreur et le mal. Et s'il y a quelque degré d'honneur, même au mal faire, ceux-ci doivent aux autres la gloire de l'invention, et le courage du premier effort.

I, XXIII, De la coutume et de ne changer aisément une loi reçue.

– *Pour quelles raisons, malgré son scepticisme (cf. p. 229),* MONTAIGNE *est-il opposé au changement de l'ordre établi ? Est-il en contradiction avec lui-même ?*
– *Quelle distinction établit* MONTAIGNE *entre* « au dedans » *et* « au dehors » *(l. 1-7) ?*
– *Que pensez-vous de cette attitude ? En quoi est-elle en relation avec la situation contemporaine ?*
– *Relevez des formules : a) d'un conservatisme étroit ; – b) d'une profonde sagesse politique.*
• **Rapprochements.** XVIIe SIÈCLE : PASCAL, page 154. – XVIIIe SIÈCLE : MONTESQUIEU, *Esprit des Lois,* p. 95.

Les guerres de religion

Tandis que la haine et la violence se déchaînent autour de lui, Montaigne garde une *entière lucidité.* Dans les luttes qui déchirent la France, la question religieuse n'est plus qu'un prétexte : *passions* et *convoitises* se donnent libre cours. Il nous semble entendre la voix même de la *raison :* n'est-il pas *admirable* qu'un contemporain ait su porter un jugement si *juste?* (§ 1 et 3 : 1580 ; § 2 : add. ex. Bordeaux).

Et nous trouvons étrange si, aux guerres qui pressent à cette heure notre État, nous voyons flotter les événements et diversifier [1] d'une manière commune et ordinaire. C'est que nous n'y apportons rien que le nôtre [2]. La justice qui est en l'un des partis, elle n'y est que pour ornement et couverture [3] ; elle y est bien alléguée, mais elle n'y est ni reçue, ni logée, ni épousée ; elle y est comme dans la bouche de l'avocat, non comme dans le cœur et affection [4] de la partie. Dieu doit son secours extraordinaire à la foi et à la religion, non pas à nos passions. Les hommes y sont conducteurs et s'y servent de la religion : ce devrait être tout le contraire.

— 20 S'en prendre à elle-même (expression pittoresque). — 21 « Hélas ! je suis blessé par mes propres armes » (Ovide, *Héroïdes,* II, 48). — 22 Ébranlent. — 23 D'ordinaire. — 24 Provoqué. — 25 Cf. « pêcher en eau trouble ». — 26 Reprise de la métaphore, l. 16-18. — 27 *Disloqué ;* latinisme pour « la dislocation et la dissolution de... » ; noter aussi l'*accord* conforme aux usages latins. — 28 Descend. — 29 Commenter cette réflexion. — 30 Initiateurs. — 31 Allusion probable aux ligueurs, aussi dangereux pour l'État que les protestants. Add. ex. Bordeaux (*La majesté... effort*). —

— 1 Varier. — 2 Nos passions. — 3 Prétexte. — 4 Sentiments.

Sentez si ce n'est pas par nos mains que nous la menons, à tirer comme de cire tant de figures contraires d'une règle si droite et si ferme. Quand c' [5] est-il vu mieux qu'en France en nos jours ? Ceux qui l'ont prise à gauche, ceux qui l'ont prise à droite, ceux qui en disent le noir, ceux qui en disent le blanc l'emploient si pareillement à leurs violentes et ambitieuses entreprises, s'y conduisent d'un progrès [6] si conforme en débordement et injustice, qu'ils rendent douteuse et malaisée à croire la diversité qu'ils prétendent de leurs opinions en choses de laquelle dépend la conduite et loi de notre vie. Peut-on voir partir de même école et discipline des mœurs plus unies, plus unes [7] ? (...)

Confessons la vérité : qui trierait de l'armée, même légitime [8] et moyenne, ceux qui y marchent par le seul zèle d'une affection [9] religieuse, et encore ceux qui regardent seulement la protection des lois de leur pays ou service du Prince, il n'en saurait bâtir une compagnie de gendarmes [10] complète. D'où vient cela, qu'il s'en trouve si peu qui aient maintenu même volonté et même progrès en nos mouvements [11] publics, et que nous les voyons tantôt n'aller que le pas, tantôt y courir à bride avalée [12] ; et mêmes hommes tantôt gâter nos affaires par leur violence et âpreté, tantôt par leur froideur, mollesse et pesanteur, si ce n'est qu'ils y sont poussés par des considérations particulières et casuelles [13] selon la diversité desquelles ils se remuent ?

II, XII.

L'indépendance

Savoir rester libre : tel est l'idéal de MONTAIGNE. Ne nous hâtons pas de l'accuser d'égoïsme : en fait il s'est acquitté de tous ses devoirs d'homme et de citoyen. Son besoin naturel d'indépendance, confirmé par l'expérience d'une époque troublée, est devenu, au contact de la philosophie stoïcienne, un véritable *art de vivre*. La passion est mauvaise conseillère ; et c'est ici que la sagesse de Montaigne devient vraiment profonde : notre *liberté*, nous devons la défendre aussi *contre nous-mêmes*.

Mon opinion est qu'il faut se prêter à autrui et ne se donner qu'à soi-même. Si ma volonté se trouvait aisée à s'hypothéquer [1] et à s'appliquer, je n'y durerais pas : je suis trop tendre, et par nature et par usage,

Fugax rerum, securaque in otia natus [2].

Les débats contestés et opiniâtrés qui donneraient enfin avantage à mon adversaire, l'issue qui rendrait honteuse ma chaude poursuite [3], me rongerait à l'aventure [4] bien cruellement. Si je mordais à même, comme font les autres, mon âme n'aurait jamais la force de porter [5] les alarmes et émotions qui suivent ceux qui embrassent tant ; elle serait incontinent disloquée par cette agitation intestine. Si quelquefois on m'a poussé au maniement d'affaires étrangères, j'ai promis de les prendre en main, non pas au poumon et au foie ; de m'en charger, non de les

— 5 Cela (préciser le sens). — 6 Façon d'agir (cf. l. 23). — 7 Plus conformes, plus identiques. — 8 Régulière. — 9 Ardeur. — 10 Hommes d'armes. — 11 Troubles. — 12 *Abattue*. Noter la métaphore. — 13 Livrées au hasard.

— 1 S'aliéner. — 2 « Ennemi des tracas, né pour les loisirs paisibles. » (Ovide, *Tristes*, III, II, 9). — 3 De quelle sorte de débats s'agit-il ? — 4 Le cas échéant. — 5 Supporter. —

incorporer ; de m'en soigner [6], oui, de m'en passionner, nullement : j'y regarde, mais je ne les couve point [7]. J'ai assez affaire à disposer et ranger la presse domestique [8] que j'ai dans mes entrailles et dans mes veines, sans y loger et me fouler d'une presse étrangère ; et suis assez intéressé de mes affaires essentiels, propres et naturels [9], sans en convier d'autres forains [10]. Ceux qui savent combien ils se doivent et de combien d'offices ils sont obligés à eux [11], trouvent que nature leur a donné cette commission [12] pleine assez et nullement oisive. Tu as bien largement affaire chez toi, ne t'éloigne pas.

Les hommes se donnent à louage. Leurs facultés ne sont pas pour eux, elles sont pour tous ceux à qui ils s'asservissent ; leurs locataires sont chez eux, ce ne sont pas eux [13]. Cette humeur commune ne me plaît pas : il faut ménager [14] la liberté de notre âme et ne l'hypothéquer qu'aux occasions justes ; lesquelles sont en bien petit nombre, si nous jugeons sainement. Voyez les gens appris à [15] se laisser emporter et saisir : ils le font partout, aux petites choses comme aux grandes, à ce qui ne les touche point comme à ce qui les touche ; ils s'ingèrent indifféremment où il y a de la besogne et de l'obligation, et sont sans vie quand ils sont sans agitation tumultuaire. *In negotiis sunt negotii causa.* Ils ne cherchent la besogne que pour embesognement [16]. Ce n'est pas qu'ils veuillent aller, tant comme c'est qu'ils ne se peuvent tenir [17]. Ni plus ni moins qu'une pierre ébranlée en sa chute, qui ne s'arrête jusqu'à tant qu'elle se couche. L'occupation [18] est à certaine manière de gens marque de suffisance [19] et de dignité. Leur esprit cherche son repos au branle [20], comme les enfants au berceau. Ils se peuvent dire autant serviables à leurs amis comme importuns à eux-mêmes [21]. Personne ne distribue son argent à autrui, chacun y [22] distribue son temps et sa vie ; il n'est rien de quoi nous soyons si prodigues que de ces choses-là, desquelles seules l'avarice nous serait utile et louable.

Je prends une complexion toute diverse [23]. Je me tiens sur moi, et communément désire mollement ce que je désire, et désire peu ; m'occupe et m'embesogne de même : rarement et tranquillement. Tout ce qu'ils veulent et conduisent, ils le font de toute leur volonté et véhémence. Il y a tant de mauvais pas que, pour le plus sûr, il faut un peu légèrement et superficiellement couler [24] ce monde. Il le faut glisser, non pas s'y enfoncer. La volupté même est douloureuse en sa profondeur. (...)

Montaigne montre ensuite qu'un certain détachement est le meilleur moyen de réussir :

Cette âpreté et violence de désir empêche, plus qu'elle ne sert, à la conduite de ce qu'on entreprend, nous remplit d'impatience envers les événements ou contraires ou tardifs, et d'aigreur et de soupçon envers ceux avec qui nous négocions. Nous ne conduisons jamais bien la chose de laquelle nous sommes possédés et conduits [25]. (...) Celui qui n'y emploie que son jugement et son adresse, il y procède plus gaiement : il feint, il ploie, il diffère tout à son aise, selon le

---

6 Soucier. — 7 Montaigne a l'art de ces distinctions de termes ; cf. p. 217, l. 38-40. — 8 Tumulte intérieur. — 9 *Affaire* au masc. — 10 Extérieurs. — 11 Tenus envers eux-mêmes. — 12 Charge. — 13 Ils se laissent envahir complètement par ceux à qui ils se sont *loués*. — 14 *Aménager*, d'où *préserver*. — 15 Qui ont pris l'habitude de. — 16 Traduction de la citation de Sénèque (*Lettres*, XXII), que Montaigne suit de près dans ce passage. — 17 Qu'ils ne peuvent rester en place. — 18 Le fait d'être sans cesse affairé. — 19 Capacité. — 20 Dans l'agitation. — 21 Les devoirs envers soi-même sont essentiels pour Montaigne. — 22 A autrui. — 23 Une attitude tout opposée. — 24 La suite explique ce mot. — 25 *Conduisons... conduits :* « sententia » (formule frappante) à la manière de Sénèque. —

besoin des occasions ; il faut d'atteinte [26] sans tourment et sans affliction, prêt et entier pour une nouvelle entreprise ; il marche toujours la bride à la main. En celui qui est enivré de cette intention [27] violente et tyrannique, on voit par nécessité beaucoup d'imprudence et d'injustice ; l'impétuosité de son désir l'emporte : ce sont mouvements téméraires [28], et, si fortune n'y prête beaucoup, de peu de fruit. (...) Non seulement la colère trouble, mais de soi elle lasse aussi les bras de ceux qui châtient. Ce feu étourdit et consomme leur force. Comme en la précipitation *festinatio tarda est* [29], la hâtiveté se donne elle-même la jambe [30], s'entrave et s'arrête. *Ipsa se velocitas implicat* [31]. Pour exemple, selon ce que j'en vois par usage ordinaire, l'avarice n'a point de plus grand détourbier [32] que soi-même : plus elle est tendue et vigoureuse, moins elle est fertile. Communément elle attrape plus promptement les richesses, masquée d'une image de libéralité.

III, x, De ménager sa volonté.

– *Résumez les idées contenues dans les deux extraits ; montrez en quoi elles se complètent.*
– *Quelle objection pourrait-on faire à* MONTAIGNE *? A votre avis, comprend-il les hommes d'action ?*
– *Commentez la dernière partie en distinguant : a) les constatations ; – b) les conseils.*
– *Relevez les expressions empruntées à la langue des affaires ; pourquoi* MONTAIGNE *s'en sert-il ?*
– ***Essai.*** *Le tempérament de* MONTAIGNE *d'après l'ensemble des extraits.*
– ***Exposé.*** MONTAIGNE *et les autres hommes, d'après les p. 237-244.*
– ***Débat.*** *Pour ou contre la recherche de l'indépendance à la manière de* MONTAIGNE. *Que pensez-vous de sa conception des rapports entre l'individu et la société ?*
• **Comparaison.** En quoi reconnaît-on le même esprit dans l'extrait suivant *(La liberté)* que dans celui-ci ? Quel nouvel aspect y apparaît ? Quelle est, selon vous, l'importance de ces lignes ?

La liberté

Nul juge n'a encore, Dieu merci, parlé à moi comme juge, pour quelque cause que ce soit, ou mienne ou tierce, ou criminelle ou civile. Nulle [1] prison m'a reçu [2], non pas seulement pour m'y promener. L'imagination m'en rend la vue, même du dehors, déplaisante. Je suis si affadi après [3] la liberté que, qui me défendrait [4] l'accès de quelque coin des Indes, j'en vivrais aucunement [5] plus mal à mon aise. Et tant que je trouverai terre ou air ouvert ailleurs, je ne croupirai en lieu où il me faille cacher. Mon Dieu ! que mal pourrais-je souffrir la condition où je vois tant de gens, cloués à un quartier de ce royaume, privés de l'entrée des villes principales et des cours et de l'usage des chemins publics, pour avoir querellé nos lois ! Si celles que je sers me menaçaient seulement le bout du doigt, je m'en irais incontinent en trouver d'autres, où que ce fût. Toute ma petite prudence en ces guerres civiles où nous sommes s'emploie à ce qu'elles n'interrompent ma liberté d'aller et venir.

III, XIII, De l'expérience.

---

26 S'il échoue (n'atteint pas son but), c'est... — 27 Tension du désir. — 28 Inconsidérés. — 29 « La hâte est source de retard. » (Quinte-Curce). — 30 Se donne un croc-en-jambe. — 31 « La rapidité s'entrave elle-même. » (Sénèque, *Lettres*, XLIV). — 32 Obstacle.

— 1 Cf. App. II, B 1. — 2 Montaigne écrit cela (édition de 1588) avant d'avoir été embastillé (cf. p. 194). — 3 Ardemment épris de. — 4 *Si l'on* me défendait. — 5 Préciser le sens de ce mot.

Sachons rester nous-mêmes

C'est une leçon de *modestie* que nous donne ici MONTAIGNE. Quel que soit le rôle qu'il joue, un homme n'est jamais qu'un homme : ne l'oublions pas. Ne pas nous prendre exagérément au sérieux, c'est aussi un moyen *d'éviter tout fanatisme.*

La plupart de nos vacations [1] sont farcesques [2]. *Mundus universus exercet histrioniam* [3]. Il faut jouer dûment notre rôle, mais comme rôle d'un personnage emprunté. Du masque et de l'apparence il n'en faut pas faire une essence réelle, ni de l'étranger le propre [4]. Nous ne savons pas distinguer la peau de la chemise. C'est assez de s'enfariner le visage, sans s'enfariner la poitrine [5]. J'en vois qui se transforment et se transsubstantient en autant de nouvelles figures et de nouveaux êtres qu'ils entreprennent de charges, et qui se prélatent [6] jusques au foie et aux intestins, et entraînent leur office [7] jusques en leur garde-robe. Je ne puis leur apprendre à distinguer les bonnetades [8] qui les regardent de celles qui regardent leur commission, ou leur suite, ou leur mule [9]. « *Tantum se fortunae permittunt, etiam ut naturam dediscant* [10] ». Ils enflent et grossissent leur âme et leur discours naturel, selon la hauteur de leur siège magistral. Le maire et Montaigne ont toujours été deux, d'une séparation bien claire [11]. Pour être [12] avocat ou financier, il n'en faut pas méconnaître la fourbe [13] qu'il y a en telles vacations ; un honnête homme n'est pas comptable du vice ou sottise de son métier, et ne doit pourtant en refuser l'exercice ; c'est l'usage de son pays, et il y a du profit ; il faut vivre du monde, et s'en prévaloir, tel qu'on le trouve [14]. Mais le jugement d'un empereur doit être au-dessus de son empire, et le voir et considérer comme accident étranger [15], et lui doit savoir jouir de soi à part [16], et se communiquer [17], comme Jacques et Pierre, au moins à soi-même.

Je ne sais pas m'engager si profondément et si entier ; quand ma volonté me donne à un parti, ce n'est pas d'une si violente obligation que mon entendement s'en infecte [18]. Aux présents brouillis [19] de cet État, mon intérêt ne m'a fait méconnaître ni les qualités louables en nos adversaires, ni celles qui sont reprochables [20] en ceux que j'ai suivis. Ils adorent tout ce qui est de leur côté ; moi je n'excuse pas seulement [21] la plupart des choses qui sont du mien [22] ; un bon ouvrage ne perd pas ses grâces pour plaider contre moi. Hors le nœud du débat [23], je me suis maintenu en équanimité [24] et pure indifférence ;

Neque, extra necessitates belli, præcipuum odium gero [25] *:*

de quoi je me gratifie [26] d'autant que je vois communément faillir au contraire [27].

III, x.

— 1 Occupations. — 2 De pure comédie. — 3 « Le monde entier joue la comédie. » (Pétrone). — 4 A expliquer. — 5 Se « grimer » le cœur. — 6 Font les prélats. — 7 Leur fonction (cf. plus bas : *commission*). — 8 Coups de chapeau. — 9 Cf. La Fontaine : *L'âne portant des reliques*. — 10 « Ils se livrent à leur fortune au point d'en oublier leur nature. » (Quinte-Curce). — 11 Cf. p. 205. — 12 Parce qu'on est. — 13 La fourberie. — 14 Sagesse toute pratique. — 15 Formule stoïcienne. — 16 Abstraction faite de la qualité d'empereur. 17 Se confier. — 18 S'en imprègne complètement. — 19 *Dans les... troubles*. — 20 *Qualités*, à cette époque, n'a pas forcément un sens favorable. — 21 Je condamne même. — 22 Cf. p. 236. — 23 La foi catholique. — 24 Impartialité. — 25 « Et, hormis les nécessités de la guerre, je ne nourris aucune haine spéciale ». — 26 Je me félicite. — 27 Commettre la faute opposée à cette attitude.

« *Nature est un doux guide* »

« Fais ce que tu fais », telle est la première leçon de ce texte. Sachons *nous détendre et nous distraire ;* ne méprisons pas au profit des grandes entreprises et des vastes pensées les *plaisirs simples* de la vie. N'est-il pas plus important de *savoir vivre* que de conquérir le monde? Ainsi l'épicurisme et le naturalisme de MONTAIGNE aboutissent à cet idéal : « *vivre à propos* » en prenant la *nature* pour guide.

Quand je danse, je danse ; quand je dors, je dors ; voire et [1] quand je me promène solitairement en un beau verger, si mes pensées se sont entretenues des occurrences étrangères [2] quelque partie du temps, quelque autre partie je les ramène à la promenade, au verger, à la douceur de cette solitude, et à moi [3].

Nature a maternellement observé cela, que les actions qu'elle nous a enjointes pour notre besoin nous fussent aussi voluptueuses ; et nous y convie, non seulement par la raison, mais aussi par l'appétit [4] ; c'est injustice de corrompre ses règles. Quand je vois et César, et Alexandre, au plus épais de sa [5] grande besogne, jouir si pleinement des plaisirs naturels et par conséquent nécessaires et justes, je ne dis pas que ce soit relâcher son âme, je dis que c'est la roidir, soumettant par vigueur de courage [6] à l'usage de la vie ordinaire ces violentes occupations et laborieuses pensées ; sages, s'ils eussent cru que c'était là leur ordinaire vacation [7], cette-ci [8] l'extraordinaire. Nous sommes de grands fols : « Il a passé sa vie en oisiveté », disons-nous : « Je n'ai rien fait d'aujourd'hui. » Quoi ! avez-vous pas vécu ? c'est non seulement la fondamentale, mais la plus illustre [9] de vos occupations. « Si on m'eût mis au propre des grands maniements [10], j'eusse montré ce que je savais faire ». Avez-vous su méditer et manier votre vie? vous avez fait la plus grande besogne de toutes ; pour se montrer et exploiter [11], nature n'a que faire de fortune [12] ; elle se montre également en tous étages, et derrière [13], comme sans rideau. Composer nos mœurs est notre office [14], non pas composer des livres, et gagner, non pas des batailles et provinces, mais l'ordre et tranquillité à notre conduite [15]. Notre grand et glorieux chef-d'œuvre, c'est vivre à propos. Toutes autres choses, régner, thésauriser, bâtir, n'en sont qu'appendicules et adminicules [16] pour le plus. C'est aux petites âmes, ensevelies du poids des affaires, de ne s'en savoir purement démêler, de ne les savoir et laisser et reprendre.

III, XIII.

— 1 Et aussi. — 2 Se sont consacrées à des réflexions sans rapport avec cette promenade. — 3 Quelle impression vous laissent ces lignes ? — 4 Le désir. — 5 Noter *l'accord.* — 6 Morale (de *cœur*). — 7 Occupation. — 8 *Celle-ci :* leurs conquêtes. Dégager la *leçon morale.* — 9 Celle qui vous fait le plus honneur. — 10 A même de brasser de grandes affaires. — 11 *S'exploiter :* porter tous ses fruits. — 12 Pour l'absence d'article, cf. App. II, A 1. — 13 Derrière un rideau. — 41 Fonction, devoir. — 15 Commenter l'emploi des mots *manier, composer, gagner.* — 16 Appendices et compléments (*étais*).

« POUR MOI DONC, J'AIME LA VIE »

Il ne faut point « passer » le temps, mais savoir jouir des moments heureux. MONTAIGNE est expert en *l'art de goûter la vie.* Si intelligent, si raffiné que soit son épicurisme, il ne suffit pas à expliquer les *accents si beaux* qui terminent ce texte : cet *amour de la vie* vient d'une source plus profonde, la *foi* dans la *Nature* qui se confond avec *Dieu.*

J'ai un dictionnaire tout à part moi [1] : je passe le temps quand il est mauvais et incommode ; quand il est bon, je ne le veux pas passer, je le retâte [2], je m'y tiens. Il faut courir le mauvais et se rasseoir [3] au bon. Cette phrase [4] ordinaire de « passe-temps » et de « passer le temps » représente l'usage de ces prudentes gens qui ne pensent point avoir meilleur compte [5] de leur vie que de la couler et échapper [6], de la passer, gauchir [7] et, autant qu'il est en eux, ignorer et fuir, comme chose de qualité ennuyeuse [8] et dédaignable. Mais je la connais autre, et la trouve et prisable et commode [9], voire en son dernier décours [10], où je la tiens ; et nous l'a nature mise en main, garnie de telles circonstances, et si favorables, que nous n'avons à nous plaindre qu'à nous si elle nous presse [11] et si elle nous échappe inutilement : *Stulti vita ingrata est, trepida est, tota in futurum fertur* [12]. Je me compose [13] pourtant à la perdre sans regret, mais comme perdable de sa condition, non comme moleste [14] et importune. Aussi ne sied-il proprement bien de ne se déplaire à mourir qu'à ceux qui se plaisent à vivre. Il y a du ménage à la jouir [15] ; je la jouis au double des autres, car la mesure en la jouissance dépend du plus ou moins d'application que nous y prêtons. Principalement à cette heure que j'aperçois la mienne si brève en temps, je la veux étendre en poids ; je veux arrêter la promptitude de sa fuite par la promptitude de ma saisie, et, par la vigueur de l'usage, compenser la hâtiveté de son écoulement ; à mesure que la possession du vivre est plus courte, il me la faut rendre plus profonde et plus pleine [16].

Les autres sentent la douceur d'un contentement et de la prospérité ; je la sens ainsi qu'eux, mais ce n'est pas en passant et glissant : si la faut-il étudier [17], savourer et ruminer, pour en rendre grâces condignes [18] à celui qui nous l'octroie. Ils jouissent les autres plaisirs comme ils font

— 1 Préciser le sens d'après la suite. — 2 (Goûte et) *regoûte*, savoure. — 3 S'installer (« faire durer le plaisir »). — 4 Expression. — 5 *Usage.* Noter l'ironie du mot *prudentes* (sages). — 6 Laisser couler et échapper. — 7 Esquiver. — 8 Sens fort ; cf. App. I, G 2. — 9 Avantageuse. — 10 *Déclin.* Montaigne écrit cela en 1587 : est-il si âgé ? — 11 Pèse. — 12 « La vie du sot est aride, inquiète, tournée tout entière vers l'avenir » (Sénèque, *Lettres*, XV). — 13 Je me mets en mesure de. — 14 *Pénible.* Opposer Ronsard, *Hymne de la mort*, p. 149. — 15 C'est tout un art (*économie*) de savoir en jouir. Noter la constr. trans. de *jouir.* — 16 Montrer comment Montaigne veut se défendre contre la vieillesse. — 17 *Aussi bien, il faut l'étudier.* Commenter les images, l. 25-26. — 18 Proportionnées (à son bienfait).

celui du sommeil, sans les connaître. A celle fin [19] que le dormir même ne m'échappât ainsi stupidement, j'ai autrefois trouvé bon qu'on me le troublât pour que je l'entrevisse [20]. Je consulte d' [21] un contentement avec moi, je ne l'écume pas [22] ; je le sonde et plie ma raison à le recueillir, devenue chagrine et dégoûtée. Me trouvé-je en quelque assiette [23] tranquille ? Y a-t-il quelque volupté qui me chatouille ? Je ne la laisse pas friponner aux sens [24] : j'y associe mon âme ; non pas pour s'y engager [25], mais pour s'y agréer ; non pas pour s'y perdre, mais pour s'y trouver [26]. Et l'emploie de sa part [27] à se mirer dans ce prospère état, à en peser et estimer le bonheur et amplifier [28]. Elle mesure combien c'est qu'elle doit à Dieu d'être en repos de sa conscience et d'autres passions intestines, d'avoir le corps en sa disposition [29] naturelle, jouissant ordonnément et compétemment [30] des fonctions molles [31] et flatteuses, par lesquelles il lui plaît compenser de sa grâce les douleurs de quoi sa justice nous bat à son tour ; combien lui vaut [32] d'être logée en tel point que, où qu'elle jette sa vue, le ciel est calme autour d'elle : nul désir, nulle crainte ou doute qui lui trouble l'air, aucune difficulté passée, présente, future, par dessus laquelle son imagination ne passe sans offense [33]. Cette considération prend grand lustre de la comparaison des conditions différentes. Ainsi, je me propose [34], en mille visages, ceux que la fortune ou que leur propre erreur emporte et tempête [35] ; et encore ceux-ci, plus près de moi, qui reçoivent si lâchement et incurieusement [36] leur bonne fortune. Ce sont gens qui passent voirement [37] leur temps ; ils outrepassent le présent et ce qu'ils possèdent [38], pour servir à [39] l'espérance et pour des ombrages [40] et vaines images que la fantaisie leur met au-devant [41],

Morte obita quales fama est volitare figuras,
Aut quæ sopitos deludunt somnia sensus [42],

lesquelles hâtent et allongent leur fuite à même [43] qu'on les suit. Le fruit et but de leur poursuite, c'est poursuivre, comme Alexandre disait que la fin de son travail, c'était travailler,

Nil actum credens cum quid superesset agendum [44],

Pour moi donc, j'aime la vie et la cultive telle qu'il a plu à Dieu nous

— 19 Afin (à *cette* fin). — 20 A expliquer. Quel épicurisme raffiné ! — 21 Médite. — 22 Au lieu de ne le goûter qu'en surface (*écume*). — 23 État. — 24 Dérober (*accaparer*, dirions-nous) par les sens. — 25 Pour qu'elle s'y engage (complètement). — 26 Montaigne ne veut pas non plus être l'esclave du plaisir : cf. p. 238, l. 43-4. — 27 Pour sa part. — 28 Tandis que, trop souvent, nous n'approfondissons que nos ennuis. — 29 Santé. — 30 Méthodiquement et pleinement. — 31 Agréables. — 32 (Elle mesure) combien il lui est précieux. — 33 *Sans en être atteinte*. La paix de l'âme ainsi évoquée est l'état que les anciens nommaient ataraxie (absence de trouble). — 34 Je me représente. — 35 Bouleverse. — 36 Avec si peu d'ardeur et d'intérêt. — 37 Vraiment (au sens péjoratif du mot *passer*). — 38 « *Carpe diem* » (cueille le jour), disait Horace. — 39 S'asservir à. — 40 Ombres. — 41 Que l'imagination leur présente. — 42 « Semblables aux ombres qui voltigent, dit-on, après la mort, ou aux songes qui déçoivent nos sens endormis » (Virgile, *Enéide*, X, 641-2). — 43 A mesure. — 44 « Croyant n'avoir rien fait tant qu'il restait quelque chose à faire ». (Lucain, II, 657). —

l'octroyer [45]. Je ne vais pas désirant qu'elle eût à dire [46] la nécessité de boire et de manger, et me semblerait faillir non moins excusablement [47] de désirer qu'elle l'eût double (*sapiens divitiarum naturalium quæsitor acerrimus* [48]) ; ni que nous nous sustentassions mettant seulement en la bouche un peu de cette drogue par laquelle Epiménide [49] se privait d'appétit et se maintenait(...) ; ni que le corps fût sans désir et sans chatouillement. Ce sont plaintes ingrates et iniques. J'accepte de bon cœur, et reconnaissant [50], ce que nature a fait pour moi ; et m'en agrée et m'en loue ; on fait tort à ce grand et tout-puissant Donneur de refuser son don, l'annuler et défigurer. Tout bon, il a fait tout bon : *Omnia quæ secundum naturam sunt, æstimatione digna sunt* [51](...)Nature est un doux guide, mais non pas plus doux que prudent et juste. III, XIII.

– *Expliquez avec précision comment* MONTAIGNE *s'organise pour jouir de la vie.*
– *Exposez la conception du bonheur selon* MONTAIGNE. *Ne pourrait-elle être plus pleine ?*
– *Comment* MONTAIGNE *accepte-t-il de vieillir ? Comment faut-il, selon lui, remédier à la vieillesse ?*
– *L'hymne final à* la Nature. *A quoi tient : a) sa sagesse ? – b) sa noblesse ?*
• **Groupe thématique : Bonheur.** Le bonheur selon MONTAIGNE d'après les pages 237-244.

Sagesse humaine

Voici le dernier mot de la sagesse de Montaigne, sagesse *à la taille de l'homme*, modeste et en même temps pleine de grandeur : sachons *accepter* notre nature avec ses limites, mais pour la *réaliser pleinement ;* sagesse *antique* aussi, et sagesse déjà *classique :* « La parfaite raison fuit toute extrémité » dira Molière (*Misanthrope*, v. 151) ; et Pascal : « L'homme n'est ni ange ni bête, et le malheur veut que qui veut faire l'ange fait la bête. » (*Pensées*, éd. Brunschvicg, 358).

Le peuple se trompe : on va bien plus facilement par les bouts, où l'extrémité sert de borne d'arrêt et de guide, que par la voie du milieu, large et ouverte [1], et selon l'art que selon nature, mais bien moins noblement aussi, et moins recommandablement. La grandeur de l'âme n'est pas tant tirer à mont [2] et tirer avant comme savoir se ranger et circonscrire. Elle tient pour grand tout ce qui est assez, et montre sa hauteur à aimer mieux les choses moyennes que les éminentes. Il n'est rien si beau et légitime que de faire bien l'homme et dûment, ni science si ardue que de bien et naturellement savoir vivre cette vie ; et de nos maladies la plus sauvage c'est mépriser notre être. (...)

C'est une absolue perfection, et comme divine, de savoir jouir loyalement de son être. Nous cherchons d'autres conditions, pour n'entendre [3] l'usage des nôtres, et sortons hors de nous, pour ne savoir quel il y fait [4]. Si avons-nous beau [5] monter sur des échasses, car sur des échasses encore faut-il marcher de nos jambes [6]. (...)

Les plus belles vies sont, à mon gré, celles qui se rangent au modèle commun et humain, avec ordre, mais sans miracle et sans extravagance.

III, XIII.

45 Commenter cette belle maxime. — 46 Qu'il lui manquât. — 47 Commettre une erreur plus excusable. — 48 « Le sage est un chercheur infatigable des richesses naturelles » (Sénèque, *Lettres*, CXIX). — 49 L'un des sept sages de la Grèce. — 50 *Et reconnaissant :* add. ex. Bordeaux. *Tout bon... sunt :* idem. Que conclure de ces additions ? — 51 Tout ce qui est selon la nature est digne d'estime » (Cicéron, *De Finibus*, III, VI).

— 1 En est-elle plus aisée ou plus difficile à suivre ? — 2 Chercher à s'élever. — 3 Parce que (cf. *pour* ne savoir) nous ne comprenons pas. — 4 Comment vont les choses, en nous. — 5 Mais il est vain de. — 6 C'est toujours le bon sens savoureux et imagé de Montaigne.

APPENDICE

LA LANGUE DU XVIᵉ SIÈCLE

Évolution C'est le XVIIᵉ siècle qui fixera notre langue dans ses grandes lignes ; la langue du XVIᵉ (*moyen français*, depuis le début du XIVᵉ siècle) est encore *en pleine évolution*. Elle s'achemine peu à peu vers le français moderne, non sans à-coups d'ailleurs : les poètes de la Pléiade, généralement heureux dans leurs efforts pour enrichir la langue, risquent pourtant des nouveautés qui se révéleront caduques ; d'où la remarque de LA BRUYÈRE : « MAROT semble avoir écrit depuis RONSARD. » A la cour d'HENRI III, la *manie d'italianiser* introduit un étrange jargon, que raille D'AUBIGNÉ (cf. p. 179). A la même époque les hardiesses du *style baroque*, les *gasconismes* de MONTAIGNE et surtout l'extrême *originalité de son style* semblent rompre la continuité de l'évolution. En fait ce sont les *Discours* de RONSARD (1562-3) qui nous paraissent le plus près de nous : ils annoncent directement la langue de MALHERBE et de VAUGELAS.

Triomphe du français Le XVIᵉ siècle voit le triomphe définitif du *français* comme *langue littéraire*, et même *théologique* (CALVIN). Les ouvrages théoriques de DU BELLAY (*Défense et Illustration*) et d'HENRI ESTIENNE sont confirmés par toute la production littéraire. D'autre part, un acte de l'autorité royale consacre le français comme *langue administrative : l'ordonnance de Villers-Cotterets* (1539) prescrit en effet son usage exclusif dans les actes juridiques.

I. MORPHOLOGIE

A. L'orthographe L'orthographe est *très hésitante :* il n'est pas rare de trouver le même mot, dans un même ouvrage, écrit de façons différentes à quelques lignes d'intervalle. L'emploi respectif d'*i* et *y*, *s* et *z* est mal déterminé. On pratique souvent une orthographe faussement étymologique : *savoir* vient du latin *sapere ;* on écrit pourtant *sçavoir*, par analogie avec *scire*, qui a le même sens en latin. En 1542, Louis MEIGRET propose une réforme rationnelle de l'orthographe ; RONSARD est tenté, mais, sous l'influence de DU BELLAY, il s'en tiendra finalement à l'usage courant. Ainsi est perdue, sans doute pour toujours, l'occasion d'unifier et de simplifier l'orthographe de notre langue.

B. La prononciation 1. La diphtongue *oi* est prononcée *ouè : bois* rime avec *François* (Français) ; pourtant, dans la seconde moitié du siècle, les courtisans commencent à prononcer *Francès :* Henri Estienne y voit une « très sotte mignardise ». C'est également la cour qui lance la prononciation actuelle pour les terminaisons de l'imparfait et du conditionnel : *étèt, serèt.* Quant à l'orthographe *-ois, -oit, -oient,* elle subsistera jusqu'au début du xixe siècle.

2. La rime *couver—ver* (Ronsard, p. 130, v. 21-24) est alors une rime véritable, et non pas une rime pour l'œil : on prononce *couvèr* en faisant sentir l'*r*, *ai-mèr* comme *mer.* Cette prononciation se conservera au xviie siècle dans la diction littéraire et théâtrale (rimes « de Chartres »).

C. Adjectifs 1. Féminin des adjectifs du type *grand, tel* (adjectifs latins en *-is*, cf. *Moyen Age*, App. xix b) : la forme actuelle du féminin achève de s'imposer pendant la 1re moitié du xvie siècle. Chez Marot le féminin est encore semblable au masculin : « la *grand* amie ». Mais chez Ronsard, « navré d'une *grand'* plaie » est une *licence poétique.*

2. Chez Montaigne on trouve quelques adjectifs dont la *forme féminine actuelle* sert pour *les deux genres :* « en compte *publique ;* homme si *décrépite* ».

D. Genre des noms De nombreux substantifs n'ont pas encore leur genre actuel ; dans bien des cas, l'usage du xvie siècle est resté conforme à celui du latin (*art, navire, Loire*); on constate d'ailleurs des hésitations : le genre d'un mot varie d'un écrivain à l'autre, et parfois chez le même auteur. — Exemples :

a) *amour, art, navire* au féminin.
b) *affaire, épithète, Loire, rencontre* au masculin.

E. Démonstratifs 1. Des formes de l'ancienne langue restent en usage : *icelui* (Rabelais), *cestui* ou *cettui ; ce* employé comme pronom tonique : « *ce* fait » (une fois cela fait) chez Rabelais, « pour *ce* » (pour cela). — *Ici* est employé fréquemment là où nous dirions *-ci :* « ces moitiez *icy* » (Montaigne).

2. La distinction entre formes de *pronom* et formes d'*adjectif* n'est pas encore établie : « à *celle* fin ; *cette-ci* ».

F. Prépositions et adverbes 1. La distinction entre *sur* (préposition) et *dessus* (adverbe), *sous* et *dessous*, etc... ne s'imposera qu'au xviie s. Marot : « le Lion... saillit *dehors* sa caverne ».

2. Des prépositions comme *à, de, par*, ont des sens et des emplois plus variés qu'aujourd'hui. Exemples : « la loge *au* (du) berger » (D'Aubigné), « *à* ce que » (pour ce que = pour que) chez Montaigne ; « les met *d'*ordre (avec) en javelle » (Du Bellay) ; « ...leur nom est sans nom *par* (parmi) les historiens » (D'Aubigné).

G. Termes vieillis ou disparus 1. Des prépositions, adverbes et conjonctions comme *emmi* (au milieu de) ; *onc* ou *onques* (jamais) ; *ains* ou *ainçois* (mais), *si* (pourtant ou ainsi) ; *si que* (si bien que), *combien que* (bien que)... L'article contracté *ès* (en les) demeure très vivant au xvie siècle.

2. De nombreux mots ont disparu de l'usage : ainsi le verbe *ramentevoir* (rappeler), qui se conjugue comme *recevoir ;* des noms comme *coupeau* (sommet), *toufeau* (touffe), etc... — D'autres mots sont pris dans une acception qu'ils n'ont plus aujourd'hui : *or* (maintenant), *suffisance* (capacité), etc... — Ou encore leur sens s'est affaibli : *ennui, ennuyeux ; étonner.*

3. Parmi les innovations destinées à enrichir la langue selon les principes de la *Défense et Illustration*, certaines n'ont pu s'imposer ; ADJECTIFS SUBSTANTIVÉS : « *le profond* de... » (D'AUBIGNÉ) ; INFINITIFS SUBSTANTIVÉS : *le voyager* (MONTAIGNE) ; MOTS COMPOSÉS : *entrecassé* (RONSARD) ; DIMINUTIFS : *faiblelette, nouvelet* (RONSARD).

II. SYNTAXE

A. *L'article*

1. L'ARTICLE DÉFINI est souvent omis devant les NOMS ABSTRAITS : « *nature* n'a que faire de *fortune* » (MONTAIGNE) ; « des trésors de *science* » (D'AUBIGNÉ). — Il l'est également dans l'expression du SUPERLATIF RELATIF : « les cités qui *plus* fleurissent ore » (DU BELLAY).

2. L'ARTICLE INDÉFINI et L'ARTICLE PARTITIF sont, eux aussi, fréquemment omis : « si c'était *ennemi* qui se pût éviter » (MONTAIGNE) ; « dire *bien* de la mort » (RONSARD). On ne discerne d'ailleurs pas de règle nette ; MONTAIGNE écrit : « Je ne sais pas clore à droit *une* lettre, ni ne sus jamais tailler *plume* ».

B. *Les négations*

1. La règle actuelle de la NÉGATION RENFORCÉE (ne... pas, personne ne, etc...) n'est pas toujours pratiquée : « pour *n'avoir hanté* cette vertu suprême » — « *nulle* saison *m'est* ennemie » (MONTAIGNE).

2. Il arrive qu'une *idée négative* entraîne l'emploi d'une *négation* grammaticalement injustifiable : « ... cela *est impossible* et monstrueux ; *ni* que l'homme monte au-dessus de soi » (MONTAIGNE) ; le sens est : « et il *n'est pas* davantage possible que... ».

C. *L'ordre des mots*

1. L'ordre des PRONOMS PERSONNELS COMPLÉMENTS reste, chez MAROT, celui du XVe siècle : « il *le vous* rongea » — « pour *le vous* faire entendre ». Mais l'ordre actuel ne tarde pas à s'imposer.

2. Le pronom complément d'un infinitif dépendant d'un verbe principal se place avant le verbe principal : « Pompéius *le* fut voir » — « si *la* faut-il étudier » (MONTAIGNE).

3. Le RELATIF est souvent DISJOINT de son ANTÉCÉDENT : « Car *son joug* est plaisant, gracieux et léger, | *Qui* le dos nous soulage... » (RONSARD). — D'autre part, RABELAIS rompt souvent, par une INCISE, le déroulement de la phrase : « Et quand, *dit le marchand*, vous aurai-je... dignement loué les membres internes. »

4. Pour obtenir certains *effets de style*, les poètes, en particulier DU BELLAY, risquent des INVERSIONS TRÈS HARDIES (imitées de la construction latine) : « Et osent *les vaincus les vainqueurs* dédaigner ».

D. Syntaxe d'accord

1. LE VERBE précédé de plusieurs sujets s'accorde souvent avec le dernier (accord *par proximité*, à l'exemple du latin) : « Quels tourments, quels cris, quelle rage et quel désespoir les *accable !* » (MONTAIGNE). — Il en est parfois de même du POSSESSIF se rapportant à plusieurs personnes : « Quand je vois et César, et Alexandre, au plus épais de *sa* grande besogne... » (MONTAIGNE).

2. ACCORD DU PARTICIPE : *a*) Le PARTICIPE PRÉSENT continue pendant tout le siècle à s'accorder en *nombre :* « de grands hommes portans (portant + s) barbe » (MONTAIGNE). — Il s'accorde aussi d'ordinaire (sauf chez MAROT), en *genre*, à la différence de l'ancienne langue, qui n'avait qu'une forme pour le masculin et le féminin (cf. Morphologie C. 1.) : « (nos nymphes) *fuyantes* le satyreau » (RONSARD).

b) Le PARTICIPE PASSÉ conjugué avec AVOIR : MAROT formule déjà (en vers !) la règle actuelle : elle est souvent appliquée, mais les exceptions sont nombreuses ; les poètes en particulier soumettent l'accord aux besoins du rythme et de la rime. Ainsi RONSARD : « la rose | Qui ce matin avait *déclose* | Sa robe de pourpre... ».

Certains détails de l'usage actuel sont ignorés au XVIe siècle ; MONTAIGNE écrit : « ... bien misérables de s'estre *laissez* piper... ».

E. Emploi des modes

1. LE SUBJONCTIF EN PROPOSITION PRINCIPALE : le subjonctif reste au XVIe siècle un mode très vivant, un mode autonome (alors qu'aujourd'hui il est presque indissolublement lié à la conjonction *que*). A la manière du latin et de l'ancienne langue, il continue à marquer :

a) LE SOUHAIT : « Et ton bois ne *sente* jamais | La flamme sacrilège » (RONSARD).

b) LA SUPPOSITION (ou CONCESSION) : « Bien, me dira-t-on, votre règle *serve* à la mort » (MONTAIGNE) ; c'est-à-dire : *admettons que, je veux bien que...*

2. INDICATIF ET SUBJONCTIF DANS LES SUBORDONNÉES : voici les principaux cas où l'usage du XVIe siècle diffère du nôtre :

a) SUBJONCTIF DE DOUTE ou d'ÉVENTUALITÉ après des verbes d'opinion sous la forme *affirmative* (au lieu de l'INDICATIF) : « Et *pensent* que la mort *soit* quelque bête noire » (RONSARD) ; « Comme je *presuppose* qu'elle *soit* desjà avancée » (MONTAIGNE). — Comparer MONTAIGNE : « *Il est incertain* où la mort nous *attende* » (le subjonctif marque *l'ignorance* où nous sommes).

b) SUBJONCTIF au lieu du CONDITIONNEL : « je ne suis pas homme qui y *reculasse* » (MONTAIGNE).

c) INDICATIF au lieu du SUBJONCTIF dans les CONCESSIVES ; D'AUBIGNÉ : « Mais *quoique* vous *pensez* gagner plus de louanges... » (on lit d'ailleurs quelques vers plus loin : « *Combien qu'*avec les rois vous ne *hochiez* la tête... »).

3. LA PROPOSITION INFINITIVE, héritée du latin, est très fréquente au XVIe siècle, et d'un emploi beaucoup plus libre qu'aujourd'hui : « Comme vous savez *être* du mouton le naturel toujours suivre le premier... Aussi le dit Aristoteles *être* le plus sot et inepte animant du monde. » (RABELAIS). — Il faut noter en particulier le cas où le *sujet de l'infinitif* est un *relatif :* « Et tout cela *qu'*ont peint les Poètes là-bas | Nous *attendre* aux Enfers après notre trépas. » (RONSARD).

INDEX DES GROUPEMENTS THÉMATIQUES

Les chiffres en romain sont ceux des pages où l'on trouvera, dans les *questionnaires* ou les *notices,* de nombreux renvois aux textes à organiser librement en groupements thématiques. Les chiffres *en italique* renvoient aux textes à lire ou à consulter.

ILLUSTRATIONS

GROUPEMENTS THÉMATIQUES

TABLE DES MATIÈRES

Les textes dont les titres sont en italique sont donnés sous leur forme originale.

RONSARD

LE THÉATRE

ROBERT GARNIER

LA LITTÉRATURE ENGAGÉE

D'AUBIGNÉ

MONLUC

LA SATIRE MÉNIPPÉE

MONTAIGNE

APPENDICE GRAMMATICAL

Couverture : *Les Fiançailles. La cueillette des fleurs au mois d'Avril,* (détail). Bréviaire Grimani, miniature, XVIe siècle. Bibl. Marciana, Venise. Ph. Toso. © Arch. Photeb.

Maquette couverture : P. Verbruggen.

Iconographie : M. de Mlodzianowski, E. Montigny, L Vacher.

Imprimé en France par Maury-Imprimeur S.A. – 45330 Malesherbes

Dépôt légal : 1er tirage : Septembre 1969 – N° d'impression : E 93/43028 X
Dépôt légal de ce tirage : 1993